KB119459

한위양진남북조 불교사

2

이 한위양진남북조 불교사의 번역은 1938년 상무인서관(商務印書館) 초판본을 1991년 상해 서점(上海書店)에서 다시 영인한 판본으로 저본을 삼았습니다.

이 책의 한국어 판권은 베스툰 코리아 에이전시를 통하여 저작권자인 저자와 독점 계약한 (재)한국연구재단에 있습니다.

이 책은 (재)한국연구재단의 지원으로 학고방출판사에서 출간, 유통합니다.

한국연구재단 학술명저번역총서
동양편 *612*

한위양진남북조 불교사**2**

Han · Wei · Qin North and South Dynasties Buddhist history

탕융동 지음 | 장순용 옮김

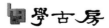

머리말

중국불교를 체계적으로 연구하려면 인도에서 전래된 초기불교에 대한 연구가 필수적이다. 이 책은 한(漢)나라, 위(魏)나라, 동진(東晉)과 서진(西晉), 남북조(南北朝) 시기에 걸쳐 인도불교가 전래되면서 중국의 유교, 도교 사상과 충돌하고 교류하며 점차 중국식 불교로 변용(變容)되어 가는 과정을 방대한 사료와 엄밀한 고증을 거쳐 다루고 있다. 무엇보다 풍부한 자료를 인용하면서 정확한 고증을 가했기 때문에 중국불교사를 연구하는 사람이라면 반드시 읽어야 할 필독서이다. 이 책은 저자 탕융동[湯用彤]이 10여 년에 걸쳐 초기불교를 연구한 끝에 이루어진 역작으로 중국의 초기불교를 연구한 저서로는 최초의 저술이자 이후 다른 저작들의 토대가 되었다.

중국사상사와 선종 역사에 대해 연구한 중국 신문화운동의 선구자 후쓰는 『한위양진남북조 불교사』를 이렇게 평가했다.

"탕융동의 저작은 지극히 세심하고 곳곳마다 증거를 중시해서 증거가 없는 말은 일리가 있어도 감히 사용하지 않았는데, 이는 참으로 배울 만한 태도이다."

또 『중국불교사』라는 방대한 저서를 낸 일본의 유명한 불교학자 카마다 시게오는 이렇게 말했다.

"(탕융동)은 중국의 전통적인 학술방법을 근대 유럽, 미국의 연구방법과 통합하여 완벽한 학문을 다스리는 방법을 창출했다.

『한위양진남북조 불교사』는 교리에 치중하지도 않았고 교단에도 치중

하지 않았지만 양자의 정수를 파악하고 있다. 또한 사상의 전개를 중심으로 과거 교리사의 구조를 타파하였기에 엄연히 사회 맥락과의 연결을 중시하는 정통적인 통사(通史)라고 할 수 있다."

이처럼 저명한 학자들에게 호평을 받으면서 오늘날까지도 그 평판이 이어지고 있지만, 그러나 『한위양진남북조 불교사』는 거의 고문(古文)과 전문적인 지식으로 쓰여 있어서 번역이 여간 까다롭지 않았다. 역자는 고심 끝에 이 책의 번역을 가독성(可讀性)을 염두에 두면서 직역을 위주로 했다. 그 까닭은 이 책의 독자를 전문가 그룹과 초기불교에 관심을 갖고 있는 소수 독자라고 보아서 이들에게는 원문의 맛을 훼손할 수밖에 없는 의역보다는 원문의 맛을 간직한 직역이 더 낫다고 생각했기 때문이다.

끝으로 번역을 도와준 사람을 언급하지 않을 수 없다. 베이징에 거주하는, 이제는 교수직에서 은퇴하고 불법(佛法) 전파에 전념하고 계신 이영란 교수께서 거의 공역자(共譯者) 수준에서 도움을 주셨다. 번역 원고를 원문과 꼼꼼히 대조해 살펴보면서 수정할 곳이 나오면 수정해 주셨고, 그리고도 남는 의문점이 있으면 베이징 대학 교수인 탕융동의 아들 탕이제(揚一介)의 제자 양호(揚浩) 박사를 찾아가 자문을 구해 정확한 뜻을 알려주셨다. 탕이제 교수는 암 투병 중임에도 불구하고 이 책의 서문까지 써주셔서 역자를 격려했다. 이영란 교수를 비롯해서 탕이제 교수, 양호 박사에게 지면을 빌어서나마 심심한 사의를 표한다.

2014년 사패산에서
장 순 용

서(序)

내 아버지의 명저 〈한위양진남북조 불교사〉가 한국에 번역, 소개된다니 기쁨을 금치 못하겠다. 아버지는 1964년에 세상을 떠났으므로 올해는 서거 50주년이 되는 해이다. 바로 이때 아버지의 주요 저작이 외국어로 완전 번역되어 출간된다니 진실로 사람의 마음을 고무시키는 사건이 아닐 수 없다.

아버지는 일찍부터 중국 고대의 전통문화를 익혔고 나중엔 미국 하버드 대학에 유학해서 서양사상과 학문 연구의 방법을 체계적으로 배웠다. 그 뒤 중국의 전통적인 고증학과 서양 현대학문의 연구 방법을 결합해서 〈한위양진남북조 불교사〉를 완성했다.

이 〈한위양진남북조 불교사〉는 1938년에 초판이 나왔다. 이 책은 고증, 자료, 방법, 의리(義理) 등 다방면에 걸친 장점으로 출판하자마자 중국의 불교사를 연구하는 기본 경전이 되었다. 나는 여기서 특별히 아버지가 이 책을 쓰면서 행한 연구 방법의 특징을 소개하고 싶다. 아버지는 바로 "묵묵히 감응해서 체득해 이해하는", 즉 '묵응체회(默應體會)'의 방법을 제시했다.

다시 말해서 불교의 역사적 사건에 대한 고증과 분석은 오래된 유적과 사적에 대해 탐구하고 토론하는 것만이 아니라 역사적 사실(史實)에 대해 공감할 수 있는 암묵적인 감응이 있어야 한다. 그리고 남겨진 문자 기록에 대한 고증에 의존할 뿐만 아니라 그 사상에 대해서 심성(心性)의 체득이 있어야 한다. 나는 이 점만으로도 서양의 현대적 학술 방법을 지나치게 맹신하는 편협함을 바로잡을 수 있다고 생각한다. 동시에 독자들은 이 책이 70여 년 전에 출판되어서 그 동안 상당히 많은 학술적 성과가 나타났다는 점을 감안해야 한다. 즉 학술 연구는 언제나 비판, 전승, 창신(創新)의 과정을 거쳐 발전한다는 것을 완전히 이해해야 한다.

　이 번역 작업은 장순용 선생을 비롯해서 이영란 박사와 저의 제자 양호 박사의 인연이 화합해서 이루어진 것이다. 마지막으로 역자 장순용 선생과 이영란 박사에게 진심으로 감사의 뜻을 전한다.

탕이제[湯一介]

목차

1

제1 한(漢) 나라 시대의 불교

제2 위진 남북조 시대의 불교

②

08장 석도안(釋道安) ·· 431

③

4

찾아보기

1. 이 책은 『한위양진남북조 불교사』의 완역이다.

2. 원주는 각 장의 끝에 미주로 처리하였으며, 원주의 주석은 *로 표시하고 부연 설명을 하였다.

3. 본문 중 괄호 안의 작은 글씨는 원주에 해당된다.

4. 각주는 역주이다.

5. 본문 활자와 급수가 같은 괄호 안의 글씨는 역주에 해당한다.

6. 독자의 이해를 돕기 위해 해제 외에도 〈역사적 배경〉과 〈불교전파경로와 주요 지명(地名), 국명(國名)〉의 지도를 첨가했다.

8

석도안(釋道安)

1) 고승(高僧)과 명승(名僧)

양나라 혜교의 『고승전, 서록(序錄)』에서는 "이전 시대에 편찬한 것을 보면 명승(名僧)이란 말이 많지만, 그러나 이름[名]이란 근본 실제의 빈객(賓客)이다. 만약 실제로 행하면서도 빛을 감춘다면 높은 경지이지만 이름[名]이 없고 덕이 부족해도 시의(時宜)에 맞으면 이름은 나도 높은 경지는 아니다"라고 하였다.

대체로 '명승'은 조화를 이루고 동화(同化)하는 기풍으로 시대에 의존해 행하기 때문에 왕왕 당시에만 불법을 찬란하게 할 뿐이다. 그러나 '고승'은 석가모니 정신(精神)이 기탁한 내용을 특별히 홀로 행하기 때문에 매양 가르침의 은택(恩澤)을 다음 세상까지 능히 이어갈 수 있게 한다. 만약 고승이 특별히 출현한다면 그의 덕행과 학식은 한 세상에 독보적이라서 다시 불교로 하여금 하나의 새로운 세기(世紀)를 개벽(開闢)할 수 있게 하지만, 그러나 불교의 전 역사에서 자주 보이지는 않는다.

극초는 지도림을 기리면서 "수백 년 이래로 대법(大法)을 계승해 밝히면서 진리를 끊어지지 않게 한 것은 이 한 사람뿐이다"라고 했다. 실제로 동진 초기에 불교를 능히 독립적으로 건설하고 각고의 노력과 비할 바

없는 탁월함으로 부처의 정신을 참답게 발휘해 청담의 부화(浮華)[1]를 전혀 의존하지 않는 사람으로는 실로 미천(彌天) 석도안 법사가 있다. 도안은 승가의 역사에서 특별히 출현한 고승의 숫자에 거의 들어갈 수 있다.

도안은 진나라 영가 6년(서기 312년)에 태어나서 태원 10년(서기 385년)에 임종을 맞았다. 그가 태어나기 전인 영가 4년에 축법호는 천수사(天水寺)에서 경전을 번역하였다. 도안은 대체로 축법심, 지도림과 동일한 시대를 살았으니, 그의 출생은 축법심보다 26년 뒤였고 지도림보다는 두 살 많았다. 그가 죽었을 때는 지도림이 죽은 뒤 19년이 지난 시기였고, 축법심이 세상을 떠난 지 10년이 지났을 때였다.

도안이 출가했을 때 『반야대품(般若大品)』은 이미 번역되어 있었다. 그의 유년 시절에 영가(永嘉) 시기의 명사가 서로 서로 장강을 건너갔기 때문에 불교의 현풍도 점점 남방으로 퍼져 나갔다. 바야흐로 지도림과 축법호가 동산(東山)으로 은둔하자 도안은 하북(河北)에서 교화를 행했다. 지도림과 축법호가 건업에 재차 왔을 때 도안은 남쪽 양양(襄陽)으로 내려갔으며, 급기야 지도림과 축법호가 세상을 떠나자 도안은 서쪽 장안으로 들어가 밤낮없이 부지런히 경전을 번역하며 목숨을 마칠 때까지 지속했다. 그의 기풍은 의연하고 강직했으며 법의 홍보는 은근해서 지도림과 축법호에게 기대할 수 있는 것이 아니었다. 나는 양진(兩晉) 시기 도안의 사적을 특별히 상술(詳述)해서 진나라 말엽의 불교사(佛敎史)에 실제로 첨가하겠다.

---

1) 표면적인 화려함이나 활달함을 강구할 뿐 실제(實際)에는 힘쓰지 않는 것을 말한다.

2) 위진 시대 때 불법이 번성한 원인을 종합하여 논함

한나라와 서역의 교통으로 불교가 중국에 전래된 이래로 처음엔 정령(精靈)이 보응(報應)한다는 설(說)을 지닌 채 재계(齋戒)와 사당에 제사를 지내는 방식을 행했는데, 불교는 이 방술의 세력에 의지해 점차 민간 속으로 들어갔다. 한나라 말엽 위나라 초기에 낙양에는 절이 있었고 서주와 광릉과 허창에도 절이 있었다. 창원에는 수남사(水南寺)와 수북사(水北寺) 두 개의 절이 있었는데 역시 이 시기에 건립되었다. 한나라 사람 엄부조와 주사행은 출가해 사문이 되었다.

진나라 때 낙양에는 마흔두 개의 절이 있었지만 지금 알 수 있는 것은 열 곳 정도이며, 다른 곳은 절이 적지만 고증할 수 있는 것이다. 그러나 이 시기는 부처에 대한 신앙으로 복과 상서로움을 구하였고 이 신앙은 민간에서 더욱 유행했다. 그리고 한나라 말엽에 세상이 혼란해졌고 그후에 오호(五胡)의 환란으로 민생(民生)이 피폐해지자 신악의 보응을 증험하고 복전(福田)의 이익을 구하는 일은 더욱더 평민들의 습속(習俗)이 되었다.

후조(後趙) 때 안정(安定) 사람 후자광(侯子光)[2]1:은 자칭 불태자(佛太子)라고 하면서 대진국(大秦國)에서 왔으니 응당 소진국(小秦國)의 왕이 되어야 한다고 했다. 그래서 수천 명을 모아 두남산(杜南山)에서 대황제(大黃帝)라 칭하였으니(『진서』 106), 서진의 불교가 민간인을 선동하는 유혹의 힘이 매우 막강하다는 걸 알 수 있다. 진나라 도항(道恒)이 지은 『석교론(釋驕論)』에서 말한다.

---

2) 오호십육국(五胡十六國) 전기(前期)의 인물로 후조(後趙) 안정(安定) 사람이다.

그리고 세상엔 오횡(五橫)3)이 있는데 사문도 그 중 하나이다. 어째서 그렇게 설명하는가? 큰 방편이란 명분 아래 어리석은 세속 사람을 선동하기 때문이다. 한편으로는 유인하고 회유하는 것이고 또 한편으로는 압박하고 위협하는 것인데, '악을 행하면 반드시 여러 겁(劫)에 걸친 재앙이 있고 선을 닦으면 무궁한 경사(慶事)가 있으며, 죄를 논하면 저승에서 엿보는 일이 있고 복을 말하면 신명(神明)이 돕는 일이 있다. 돈독한 격려로 인도해서 행하는 사람이 능히 행하지 못하는 것을 권하고, 더 강하게 통솔을 해서 남들이 하지 못하는 것을 하도록 힘써 권한다'고 하였다.

『석교론』은 동진 말엽에 지어진 작품이라 그렇겠지만, 그러나 『후한서기(後漢書紀)』에 의거해도 화와 복의 보응은 정말로 일찍부터 불법에 대해 믿음을 일으키는 중요한 단초가 되었다. 난세의 화와 복은 정해진 법칙이 없어서 백성들은 늘 요행을 바라는 마음을 간직하기 때문에 점술이나 복서(卜筮)로 쉽게 마음이 움직인다. 축불도징(竺佛圖澄)은 도안의 스승이다. 그가 교화를 행할 때 오호(五胡)의 난이 가장 극렬했으니, 석륵(石勒)은 난폭하고 잔인해서 실제로 유구(流寇)4)가 되었다. 불도징은 중생을 연민해서 방술로 석륵과 석호의 마음을 움직였고 보응의 교설(敎說)로 그들의 흉포한 행위를 그치게 했으니, 그 이익을 받은 사람이 열에 여덟, 아홉이었다(『승전』에 보인다). 그래서 중주(中州) 지역의 진(晉)나라 사람과 호인(胡人)들은 대체로 모두 부처를 신봉했다. 그렇다면 불교의 이익은 내생(來生)에 증험되는 것이 아니라 불도징을 통해 이미 금생에 증험된 것이다. 『고승전』에서는 불도징이 행한 신이(神異)의 술법을 상세히 서술

3) 다섯 가지 나라에 무익한 사람.
4) 도처를 돌아다니는 도적.

했으며, 또 그가 893개의 절을 세웠다는 기록을 설사 다 믿지는 못할지라도 불교를 민간에 전파하는 일은 보응 이외에 반드시 방술에 의존해 추진되었으니, 이것이 불법이 위나라와 진나라에 흥기한 첫 번째 원인이다.

서진의 세상이 혼란해지자 사인(士人)들은 한나라 말엽의 담론의 기풍과 삼국 시대의 활달한 습속을 이어받았다. 세상에서는 왕필과 하안의 『노자』, 『장자』, 완적과 혜강의 자유분방함을 좋아하고 숭상해서 명석한 이치[理]를 요약해 말하고 기이한 취향(趣向)을 발명(發明)했으니, 이는 불교의 지혜로 능히 밝힐 수 있는 것이다. 또 부허(浮虛)를 숭상하고 미친 척하며 세상을 피해 은둔하였으니, 이것이 승려의 출가가 나날이 많아진 까닭이다. 그래서 사문 지둔은 정시(正始) 시절의 유풍(遺風)을 갖추어 거의 명사계(名士界)의 우두머리가 되었고, 동진의 손작은 축법호 등 일곱 명의 도인을 죽림칠현과 짝을 지웠다. 귀족과 고관(高官)의 경우 난세에 부침(浮沈)이 있긴 하지만, 이들이 명사와 한 통속이 됨으로써 스스로를 미혹하거나 부처를 에배함으로써 스스로를 위로하는 것은 특히 예나 지금이나 동일한 것이다².

잔나라 때는 세족(世族)을 가장 중시하였다. 서진 때 완첨(阮瞻)과 유개(庾凱)는 이미 승려와 교유했으며, 동진 때 재상 왕도(王導)와 사안(謝安)의 자제는 늘 사문과 벗으로 교유하였다. 역사에서는 축법태가 북방에서 와서 이름이 알려지지 않았다고 하지만, 왕령거(王領車)³는 축법태를 공양하면서 매번 유명 인사들과 함께 명승지를 방문할 때마다 언제나 그를 데리고 갔으며, 축법태가 동행하지 못하면 문득 수레를 멈추고 가지 않았으니, 이로 인해 마침내 이름이 알려졌다⁴. 대체로 세상 사람들이 담객(談客)을 숭상했기 때문에 유명해지느냐 침체하느냐가 담객이 손가락으로 가리키고 눈으로 쳐다보는데서 나왔으며, 영예를 얻느냐 치욕에 빠지느냐가 담객의 한 마디 말로 결정되었다. 귀족의 자제는 고아한 척하기 위하여 늘 현리(玄理)를 담론할 수 있는 명사들과 왕래했는데, 그들이 승려를 칭송하고 기리는 일도 으레 그런 취지였다. 그렇다면 불법의 흥기는 위진 시대의 청담에서 도움을 얻은 것이니, 이것이 두 번째 원인이다.

서진 초기에 곽흠(郭欽)은 위나라 초기엔 인구가 적어서 서북방의 여러 고을에 모두 융족(戎族)이 살고 있다고 상소했으며, 강통(江統)의 『사융론(徙戎論)』[5]에서도 동한과 전위(前魏) 시대에 강족(羌族)이 관중(關中)에서 섞여 살았다고 하면서 '우리 종족이 아니면 그 마음이 반드시 달라서 장차 화가 눈덩이처럼 불어나 그 광폭(狂暴)한 피해가 헤아릴 수 없을 것'이라고 하였다. 당시 진나라 황제는 그의 충언을 채용하지 않아서 마침내 오호의 환란을 초래했다. 그리고 중원에서 이민족이 섞여 살 때 불교는 본래 외부 지역에서 왔으므로 일찍부터 중국 내지(內地)에 사는 융적(戎狄)은 불교를 신앙하고 귀의하였다.

『고승전, 불도징전』에서는 "불도징의 교화가 행해지자 많은 백성들이 부처를 신봉하면서 절과 사당을 지어 운영하고 서로 다투어 출가를 했지만, 참된 자들과 거짓된 자들이 섞여 있어서 허물과 과오가 많이 생겨났다"고 하였다. 그래서 석호가 중서요간(中書料簡)에게 조서를 내려 참과 거짓을 상세히 논의케 하자, 중서령 저작랑(著作郞)인 왕도(王度)가 상주하기를 "무릇 왕은 천지에 제사를 지내고 제사에는 온갖 신을 받든다고 제사의 법전(法典)에 실려 있으며, 그 예법으로는 상향(常饗)[6]이 있습니다. 부처는

---

5) 서진(西晉)의 강통이 지은 정치론. 당시 유목민족이 대량으로 유입되자 융적(戎狄), 강(羌), 고구려인 등 북방민족들을 추방해야 한다고 주장했다.

6) 제사를 말하는 것으로 보인다. 무제(武帝) 때 하(夏)나라 역법(曆法)을 개정하긴 했지만 매월 초하룻날 조회를 지내다가 10월 초하루에는 여전히 '상향의

서역에서 나온 외국의 신이라서 공덕이 백성에게 베풀어지지 않으니, 천자와 여러 귀족이 제사를 지내 받들어야 할 대상이 아닙니다. 지난 날 한나라 명제께서 꿈에 감응하여 처음으로 불도가 전해졌는데, 오직 서역 사람에게만 도읍지에 절을 세워 그 신을 받들도록 허용했을 뿐이지 한나라 사람은 누구든 출가하질 못하게 했습니다. 위나라는 한나라의 제도를 계승해서 역시 예전의 법도를 따랐습니다……."라고 했으며, 또 "마땅히 조나라 사람이 절을 찾아가 향을 사르고 예배하지 못하도록 단절시켜야 합니다"라고 하였다. 중서령 왕파(王波)도 왕도와 동일한 내용을 상주했다.

석호가 글을 내려 답하기를 "왕도는 부처는 외국의 신이라서 천자와 여러 귀족이 신봉해야 할 대상이 아니라고 논했소. 짐은 변방에서 태어나 한 시기의 운(運)을 받아 중국에 군림했으니, 흠향하고 제사를 지낼 때는 마땅히 본래의 풍속을 따라야 하오. 부처는 오랑캐[戎]의 신으로 마땅히 신봉해야 할 대상이오"라고 하였다. 이에 근거하면, 한나라와 위나라 이후 에는 서북방의 융적(戎狄)이 섞여 살았고, 서진 시대에는 호인(胡人)이 창궐하였다. 그 결과 중원의 중국 민족과 오랑캐[夷]의 경계가 점점 사라져 서 외부에서 온 종교가 더욱 성행하였으니, 이것이 세 번째 원인이다.

한나라 이래로 불교는 커다란 사적을 남겼다. 첫째로 선법(禪法)을 들 수 있다. 안세고가 경전을 가장 많이 번역했고, 도안은 그 번역서에 부지런히 주석을 붙였다. 둘째는 『반야경』이다. 지루가참과 축숙란이 『대품』과 『소품』을 번역했고, 도안은 이를 가장 오랫동안 연구하고 강의했 다. 셋째는 축법호가 번역한 대승경전이다. 도안은 이 경전을 발표하고

모임을 가졌다.

· 제2 위진 남북조 시대의 불교

전파해서 양진 시기 때 그는 실제로 불교의 중심이 된다. 애초에 북방엔 불도징이 있어서 도안은 그를 따르며 수업했으며, 남쪽에선 지도림 같은 이가 그 이치[理]를 종지로 삼았다[5].

나중에는 북방의 구마라집이 멀리서 도안의 기풍과 덕을 흠모했으며, 남방의 혜원은 실제로 그의 제자가 되었다. 대체로 도안 법사는 불교의 전파와 경전 번역, 교리의 발명(發明), 불교 규범의 개정, 경전의 보존 등에서 크나큰 공적이 있으며, 아울러 역경의 규모와 인재의 배양에서도 나중에 도래한 구마라집의 토대가 되었다는 점에서 그의 사적은 아주 중요하다. 그렇다면 진나라 때 불교의 흥성과 기초의 확립은 실로 도안을 말미암았으니, 이것이 네 번째 원인이다.

3) 축불도징(竺佛圖澄)

축불도징은 서역 사람이다. 『고승전』에서는 본래의 성은 백씨(帛氏)이고[6] 구자국 사람으로 보인다고 했다[7]. 또 순수하고 참되게 학문에 힘써서 경전 수백만 언(言)을 외웠고 경문의 뜻을 잘 이해했다. 비록 이 땅의 유학 경서와 역사서는 읽지 못했지만 여러 학사(學士)들과 의심나고 막히는 곳을 논쟁하면 모두 딱 들어맞아서 그를 굴복시킬 수 있는 자가 없었다. 그 스스로 말하길 "재차 계빈국에 도착해서 명사(名師)에게 가르침을 받았다"고 하였다[8].

그는 불법을 펴는데 뜻을 두고 신령한 주문을 잘 외웠으며, 방술에도 능했고 경전에 대한 이해도 깊었다. 진나라 회제 영가 4년(서기 310년)에 낙양에 와서 절을 세우고자 했으나 난리로 인해 이루지 못했다. 석륵이 군사를 갈피(葛陂)에 주둔한 해(서기 311년 혹은 312년)에 석륵의 잔인하고 난폭함을 보고는 백성들을 불쌍히 생각해 불도로 그를 교화하고자 했다.

그래서 말채찍을 지팡이 삼아 군문(軍門)에 가서 대장 곽흑략(郭黑略)[9]:을 통해 석륵을 만났는데, 석륵은 크게 존경의 예를 표했다.

아울러 석호도 황제가 된 후에 더욱 마음을 기울여 불도징을 섬겼다. 석호는 조서를 내려 "화상께서는 나라의 큰 보배인데도 영예로운 벼슬도 주지 못하고 높은 봉록도 받지 않는다. 좋은 봉록도 돌아보지 않거늘 무엇으로 화상의 덕을 밝히겠는가? 이 이후로는 마땅히 비단 옷을 입고 조련(雕輦)[7]을 타시게 해야 한다"고 하였다. 그래서 조회하는 날에 화상이 궁전에 오를 때 상시(常侍) 이하는 다 가마 올리는 일을 돕고, 태자와 여러 공(公)들은 양쪽을 붙들고 오르게 하면서 주관하는 자가 '대화상께서 납시오' 하면 대중들이 앉아 있다가 다 자리에서 일어나 그의 존귀함을 드러냈다. 또 사공(司空) 이농(李農)에게 명을 내려서 '아침저녁으로 직접 문안을 하고 태자와 여러 공(公)들은 닷새에 한 번 찾아뵙고 짐의 경의(敬意)를 나타내시오'라고 하였다.

『고승전』에 실린 내용에 의거하면, 불도징은 항상 도술로써 석륵과 석호의 마음을 움직였다[10]:. 불도징은 백성을 불쌍히 여겨 그들을 위험과 고통에서 구제했으니, 홍법(弘法)의 성대함에서는 그보다 앞선 사람이 없다. 그의 가르침이 영향을 미친 범위를 살펴보면 하북과 중주 밖까지 이르렀고[11]:, 강남의 명승도 서로 흠모하고 존경하였다[12]:. 불도징은 석호가 지배하던 건무(建武) 말년[13]: 무신년(戊申年)[14]:에 업궁사(鄴宮寺)에서 임종을 맞았다.

불도징의 기풍과 자태는 고아(高雅)해서 강설(講說)하는 날에는 오직 종법(宗法)의 이치를 표방해 처음부터 끝까지 경문의 말씀을 확연히 요달할

---

7) 조각을 하여 꾸민 아름다운 가마.

수 있게 하였다. 불조(佛調), 수보리 등 수십 명의 승려가 멀리 천축, 강거로부터 와서 수학하였고, 중국 출신의 제자로 이름이 알려진 사람으로는 법수(法首), 법조(法祚), 법상(法常), 법좌(法佐), 승혜(僧慧), 도진(道進), 도안(道安), 법아(法雅)15:, 법태(法汰), 법화(法和), 승랑(僧朗)16:, 안령수(安令首) 비구니 등이 있다.

이 중에서 도진의 학문은 내전과 외전을 통달했으며, 법아는 격의(格義)를 창립했다. 법태는 강남에 교리를 전파했고, 법화는 서북방에 가르침을 펼쳤다. 『비구니전』에서는 안령수 비구니가 온갖 서적을 넓게 열람해서 교리를 전파하는데 힘을 기울였고17: 일시에 불교를 신봉하는 사람들이 먼저 불도징을 따라 출가하였다. 『수경주』에서는 낭공(朗公; 승랑)이 젊어서 불도징을 스승으로 섬겼으며 학문이 깊고 능통한데다가 기위(氣緯)8)에도 밝았다고 했다.

석도안이란 사람은 후에 남방과 북방 사람의 신망을 각별히 받았다. 그는 『도지경서(道地經序)』에서 "스승은 돌아가시고 벗은 일찍 죽었다"고 했으며, 『승가나찰경서(僧伽羅刹經序)』에서는 "빈궁에 처하든 영달(榮達)을 하든 평정의 마음을 바꾸지 않았으니, 돌아가신 스승의 옛 자취가 아니던가!"라고 했으며, 『비구대계서(比丘大戒序)』에서는 불도징에 이르러 처음으로 계율을 많이 바로잡았다고 했으며, 『사아함모초서(四阿含暮抄序)』에 따르면 도안은 72살 때 장안에서 동쪽으로 가서 선사(先師)의 사묘(寺廟)를 살펴보았다고 했다.

도안은 조예(造詣)가 지극히 깊은데도 불도징을 지극히 그리워했으니, 필경 그의 학문과 덕행이 사람을 충분히 감동시켰기 때문이다. 그러나

---

8) 점복(占卜)과 점성술 따위를 가리킨다.

역사서에 근거하면[18]:, 불도징을 따르는 무리들은 늘 그의 방술에 의해
마음이 움직이는 경우가 많았다. 비록 그의 제자에 학인(學人)이나 명승(名
僧)이 많긴 했지만, 그러나 도안과 법아와 같은 무리의 박식함과 문학은
불도징으로부터 얻은 것은 아니며, 불도징의 세력이 미치는 범위는 필경
지식 계급이 아닌 경우가 더 많았다.

　석륵과 석호는 부처를 매우 지극히 숭배했고[19]: 조정의 신하도 부처를
섬기고 큰 탑을 세웠으니[20]:, 업중(鄴中)의 불교 사찰로 고증할 수 있는
것도 많이 있다[21]:. 상대(相臺)[9]는 육조 시대 불법의 중심지로 대체로
불도징의 시기부터 시작되었다. 하북에서 불법이 번성한 것도 불도징으로
부터 일어났으며, 그의 제자 도안도 처음엔 하북에서 몇 년간 교화를
행했다.

4) 도안의 경력

　『고승전』에서는 도안이 진나라 태원(太元) 10년 2월 8일[22]:에 72세로
임종을 맞았다고 했는데[23]:, 이 내용이 어디에 근거해서 나왔는지는 알지
못하겠다. 그러나 『중아함경서』에 따르면, 도안은 실제로 부견의 말년(건
원 21년)에 죽었고, 도안이 지은 『사불함모초서』와 『비바사서(毗婆沙序)』
에는 모두 '팔구지년(八九之年)'(즉 72세)이란 말이 있다. 그 시기를 고증해
보면 대체로 두 경전의 역출은 바로 건원 18년 8월부터 19년 8월까지이고,
두 경전의 서문을 지은 시기는 아마도 건원 19년이라서 스스로 72세라고
말한 것이다. 가령 도안이 건원 21년 2월에 죽었다면 실제로는 74세이다.

　『승전』에서는 도안이 먼저 호택(濩澤)으로 피난했다가 축법제(竺法濟)

---

9) 상주(相州)의 별명이다. 오늘날의 하북성(河北省) 임장현(臨漳縣).

와 지담강(支曇講)을 만났으며[24], 얼마 후 법태와 함께 비룡산(飛龍山)에
은거했는데 승광(僧光)[25]과 도호(道護)도 그 산에 있었다. 나중에 다시
태항(太行)의 항산(恒山)에 갔다가 다시 무읍(武邑)에 이르렀고 45세엔
다시 기부(冀部)로 돌아왔다.

그 후 석호가 죽자 석준(石遵)이 업(鄴)으로 들어와 달라고 도안을 청했
다. 오래지 않아 석씨(石氏)의 나라에 난리가 일어나자 도안은 서쪽 견구산
(牽口山)과 왕옥(王屋)에 있는 여림산(女林山)으로 갔다. 혜교는 도안이
호택으로 피난하고 항산에 은거한 것이 석호의 죽음 전이라고 말하는데
실로 커다란 착오이다. 도안의 『대십이문경서(大十二門經序)』에서 『대십
이문』은 한나라 환제 때 안세고가 역출한 경전이고 도안이 얻은 판본은
가화(嘉禾) 7년 건업에 있는 주사예(周司隸)의 집에서 필사하여 상자에
넣어 봉한 지 2백 년이 되었다고 하였다(『우록』 6). 한나라 환제가 즉위한
첫 해부터 석호가 죽은 해까지를 살펴보면 불과 202년에 지나지 않는다[26].
석호는 진나라 영화 5년에 죽었고, 도안은 호택에 일찍부터 와서 영화
3년에도 있었다. 그리고 『도지경서』에서는 호택에 있을 때 "스승은 돌아가
시고 벗은 일찍 죽었다"고 말했다고 한다.

생각건대 불도징이 영화 4년에 죽었다면, 도안이 호택에 있을 때는
이미 영화 4년 이후이다. 또 혜원이 도안을 태항의 항산에서 뵙고 그를
따라 출가했을 때 석호는 이미 죽었는데(『혜원전』의 말), 이는 영화 10년에
해당한다(나중에 설명). 또 만약 기도(冀都)에 돌아온 후 석호가 죽었다면
영화 5년에 도안은 겨우 37세이므로 기부(冀部)에 돌아왔을 때의 나이가
45세라는 설은 불합리하다. 또 『승광전』의 말에 따르면, 석씨의 난(亂)으로
인해 비룡산에 은거한 후 남방으로 유행(遊行)하다가 양양에서 임종을
맞았다고 하는데, 그렇다면 석씨의 난은 분명히 석호가 죽은 뒤의 난(亂)이

다[27]:. 그러므로 비룡산의 은거와 호택의 피난과 태항에서 절을 세운 것이 모두 석호가 죽은 뒤의 일이어야 한다. 그리고 소위 피난이란 실제로 염민의 난을 피한 것이다[28]:.

이제 앞서의 설명에 근거해 도안의 경력을 살펴보면 다음과 같다.

진회제(晉懷帝) 영가 6년(서기 312년), 도안이 상산(常山) 부류현(扶柳縣)에서 태어나다.

진성제 함강 원년(서기 335년) 24세, 석호가 업으로 천도를 하고, 불도징이 그를 따라 업에 이르렀다. 그 후 도안이 업에 들어가 불도징을 스승으로 섬겼다.

진목제 영화 5년(서기 349년) 37세, 석준의 청으로 화림원(華林園)에 들어가 머물다. 그 후 피난하였는데 먼저 호택에서 머물다가[29]: 나중에 북쪽 비룡산으로 간 것 같다[30]:.

진목제 영화 10년(서기 354년) 도안의 나이 42세, 혜원이 도안을 스승으로 출가함. 당시 도안은 태항의 항산에 머물면서 절을 건립했다. 후에 초청에 응해서 무읍으로 갔다(진군(晉郡).

진목제 승평 원년(서기 357년) 45세, 기부(冀部)로 돌아와서 수도사(受都寺)에 머물다[31]:. 아마도 이 이후에 서쪽 견구산으로 갔을 것이며[32]:, 또 왕옥의 여림산에 갔으며[33]:, 다시 황하를 건너 육혼(陸渾)(낙양의 남쪽)에 머물렀다.

진애제 흥녕(興寧) 3년(서기 365년) 53세, 모용씨가 하남을 공략하자 도안은 남쪽 양양으로 갔다[34]:.

진효무제 태원 4년(서기 379년) 기묘년 67세, 이때는 이미 양양에서 15년간 머물렀을 때다[35]:. 2월에 부비(符丕)가 양양을 함락하자 도안은

마침내 장안으로 갔다(『우록』11 도안의 『비구대계서(比丘大戒序)』에서
는 "순화(鶉火)10)의 해에 양양에서 관우(關右)11)에 이르렀다. 담마시(曇摩
侍)를 만나자 그에게 『비구계본』을 번역시켜 겨울이 되어서야 끝냈다"고
했으며. 동일한 『우록』11의 관중근출니단문기(關中近出尼壇文記)에서는
"태세(太歲) 기묘년 순미(鶉尾)의 별자리 11월 11일에 담마시는 『비구니계
본』을 번역하였다"고 했다. 도안은 이해 봄의 끝 무렵에서 여름 초기에
장안으로 갔고, 담마시는 그 전에 비구계를 번역해서 겨울에 마쳤다.
그리고 비구니계도 번역했다. 왕일정(王日禎)의 초진표(超辰表)12) 계산에
의거하면 태원 4년의 별자리는 순수(鶉首)이므로 앞서 인용한 두 문장에
기록한 별자리는 모두 잘못이다).

진효무제 태원 7년(서기 382년) 임오년 71세, 8월에 동쪽 업으로 가서
불도징의 사묘(寺廟)를 보았다36:.

진효무제 태원 10년(서기 385년) 2월 8일, 장안에서 임종을 맞으니 나이
74세였다. 8월에는 부견이 피살되니 진나라 건원 21년의 일이다. 도안이
죽은 해와 달과 날은 『우록』, 『승전』 『명승전초』에서 모두 똑같다. 오늘날의
고증에 의하면, 도안이 죽은 시기는 응당 2월 8일이어야 한다. 대체로
『우록』10 『승가나찰집경후기』에서는 이 경전이 건원 20년 11월 30일에
번역을 마쳤다고 하면서 "진(秦)나라 언어는 정밀하지 않아서 사문 석도안

---

10) 별자리 순서의 이름. 남방(南方)에는 정(井), 귀(鬼), 유(柳), 성(星), 장(張),
익(翼), 진(軫)의 일곱 자리로서 주조(朱鳥)의 칠수(七宿)라고 칭한다. 수위(首位)
는 순수(鶉首)라 칭하고, 중부(中部)(柳, 星, 張)는 순화(鶉火)(순심(鶉心)이라
하기도 한다)라 칭하고, 말위(末位)는 순미(鶉尾)라 칭한다.
11) 동관(潼關) 서쪽을 가리킨다.
12) 왕일정이 편집한 『태세초진표』

과 조정의 신하 조문업(趙文業)이 이취(理趣)를 연구해 매번 미묘함을
다하다가 마침내 푹 빠져서 건원 21년 2월 9일에서야 마쳤다"고 하였다.
이 기록은 2월 9일을 분명히 말하지만 도안의 죽음은 말하고 있지 않다.
도안이 2월 8일에 죽었다면 어찌 언급하지 않을 수 있겠는가? 이것이
첫 번째 의심스러운 점이다.

또 『우록』9 도안의 『증일아함서』에서는 "갑신년(건원 20년)에 번역해서
다음 해 봄에야 마쳤다……. 나는 법화(法和)와 함께 고증하고 교정했으며,
승략(僧略), 승무(僧茂)는 누락된 부분을 교정하는 일을 도와서 40일 만에
마쳤다"고 하였다. 이는 건원 21년 봄에 번역을 마친 후에 도안 등이
교정해서 다시 40일을 지냈다고 말한 것이다. 그렇다면 정월 초부터 일단
계획을 세워서 교정이 완료된 것은 2월 8일 이후이니, 이것이 두 번째
의심스러운 점이다. 이 두 가지 증거에 의해 도안의 죽음은 마땅히 2월
8일 이후여야 한다[37].

5) 도안이 하북에서 머물다

석도안의 본래 성(姓)은 위(衛)씨이고 상산 부류(扶柳) 사람이다[38].
집안은 대대로 훌륭한 유학자였고(『고승전』) 어려서 세상의 난리를 만나서
(『명승전초』) 일찍이 부모를 잃었다(『승전』).

도안은 영가 시기에 태어났으며 황하 이북에서 자주 병란(兵亂)을 만났
다. 그래서 그는 『음지입경서』(『우록』7)에서 "태어나면서 수많은 재난을
만났다"고 말한 것이다. 어렸을 때는 외척 형인 공(孔)씨에게 부양되었으며,
일곱 살 때는 글을 읽으면 두 번만 보아도 능히 외울 수 있어서 이웃
사람들이 감탄하며 기이하게 여겼다. 12살이 되자[39] 출가했는데, 신령한
성품이 총명하고 영민했지만 용모가 매우 못생겨서 스승이 그를 중시하지

않았다. 농가에서 3년 동안 일을 하면서 부지런히 수고했지만 원망하는 기색은 전혀 없었고, 독실한 성품으로 정진하여 재계(齋戒)도 빠트리지 않았다.

몇 년이 지나서 스승에게 경전을 구해달라고 여쭈었는데, 스승은 5천 언(言)에 달하는『변의경(辯意經)』1권[40]:을 주었다. 도안은 경전을 갖고 밭에 들어가서 쉬는 시간에 열람한 뒤 해가 져서 귀가해서는 경전을 스승에게 돌려주며 다른 경전을 달라고 했다. 스승이 말했다.

"어제 준 경전도 읽지 않았을 텐데, 오늘 또 달라는 거냐?"

도안이 답했다.

"이미 암송했습니다."

스승은 이상하게 생각하면서 믿지 않았다. 그래서 다시 거의 1만 언(言)에 달하는『성구광명경(成具光明經)』1권(한나라 지요 번역)을 주었다. 도안은 또 그 경전을 갖고 밭에 들어가서 열람한 뒤에 저물녘에 돌아와서 다시 스승에게 돌려주었다. 스승이 경전을 잡고 도안에게 암송을 시키자 그는 한 글자도 틀리지 않았다. 스승은 크게 놀라서 탄복을 하며 기이하게 여겼다. 후에 구족계(具足戒)[13]를 받고 임의로 유학(遊學)을 떠났다.

도안은 업에 도착해서 중사(中寺)에 들어가 불도징을 만났다. 불도징은 그를 보자 감탄하면서 하루 종일 얘기를 나누었다. 대중이 도안의 못생긴 용모를 보고서 모두 그를 경시하자, 불도징은 "이 사람의 원대한 식견은 너희들이 견줄 수 있는 것이 아니다"라고 했다. 그리하여 도안은 불도징을

---

13) 산스크리트어 upasampada. 출가한 사람이 최고 단계의 승려 위계인 '비구' 또는 '비구니'가 되고자 할 때 반드시 받아 지켜야 하는 불교 계율을 일컫는다. 비구는 250계, 비구니는 348계가 있다.

스승으로 섬기면서 불도징이 강의를 하면 매번 그 내용을 반복해 술회했다. 허나 이를 탐탁지 않게 여긴 대중은 모두 "나중에 차례가 오면 저 곤륜자(崑崙子)14)와 논란을 벌여 기를 죽이겠다"고 하였다. 도안이 나중에 다시 강의를 반복해 술회하자 질문이 벌떼처럼 일어났다. 그러나 도안은 그들의 예기를 꺾고 낱낱이 해결하면서도 힘이 남을 정도였다. 그때 사람들은 "칠도인(漆道人; 얼굴 검은 도인)이 사부 대중을 놀라게 했다"고 하였다(이상 『승전』에 보인다).

석호는 진나라 성제 함강 원년(서기 335년)에 업으로 천도를 했다. 당시 도안의 나이는 24살이었다. 불도징의 제자로서 배운 것을 말한다면, 불도징의 학문은 바로 『반야경』, 『방등경』이다. 도안은 지요가 번역한 『성구광명경』을 읽은 적이 있으며, 스스로 중산(中山)의 지화상(支和上)15)이 필사한 『방광경』이 중산에 왔다고 말했으며(『우록』 7), 또 혜원을 위해 반야 사상을 강의했으니, 그렇다면 도안은 한나라 말엽 이래로 낙양, 창원에 전해진 불학(佛學)을 이미 모두 찾아서 연구했다. 『점비경서(漸備經序)』41:에서는 "업에서 박학도사(博學道士) 백법거(帛法巨)를 만나게 되었다. 이 사람은 바로 천수사에서 축법사에게 붓으로 받아 적은 자이다(『우록』 7)"라고 했으며, 아울러 양주(涼州)의 두 도사를 만났는데 모두 박학(博學)한 사람으로 경법(經法)을 자신의 뜻으로 삼고 있었다고 말했다42:. 그 한 사람의 이름은 '언(彦)'으로 축법호가 번역한 경전을 언급한 적이 있으니, 그렇다면 두 사람은 어쩌면 축법호의 문도(門徒)일지도 모른다.

『점비경서』에서는 또 『광찬반야경』 1권을 얻었다고 말했으니, 그렇다면

---

14) 얼굴이 검은 사람의 별명.
15) 원문의 和山은 和上의 오기(誤記)로 보인다.

하북에 있을 때는 이미 축법호가 전한 대승 경전에 주의가 미친 것이며, 호택에 있을 때는 대양(大陽)[43:]의 축법제와 병주 안문의 지담강을 만나서 함께 장애와 난관을 뚫고 『음지입경주』를 지었으며, 또 지담강, 업도(鄴都)의 사문 축승보(竺僧輔)와 함께 『도지경(道地經)』을 주석했다. 또 기주의 사문 축도호(竺道護)는 동원(東垣)의 경계에서 『대십이문경』을 얻어 호택에 보냈는데, 도안은 이 경전들에 차례로 주석을 지었다.

이 세 경전은 모두 안세고가 번역한 선경(禪經)이다. 이밖에 『안반수의경』, 『인본욕생경(人本欲生經)』, 『십이문경(十二門經)』은 모두 선수(禪數)와 관련이 있으니, 이처럼 안세고가 번역한 경전에 대해 도안은 각기 주석을 지었다. 이는 모두 하북에서 있었던 일로 보이는데, 그렇다면 도안은 이른 나이에 특별히 안세고의 선법(禪法)에 대해 터득한 바가 있었던 것이다[44:].

도안은 하북에 있을 때 이미 영예를 이루었다[45:]. 무읍의 태수 노흠(盧歆)은 도안이 맑고 빼어났다는 말을 듣자 사문 민견(敏見)을 시켜 자꾸 강의를 요청했다. 도안은 사양을 했지만 도저히 피할 수 없음을 알자 그의 요청을 받아들여 강의를 했다. 도안의 강의는 명분과 실제가 부합해서 수행자도 재가인도 모두 기뻐하며 흠모했다. 팽성왕 석준은 즉위하자 중사(中使)인 축창포(竺昌蒲)를 보내 도안을 화림원으로 초청했다. 도안이 수도사(受都寺)에서 지낸 시절엔 이미 따르는 무리가 수백 명이었다. 도안이 남방으로 내려갈 때 따르는 무리를 살펴보면, 『승전』의 기록에서는 도안을 지나치게 칭송하지 않았다. 도안은 안팎으로 충분한 공양을 받았지만 마침 세상의 난리를 만나게 되었으니, 그가 하북에서 아홉 번이나 옮겨 다니며 이리저리 휩쓸리느라고 편안한 곳에서 쉴 수 없었다는 걸 상상할 수 있을 것이다. 그런데도 그는 재계(齋戒)와 강의를 끊지 않았고 경전을 주석하는 일에도

매우 부지런했다. 섬현과 동산에 은둔하여 유유하게 자득(自得)한 축도잠,
지둔과 동시에 비교하면, 도안은 도(道)를 자기 임무로 삼아 고난을 탁월하
게 극복해서 실제로 판연하게 길이 다르다. 또 도안은 비룡산에서 승광(혹은
승선), 도호(앞에서 말했음), 축법태와 함께 교유했다. 승광은 기주 사람으로
어린 시절 도안을 만났다가 이별하면서 서로 "함께 크게 성장하면 서로
교유했다는 걸 잊지 맙시다"라고 하였다. 나중에 석씨의 난을 만나자
비룡산에 은둔했고 도안도 비룡산에 은거해 그를 따랐는데, 서로 만나게
되자 기뻐하면서 "옛날의 맹세가 비로소 이루어졌다"고 하였다.

　　그리하여 함께 글을 펼쳐서 생각을 모으니 새롭게 깨우치는 것이 더욱
　　많았다. 도안이 말했다.
　　"선인(先人)들의 옛 격의(格義)에는 이치에 어긋나는 것이 많소."
　　승광이 말했다.
　　"그럼 응당 분석하면서 소요(逍遙)해야지, 어찌 선배들을 옳다 그르다
　　하는 것이 용납되겠소?
　　"이(理)의 가르침을 널리 알리려면 신실하고 이치에 적합하게 해야 하오.
　　법고(法鼓)를 다투어 울리는데 무엇이 먼저이고 무엇이 나중이겠소!"[46]

　'격의'는 바로 축법아가 창립한 것으로 외서(外書; 불교 이외의 서적)로
내학(內學; 불교학)의 법을 견주어 헤아리는 것이다. 도안과 법태는 예전에
똑같이 '격의'를 이용했다(『축법아전』을 보라). 그러나 비룡산에 이르렀을
당시의 도안은 이미 새로운 깨달음이 있었기 때문에 이(理)의 가르침을
널리 알리는데 외서(예컨대 『노자』, 『장자』 등)를 부회(附會)하는 건 이치에
적합하지 못하다는 걸 알았다. 그러나 승광은 선배들을 비난할 수 없다고
하면서 여전히 옛날의 법을 견지할 것을 주장했다.

두 사람의 정신은 전혀 달랐다. 즉 동일한 시기의 축법심은 한가로이 강연(講筵)을 열면서 『방등경』을 설파하기도 하고 『노자』, 『장자』를 해석하기도 했으며(『승전』의 말), 지도림은 더욱 『장자』를 찬양하고 중시했다. 이에 비해 도안은 격의에 반대하면서 진실한 교리를 널리 알리는 길을 지향했다. 그래서 시류(時流)에 의존하지 않고 불교의 독립을 수립하려고 했으니, 그렇다면 더욱 더 축법심, 지도림 등과는 확실히 길이 다른 것이다.

6) 도안이 남방으로 가면서 따르는 대중을 나누다

도안은 염민의 난 후에 산천에 몇 년간 은둔했고, 이후에는 다시 황하를 건너 육혼에 머물렀다. 그는 산에서 나무껍질을 먹고 살면서 학문을 닦았다. 『위지(魏志), 관녕전(管寧傳)』에서는 호소(胡昭)16)가 먼저 상산에서 학문을 강의하다가 나중에 육혼에 은거했다고 했으며, 『수경, 이수편주(伊水篇注)』에서는 "곽문(郭文)의 옛집을 찾고 호소의 유상(遺像)을 참방했다"47: 고 했으니, 그렇다면 이 상산은 원래 고인(高人)이 은거한 땅이다. 도안은 문도(門徒)들과 함께 지내면서 이곳에 몇 년간 살았다.

진나라 애제 흥녕(興寧) 3년(서기 365년) 모용각(慕容恪)이 하남을 공략하자 진나라 장수 진우(陳祐)는 대중을 이끌고 육혼으로 도주했다(『진서』 111). 도안도 이로 인해 문도들을 이끌고 남방으로 피신했다48: 『세설신어, 상예편』 주석에서는 거빈(車頻)의 『진서(秦書)』를 인용하면서 말했다.

---

16) 161년에 태어나 250년에 죽었다. 자(字)는 공명(孔明)이고 영천(潁川) 사람이다. 삼국 시대 때의 은사(隱士)이자 서법가(書法家)이다.

석도안은 모용진(慕容晉)[49:]에게 핍박을 받아 양양으로 피신하려고 했는데, 도중에 신야(新野)에 이르자 대중을 모아놓고 논의하였다.

"올해는 흉년을 만나서 나라의 임금에게 의존하지 않는다면 법사(法事)를 일으키기 어려울 것이다"[50:]

그리하여[51:] 승려들을 나누었다. 도안은 축법태를 양주(揚州)로 가게 하면서 "그곳엔 군자가 많으니 상류 인사에게 투신할 수 있을 걸세"라고 하였다. 축법태는 마침내 장강을 건너 양주 땅에 이르렀다.

『고승전, 혜원전』에서는 이렇게 말한다.

나중에 도안을 따라 남쪽 번면(樊沔)으로 유행(遊行)을 했다. 위진(僞秦) 건원 9년(실제로는 건원 14년)에 진(秦)나라 장수 부비(苻丕)가 양양을 침략하자 도안은 주서(朱序)에게 구속되어 길을 떠날 수 없었다. 그래서 문도들을 나누어 각자 갈 곳을 가게 하였다. 길 떠나기에 앞서 장로 대덕(大德)들은 모두 가르침과 약속을 받았지만 혜원은 한 마디도 듣지 못했다. 혜원이 무릎을 꿇고 말했다.

"저에게만 훈계가 없으니 사람으로 보지 않는 것인지 두렵습니다."

도안이 대답했다.

"그대와 같은 사람을 어찌 걱정하겠는가?"

그래서 혜원은 제자 수십 명과 함께 남쪽 형주로 가서 상명사(上明寺)에 머물렀다.

이에 의거하면, 도안은 문도들은 전후 두 차례에 걸쳐 나누었다. 첫 번째는 신야이고 두 번째는 양양이다. 위기에 처했을 때[52:] 세(勢)와 이익으로 인도해 교리를 널리 전파하게 했으니, 마음을 쓰는 것이 깊어서 정말로 흠모할 만하다. 그래서 세간의 난리를 만나 산천에 은둔하는 사람들보다 도안이 부처의 가르침을 추진하고 실천한 영향은 실로 말할 수 없이 컸다. 기주(冀州)의 사문 축도호(竺道護)는 비룡산에 은둔했는데, 『승전』에서는 이렇게 말하고 있다.

도안 등과 서로 만나자 그들에게 말했다.
"세속을 떠나 고요한 곳에 살면서 매양 대법(大法)을 바로잡고자 했는데, 어찌 산문(山門)을 홀로 걸으면서 법륜(法輪)을 멈추게 할 수 있겠는가? 마땅히 각자 주어진 능력에 따라 부처님의 은혜를 보답해야 한다."
대중들이 다 같이 말했다.
"좋소."
마침내 각자 교화를 행했다. 훗날 어디서 임종했는지는 알지 못한다.

그렇다면 도안은 하북의 비룡산에 있을 때 일찍부터 지역을 나눠 교화를 행할 결심을 갖고 있었고, 그의 크나큰 염원을 찬성한 사람으로는 함께 살았던 도호, 승광, 축법태가 있다. 이처럼 광범위하게 교화를 편 도안의 위대한 업적에 대해서 종합적으로 서술하면 다음과 같다.

『고승전, 승광전』에서는 이렇게 말한다.

승광은 도안, 축법태 등[53:]과 함께 남쪽 진평(晉平)[54:]으로 유행해서 불도를 강의해 교화를 넓혔으며, 훗날 양양에 돌아왔으나 병에 걸려 죽었다.

승광은 도안, 축법태와 함께 남하에서 양양에 이른 후에 다른 곳에서 교화를 행한 적도 있으나 훗날 양양에 돌아와 죽었다. 『승전』에서는 또 축도호와 승광 등이 비룡산에 있다가 나중에 각자 교화를 행했지만 어디서 임종을 맞았는지는 알지 못한다고 했다[55:]. 그렇다면 도호 역시 남하에 동행(同行)한 사람으로 도안이 나눈 문도 중 한 사람일 것이다[56:].

도안과 동학(同學)으로 또 경조(京兆) 사람 축법랑(竺法朗)이 있다. 그는 어려서 장안에 유학(遊學)하여 채식을 하고 무명옷을 입었으며 인간 세상 밖을 절실히 지향했다. 훗날 태산(太山)에 살면서 은사(隱士) 장충(張忠)[57:]과 함께 곳곳에서 노닐었다. 금여곡(金輿谷)의 곤서산(琨瑞山)[58:]에 정사(精舍)를 설립하자 소문을 듣고 찾아오는 자가 백여 명에 달했다. 전진(前秦)의 부견, 후진(後秦)의 요흥(姚興), 연(燕)의 임금 모용덕이 모두 흠모하고 존경했다. 후세 사람이 마침내 금여곡을 낭공곡(朗公谷)이라 불렀다. 나중에 산에서 임종을 맞았는데 춘추는 85세였다. 『승전』에서는 축법랑이 위진(僞秦) 황시(皇始) 원년 (서기 351년)에 태산으로 이주했는데, 이 해에 마침 염민과 석지(石祗)의 전란(戰亂)을 만났다고 하였다. 이 해보다 1년 앞서 석감(石鑑)이 죽었고, 다시 또 1년 전에 석준이 죽었다. 도안은 석준이 황제가 된 후에 업(鄴)을 떠났으며, 축법랑이 동쪽 태산으로 갔을 때도 서로 멀리 떨어지지 않았다. 『고승전, 법화전(法和傳)』에서는 이렇게 말한다.

나중에 금여곡에 모임을 마련하고 도안과 함께 산마루에 올라서 눈길 닿는 데까지 두루 바라보다가 이윽고 슬퍼하며 말했다.

"이 산은 높이 솟아있어서 노닐며 바라보는 사람이 많습니다. 일단 여기서 천화(遷化)[17)]하면 어디로 갈지 어찌 예측하겠습니까?"

도안이 대답했다.

"법사께서 마음가짐이 확실하다면 어찌 후생(後生)을 두려워하겠습니

---

17) 이 세상에서 교화할 인연이 끝나서 다른 세상에 교화하려 간다는 뜻으로, 고승(高僧)의 죽음을 이르는 말.

까? 만약 지혜의 마음이 싹트지 않는다면, 그것이야말로 슬픈 일입니다!"

금여곡의 모임은 도안과 법화가 장안에 살 때 있었다[59]. 도안과 법화는 강동으로 하행하면서 아마 축법랑의 초청에 응했을지도 모른다. 만약 그렇다면 축법랑이 함께 남쪽으로 동행한 사람은 아닐지라도 그가 도안과 함께 지역에 따라 교화를 행한 것은 서로 성기(聲氣)[18]가 통한 것이다.

석법화는 영양(滎陽) 사람이다. 어려서 도안과 함께 동문수학하였다[60]. 그는 공손함과 겸양으로 이름을 알린 사람으로 논리의 총체적인 면을 훌륭히 표명(標明)해서 의심나고 막힌 곳을 풀이하고 깨우쳤다. 도안을 따라 남방으로 하행해서 신야에 이르렀을 때 도안은 그를 촉(蜀) 땅으로 들어가게 하면서 "(촉 땅의) 산수(山水)는 고요함을 수행할 만하다"[61]고 했다. 『승전』에서 말한다.

석씨의 난 때문에 문도를 이끌고 촉 땅으로 들어가니, 파한(巴漢)의 인사들이 그의 덕을 흠모해 무리를 이루었다. 양양이 함락되었다는 소식을 듣자 촉 땅으로부터 양평관(關)[19]에 들어가 양평사(陽平寺)에 머물렀다.

법화는 양양이 함락되어서 도안이 장안에 이르렀다는 소식을 들었기 때문에 그 역시 관중에 들어갔다. 그 후 도안을 도와서 경전을 해석했으며[62], 도안이 죽은 후에는 동쪽 낙양으로 남하해서 승가제바(僧伽提婆)와 함께 예전에 번역한 경전을 수정했다[63]. 아울러 요흥이 관중(關中)에서

---

18) 친구 사이에 공통된 취향과 애호(愛好)를 가리킨다.
19) 촉도(蜀道) 상에 보성철로(寶成鐵路)와 양안철로(陽安鐵路)가 교차하는 곳에 작은 진(鎭)이 있는데, 이를 양평관 또는 양안관(陽安關)이라 한다.

법을 전파하자 법화는 다시 관중으로 들어갔다[64]. 구마라집은 일찍이
게송을 지어 법화에게 바친 적이 있고(『나습전』), 후진(後晋)의 왕 요서(姚緖)
는 법화에게 박판(薄坂)에 머물기를 청했는데, 그는 나이 80살에 그곳에서
임종을 맞았다(『본전』을 보라).

『승전』을 종합해서 살펴보면, 법화 이전에 촉 땅에는 불법이 별로 없었다.
동진 때 익주의 명승 중에는 도안의 문도들이 많았으니, 법화 이외에
담익(曇翼), 혜지(慧持)가 있었다. 담익은 성이 요(姚)로 강족(羌族) 사람
혹은 기주 사람이라고 말한다. 16살 때 출가하여 도안을 스승으로 섬겼다.
그는 도안을 따라 양양으로 갔다가 장사(長沙) 태수 승함지(勝舍之)[65]를
만났는데, 그는 강릉(江陵)에 있는 저택에다 장사사(長沙寺)를 건립하려고
도안에게 강령(綱領)이 되는 승려 한 명을 구해달라고 말했다. 도안이
담익에게 말했다.

"형주와 초(楚) 땅의 인사들 대부분이 비로소 종지(宗旨)에 귀의하고자
하니[66], 그들을 교화시킬 자가 그대가 아니고 누구이겠는가?"

담익이 마침내 남쪽으로 갔다. 훗날 부비의 난[67]을 만나자 강릉의
합읍(闔邑)에서 상명(上明)[68]으로 피난했다. 담익은 또 이곳에다 동사(東
寺)와 서사(西寺)를 세웠는데[69] 당나라 때가 되자 중토대사(中土大寺)의
하나로 칭하였다. 담익은 일찍이 서쪽 촉부(蜀部)로 유행한 적이 있는데,
익주 자사 모거(毛璩)가 그를 중시했다[70].

당시 석혜지(釋慧持)[71] 역시 촉에 갔는데 모거가 숭배하고 겸양하자
촉 땅에서 임종을 맞았다. 『승전』에는 담익이 강릉에서 불상을 감응해
얻었을 때 계빈국의 선사(禪師) 승가난타(僧 伽難陀)가 불상을 알아보고
아육왕이 조성한 것이라 했다는 내용이 나온다. 이 계빈국의 승려는 대체로
촉으로부터 형주에 이른 것이다. 생각건대 진(晋)나라 때 양주(涼州)와

강남(江南)이 교통을 하면서 늘 익부(益部)를 거쳤기 때문에 많은 서역의
승려가 촉에 머물렀다. 이 또한 진나라 이후에 촉 땅에서 불교가 흥성한
원인이지만, 그러나 도안의 문도들이 개척한 공로 역시 무시할 수 없다.

도안이 사방으로 교리를 전파하게 한 문도들 중에서 가장 명성이 알려진
사람은 축법태이다. 그는 동완(東莞) 사람으로 어려서 도안과 함께 동문수
학하였다. 도안과 함께 피난해서 신야에 이르렀을 때 도안이 문도들을
나누면서 축법태에게 경사로 떠나라고 명했다. 그가 이별에 임해서 도안에
게 말했다.

"법사께서는 서북 지역에서 의궤(儀軌)[20]를 펼치고, 저는 동남 지역에서
교리를 전파한다면, 강호(江湖)에 도술(道術)이 퍼질 것이니 어찌 서로를
잊겠습니까? 지고한 회상의 청정 국토에 이르는 일은 추워진 후에야 기약해
야 할 겁니다."

그리고 손을 잡고 눈물을 흘리면서 이별하였다. 그다음 제자 담일(曇壹),
담이(曇貳) 등 40여 명과 함께 면(沔)[72:]을 따라 동쪽으로 내려갔다가 병에
걸려 양구(陽口)에서 멈췄다[73:]. 당시 환활(桓豁)은 형주를 지키면서[74:]
사신을 보내 형주를 지날 것을 요청하며 탕약(湯藥)을 공양하였다. 도안도
제자 혜원을 형주로 내려 보내서 문병하게 했다. 나중에 축법태는 제자
담일과 도항(道恒)을 시켜 심무(心無)의 이치를 변론하게 했으며, 혜원도
그 자리에 있었는데 다음 장(章)에서 설명하겠다.

축법태는 후에 도읍(즉 남경)으로 내려와 와관사(瓦官寺)에 머물렀다.
진나라 간문제는 그를 깊이 존경하면서 『방광반야경』을 강의해달라고

---

20) 본래는 밀교에서 행하는 의식궤범(儀式軌範)인데 여기서는 단순히 불법을 전파
한다는 의미로 쓰였다.

청했으며, 황제가 개제대회(開題大會)에 직접 참여하자 왕후(王侯)와 공경(公卿)도 다 모이지 않음이 없었다. 축법태의 명성이 사방으로 널리 퍼지자 선비나 서민들이 무리를 이루어 모였다. 축법태는 의소(義疏)를 편찬해서 극초의 글과 본무(本無)의 이치를 변론했다. 태원 12년 68세를 일기로 건업에서 생을 마쳤다. 제자 담일과 담이는 나란히 경전의 이치[經義]를 널리 종합했고 또 『노자』, 『장자』에 능통했다. 제자 축도일(竺道壹)은 환화(幻化)의 이치를 세웠는데 역시 다음 장(章)에서 상세히 밝히겠다.

진나라와 송나라 사이의 명승 축도생(竺道生)은 열반의 이취(理趣)를 크게 밝혀서 불교 역사에 일대 파란을 일으켰는데, 이 또한 축법태의 제자이다. 그렇다면 효무제의 조서에서 "태법사(汰法師)는 '도가 팔방(八方)에 전파되었고 그 은혜가 후손에게도 흘러내렸다"고[75:] 한 것은 실로 헛된 칭송이 아니다. 그러나 축법태가 강남에 도를 행한 일도 진실로 도안이 보내서 이루어진 것이다.

형주와 양양에서 불교가 번성한 것 역시 도안에서 시작된다. 도안이 양양에 거주할 때 그를 따르는 사람이 수백 명인데, 그 중에 축승보(竺僧輔), 담익(曇翼), 법우(法遇), 담휘(曇徽), 혜원, 혜지, 혜영(慧永) 등이 있다. 진나라 태원 2년(서기 377년)에 환활은 주서(朱序)에게 표(表)를 올려 양주(梁州) 자사가 되어서 양양을 진압했다. 환활이 갑자기 죽자 환충(桓冲)이 뒤를 이었는데, 그는 진인(秦人)이 강성해지자 강릉으로부터 상명(上明)으로 이주할 것을 상주했다(『통감(通鑑)』). 『명승전초, 법우전(法遇傳)』에 의거하면, "태원 3년[76:]에 진(秦)나라의 부비[77:]가 양양을 포위하자 담휘[78:], 담익[79:], 혜원[80:] 등과 함께 내려가서 강릉의 장사사(長沙寺)[81:]에 모였다.

『고승전, 혜원전』에 의거하면, 부비가 양양을 겁탈하자 도안은 태수 주서에게 구속을 받게 되어서[82:] 문도들을 나누었다. 그리하여 법우 등은 남방으로 내려갔는데, 그 중 장사사에 머문 자는 담익, 법우, 담계이고, 상명의 동사(東寺)에 머문 자는 축승보, 담휘, 혜원, 혜지이다[83]. 석혜영은 먼저 동쪽으로 내려와서 광려(匡盧)에 머물렀고, 혜원과 동생 혜지는 나중에 역시 여부(廬阜)에 머물렀고, 혜원은 특히 진나라 말엽 승가의 중진(重鎭)이 되었다. 도안 법사가 문도들을 나눈 그 혜택이 끼친 영향은 넓고도 유구(悠久)하였다[84].

7) 도안이 양양에서 거주하다

도안은 양양에 도달해서(서기 365년) 백마사에 거주하다가 나중에 단계사(檀溪寺)로 이주했다. 당시 정서(征西) 장군 환활은 강릉을 진압한[85] 후에 도안에게 잠시 머물 것을 요청했으며, 주서는 서쪽을 진압하고 도안에게 다시 양양으로 돌아와 줄 것을 요청했다(서기 377년). 2년 후에(서기 379년)에 부비가 양양을 함락하자 도안은 이내 서쪽 관중으로 들어갔다. 양양에 머문 기간은 15년이 되는데, 당시는 마침 북방의 진(秦)과 연(燕)이 전투를 벌이느라고 남방을 도모할 겨를이 없어서 형주와 양양은 잠시 안정을 얻었다.

그러자 도안은 곧 경전을 수정해서 목록을 만들었고, 해마다 『방광경』을 두 번 강의했다. 그의 『반야경』 주소(注疏)들은 모두 이 시기에 만들어졌다. 그가 지은 『답법태난(答法汰難; 법태의 문에 답함)』 두 권과 『답법장난(答法將難; 법장의 질문에 답함)』 한 권[86]은 모두 양양에 거주하면서 벗과 주고받은 의론(議論)의 서찰이라고 생각한다. 또 도안은 현자와 부호의 보시를 받아 탑을 세우고 불상을 주조(鑄造)했으며, 그가 제정한 승려들의 규율 조항도 이 시기에 있었다고 생각된다. 이렇게 도안의 명성은 나날이 커져갔다. 진왕(秦王) 부견, 양주자사 양홍충(楊弘忠), 진나라 효무제, 극초는 모두 멀리서 와서 예의를 다하였고, 양양의 명인 습착치는 극히 도안에게 경도되어 먼저 글을 보내 호감을 표했다[87]. 나중에 다시 사안에게 보낸 글(『고승전』을 보라)에서 이렇게 말하고 있다.

여기 와서 석도안을 만났는데 정말 탁월한 사람으로 평범한 도사(道士)가 아닙니다. 도안 법사와 문도 수백 명은 재계와 강의를 게을리하지 않으며, 신통변화나 방술로 평범한 사람의 눈과 귀를 미혹하지도 않고, 막강한 위력과 큰 세력으로 서로 차이가 나는 무리들을 바로잡으려 하지도 않습니다. 그래서 법사와 문도가 엄숙한 상태에서 각자 서로를 존경하고 있는 모습이 성대(盛大)하면서도 신중하니, 이는 제가 지금껏 보지 못한 겁니다.

도안의 이지(理智)의 심회(心懷)는 간소하고 적절하면서도 널리 섭렵했으니, 온갖 내전과 외서를 대략 다 살펴보았습니다. 또 음양과 산수(算數)에도 능통했고, 불교의 오묘한 이치[妙義]에도 능수능란하니, 그의 작의(作義)는 마치 법란(法蘭)[88], 법도(法道)[89]와 비슷합니다. 한스러운 것은 재상께서 동시대에 있는데도 만나지 못한 것이며, 그 역시 말끝마다 한 번 만나서 마음을 나누고 싶다고 말했습니다.

도안은 박학다식했고[90] 신령스런 이해가 탁월하고 오묘했으며, 문학에 대한 재능과 변론도 유명했다[91]. 불도를 넓히려는 의연한 노력과 커다란 염원이 있어서 자주 전란(戰亂)을 겪으면서도 평소의 회포를 바꾸지 않았다. 그의 도덕은 충분히 사람들을 감동시켰기 때문에 대중 속의 법사와 문도는 엄숙한 상태에서 각자 서로를 존경하였다. 『세설신어, 아량편』[92]에서는 이렇게 말하고 있다.

극가빈(郄嘉賓; 극초)은 석도안의 덕을 흠모해서 쌀 천 곡(斛)과 편지를
몇 장 써서 정성스러운 뜻을 표했다. 도안은 답장에서 다만 이렇게 말했다.
"쌀을 축내다보니 먹을 것에 의지하는 처지가 더욱 번거롭게 느껴집니다."
도안은 흉금과 회포가 원대하고 독립적이고 자존(自尊)적이어서 평범한
사람과는 달랐다.

도안이 형주의 양양에 체류하던 시절의 공적은 하북에 있던 시절보다
훨씬 큰데, 그 중 특히 중요한 것으로는 (1) 경전의 정리, (2) 계율과 규범의
확립, (3) 미륵 정토의 신앙이니, 이에 대해서는 다음 절(節)에서 서술하겠다.

8) 경전의 정리

『우록, 도안전』에서는 이렇게 말한다.

초기에 번역한 경전은 오래 전이었고 구역(舊譯)에 때때로 오류가 있어서
깊은 뜻(深義)이 은폐되어 통하지 않게 되었다. 그래서 매번 강설(講說)할
때마다 단지 대충 뜻만 서술하며 전독(轉讀)[21]할 뿐이었다. 하지만 도안은
경전을 샅샅이 열람해서 깊은 이치를 캐내고 고원(高遠)한 뜻도 파악했으니,
그가 주석한 『반야경』, 『도행경』, 『밀적금강경』, 『안반수의경』에서는 경문을
찾아 구절을 비교하여 그 뜻의 취지(義趣)를 다했고 그 결과로 『석의(析疑)』,
『견해(甄解)』22권을 만들었다. 서문은 깊고 풍부함을 이루었고 현묘한
종지를 묘하게 다했으며, 조리가 순서 있게 관통했고 문리(文理)도 회통(會
通)했으니, 경전의 뜻이 명확해진 것은 도안으로부터 시작되었다.

---

21) 경전의 글귀를 소리 내어 읽거나 읊조리는 것. 또는 경전을 읽을 때 경문(經文)
전체를 차례대로 읽지 아니하고 처음·중간·끝의 몇 줄만 읽거나 책장을
넘기면서 띄엄띄엄 읽는 일.

불경의 구역(舊譯)은 때때로 오류가 있었을 뿐 아니라 서방의 문체는 본래 중국과는 달랐다. 첫째, 원문이 왕왕 간략해서 문구 속의 글자가 누락되거나 생략되어 있는데, 서방의 문장으로는 이미 습관이 되었지만 중국의 문장으로 번역하면 극히 이해하기 어려웠다. 둘째, 서문은 말이 간략하지만 명사(名辭)와 언어는 어려워 잘 통하지 않으므로 중국어로 번역하면 왕왕 무엇을 말하는지 알기 어려우니, 이것이 도안이 말하는 "뜻이 통하지 않은 구절을 읽을 때마다 앞뒤가 맞지 않았다"[93:]고 한 것이다. 셋째, 불경의 행(行)과 문장은 마치 파초의 껍질을 벗기는 것과 같아서 장구(章句)가 겹쳐져 있고 의의(意義)가 앞과 뒤가 다르다. 다만 이를 자주 살펴보면 전체가 중복되는 듯하지만, 그러나 함의(含義)는 경문을 따라 확실히 진전이 있다. 그래서 독송하는 사람은 앞과 뒤를 합쳐서 그 완전한 종지를 파악해야 하기 때문에 경전에서는 자못 "언사와 문구가 복잡해서 본말이 서로 가려져 있다"고 한 것이다[94:]. 넷째, 서방 문장의 문구는 항상 전후가 도치(倒置)되어 있으니, 이를 도안은 "호어(胡語)는 어순이 다 도치되어 있다"(『반야초서(般若抄序)』)고 했으며, 지도림은 "그 본말이 도치되어 있다"고 하였다.

대체로 구역(舊譯)은 너무 투박해서 오류가 많다. 구역을 독송하는 자가 원문을 다 이해하지 못하면, 그 연구 방법은 단지 번역본에서 "문구를 찾아 문구를 견주는" 앞뒤의 비교를 함으로써 그 명상(名相)의 함의와 경전 전체의 의의를 구하는 것이다. 문구를 비교하는 공부가 많아지면 많아질수록 그 의의가 가려진 것이 더욱더 뚜렷해진다. 도안은 경전을 샅샅이 열람해서 경문을 찾아 문구를 비교하는 공부가 가장 깊었기 때문에 비로소 깊은 이치를 캐내고 고원(高遠)한 뜻도 파악할 수 있었다. 이미 막힌 경문을 통했으므로 능히 '석의(析疑; 의문을 해석함)'할 수 있었고[95:],

이미 가려진 뜻을 간파했으므로 '견해(甄解; 이해를 밝힘)'를 더했고[96],
이미 전체의 종지를 요달했으므로 능히 경전의 과판(科判;과목의 판석)을
지을 수 있었다. 도안이 지은『방광기진해(放光起盡解)』는 아마도 단락을
나누어 그 처음과 마지막을 표시해서 그 요지(要旨)를 설명했을 것이다[97].

　　도안은 불경을 아주 폭넓게 열람했기 때문에 경전의 수집에 대해서도
노력을 기울였다. 하북에 있을 때 축도호가『십이문경』을 보내오고 또
『광찬경』1품(品)을 얻었으며, 양양에 있을 때는 혜상(慧常)이 멀리 양주(涼
州)에서『광찬경(光讚經)』,『점비경(漸備經)』,『수능엄경(首楞嚴經)』,『수
뢰경(須賴經)』을 보냈다. 도안은 많은 경전을 보았고 매우 부지런히 연구했
다. 한나라 광화(光和) 이래로 진나라 영강(寧康)(서기 374년)[98] 2년까지
갖가지 경전을 수집해서『종리중경목록(綜理衆經目錄)』1권을 지었다.
후세 사람이 목록을 지을 때는 매양 이전 사람의 목록에 의존했기 때문에
비록 그 경전을 보지 못했더라도 목록 안에 넣을 수 있었다. 그러나 도안은
추호도 의존하지 않았기[99] 때문에 반드시 눈으로 경전의 판본을 보아야만
비로소 목록에 넣을 수 있었다[100]. 그러므로『안공주경록(安公注經錄)』
(『우록』5)에서는 "내용의 누락이 있으면 누락한 대로 내고, 내용이 온전하면
온전한 대로 낸다"고 했으니, 대체로 내용의 잔결(殘缺; 일부분만 있거나
빠져있는 것)을 막론하고 반드시 눈으로 보아야만 비로소 목록에 넣었다.
단지 귀로 듣는 것에만 근거했다면 그 내용을 취하지 않았기 때문에 "도안은
온갖 경전을 교열(校閱)해서 전역(傳譯)을 설명하고 기록했다"[101]고 했으
니, 여기서 도안이 매우 부지런하면서도 근엄하게 불학(佛學)에 종사했음
을 알 수 있다.

　　또『우록』15권에서도 말한다.

한나라, 위나라로부터 진(晉)나라에 이르기까지 불경의 전래가 점점 많아졌지만 경전을 전한 사람의 이름은 말하지 않았다. 후세 사람이 추적해도 연대를 측정하지 못했지만, 도안은 경전의 명목(名目)을 총체적으로 수집해서 그 시대와 사람을 표시했고, 새로운 것과 옛 것을 설명하고 품목을 정해서 경전 목록을 편찬했으니, 온갖 경전에 근거가 있게 된 것은 실로 도안의 공로라 하겠다.

고인(古人)은 경전을 필사할 때 역자(譯者) 이름을 잃은 것이 많았는데, 도안은 두 가지 방법으로 이를 고증했다. (1) 필사본을 널리 구하는 과정에서 동일한 경전을 만날 때마다 번역자의 이름이 빠져 있는 필사본이 있고 이름이 실려 있는 필사본이 있는데, 이름이 실려 있는 것은 왕왕 경전을 번역할 때 써진 것이라서 늘 번역자의 연월(年月)이 자세히 나와 있었다. 소위 출경기(出經記)가 이에 해당한다. 도안은 이 항목의 기록에 근거해서 "명목(名目)을 총체적으로 수집해서 그 당시의 사람을 발표했다". (2) 만약 모든 필사본에 번역자의 기재가 빠져있다면, 도안은 전문(全文)을 교열해서 여러 경전들의 사체(辭體)와 견주고 비교하여 번역자를 정했다. 그래서 『우록』 13 『지참전(支讖傳)』에서는 이렇게 말하고 있다.

또 『아자세왕경』, 『보적경』 등 10여 부(部)는 세월이 오래되어 기록이 없었다. 도안은 옛것과 지금 것을 비교해서 문체를 정밀히 연구하여 '지루가 참의 번역으로 보인다'고 하였다.

도안은 많은 경전을 교열하고 문체를 정밀히 연구해서 역경자의 우열에 대해 목록에서 상세히 분석을 가했다. 만약 각 판본에 기록이 없고, 또 문체를 가려내기도 어렵고, 번역자가 빠져 있고, 고증할 실마리도 없으면,

도안은 특별히 하나의 『실역록(失譯錄)』을 마련했다. 그리고 실역본의 문체와 언사를 살펴서 아주 오래된 옛날 것으로 알거나 혹은 양주(涼州), 관중(關中)에서 번역된 것으로 판별하기도 했다. 도안은 이런 것들을 총체적으로 일고이경(一古異經), 양토이경(涼土異經), 관중이경(關中異經) 등 세 가지로 기록하였고, 그가 위조되었다고 판별한 것은 『위경록(僞經錄)』에 편입했다. 여기서도 도안이 고증한 방법이 엄격했다는 걸 알 수 있다.

그리고 도안은 많은 경전을 교열하면서 고금에 동일한 원본이 있다는 걸 알았다. 중국에서 두 차례 혹은 몇 차례 번역이 있었는데, 가령 『사십이장경』은 한나라 번역이 있고 오나라 번역이 있어서 번역자가 빠져 있다면 쉽게 장관이대(張冠李戴)[22]를 이룬다. 도안은 이 경전들에 대해 매번 주석을 통해 그 경전의 제1구(句)를 밝힘으로써 후세 사람이 따라야 할 것을 준비했으니, 가령 『우록』 7 『수능엄경주서』에서는 이렇게 말한다.

도안의 『경록(經錄)』에서는 "중평(中平) 2년 12월 8일 지루가참이 번역했다. 그 경전의 첫머리에서는 '이와 같이 들었다(如是我聞)'가 생략되고 오직 '부처님께서 왕사성(王舍城) 영조정산(靈鳥頂山)에 계셨다'라고만 칭했다."

여기서도 도안이 엄밀하게 『경록』을 지었다는 걸 엿볼 수 있다.

생각건대 『안록(安錄)』 외에 지민도 역시 목록을 지은 적이 있다. 『우록』 2에서는 진나라 혜제 때의 사문이라 칭하고, 『승전』에서는 진나라 성제 때 있었다고 말한다. 그렇다면 지민도의 경록(經錄)은 도안과 비교해서 약간 이르다. 『우록』 2에서 말한다.

---

22) 장씨의 관(冠)을 이씨가 쓰는 것. 명분과 실제가 일치하지 않는다는 뜻이다.

도안으로부터 명록(名錄)의 저술이 시작되었으니, 번역자의 재능을 가려내 품평하고 연대를 표시해 열거함으로서 묘전(妙典; 불경)을 증거할 수 있는 것은 실제로 이 사람에 의거한다.

『우록』에서 인용된 『구록(舊錄)』은 바로 『지록(支錄)』이다(앞서 설명했음). 그러나 번역자의 재능을 가려내 품평하고 연대를 표시해 열거하는 것은 도안 법사의 엄밀함이나 완벽함과는 같을 수 없다고 생각하기 때문에 승우는 '시작'이라고 말했다.

오나라 지겸의 『합미밀지경』도 있지만 지민도에 이르러서도 합본(合本)을 편집했다[102]. 지겸은 구역(舊譯)의 불경을 읽으면서 매번 번역이 투박하고 호음(胡音)이 많은 걸 유감으로 생각했다. 그래서 이전 사람의 저작을 수정하거나 혹은 따로 번역을 했기 때문에 고금에 번역된 경전의 같고 다른 섬에 매우 주의를 기울여 합본의 방법을 창시했다. 이에 대해서는 앞에서 이미 상세히 설명했다(제5장을 보라). 지민도가 많은 경전의 목록을 능히 지을 수 있었던 것은 역시 살펴본 경권(經卷)이 많았기 때문인데, 그는 이역(異譯)을 교열하다가 그 같고 다름의 차이가 큰 것에 대해 깊이 개탄하다가 마침내 『수능엄경』과 『유마힐경』의 합본을 집성(集成)하였다. 『수능엄경』에는 (1) 지겸이 수정한 지루가참의 판본, (2) 지법호의 판본, (3) 축숙란의 판본을 사용했다. 『우록』 7에는 『합수능엄경기』가 실려 있는데 이런 말이 있다.

(지법호 사문과 축숙란 거사는 모두 이 경전을 번역했는데) 경전의 뜻을 탐구하면서 서로 발명(發明)하였다. 앞선 세 사람의 번역본을 뒤져서 찾았지만 힘들기만 했지 서로 겸용하기는 어려웠다. 그래서 공부하는 사람에게

맞는 것을 얻게 하기 위하여 이제 지월[103:]의 번역본을 모체[母]로 삼고 지법호가 역출한 것을 자식[子]으로 삼으며 축숙란이 번역한 것을 연계(連繫)시켰다. 상대가 없는 것은 그 위치의 기록으로 구별했으니, 문장과 의취가 동일하거나 혹은 의취는 동일해도 문장에는 소소한 증감(增減)이 있어서 별로 중요하지 않은 것은 뭉뚱그려 동일하게 여겼다. 비록 큰 의취에선 별로 도움이 되지 않지만 각 부(部)와 장구(章句)에서는 차이를 볼 수 있다.

『유마경』에는 지겸, 법호, 법란의 세 가지 판본이 있다. 『우록』 8에 실려 있는 지씨(支氏)의 『합유마경서』에서는 "나는 그래서 양자를 서로 부합(附合)시켜 명(明)[104:]의 번역을 근본으로 삼고 난(蘭)의 번역을 자식[子]으로 삼았다[105:]. 그래서 이치를 찾는 자에게 위에서 아래까지 살펴보고 이쪽에서 저쪽까지 독파해서 서로 틀리는 수고로움을 해결할 수 있게 하였다"고 하였다. 지민도는 대체로 합본의 이익을 깊이 알았다. 그러나 지민도는 이미 지겸의 글을 읽었으므로 그가 제작한 합본은 응당 지겸에게서 방법을 취한 것이리라.

도안 법사는 많은 전적을 널리 열람해서 신역과 구역의 같고 다른 점을 가려내어 품평했고, 특히 『반야경』의 여러 번역에서 생겨난 차이점에 각별히 유의하였다. 도안이 편찬한 『합방광광찬수략해(合放光光贊隨略解)』는 오랜 세월이 지나면서 실전된 것으로 보인다. 『우록』 7에서 비록 그 서문을 실었지만, 그러나 그 속에서도 제작의 체제(體制)는 언급하지 않았다. 다만 『우록』 7 지민도의 『합수능엄경기』 안에 있는 자주(子注)에서는 이렇게 말하고 있다.

세 가지 경전은 사부(謝敷)가 합주(合注)했으며 도합 네 권이다.

『우록』2에 의거하면, 지민도의『합수능엄경』은 여덟 권이 있고, 주석에
서는 "아마도 다섯 권일 것이다"라고 말한다. 생각건대 사경서(謝慶緖;
사부)의 연대는 지민도보다 늦다. 그렇다면 소위 '세 가지 경전은 사부(謝敷)
가 합주(合注)했으며 도합 네 권이다'라는 것은 필경 사부가 지민도의
합본에 의거해 비교를 통해 그 지취(旨趣)를 얻은 뒤에 비로소 주(注)를
지은 것이다. 겨우 네 권에 불과해서 권수(卷數)가 비교적 적은 이유는
필경 지민도의 글을 매 단락마다 여러 글자를 초록하여 처음과 마지막을
기록했기 때문이다.

도안이 지은『합방광광찬수략해』는 그 내용을 알 길은 없지만, 그러나
『방광경』과『광찬경』을 합쳐서 품(品)을 따라 비교하고[106] 경문에 따라
약해(略解)를 지었다면, 그 성격은 응당 사경서의 글과 대체로 비슷하다고
생각한다. 이는 모두 합본의 지류(支流)이다.

또『우록』8에는 시도림의『내소품대비요초서(大小品對比要鈔序)』가
실려 있는데, 이 초록(鈔錄)은 바로『방광반야경』과『도행반야경』을 취해
서 문사(文辭)를 추려 기록하고 대조, 비교하여 배열하였다. 비록 경전의
초록이라도 역시 합본이니, 그렇다면 회역(會譯)의 또 다른 새로운 면모라
고 하겠다.

9) 계율과 규범의 확립

도안은 양양에서 계율의 전래가 완전치 않다는 걸 깊이 느꼈다.『우록』에
는 그가 양양에서 지은『점비경서』가 실려 있는데, 그 내용 중에 이런
말이 있다.

5백 가지 계율이 있다고 하는데 어찌된 일인지 들어오지 못했으니, 이야말로 가장 급한 일이다. 사부(四部)의 계율이 갖추어지지 않으면 불법의 큰 교화는 원만하지 못하다.

『비구대계서(比丘大戒序)』에서는 이렇게 말한다.

대법(大法)이 동쪽으로 흘러 들어온 세월이 아직은 오래되지 않았다. 나의 스승들은 진(秦)(이 글자는 착오로 의심된다)나라 때부터 계를 받기 시작했고, 또 번역하는 사람은 모자랐고 고증 및 교정하는 사람은 더 드물어서 선대의 사람이 전한 내용을 이어받으며 옳다고 여겼다. 불도징 화상이 온 후에야 바로잡은 것이 많았다. 나는 예전에 업(鄴)에서 계율에 대해 약간 익혔지만 아직 검토하는 데까지는 미치지 못했는데, 결국 세상의 난리를 만나게 되었다.

『비구니계본서』[107:]에서는 이렇게 말한다.

축법태는 그 당시에 세상 사람들이 자신을 스승으로 모시는 것을 거절했다. 이 광대한 지역에 승려의 계법(戒法)이 한 부(部)도 없는 걸 보고서 계법을 구해 역출하려고 했지만 결국 이루지 못했다.

동진 중엽에 도안과 축법태 등 몇 사람은 모두 계율을 힘껏 찾았으며, 석법현(釋法顯)은 이로 인해 서쪽으로 갔다. 『비구니계본서』의 지은이(즉 도안)는 스스로 이렇게 말했다.

나는 과거에 『대로정(大露精) 비구니계』[23]를 얻었다. 하지만 이는 약의 처방[藥方] 한 통을 오인한 것으로서 20여 년간 직접 갖고 다녔지만 번역할 사람이 없었다. 그러다 최근에 번역하려고 보니 전혀 비구니계가 아니었으니, 비로서 언어가 서로 소통하지 못하는 것이 이 정도란 걸 알았다.

도안은 양양에서 수백 명의 승려를 이끌고 있었는데[108], 스스로 위의(威儀)를 제정하고 절도(節度)를 갖출 필요가 있었다. 도안이 세 가지 예(例)를 수립한 것도 아마도 이 시기일 것이다. 『고승전』에서 말한다.

도안은 이미 그 덕이 사물의 종주(宗主)가 되었고 학문은 삼장(三藏)을 겸비하였다. 그가 제정한 승니(僧尼)의 궤칙과 규범은 불법의 헌장(憲章)으로 세 가지 예(例)로 조목을 나누었다. 첫째, 행향정좌상경상강지법(行香定座上經上講之法)이라 하고, 둘째, 상일육시행도음식창시법(常日六時行道飮食唱時法)이라 하고, 셋째, 포살차사회과등법(佈薩差使悔過等法)이라 하는데, 천하의 사찰이 마침내 이를 따랐다.

도안의 세 가지 예(例)에 대해 명백한 해석을 한 서적들을 아직까지는 보지 못하였다. 『법원주림, 명찬부(明讚部)』에서는 이렇게 말하고 있다.

또 옛날에 도안 법사는 세 가지 과목(科目)인 상경(上經), 상강(上講), 포살(布薩) 등을 수집해 제정했다. 선대의 현자가 수립한 제도는 땅에 떨어지지 않고 천하의 법칙으로 사람들이 모두 익혀 행했다.

또 『우록』12에 실려 있는 『법원원시집목록(法苑原始集目錄)』 속의 제6은 『경패도사집(經唄導師集)』이라 한다. 이 『경패도사집』 말미의 2항

---

23) 승우의 『출삼장기집』에 『대로정비구니계』가 실려 있다.

(項)은 다음과 같다.

　　　도사연기(導師緣記) 제20
　　　안법사법집구제삼과(安法師法集舊製三科) 제21

　이에 의거하면, 도안이 제정한 세 가지 과목인 상경, 상강, 포살 등은
모두 범패를 읊는 것이다. 『법원주림, 설청편(說聽篇), 의식부(儀式部)』에
서 인용한 『삼천위의경(三千威儀經)』에서는 상고좌(上高座) 독경(讀經)을
언급했으니, 응당 '상경(上經)' 역시 상고좌 전독(轉讀)[24]의 법이다. 그
경전 속에 이런 말이 있다.

　　　앉는 법에 다섯 가지가 있다. 첫째, 반드시 법의(法衣)를 올바르게 입고
　　　편안히 앉아야 한다. 둘째, 건추(楗椎)[25]의 소리가 끊어지면 응당 먼저
　　　게패(偈唄)[26]를 찬양해야 한다. 셋째, 응당 인연을 따라 독송해야 한다(이하
　　　생략).

　그래서 전독(轉讀)에 앞서 반드시 먼저 범패를 읊어야 한다. 『승전,

---

24) 불경을 외워 읽는 것. 남조(南朝) 양(梁)나라의 혜교(慧皎)가 지은 『고승전・경사
　　전론(經師傳論)』에서 말한다; "천축 지방의 풍속에서는 법언(法言)을 노래로
　　읊조리는 것을 패(唄)라 하였고, 중국에서는 경전을 읊는 것을 전독이라 하고
　　노래로 찬송을 하면 범패(梵唄)라 하였다." 또 경문을 읽을 때, 각 권의 처음,
　　가운데, 끝의 중요한 몇 줄만 읽고 나머지는 책장을 넘기며 읽는 시늉만 하는
　　것을 전독이라 했다.
25) 건추(楗槌), 건치(揵稚)라고도 하며 '간타(Ghanta)'의 음역(音譯)이다. 경(磬),
　　종(鐘), 타목(打木)으로 번역. 시간을 알리는 나무로 만든 기구이다.
26) 부처의 공덕을 기리는 게송.

법평전(法平傳)』에서는 송나라 초기에 법평이 동생 법등(法等)과 함께 전독을 잘했다고 한다.

후에 동안사(東安寺)의 엄공(嚴公)(혜엄(慧嚴))이 경전 강의를 시작할 때 법등은 세 번 박자를 나누어 경전을 외웠다. 혜엄은 진미(塵尾; 털이개)를 천천히 흔들면서 이렇게 말했다.
"이런 식으로 경전을 독송하는 것은 강의하는 것 못지않다."
그리고는 강의를 마치고 자리를 떠났다. 다음날에 다시 경전 강의를 시작했는데, 참여한 사람들은 서로 성과를 이루는 방법이라고 했다.

그렇다면 경전을 강연하기에 앞서 전독(轉讀)을 하는 것이 관례였다. 『승전, 창도편론(唱導篇論)』에서는 이렇게 말한다.

옛날 불법이 처음 전래되었을 당시에는 일제히 모여서 단지 부처의 명호를 읊조리면서 경문에 의거해 예를 올렸다. 한밤중에 피로가 극에 이르면 깨달음을 돕기 위해 장로 대덕(大德)에게 법좌에 올라 법을 설할 것을 따로 청하는데, 그 설법은 인연을 이리저리 서술하거나 혹은 비유를 곁가지로 인용하기도 하였다.
그 후 여산(廬山)[27]의 석혜원은 도업(道業)이 순수하고 충실하며 기풍과 재능이 빼어났다. 그는 매번 재계의 모임이 있을 때마다 스스로 높은 법좌에 올라 직접 도수(導首; 무리를 이끄는 장로)가 되어서 삼세의 인과를 자세히 밝히고 하나의 재계가 갖는 대의(大意)를 밝히려고 하였다. 이는 후대에

27) 일명 광산(匡山), 혹은 광려(匡廬)라고도 한다. 강서성(江西省) 북부에 있다 북쪽으로는 중국에서 가장 큰 강인 장강(長江)에 임해 있고, 동쪽으로는 중국 제일의 담수호(淡水湖)인 파양호(鄱陽湖)에 접해 있다.

전수(傳受)되어 마침내 영원한 법도가 되었다.

그렇다면 한밤중에 도(道)를 행하다가 장로 대덕에게 설법을 청해 대중을 경각(警覺)시킨 것이 창도(唱導)[28]의 기원이고 또한 후세 참회문의 선례라 하겠다. 도안이 여섯 때[時][29]에 도를 행할 때 아마 창도(唱導)의 일이 있었을 것이다. 그 후 혜원이 바로 도안의 법도를 행했다. 생각건대 앞서 인용한 『법원주림, 원시집(原始集)』에서 도안의 세 가지 과목은 『경패도사집(經唄導師集)』에도 있고 또 『도사연기(導師緣記)』의 후반에도 들어 있으니, 그렇다면 세 가지 과목은 창도와도 관련이 있는 것으로 보인다.

도안의 만년에 계율이 점점 전래되었다. 그때 얻게 된 계본(戒本)은 도안과 많은 관련이 있는데, 이를 열거하면 다음과 같다.

담마시의 『십송계본』, 도안은 이에 의거해 예전에 평소 행한 계를 고증해서 많은 오류가 있는 걸 알았다.

이 『십송계본』을 얻기 전에 도안은 무수(武邃), 법잠(法潛)으로부터 1부(部)의 계본을 얻었는데, 그 규모는 담마시의 계본과 동일하다.

축담무란은 여산에서 축승서(竺僧舒)가 얻은 계본 1부를 인정했는데, 역시 담마시의 계본과 동일하다(법잠의 계본과 동일한 서적인지 아닌지는 알지 못한다).

증순(曾純), 담충(曇充)이 구이(拘夷; 龜玆)에서 『니계(尼戒)』를 얻었는데, 도안은 이를 본 적이 있다(이는 『니계서(尼戒序)』에 근거한다. 서문은

---

28) 경전을 강연하고 법을 설할 때 크게 읊조려서 시작을 이끄는 것.
29) 새벽[晨朝], 정오[日中], 일몰(日沒) (이상 세 때가 주(晝)이다), 초야(初夜), 중야(中夜), 후야(後夜) (이상 세 때는 야(夜)이다). 따라서 육시(六時)는 하루 종일을 뜻한다.

실제로 도안이 지은 것이다).

면력(覓歷)은 『오백비구니계(五百比丘尼戒)』를 역출했는데 지둔과 축법태의 공격을 받았다. 이는 승순의 계본을 얻기 전이다.

축법태는 외국 사람에게 『니계』를 역출시킨 적이 있는데 다소 부족한 점이 있는 걸 인정했다. 이 역시 승순의 계본 이전에 얻은 것이다.

혜상(惠常)은 양주(涼州)에서 『오백계』를 얻었는데, 이 역시 승순의 계본 이전에 있었다(이는 모두 『우록』 11에 있다).

『비나야율(鼻奈耶律)』은 도안이 장안에 있을 때 번역한 것인데, 이는 『십송광률(十誦廣律)』이다. 『십송광률』의 번역은 여기에서 시작되었다(서문이 있다).

도안은 율(律)과 계(戒)를 찾았는데 그 노력이 진실로 경탄스러울 정도였다. 얼마 후에 구마라집이 중국에 와서 율장(律藏)을 크게 번역했으며, 이때부터 천하 승려들의 몸가짐으로 순수하게 되면서 도안의 제도를 반드시 행할 필요는 없어졌다.

도안 법사의 세 가지 과목이 어느 시대까지 유행했는지는 알지 못하지만, 그러나 그가 승려의 성(姓)을 제정한 것은 천오백 년을 내려오면서도 그 법도를 준수하고 있다. 『고승전』[30]에서는 이렇게 말한다.

처음에 위진 시대의 사문은 스승의 성(姓)을 자기 성으로 썼기 때문에 각자의 성이 똑같지 않았다. 도안은 위대한 스승의 근본으로 석가모니보다 존경스러운 존재는 없다고 생각해서 석(釋)을 성으로 삼으라고 명했다. 그 후에 얻은 『증일아함경』에서 "과연 사방의 강물이 바다에 들어가면

---

30) 원문의 안(安)은 고(高)의 착오이다.

강물의 이름이 없어진다고 칭하듯이, 네 가지 성씨(姓氏)가 사문이 되면 모두 석(釋)을 종성(種姓)으로 칭한다'고 해서 이미 경전과도 크게 부합하므로 마침내 영원한 법식(法式)이 되었다[109:].

또 『법우전(法遇傳)』[110:]에서 말한다.

후에 양양에서 전란을 만났을 때 법우는 그 지역을 피해 동쪽으로 내려가서 강릉 장사사(長沙寺)에 머물렀다. 그곳에서 많은 경전을 강설했는데 수업을 받은 자가 4백여 명에 달했다. 당시 승려 하나가 술을 마시고 저녁 때 향을 사르는 소임을 하지 않자, 법우는 단지 벌만 내리고 쫓아내지는 않았다. 도안은 멀리서 그 소식을 듣자 대나무 통에다 곤장 하나를 담아서 손수 밀봉을 하고 제목을 써서 법우에게 보냈다. 법우는 밀봉을 열어보고 곤장을 보았다. 그가 말했다.

"이건 술을 마신 승려 때문에 보낸 것이다. 나의 훈령(訓令)이 충실히 이행되지 않으므로 멀리서도 근심을 하여 내리신 것이다."

그는 즉시 유나(維那)에게 건추(楗鎚)[111:]를 울려 대중을 모으라고 명한 뒤에 곤장이 든 대나무 통을 향등(香橙) 위에 놓고 행향(行香)[31]을 마쳤다. 그리고 자리에서 일어나 대중 앞에 나가서 대나무 통을 향해 공경의 예를 드린 다음 땅에 엎드려 유나에게 곤장을 세 대 치라고 명했으며, 그다음 곤장을 대나무 통에 넣고는 눈물을 흘리며 스스로를 질책했다. 당시 경내의 도인과 속인 중에 탄식하지 않는 사람이 없었으며, 이로 인해 수업에 힘쓰는 자가 매우 많았다. 얼마 있다 혜원에게 보낸 편지에서 "저는 미천하고 우매해서 대중을 잘 이끌지 못했습니다. (도안) 화상께서 이역(異域)에 멀리 떨어져 있는데도 오히려 멀리까지 근심을 끼쳤으니 저의 죄가 깊습니

---

31) 승려들에게 향을 나눠주는 의식.

다."라고 하였다.

생각건대 당시 석화상(釋和尚; 도안)은 부진(苻秦)의 도읍지인 장안에 있었기 때문에 이역에 멀리 떨어져 있다고 말한 것이다. 법우는 어렸을 때 허황되고 허세가 심한 성격이라서 안하무인이었다. 그러다 도안을 만나고 나서는 홀연히 믿고 복종하였다. 나중에 스승이 먼 지방에 있는데도 오히려 지극한 공경을 바쳤으니, 그렇다면 도안 화상의 사람을 감동시키는 위덕(威德)은 지극히 깊고 또한 절실했다고 하겠다.

10) 미륵 정토의 신앙

혜교의 『고승전, 도안전』에서 말한다.

도안은 매번 제자 법우 등[112]과 함께 미륵(彌勒) 앞에서 도솔천에 왕생하는 서원(誓願)을 세웠다.

『고승전, 축승보(도안의 벗)전』에서는 이렇게 말한다.

훗날 형주의 상명사(上明寺)에 머물며 소박한 채식으로 스스로를 절제하면서 예참(禮懺)[32]을 부지런히 행하고 도솔천에 태어나길 서원(誓願)하였다.

『고승전, 담계전』에서 말한다.

---

32) 부처나 보살에게 예배하고 죄를 참회함.

후에 병이 위독하자 항상 미륵불의 명호를 외우면서 입에서 그치지 않았다. 제자 지생(智生)이 간호를 하다가 물었다.

"어찌하여 안양(安養) 정토33)에 태어나길 원하지 않습니까?"

담계가 대답했다.

"나와 화상 등 여덟 사람은 똑같이 도솔천에 태어나길 서원했는데, 화상과 도원(道願) 등은 모두 왕생했지만 나는 아직 가질 못하고 있다. 그래서 도솔천만을 원할 뿐이다."

말을 마치자마자 광명이 몸을 비추면서 용모가 기쁜 기색으로 바뀌었다. 마침내 문득 천화(遷化)를 하니 그의 나이 70세였다. 도안의 묘 오른쪽에다 장례를 치렀다113:.

도안과 축승보, 법우, 담계, 도원 등 여덟 사람이 도솔천에 왕생하길 서원한 시기는 필경 양양에 있을 때였다. 대체로 법우는 부진(苻秦)이 취한 양양에서 스승인 도안과 이별했다.

『악방문류(樂邦文類)』34)에 실린 준식(遵式)의 『왕생서방약전서(往生西方略傳序)』에서는 도안에게 『왕생론(往生論)』 6권이 있다고 했으며, 당나라의 회감(懷感) 역시 도안의 『정토론』을 인용해 언급하고 있다114:. 부견은 보배 구슬로 장식한 미륵불상을 양양으로 보낸 적이 있으니115:, 도안이 특히 미륵을 숭배했음을 알 수 있을 것이다. 미륵에 대한 경전은 도안 이전에 이미 번역되었다116:. 미륵은 석가모니로부터 수기(受記)를

---

33) 아미타불의 정토인 극락세계를 말한다.
34) 남송(南宋)의 사문 종효(宗曉)가 편찬했으며 총 5권이다. 경원(慶元) 6년(1200년)에 완성되었다. 악방(樂邦)은 안락국(安樂國)으로 바로 극락정토란 뜻이다. 정토종과 관련된 경전과 논서의 주요 경문을 싣고 있으며, 아울러 고승들의 저술, 시와 계송, 전기 등을 14부문으로 나누어 싣고 있다.

받고 세간의 의심을 해결하기 위해 남아서 머물고 있다. 도안은 늘 제자인 법우, 도원, 담계 등과 함께 미륵불 앞에서 도솔천에 왕생하기를 서원하였다. 도안이 도솔천 궁전에 태어나길 서원한 목적 역시 의문을 해결하는데 있기 때문에 승예(僧叡)(도안의 제자)의 『유마경서』에 이런 말이 있다.

선대의 종장(宗匠)35)이 경전에서 깨달음을 찾는 것을 멈추고 감개하면서 미륵불 앞에서 서원한 것도 바로 이 때문이다.

도안의 『승가나찰경서(僧迦羅利經序)』의 문장에는 승가나찰이 죽은 후에 미륵 대사(大士)와 고담준론을 한 것이 실려 있으며, 그의 『바수밀경서(婆須蜜經序)』에도 바수밀이 이 경전을 결집한 후에 삼매정(三昧定)에 들어가서 손가락 퉁기는 사이에 정신이 도솔천에 올라가 미륵 등과 함께 한 법당에 모였는데, 또 이렇게 말했다고 한다.

근기(根機)에 따라 천양(闡揚)하는 권지(權智)36)와 성현(聖賢)의 침묵37) 이 도도하게 귀에 가득 차니 또한 즐겁지 않은가!

---

35) 도안을 말한다.
36) 근기에 따라 법을 설하는 방편지(方便智)이다. 이는 두 가지 지혜 중 하나이다. 모든 법의 실상(實相)에 통달하는 것은 여래의 실지(實智)이고, 갖가지 차별 현상에 통달하는 것은 여래의 권지(權智)이다. 실지는 체(體)이고 권지는 용(用) 이니, 여래 성불의 본체는 실지에 있고 일대 교화의 묘용(妙用)은 권지에 있다.
37) 유마 거사의 침묵을 말한다. 유마 거사의 회상(會上)에서 31명의 성인(聖人)이 불이(不二)의 법상(法相)을 설하고 문수사리는 아무런 말도 설명도 없었는데, 이를 불이법문(不二法門)이라 한다. 유마는 이 불이법문을 최후의 침묵으로 표시했다.

이 서문 중 삼매정에 들어가 정신이 도솔천에 올라갔다고 말한 내용에서 도안이 미륵을 염불한 것이 바로 선정의 원래 뜻을 얻은 것임을 알 수 있다. 비록 담계가 죽을 때 입으로 미륵의 명호를 끊임없이 외웠다 해도 당시 사람들은 염불이 바로 선(禪)의 일종인 것을 여전히 알고 있었다. 가령 『광홍명집, 승행편(僧行篇)』에 실려 있는 『승경행장(僧景行狀)』에 이런 말이 있다.

처음에 법사는 산에 들어가 2년이 되었을 때 선미(禪味)를 비로소 갖추었으며, 매번 마음을 거두어 적멸(寂滅)에 들어가 미륵만을 오로지 보았다.

『고승전』에는 지엄(智嚴)이 천축의 나한에게 질문하는 것이 실려 있다.

나한이 판결할 수 없자 바로 지엄을 위해서 선정에 들어 도솔천 궁전으로 가서 미륵에게 자문을 구했다[117].

『고승전, 혜원전』에서 말한다.

달마(서역의 비구)는 선정에 들어가서 도솔천으로 가 미륵으로부터 보살계를 받은 적이 있다.

또 『고승전, 도안전』에 나오는 내용이다; 도안이 꿈에 천축의 도인을 보았는데 백발의 머리에 눈썹이 길었다. 그 도인이 도안에게 "그대의 경전 주석은 도리에 잘 들어맞는다. 나는 열반에 들지 않고 서역에 머물고 있다. 마땅히 서로 도와서 불법을 널리 전파해야 할 터이니, 때에 맞게 음식 공양을 마련해야 할 것이다"라고 하였다. 나중에 혜원이 도안이 꿈에서 본 도인이 빈두로(賓頭盧)[38]인 걸 알고서 바로 법좌를 세워 공양을 했는데 대대로 법도(法度)가 되었다.

『도안전』에서는 또 도안이 죽기 11일 전에 홀연히 이국의 승려가 나타나서 그에게 성승(聖僧; 부처)을 목욕시키라고 했다. 도안은 내생에 살 곳을 물었다. 그 승려가 손으로 하늘의 서북쪽을 치자 즉각 구름이 열리면서 도솔천의 묘하고 뛰어난 과보가 빠짐없이 보였다. 이 이국의 승려가 바로 빈두로라고 한다. 생각건대 빈두로가 열반에 들지 않고 세상에서 호법의 아라한이 된 것은 그 성격이 미륵보살과 서로 비슷하다[118].

11) 도안의 장안 거주와 역경

진나라 효무제 태원 4년(서기 379년)에 도안은 서쪽 장안에 이르렀다[119]. 부견은 도안을 매우 중시해서[120] 내외의 학사(學士)들에게 칙명을 내려 의문이 있으면 모두 도안을 스승으로 삼으라고 했다. 이 때문에 경조(京兆) 사람들은 "학문에서 도안을 스승으로 삼지 않으면, 이치(義)의 난점을 해결하지 못한다"고 말했다. 도안은 많은 서적을 섭렵해서 문장을 잘 했다. 장안에서 의관(衣冠)을 갖춘 자제(子弟)들로서 시(詩)나 부(賦)를 짓는 사람은 모두 그에게 기대어 영예를 이루었다[121].

부견은 만년에 남방을 정벌하고자 했다. 도안이 몇 차례나 간절히 간해서 만류했지만 부견은 끝내 듣지 않았다. 도안의 『음지입경서』에서는 "융적

---

38) 산스크리트 이름 Pindola로 16나한(羅漢)의 한 명이다. 부동이근(不動利 根)으로 번역하며 석가세존의 제자이다. 흰 머리칼과 긴 눈썹을 가진 나한. 중국에서는 동빈의 조안이 처음 빈두로를 신앙하였고, 우리나라에서는 독성(獨聖), 나반존 자(那畔尊者)라 하여 모든 절에서 봉안한다.

(戎狄)이 침략했다'고 했으며, 『도지경서』에서는 "험윤(獫狁)39)이 중하(中夏)를 어지럽혔다'고 했으니, 그렇다면 그가 부견을 만류한 것은 아마도 옛 나라舊邦를 잊지 못한 사사로운 충정이었을 것이다. 태원 10년 2월 8일 74세를 일기로 병 없이 임종을 맞았고, 장례는 성 안의 오급사(五級寺)에서 지냈다. 장안에 7년 동안 있으면서 매일 경전을 번역하는 걸 임무로 삼았으니, 그 본말(本末)을 기술하면 다음과 같다.

한나라와 위나라 사이에서 역경의 중심지는 낙양이다. 그러나 서진의 축법호가 경전을 번역할 때는 장안이 이미 중심지가 되었다. 그 후 약 40년 동안 부견이 관중(關中)에서 황제를 참칭(僭稱)하면서 무력이 지극히 성대했을 때 오호(五胡)의 난(亂)이 이로부터 시작되면서 중국과 서역의 교통이 나날이 번성했다. 양(涼)의 장준(張駿)은 진나라 성제, 목제 시기에 장수 양선(楊宣)에게 대중을 이끌고 유사(流沙)40)를 넘어 구자국과 정선국을 정벌케 했고 그 결과 서역이 일제히 항복하였다(『진서』 86).

그리고 부견이 양주(涼州)를 공략해서 위명(威名)이 멀리까지 진동하자 선선국, 거사국(車師國), 전부국(前部國)의 왕들이 찾아와 조정을 배알했으며, 대완국(大宛國)에서는 한혈마(汗血馬)를 바쳤고, 우전국, 강거국 등 여러 나라에서는 지역 특산물을 조공으로 바쳤다(『진서』 113). 진나라 태원 7년(서기 382년)에도 여광(呂光)을 시켜 서역을 평정했는데, 이때 중국과 서역의 교통은 매우 활발했기 때문에 서역의 먼 곳에서 온 승려들이 더욱 많았다122:

---

39) 중국 고대 민족 이름으로 화윤(葷允), 화육(葷粥), 훈육(獯 (熏) 鬻), 훈육(薰育), 엄윤(嚴允) 등으로도 불린다. 일설에는 진(秦)과 한(漢) 시기 흉노의 선조라고 한다.
40) 중국 서방에 있는 큰 사막, 즉 고비 사막.

도안 법사는 장안에 이른 후에 적극적으로 번역 사업을 장려했다. 매번
직접 교정을 하고 번역을 마친 후에는 항상 그 연기(緣起;번역을 하게
된 인연)를 서문으로 썼다. 즉 "도읍(都邑)에 전란이 일어나 인근 교외에
북이 울렸다"고 했지만 더욱더 작업을 쉬지 않았다. 동시에 조정(趙整)123:
이란 사람은 부견에게 벼슬해서 태수 및 비서랑(秘書郎)이 되었는데 역시
역경 사업을 자주 수호하였다. 부견이 몰락한 후에 출가해서 이름을 도정(道
整)으로 바꾼 사람으로 역시 역경의 공신(功臣)이다.

도안과 조정은 비록 공적이 뚜렷하지만, 그러나 호어(胡語)를 한어(漢語)
로 번역하는 일은 실로 처음부터 끝까지 축불념(竺佛念)의 힘이다. 축불념
은 양주(涼州) 사람으로 많은 경전을 외우고 익혔으며 외전(外典)도 거칠게
나마 섭렵했다. 훈고(訓詁)41)에 유능해서 특히 통달했으며, 어린 시절
사방을 유행(遊行)하길 좋아해서 풍속을 빠짐없이 관람했다. 집안이 대대
로 서하(西河)에 있어서 지방의 언어를 환히 통달했고, 중국과 오랑캐[戎]의
음의(音義)를 아울러 다 해석했기 때문에 의학(義學)42)의 영예는 비록
빠졌지만 견문이 넓다는 명성은 매우 뚜렷이 알려졌다. 부견의 시대와
요흥의 시대에 중국에 온 서역의 승려는 중국어를 익히지 못해서 전역(傳譯)
의 책임을 사람들은 다 축불념에게 미루었기 때문에 전진과 후진의 시대에
번역자의 종장(宗匠)으로 추대되었다. 장안은 이때 번역 사업이 왕성했으
므로 이런 갖가지 인연을 모아 번역을 행한 것은 실로 우연한 일이 아니
다124:

---

41) 자구(字句)에 대해 해석을 하는 것으로 특히 고서(古書)의 자구에 대한 해석을
가리킨다.
42) 불교 교의(敎義)의 학설을 가리킨다. 예컨대 반야학(般若學), 법상학(法相學)
등이다.

서역의 사문 담마시는 계율을 잘 지니고 계경(契經; 불경)에 묘하게 들어갔다. 부견의 건원 시기 때 장안에서 『십송계본(十誦戒本)』, 『비구니대계본(比丘尼大戒本)』, 『교수비구니이세단문(教授比丘尼二歲壇文)』의 3부(部)를 역출했고, 축불념은 전어(傳語)가 되었다[125]. 이때는 불교가 유행한지 오래되었지만 계율은 바로잡지 못한 곳이 많았다. 도안, 축법태, 축담무란은 모두 이 점에 주의를 기울였다. 담마시는 특히 계율을 잘 지녀서 이 3부를 역출했는데, 이는 당시의 필요에 부응한 것이다. 건원 18년 계빈국의 사문 야사(耶舍)는 『비나야경』을 번역했으며, 도안은 서문에서 이렇게 말했다.

> 임오년(壬午年)(서기 382년) 구마라불제(鳩摩羅佛提)가 하사한 『아비담초』[126], 『사아함모초(四阿含暮抄)』가 장안에 도착했다.(중략) 또 그의 도반인 계빈국의 비나(鼻奈)는 이름이 야사(耶舍)로서 『비나경』을 매우 잘 외운지라 그에게 역출을 하게 했다. 구마라불제의 범서(梵書)를 축불념이 번역하고 담경(曇景)이 받아 적어서 정월 12일부터 시작해 3월 25일에 완료하니 대체로 네 권의 분량이었다[127].

소위 '계빈국의 비나'란 계빈국 출신으로 비나야(율(律))를 잘 지닌 자이다(Vainayika).

승가발징(僧伽跋澄)은 계빈국 사람으로 특히 『수경(數經)』에 능해서 『아비담비바사(阿毘曇毘婆沙)』를 암송했다. 계빈국은 일체유부(一切有部)가 성행한 지역이므로 여기서 말하는 『수경』은 바로 『수론(數論)』으로 보이는데, 이는 유부(有部)의 『아비담』을 말한다.

부견은 건원 17년에 관중(關中)에 이르렀다(서기 381년). 당시 도안은 장안에서 이미 4년을 지냈다. 이때 비서랑 조정은 불법을 숭배해서 외국에서 종지로 익힌『아비담비바사』를 승가발징이 암송하고 있다는 걸 듣자 이내 역출해주길 청하였다.『승전』에서는 이걸『아비담비바사』라 했고,『우록』에서는『잡아비담비바사론』[128]이라 하고 간략히는『비바사』라고도 했다. 도안은 서문에서 이렇게 말했다.

건원 19년 계빈국의 사문 승가발징이 이 경전 42곳을 암송했으며, 이는 시다반니(尸陀槃尼)가 편찬한 것이다[129]. 이 경전이 장안에 오자, 조랑(趙郎; 조정)이 수레를 타고 가서 간곡히 번역해주길 요청하였다. 그 나라의 사문 담무난제(曇無難提)가 산스크리트로 받아 적고 불도나찰(弗圖羅刹)이 전역(傳譯)하고, 민지(敏智)가 진(秦)나라의 말로 받아 적었고, 조정이 뜻(義)을 바로잡았다. 경전은 본래 매우 많았지만 그 사람이 잊어버려서 오직 40곳만 있었으니, 내가 대조하고 교정하는 걸 도운 때는 1월 4일이었다.

이 경서는 14권이어서 결국『십사권비바사』라 칭했다. 승가발징도『바수밀보살소집론(婆須密菩薩所集論)』10권을 역출했고, 전역을 한 축불념, 발징난타(跋澄難陀)(즉 담무난제), 제바(提婆)(즉 승가제바) 세 사람이 호본(胡本)을 잡고 혜숭(慧嵩)이 받아 적었다. 승가발징은 또『승가라차경(僧伽羅叉經)』을 장안으로 가져왔고, 이를 축불념이 전역했으며 혜숭이 받아 적었다. 앞에서 서술한 두 경전은 모두 건원 20년(서기 384년)에 역출한 것이다[130].

담마난제[131]는 도거륵(兜佉勒) 나라 사람이다. 도거륵은 토화라(吐火羅)를 말하며 바로 월씨(月氏)의 땅이다. 대체로 소승 유부(有部)의 가르침이 행해진 곳이다. 담마난제는『중아함경』,『증일아함경』을 암송했고 조정은 중국에『사아함(四阿含)』이 없기 때문에 마침내 역출해줄 것을 청하였다. 그래서 담마난제는『중아함경』,『증일아함경』과『삼법도(三法

度)』등을 번역하였다. 『삼법도』역시 『사아함』에서 나왔기 때문에 담마난제는 바로 아함의 전문가라 할 수 있다. 『중아함경』과 『증일아함경』은 축불념이 전역하고 혜승이 받아 적었으며 모두 건원 20년에 역출하였다. 『증일아함경』은 다음 해에 작업을 마쳤다. 도안과 법화는 함께 고증하고 바로잡았으며, 승략(僧略)[132], 승무(僧茂)는 누락된 내용을 교정했다.

승가제바(僧伽提婆)[133] 역시 계빈국 사람으로 유부(有部) 『비담(毘曇)』의 대가이다. 그가 번역한 것으로는 『아비담팔건도론(阿毘曇八犍度論)』즉 『발지론(發智論)』이 있다. 도안의 서문에서 이렇게 말한다.

건원 19년 계빈국의 사문 승가제바가 이 경전을 매우 잘 외워서 장안에 갖고 왔다. 비구 석법화가 그에게 역출해줄 것을 청했고, 축불념이 전역하고 혜력(慧力), 승무(僧茂)가 받아 적었다. 석법화는 전체 내용의 문장을 검토하였는데 번역자는 경전 원문과 주석문을 섞어서 번역했다. 그래서 축법화는 이를 답답한 듯 한탄했고 나 역시 깊이 옳지 않다고 여겼다. 마침내 다시 역출하라고 지시하여 밤낮으로 게을리하지 않아서 46일만에 다 교정(校定)을 하였다. 그 사람은 『인연』 1품(品)을 잊었다.

도안이 번역 사업을 주관하면서 역출한 것으로는 유부(有部)의 학문이 가장 유명하며 건원 18년부터 20년까지 매우 노력을 기울였다. 승니(僧尼)의 『계본』은 모두 유부에 속하며, 유부의 『비담』은 앞서 서술한 것을 제외하면 도안이 구마라발제[134]를 시켜 『아비담심』을 번역한 적이 있다. 『우록』 10에서는 작자 미상의 서문이 실려 있는데 이렇게 말하고 있다[135].

석화상(釋和尙)은 예전에 관중에서 구마라발제를 시켜 이 경전을 역출했다[136].

석화상은 바로 도안을 가리킨다. 구마라발제는 거사전부(車師前部)[43]
의 왕 미제(彌第)의 국사(國師)이다. "건원 18년 정월[137:]에 거사전부의
왕 미제가 조정에 왔고, 그의 국사 구마라발제가 호본(胡本)의『대품』
1부를 바쳤다. 마침내 그 경전을 번역했는데, 담마선(曇摩蟬)이 판본을
잡고, 불호(佛護)[138:]가 번역을 하고, 혜진(慧進)이 받아 적었다"고 했으니
소위『마하발라밀경초(摩訶鉢羅密經抄)』이다[139:]. 구마라불제는 스스로
『사아함모초(四阿含暮抄)』를 역출한 적이 있고『우록』에는 작자 미상의
서문이 있는데 이렇게 말한다.

외국의 사문 인제려(因提麗)가 먼저 전부국(前部國)에 갖고 가면서 몸에
비장(秘藏)한 채 남에게 보여주지 않았다. 전부국의 왕 미제가 이를 구해
외우다가 마침내 전파하게 되었다. 나는 임오년 8월 동성(東省) 선사(先師)
의 사묘(寺廟)가 있는 업사(鄴寺)에서 구마라불제에게 호본(胡本)을 잡게
하고, 축불념과 불호에게 번역을 시키고, 승도(僧導), 담구(曇究), 승예에게
받아 적게 해서 11월이 되어서야 마쳤다. 이해 여름에『아비담』을 역출하고
겨울에 이『사아함모초』를 역출했다. 1년 동안에 두 경전을 갖추었으니
매우 스스로 다행이라고 여기고 있다.

임오년은 바로 건원 18년이다. 여름에『아비담』을 역출한 것은 바로
『아비담심』으로 도안이 역출을 시킨 것이다[140:]. 그렇다면 이『사아함모초

---

43) 거사전국(車師前國)은 서역 36국 중 하나이다. 수도는 교하(交河), 동남쪽으로는
돈화에 통해 있고, 남쪽으론 누란(樓蘭), 선선(鄯善)에 통해 있고, 서쪽으론
언기(焉耆)에 통해 있고, 동북쪽으론 흉노에 통해 있어서 비단길에서 중요한
요충지이다. 거사국은 천산(天山)을 둘로 나누어서 천산 이남을 거사전부 왕국
으로 삼았다.

서』는 필경 도안이 지은 것이다. 이해 여름에 『아비담심』을 역출케 하고 겨울에 이 『사아함모초』를 역출한 것이다. 1년에 두 경전을 갖추었기 때문에 도안은 스스로 다행이라 말한 것이다[141].

그리고 건원 19년에 부견은 비수(淝水)의 전투에서 크게 패했고 진(秦)나라의 세력도 쇠퇴하였다. 도안은 70여 세의 노인이었지만 여전히 부지런히 번역을 돕는 일에 힘쓰면서 『비바사』 14권과 『팔건도(八犍度)』를 역출했다. 그다음 해 관중에서 난(亂)이 일어나자 모용충이 또 군사를 이끌고 아방성(阿房城)을 점거해서 장안을 위압적으로 핍박했다. 그러나 도안은 번역하는 일에 더욱 힘써서 『증일아함서』를 역출하며 이렇게 말했다.

이 해에 아방성의 부역이 있었고 근교(近郊)에는 전쟁의 북소리가 울렸지만, 그러나 조정은 오로지 이 번역 사업에만 전념했다. 그리하여 두 가지 『아함경』 1백 권을 온전히 갖추었으니, 『비바사(鞞婆沙)』, 『바화수밀(婆和須密)』, 『승가나찰전(僧伽羅刹傳)』을 포함한 이 오대(五大) 경전은 불법이 동쪽으로 흘러온 이래로 우수하게 번역된 경전이라 하겠다.

『증일아함』은 건원 21년(서기 385년) 봄에 번역을 시작해 마쳤다. 『승가나찰집경후기』에서는 이렇게 말하고 있다[142].

대진(大秦) 건원 20년 11월 30일, 계빈국의 비구 승가발징이 장안 석양사(石羊寺)에서 이 경전과 『비바사』를 구두로 독송했고, 불도나찰이 번역했으나 진(秦)나라 말이 정밀하지 못했다. 사문 석도안과 조정의 현자 조문업(趙文業; 조정)은 이취(理趣)를 연구해서 매번 오묘함을 다하기 위하여 지극하게 끝까지 탐구했다. 건원 21년 2월 9일에서야 마쳤다. 또 『바수밀경』 및 담마난제가 구두로 독송한 『증일아함』과 『환망경(幻網經)』은 축불념에게 번역을 시켰다.

그러나 『우록』에도 실려 있는 이 경전의 서문에서 말한 연월(年月)과 번역자는 모두 동일하지 않다. 다만 이 경전은 실제로 건원 21년 2월 9일에서야 번역을 마쳤다. 그리고 도안은 이달 8일에 이미 병 없이 서거했으니[143] 진실로 그가 뜻한 바대로 임종을 맞았다고 할 수 있다. 8월에 부견은 피살되고 관중은 난리가 일어났지만, 축불념, 석법화 등은 여전히 도안법사의 사업을 계승했다. 후에 구마라집이 관중에 들어오고 승가제바가 장강을 건너고서도 도안의 유풍(流風)은 그 혜택을 남겼다.

『우록』에 실린 축불념 저작의 『왕자법익괴목인연경서(王子法益壞目因緣經序)』에서는 이렇게 말한다.

마침 진(秦)나라의 상서령(尚書令)[44] 보국장군(輔國將軍)[45] 종정경(宗正卿)[46] 성문교위(城門校尉)[47] 사자(使者) 사예교위(司隸校尉) 요민(姚旻)(중

---

44) 벼슬 이름. 진(秦)나라에 시작해 서한(西漢)에서 설치했다. 문서와 신하들의 주장(奏章)을 관장했다. 동한 때는 모든 정무(政務)가 상서에게 귀착해서 상서령은 일체의 정령(政令)을 총괄하는 수장이었다.

45) 고대 장군의 명칭으로 나중에는 작위(爵位)의 명칭이기도 했다. 한헌제(漢獻帝) 때 황후의 아버지 복완(伏完)을 임명한 것이 시초. 남조(南朝) 송(宋)나라 때 보사(輔師) 장군으로 고쳤다가 다시 회복했으며, 양(梁)나라 때는 이 호칭을 사용하지 않다가 북위(北魏), 북제(北齊) 때에야 설치했다. 명(明)나라와 청(淸)나라 때는 작위의 명칭이다.

46) 종정(宗正)은 고대의 벼슬 이름, 진(秦) 왕조 때 설립. 한나라 때의 종정(宗正)은 구경(九卿) 중의 하나이다.

47) 벼슬 이름. 서한 때 설치했다. 경사(京師)의 성문(城門)에 주둔한 군사를 관장했다. 동한, 위(魏), 서진에서는 설치하고 동진과 남조에서는 설치하지 않았다.

략)이 선대의 뛰어난 유적(遺跡)을 잇고자 해서 말세의 풍속에 현묘한 종지를
세웠기 때문에 천축의 사문 담마난제에게 이 경전의 번역을 청했다. 진나라
건초(建初) 6년(서기 391년) 신묘년(辛卯年)에 안정성(安定城)에서 2월[144:]
18일 번역을 시작해서 25일에야 마쳤으며, 축불념이 음(音)을 번역했다.

또『우록, 축불념전』에서는 "요진(姚秦)의 홍시(弘始) 초기에 불경에
관한 학문이 매우 번성했다"[145:]고 했으며, 축불념은 경전 5부(部)를 번역했
는데 그 중에『출요경(出曜經)』도 있었다. 승가발징은 전진(前秦)이 혼란에
빠지자 그 지역을 피해 동쪽으로 내려갔고, 나중에 옛 고향으로 돌아가서는
잠시 경도(京都)에 머물렀다. 후진(後秦) 황초 5년(서기 398년) 가을에
『출요경』을 번역해서 황초 6년(서기 399년) 봄에 마쳤다. 승가발징이 호본
(胡本)을 잡고 축불념이 번역을 했으며, 도의(道嶷)가 받아 적었고 법화와
승략 법사가 총괄하여 바로잡았다[146:]. 승예는 요흥의 홍시 원년(서기
399년)에 서문을 지었다(현존함). 홍시 2년에 구마라집이 장안에 오고 법화
와 승략 두 법사가 사문의 우두머리가 되자 승예도 그 계획에 참여해
공적을 뚜렷이 세웠다.

법화 법사의 경우는 도안의 동학(同學)이다. 부씨(苻氏)가 망한 후에
법화는 먼저낙양에서 도안의 뜻을 계승해 그의 사업을 완성했다.『우록』에
는 도자(道慈)의『중아함경서(中阿鋡經序)』가 실려 있는데 이런 내용이
있다.

북위(北魏)에도 이 관직이 있었고, 북제(北齊)에서는 위위사(衛尉寺) 소속기구
로 성문사(城門寺)가 있었다.

『중아함경기』에서 말한다.

"예전에 석법사(釋法師; 도안)는 장안에서 『중아함』, 『증일아함』, 『아비담』(『팔건도』), 『광설(廣說)』(『비바사』), 『승가라찰』, 『아비담심』, 『바수밀』, 『삼법도(三法度)』, 『이중종해탈연(二衆從解脫緣)』(『승니계본』)을 역출했는데, 이 갖가지 경전과 율장(律藏)은 대략 백여만 언(言)이다. 아울러 잘못된 판본은 종지를 잃어서 명분과 실제가 일치하지 않았고 문사(文辭)를 짓는 것이 애매모호해서 문구를 음미하는데도 차이가 있었으니, 진실로 번역자가 갑자기 진(晉)나라 말을 잘할 수는 없었기 때문에 그런 것일 뿐이다. 마침 연(燕)나라와 진(秦)나라가 교전하면서 관중에 대란(大亂)이 일어나면서 훌륭한 종장(宗匠)은 세상을 등졌기 때문에 개정 작업을 하지 못했다.

이렇게 몇 년이 지나면서 관동(關東)이 약간 안정되자 기주(冀州)의 도인 석법화와 계빈국의 사문 승가제화는 문도들을 불러 모아 함께 낙양을 유행(遊行)했다. 4, 5년 동안 연구하고 강연하며 마침내 정밀해지자 그 사람들은 점차 한어(漢語)에 능숙해졌고, 그런 뒤에야 비로소 선대(先代)의 잘못을 알았다. 법화는 선대의 잘못을 한탄하면서 즉시 승가제화로부터 『아비담』과 『광설』을 다시 역출했다. 이 이후로 갖가지 경전과 율장은 점차로 모두 올바르게 번역되었다. 오직 『중아함』, 『승가라차』, 『바수밀』, 『종해탈연』만은 다시 역출되지 않았다[147:]."

얼마 후 요흥이 진(秦; 후진)을 통치하자(서기 394년) 불법의 사업이 매우 번성했다. 법화는 관중으로 들어가서 먼저 『출요경』의 번역을 도왔고 나중에는 구마라집의 번역 도량에 참여했다. 구마라집은 그의 기풍과 덕을 흠모하여 게송 10장(章)을 선물했다. 그리고 승가제바는 장강을 건너 먼저 여산에 머물렀다가 나중에 건업에 이르렀다. 승가제바는 건업에서 다시 『중아함』, 『비구계본』을 전역(傳譯)했고, 나중에 구마라집이 다시 번역했다. 『니계본(尼戒本)』은 축법태가 산정(刪定)해서 개역하였다[148].

이상 서술했듯이, 축불념은 안정에서 불경을 역출했고 석법화는 낙양에서 번역을 도왔으며, 그 후『출요경』을 함께 번역했다. 그 시작은 둘 다 도안과 조정의 노력까지 시원(始源)을 소급할 수 있다. 당시 사람들이 "석도안과 조정은 불법을 지극히 위했다"[149]고 칭송한 것은 거짓이 아닌 신실한 말이다.

12) 도안이 불학(佛學)에서 차지하는 지위

한나라 이래로 불학(佛學)을 종합하면 두 가지 큰 계통이 있다. 하나는 선법(禪法)이고 또 하나는 반야(般若)인데, 도안은 실제로 두 계통을 집대성 하였다. 또 위진 시대의 불학은 세 가지 변화가 있다.

첫째, 정시(正始) 시대에 현풍(玄風)이 일어나『반야경』,『방등경』과 자못 계합함으로서 지극히 유행하게 된 것이다. 도안은 내전과 외전을 겸비해 평생을 연구하고 강연했으며 법성의 종지를 빛내고 확대하는데 힘껏 도왔다. 이에 대해서는 제9장에서 상세히 밝히겠다.

둘째, 도안은 만년에 경전을 번역해 삼장(三藏)을 갖추었는데 계빈국의 일체유부(一切有部)[48]의 교학이 많았다. 도안이 죽은 뒤 그의 제자인 여산의 혜원이 스승의 사업을 계승해서 일체 유부의 『비담(毘曇)』[49]를

---

48) 근본설일체유부(根本說一切有部)를 말한다. 산스크리트어로는 sarvâsti - vāda. 부파불교 시대에 가장 유력한 부파로서 부파불교의 사상적 특징을 가장 잘 보여준다. 줄여서 유부(有部)라고도 한다. 모든 법이 존재한다[有]고 설명하는 부파(部)로, "과거, 현재, 미래의 3세에 걸쳐 법의 실체가 존재한다. 즉, 법의 실체는 항상 존재한다"라는 뜻의 삼세실유법체항유(三世實有法體恒有)가 대표적 명제이다.

아울러 전파한지라 자못 한 때의 추종하는 기풍이 되었다. 이에 대해서는 제11장에서 서술하고 언급하겠다.

셋째, 혜원의 만년에 구마라집이 장안에 이르러서 『반야경』, 『방등경』을 정밀히 번역했고 또 용수(龍樹)50)와 제바(提婆)51)의 학문을 널리 전파했다. 그러나 도안이 처음 장안에 이르러서는 구마라집의 명성을 승순(僧純)에게 들었다. 그래서 매양 부견에게 구마라집을 영접하길 권했고, 구마라집도 도안의 기풍을 듣고 동방의 성인(聖人)이라고 하면서 항상 멀리서 예를 표했다. 그렇다면 구마라집의 도래(到來)도 역시 도안을 말미암은 것이니, 도안은 관중에서 불학을 강연하고 경전을 번역할 때 이미 나라 안의 영재(英才)를 모았다.

구마라집의 『삼론』을 세상에서 믿고 받아들인 것도 『반야경』의 기풍이 이미 성행했기 때문이고, 구마라집의 번역이 비할 바 없이 탁월한 것도 선대의 현자들이 예비해 놓았기 때문이다. 구마라집의 공적은 제10장에서 서술하겠다. 동진의 손작은 『명덕사문제목(名德沙門題目)』150:에서 "석도안은 사물에 해박하고 재능이 많았으며 경전의 명상(名相)과 이치[理]에 통달했다"고 하면서 또 이렇게 찬탄했다.

---

49) 원문에는 『담비(曇毘)』로 되어 있는데 『비담』의 착오이다.
50) 나가르쥬나(Nagarjuna)의 번역어로 인도 불교의 고승으로 제2의 붓다로 불렸다. 대승불교 중관학파 (中觀學派 Mādhyamika)의 창시자로 핵심 사상은 공(空 śūnyatā)이다. 대표작으로는 『중론』, 『대지도론』, 『십주비바사론』 등이 있다.
51) 아상가(Asanga)의 번역어로 인도 대승불교의 고승이다. 소승불교의 유부(有部)에 출가했지만 훗날 중인도 아유차국으로 가서 대승의 유가행(瑜伽行)에 힘썼다. 유가행파의 대표적인 논사(論師)로서 대표작으로는 『섭대승론(攝大乘論)』, 『현양성교론(顯揚聖敎論)』, 『대승아비달마집론(大乘阿毘達磨集論)』 등이 있다.

(도안의) 성가(聲價)는 견(汧)[52]과 농(隴) 지역에 날렸으며, 명성은 회하
(淮河)와 발해까지 퍼졌으니, 비록 몸은 흙으로 돌아간다 해도 명성은
여전할 것이다.

아! 도안의 덕망과 공적, 그리고 불교에 끼친 공헌을 동시대의 축법심이나
지도림과 비교할 때 진실로 그의 정신은 더욱 영원히 존재하는 듯하다.

---

52) 섬서성 농현(隴縣)의 서북부에서 발원하여 위하(渭河)로 흘러들어 가는 강.

미주

제8장

1) 『태평어람』379에서 인용한 『십육국춘추(十六國春秋)』, 후조록(後趙錄)』에서는 유광(劉光)으로 되어 있다. 또 법림의 『파사론』에서는 부혁(傅奕)을 인용하면서 "후조의 사문 장광(張光) 등이 일제히 반란을 일으켰다……."라고 했는데, 장광이 바로 유광이다.

2) 『세설신어』에서는 은호는 좌천이 되자 비로소 불경을 보았다고 한다.

3) 왕도(王導)의 아들로 이름은 흡(洽)이다.

4) 『세설신어, 상예편(賞譽篇)』을 보라. 왕흡은 축법태가 경사에 도착하기 전에 죽었으므로 이는 마땅히 또 다른 사람의 사적이어야 한다.

5) 『세설신어, 아량편』 주석

6) 『세설신어』 주석에서는 『징별전(澄別傳)』을 인용하면서 "어느 곳 사람인지 알지 못한다"고 했다.

7) 근대에 와서 왕정안(王靜安) 선생 같은 분은 일찍이 『봉씨견문기(封氏見聞記)』[1]에 인용된 광초(光初) 5년의 비(碑)를 인용해서 불도징이 계빈국의 왕자라고 하였다. 호적 선생이 말한다; 조명성(趙明誠)의 『금석록(金石錄)』 20에 기록된 내용에 의거하면, 이 비문의 원문은 "천축 큰 나라의 부용(附庸; 속국)인 작은 나라의 원자(元子)이다"로 되어 있다. 『봉씨견문기』의 각종 판본을 종합해 교정해보면, 먼저 '용(庸)'자가 착오로 '빈(賓)'자가 되었고 '부(附)'자는 오히려 착오가 없었다. 그러나 마지막에 가서 어떤 사람이 '부(附)'자를 계(罽)로 고쳤기 때문에 불도징이 계빈국 사람이 되었으니, 이는 글자의 잘못된 오해 때문이다.

   1) 당나라 때 봉연(封演)이 전제(典制), 풍속, 고적, 전설 등을 보고 들은 대로

기록하여 저술한 견문기로 총10권이다.

2) 송(宋)나라의 조명성이 지었고 총 30권이다. 상고(上古)의 삼대(三代)부터 수(隋), 당(唐), 오대(五代)까지의 명문(銘文)이나 비명(碑銘) 묘지명(墓志銘) 등의 석각(石刻) 문자를 연구했다. 전반부는 목록(目彔) 10권과 후반부는 발미(跋尾) 20권인데 고증이 정확해서 높은 평가를 받고 있다.

8) 『석로지』에서는 "젊은 시절 조장국(鳥萇國)에서 나한(羅漢)을 스승으로 보시고 도(道)에 입문했다"고 하였다.

9) 흑(黑)이 묵(默)으로 된 곳도 있다.

10) 『석로지』에서는 "유요(劉曜)의 시기에 양국(襄國)에 도착했으며, 나중에 석륵의 신봉을 받아 대화상이란 칭호를 얻었다. 군국(軍國)의 계획을 갖고 자신을 찾아왔을 때 그들에게 말한 내용을 보면 영험이 많았다. 『진서』에는 '염민(冉閔)도 도사 법요(法饒)를 찾아갔으나, 그는 영험이 없어서 죽임을 당했다'는 기록이 실려 있다.

11) 이는 『승전』에 근거한다.

12) 지도림은 불도징이 석호를 해구조(海鷗鳥)로 여겼다고 했다. 『세설신어』에 보인다.

13) 즉 진나라 목제 영화(永和) 4년, 서기 348년.

14) 『진서, 예술전』에서는 인(寅)으로 되어 있는데 착오이다.

15) 또 법아(法牙)가 있는데 어쩌면 법아(法雅)의 착오일지도 모른다.

16) 즉 태산(泰山)의 승랑이다. 『수경주』에서는 불도징의 제자라 했다.

17) 그녀로 인해 출가한 사람이 2백여 명이고 또 다섯 곳에 절을 세웠다.

18) 『승전』과 『진서』 등

19) 『업중기(鄴中記)』[1]에서 당시 부처를 받들 때의 사치를 서술한 것을 참고하라.

1) 진(晉)나라 육홰(陸翽)가 편찬했다. 도읍지 업성의 사적(史籍)을 싣고 있으며 원본은 실전되었다.

20) 『승전』과 『태평어람』 658 『불도징전』에서는 "상서(尙書) 장리(張離)와

장량(張良)은 집안이 부유한데 부처를 섬기고 큰 탑을 세웠다"고 하였다.

21) 『승전』, 『진서』에 불도징, 단도개(單道開) 등이 전한다.

22) 즉 부견(苻堅) 건원 21년.

23) 이는 고려본에 근거한다. 송, 원, 명의 세 판본에는 모두 이 '年七十二'라는 네 글자가 없다. 『태평어람』 655권에서 인용한 『고승전』과 『명승전초(名僧傳抄)』에는 이 네 글자가 없다.

24) 『승전』에서는 "대양(大陽)의 축법제와 병주(幷州)의 지담이 『음지입경』을 강의했고 도안이 그들을 따라 수업했다"고 하였다. 그러나 도안의 『음지입경서』와 『도지경서』에 의거하면 '지담강'은 사람의 이름으로 병주 안문(雁門) 사람이다. 강(講)자는 강의한다는 동사로 읽지 못하는 것이다. 그리고 『음지입경서』에서도 단지 '두 사문이 난리를 무릅쓰고 멀리서 와서 부지런히 사람들을 가르쳐 마침내 장애와 난관을 극복하고 이 주해(注解)를 지었다……'고 하였으니, 도안이 실제로 그들을 스승으로 모시고 수업했다고 말할 수는 없다.

25) 승선(僧先)이라 한 곳도 있다.

26) 오나라 가화로부터 석호의 죽음에 이르기까지는 단지 110여 년에 불과하다.

27) 『법화전(法和傳)』에는 석씨의 난으로 무리를 이끌고 촉(蜀)으로 들어갔다는 내용이 나오는데, 이는 도안이 남쪽 양양으로 갔을 때의 사적을 가리키는 것으로 증거할 수 있다.

28) 『도지경서』에서는 "황강(皇綱)[1]의 끈이 끊어지고 험윤(玁狁)[2]이 중하(中夏)를 침탈해서 산좌(山左)[3]를 휩쓸자 호택으로 피난하였다"고 하는 말들이 있는데, 유연과 석륵이 하북 지역에서 난을 일으켜 명제(明帝)와 광문황제(光文皇帝)로서 권력을 잡았을 당시 도안의 나이는 겨우 몇 살밖에 되지 않기 때문에 말한 내용은 대체로 동진이 국한된 지역의 안정을 이룬 후의 북방 상황을 가리킨다.

1) 천자가 천하를 다스리는 크나큰 근본.
2) 중국 고대의 소수 민족. 『모전(毛傳)』에서는 "험윤은 북적(北狄)이다"라고
   했고, 정현전(鄭玄箋)에서는 "북적은 지금의 흉노이다"라고 했다.
3) 산동 지역을 가리킨다.

29) 진현(晉縣)은 평양군(平陽郡)에 속한다.

30) 일명 봉룡산(封龍山)

31) 기부는 기도(冀都)의 착오이다. 석호 시기에 기주(冀州)는 업에서 다스렸
    다. 모용준이 염민의 난을 평정하자 기주도 신도(信都)에서 다스리게
    되었다. 도안은 신도에 간 적이 없다. 여기서 기부로 돌아왔다고 말한
    것은 어쩌면 업도(鄴都)에 재차 온 것일지도 모른다.

32) 『수경, 탁장수편(濁漳水篇)』에서 "백거수(白渠水)는 흠구산(欽口山)에서
    나온다"고 했는데, 바로 견구산으로 업의 서북쪽에 있다.

33) 여휴산(女休山) 혹은 여기산(女機山)이라 하는 곳도 있다. 응당 왕옥 근처
    에 있다. 또 호택과 왕옥은 매우 가깝다. 『승전』에서는 도안이 호택으로부
    터 북쪽 비룡산으로 갔다가 마지막에 다시 왕옥에 이르렀다고 서술했는데,
    이 사적은 가능할 수 있다. 지리적 위치에 의거해 말한다면, 호택을 경유해
    왕옥에 이르는 것은 비교적 합리적으로 보인다. 오늘날 확증은 없지만,
    다만 석호가 죽은 사적을 앞에서 열거했고 나머지는 모두 『승전』에 의거해
    순서를 서술한 것이다.

34) 『승전』과 『세설신어』 주석에서는 이 일이 모용준(慕容儁)(원작에서는
    준(俊)) 시기라고 말한다. 이를 헤아려 보면, 응당 10여 년 전이어야 하므로
    도안이 양양에 15년 있었다는 설은 불합리하다. 또 『명승전초』에서는
    "도안은 양양에서 단계사(檀溪寺)를 건립했는데 52세 때의 일이다"라고
    했으니, 어쩌면 도안이 양양에 도착했을 때를 가리키는 52세는 53세의
    착오일지도 모른다.

35) 『우록』 8 도안의 『반야초서(般若抄序)』

36) 다음 해에『비바사』를 역출했고 도안이 서문을 지었는데, 여기에 '팔구지
   년(八九之年)'의 용어가 있다.

37) 생각건대 2월 8일은 불교의 성스러운 날 중 하나이고, 도안이 죽었을
   때『우록』등에서는 모두 그 상서로운 모습을 싣고 있다. 그러므로 어쩌면
   후세 사람이 그 설을 짐짓 신령스럽게 생각해서 마침내 2월 8일을 도안의
   입멸(入滅) 시기로 삼은 것일지도 모른다.

38) '부류'는『진서, 지리지』에서는 안평국(安平國)에 속해 있다.『명승전초』,
   『도안전』에서는 '여러 위진(僞秦)의 서적에선 일제히 상산의 부류 사람이
   라 말한다'고 하였다. 또『비구니전』에서는 "지현(智賢) 비구니는 성은
   조(趙)씨이고 상산 사람이다. 아버지 진(珍)은 부류의 현령이다. 지현이
   출가한 후에 태수 두패(杜霸)는 황로술을 돈독히 믿었기 때문에 불교
   신자를 증오하여 여러 절에 부적을 내려서 날을 정해 가려내고 도태시켰
   다……."고 했다. 이처럼 상산의 부류 일대에 이미 여러 개의 절이 있다고
   했다면, 그 지역에서는 불법이 이미 흥기한 것이다. 또『진서, 새기(載記)』
   에서는 석계룡(石季龍)이 자색(姿色)이 아름다운 비구니들을 받아들여
   간음을 하고는 죽여 버렸다고 하였다. 이 또한 당시 하북에서 이미 비구니
   가 있었다는 증거이다.

39) 『세설신어, 아량편』주석에서 인용한『안화상전(安和上傳)』에서는 "12살
   때 사문이 되었다"고 했으며,『법원주림, 미륵부인(彌勒部引)』에는 13살로
   되어 있다.

40) 즉『변의장자경(辯意長者經)』이다.『우록』3에서는 "도안이 실역(失譯,실
   전된 번역서)에 편입했다"고 하였다.『개원록, 북위법장전(北魏法場傳)』
   을 참고하라.

41) 『우록』9 원제(原題)에서는 "작자 미상(未詳)"이라 했다. 그러나 그 문체와
   기록 내용은 결단코 도안이 직접 쓴 것이다.

42) 두 사람의 성명은 글에 오자(誤字)가 있어서 고증할 수 없다.

43) 태양(太陽)이라 한 곳도 있으나 착오이다. 대양은 진나라의 하동군(河東郡)에 속하는데, 오늘날 산서(山西) 평륙현(平陸縣) 경계이다.

44) 도안과 함께 비룡산에 있었던 승광(僧光)은 바위 골짜기에 노닐면서 관상(觀想)으로 선(禪)의 지혜를 지향했으며, 도안은 산에 살면서 관상(觀想)으로 선법을 행하였다.

45) 『승전』에서는 "도안이 태항의 항산에다 절을 세우니, 옷을 바꿔 입고 교화를 따르는 자가 하북을 둘로 나뉘었다"고 하였다.

46) 이상 『고승전』에 보인다.

47) 곽문의 자(字)는 문거(文擧)이고 『진서, 은일전(隱逸傳)』에 보인다. 곽문은 불교를 신봉했으며 『홍명집』 종병의 『난백흑론(難白黑論)』에 보인다.

48) 『승전』에서는 4백여 명이라고 한다.

49) 심보연(沈寶硏)의 판본에서는 준(俊)이라 했는데 모두 잘못이라고 생각한다.

50) 『고승전』에는 "또 교화의 바탕은 마땅히 교리를 널리 전파하는데 있다"는 글자가 더 있다.

51) 내(乃); 심보연의 판본에서는 잉(仍)으로 되어 있다.

52) 『승전』에서는 도안이 남쪽으로 황하를 건너면서 뇌우(雷雨)를 만나자 임백승(林伯升)과 마주친 사적을 서술하고 있는데 자못 괴이하고 허황하다. 습착치(習鑿齒)와 사안의 글에 의거하면, 도안 법사는 변화의 기술로 사람을 현혹할 수 없다고 하였다. 그렇다면 이런 사적들은 설사 확실하더라도 우연히 부합한 것에 지나지 않으며 도안이 의도적으로 현혹한 것은 아니다.

53) 고려본에서는 축법태 등이라 했고, 송, 원, 명의 판본에서는 모두 도안과 축법태 등이라 했다.

54) 평(平)자는 어쩌면 토(土)자 일수도 있다.

55) 이미 앞에서 인용했다.

56) 도안과 함께 호택에 있는 사람으로 축법제가 있고, 『고승전, 축도잠전』에서는 "섬동(剡東)에 축법제가 있어서 『고일사문전』을 지었다"고 했으니, 가령 동일한 사람이라면 역시 남하해서 교화를 행한 사람 중 하나이다.

57) 자(字)는 거화(巨和)이고 『진서』에 전기가 있다.

58) 『승전』에서는 곤륜산으로 되어 있는데, 이는 『수경, 제수주(濟水注)』에 의거한 것이다.

59) 태원 4년 겨울에 담마시(曇摩侍)는 계본(戒本)의 번역을 마쳤고, 도안은 서문을 지었다. 태원 7년 이후에 도안은 경전 번역에 지극히 바빴다. 이 모임은 응당 태원 5, 6년 때이어야 한다.

60) 법화는 불도징을 스승으로 섬겼으므로 응당 성(姓)이 축(竺)이어야 한다. 그러나 『우록』 9 진나라 도자(道慈)의 『중아함서』에서도 기주(冀州)의 도인 석법화라고 칭했다. 실제로 도안의 뜻에 의해 성을 석(釋)으로 고친 것이다. '기주의 도인'이란 법화가 원래 하북에서 유학했기 때문이다.

61) 『도안전』에 나온다.

62) 『승전, 본전(本傳)』

63) 『우록』 9 『중아함서』

64) 『승전, 승가제바전』

65) 『진서, 승수전(勝修傳)』에서는 자함(子舍)이라 했는데, 그러나 그가 장사 태수인지는 말하지 않았다. 고려본에서는 승함(勝舍)으로 되어 있어서 지(之)자가 없다. 송, 원, 명의 판본에서는 승함지라고 했고, 『명승전초』에서는 장사 태수 형주 승함으로 되어 있고, 『법원주림, 미타부(彌陀部)』 1에서는 승준(勝畯)으로 되어 있다.

66) 『고승전』에는 '스승의 종지'로 되어 있는데, 이는 『명승전초』에 근거한 것이다.

67) 『고승전』에서는 구적(丘賊)의 난이라고 말한다. 생각건대 구침(丘沈)의 난은 서진 시기에 있었으므로 『고승전』의 말은 실제로 잘못이다. 지금 『법원주림, 가람편(伽藍篇)』에서 인용한 『선율사감응기(宣律師感應記)』 에 실려 있다. 『담휘전(曇徽傳)』을 참고하라.

68) 강릉의 서쪽이자 장강의 남쪽.

69) 『승전』에서는 단지 동사를 세웠다고 하는데, 이는 『법원주림, 가람편』에 근거한 것이다.

70) 『명승전초』에서는 담익이 촉에 이르러 형주에 거주하기 전부터 상명에 절을 세운 후까지를 서술하고 있다. 『고승전』에서는 담익이 양양에 거주하기 전에 촉에 유행했던 일을 서술하고 있다. 그러나 모거는 실제로 부견의 비수(淝水) 전투 후에 익주 자사가 되었다.

71) 혜원의 동생으로 도안의 제자인데 융안(隆安) 3년에 촉에 들어갔다.

72) 여러 판본에서는 모두 강(江)으로 되어 있는데, 이는 원나라 판본에 의거한 것이다.

73) 『수경, 면수주(沔水注)』에서는 양수(揚水)가 또 북쪽에서 면(沔)에 흘러들 므로 양구(揚口)라 한다고 하였다.

74) 『승전, 축법태전』에서는 환온(桓溫)이라고 하였다. 그러나 도안이 양양에 이르렀을 때 환온은 이미 떠났다. 『도안전』에서도 단지 환랑자(桓朗子)라 언급했는데, 환활의 자(字)가 낭자(朗子)이다.

75) 이상 『승전』에서 많이 채택했다.

76) 원문에는 2년으로 되어 있으며, 여기선 『통감』에 의거해 고쳤다.

77) 원본에는 사하본(寺荷本)으로 되어 있는데 세 글자 모두 착오이다.

78) 원래는 미(微)로 되어 있다.

79) 익(翼) 아래에 강릉이 있어서 마치 부비가 양양을 포위하기 전인 듯한데, 앞서의 문장에서 서술한 것과 같다.

80) 원문은 원혜(遠惠)로 되어 있다.

81) 원문은 등(等)으로 되어 있다.

82) 머물라고 했지만 듣지 않고 떠났다.

83) 『법원주림, 가람편』에 실린 바에 의거하면, 상명의 동사는 본래 장사사의 승려들이 도적을 피해 건립한 것이다.

84) 혜원의 사적은 앞으로 상세히 밝히겠다.

85) 환활은 흥녕(興寧) 3년에 형주자사가 되었다(서기 365년).

86) 『우록』육징(陸澄)의 『법론목록(法論目錄)』

87) 글은 『홍명집』에 실려 있다. 『승전』에서는 "습착치가 도안을 만나서 '사해(四海)에 알려진 습착치입니다'라고 하자, 도안은 '하늘에 가득 찬 석도안이 오'라고 했다"고 한다(상세히는 『금루자(金樓子)』를 보라). 습착치는 도안에게 보낸 글에서 "하늘이 아침을 지났는데도 육합(六合)[1]에 비를 내리는 것은 하늘에 가득 찬 구름이고, 연원(淵源)을 넓혀서 팔극(八極)[2]을 윤택하게 하는 것은 사대(四大)의 흐름이라고 제자는 들었습니다……."라고 했다. 『승전』의 이야기는 본래 이 문장을 변형시켜 만든 것이 아닌가 의심된다.
   1) 동서남북과 상하(上下)의 총칭으로 온 세계를 뜻한다.
   2) 팔방(八方)의 멀고 넓은 범위, 곧 온 세상이나 아득히 먼 곳을 이르는 용어.

88) 고려본에 의거한 것이며, 나머지 판본에서는 간(簡)으로 되어 있다.

89) 어떤 사람인지 모르겠다.

90) 전기(傳記)에서는 그가 장안에서 노양공(魯襄公)의 가마솥과 신(新)나라 왕망(王莽)의 가량(嘉量)[1]을 알아보았다고 했다. 석륵의 시대에도 왕망의

권석(權石)을 발굴한 적이 있다는 것이 『진서』에 보인다.

1) 고대에 표준 용량의 용기. 포(鬴), 두(豆), 승(升)의 세 가지 용량이 있다. 한나라 때 왕망이 제도를 바꾸면서 신나라 건국 원년에 새로운 가량을 반포했다.

91) 『고승전』에서는 "장안에서 의관(衣冠)을 갖춰 입은 자제(子弟)로서 시(詩)나 부(賦)를 짓는 자는 모두 도안에 기대어 영예를 이루었다.

92) 아울러 『승전』에도 보인다.

93) 『우록』 8 『반야초서』

94) 『우록』 5 도안이 주석한 경전 목록 속의 말이다.

95) 도안은 『방광석의략(放光析疑略)』과 『석의준(析疑准)』을 지었다.

96) 도안은 『밀적금강경』, 『지심범천경』의 견해(甄解)를 지었다.

97) 다음 제15장 주소(注疏) 조항을 참고하라.

98) 원문에서는 강녕(康寧)으로 잘못되어 있다.

99) 소위 『한록(漢錄)』, 『주사행록』 등은 모두 진짜가 아니다. 『지민도록』은 비록 이전에 있었지만 도안은 분명히 보질 못했다.

100) 『우록』에 인용된 도안의 말을 보면, 보지 못한 경전도 목록에 넣었다고 하지 않았다.

101) 『승전, 안청전』의 말.

102) 통상 회역(會譯)이라 부르는데, 이는 진인각 선생에 의거한다.

103) 지겸의 이름이 월이다.

104) 지겸의 자(字)는 공명(恭明)이다.

105) 난(蘭) 자 위에 호(護) 자가 빠져 있는 것이 아닌가 의심이 든다. 『우록』 2에서도 '지씨는 지겸, 법호, 숙란의 세 가지 판본을 합쳐서 1부(部)로 삼았다'고 했다.

106) 그렇다고 반드시 두 경전의 전문(全文)을 초록해 열거한 것은 아니다.

107) 『우록』에서는 이 서문 제목을 지은이가 확실치 않다고 하였다. 그러나 그 문체를 살펴보면 실제로 도안이 지은 것이다.

108) 앞서 인용한 습착치가 사안에게 보낸 글을 보라. 『점비경서』에서는 "양양에 머물던 시절에 재계하는 승려 3백 명이 있었다"고 했다.

109) 『증일아함경』은 도안이 장안에 있을 때 번역했다.

110) 역시 『명승전초』에 보인다.

111) 『명승전초』에서는 경(磬)으로 되어 있다.

112) 『명승전초』에서는 등(等)자 아래에 '이인(以人)' 두 글자가 있는데 '팔인(八人)'의 착오이다.

113) 담계는 남양(南陽) 사람이며 양양에 있을 때 도안의 제자가 되었다. 『명승전초』에서는 "후에 도안과 함께 장안의 태후사(太后寺)에 머물렀다"고 하였다.

114) 그러나 고금의 목록 어디에도 기록되어 있지 않다.

115) 『승전』에서는 "불상 5존(尊)을 보냈다"고 했다. 또 도안은 양양에서 구리 불상을 조성했다고 하며, 『광홍명집』에는 혜원의 진나라 양양 장육금상서(丈六金像序)가 있다고 실려 있는데 도안을 대신해 지은 것이 아닐까 의심된다. 『승전』에서는 아울러 하나의 외국 구리 불상이 있는데 그 상투 속에서 사리를 얻었다고 말하고 있다. 또 『법원주림, 경불편(敬佛篇)』에서는 도안이 미타상(彌陀像) 하나를 조성했다고 말하는데, 그 사적을 서술한 것이 견강부회가 심해 믿을 수 없다. 예컨대 불상 위의 명(銘)에서 "태원 19년 조성하다"라고 했는데, 그러나 그때 도안은 이미 장안에서 죽었을 때다.

116) 『우록』에 의거하면, 『안록(安錄)』에 축법호가 번역한 『미륵성불경(彌勒成佛經)』, 『미륵보살본원경(彌勒菩薩本願經)』과 실역(失譯)의 『미륵경』, 『미륵당래생경(彌勒當來生經)』이 실려 있는 걸 알 수 있다. 또 『고승전』에

의거하면, 도안이 가장 먼저 읽은 경전은 『변의경』이고, 현존하는 것으로
북위의 법장이 번역한 『변의장자경』 말미에 미륵불의 수결(授決)¹⁾이 있다
는 말이 있다.

> 1) 1. 십이부(十二部) 경전의 하나. 2. 기명(記名), 수기(授記)의 뜻이다. 부처님께
>   서 대심(大心)을 일으킨 중생에게 미리 이름을 수기(授記)하는데, 바로 몇
>   년의 세월이 지나 어느 곳 어느 나라에서 어떤 이름의 부처가 된다고 하는
>   것이다.

117) 지엄의 스승인 각현(覺賢)도 선정 속에서 도솔천으로 가 미륵을 본 적이
    있다.

118) Journal Asiatique, 1916, Levi et Chavannes, Les seize Arahat 중국어 번역본은
    풍승균(馮承鈞)의 『법주기급아라한고(法住記及阿羅漢考)』.

119) 동행한 사람은 제자 도립(道立)이다.

120) 『승전』에 자세히 보인다.

121) 『고승전』에 보인다.

122) 도안의 『증일아함서』에는 "외국의 향인(鄕人)들이 모두 다 그것을 잘했다"
    고 하는 한 마디가 있는데, 이 말에서 장안에 외국인이 적지 않았음을
    알 수 있다.

123) 또한 정(政)이라 하기도 하고 혹은 정(正)이라 하기도 한다. 자(字)는
    문업(文業)이다.

124) 축불념 역시 스스로 『영락경』(건원 12년), 『출요경』(건원 19년), 『비나야율』
    등 소위 12부 74권(卷)을 번역했다. 『개원록』에 상세하다.

125) 『개원록』에 의거하면 건원 3년, 4년이라고 하였다. 그러나 『우록』에 실려
    있는 도안의 『비구대계서』에서는 계본(즉 십송)을 번역할 때 도안도 참여
    했다고 한다. 허나 『우록』 2권에 의거하면 『십송계본』과 『비구니대계본』
    은 모두 간문제 때 번역한 것이라서 연대가 모두 동일하지 않다.

126) 이는 아래 문장에서 소위 『아비담심(阿毘曇心)』이라 말한 것이며, 불제(佛

提) 두 글자는 아래에서 발제(跋提)로 되어 있다.

127) 『개원록』에 의거해 축불념의 기록에 들어가면, 건원 14년 임오년에 번역했다. 사(四) 자는 팔(八) 자의 착오이다.

128) 혹은 『잡아비담심』이라 했다.

129) 그러므로 이것은 가전연(迦旃延)의 『대비바사』가 아니다.

130) 『우록』 10에 실린 『승가라차경서』에서는 이 경전이 건원 20년 11월 30일에 번역을 마쳤다고 했다. 생각건대 똑같이 『우록』 10에 실린 『승가라차경』의 후기에서는 건원 20년 11월 30일 번역해서 다음 해 2월 9일에야 마쳤다는데, 승가발징이 석양사(石羊寺)에서 구두로 외우고 불호(佛護)가 번역했다고 말했다.

131) 마(摩)는 어느 곳에서는 무(無)로 되어 있다.

132) 또한 약(挈)이라고도 하는데 약(略)과 통한다.

133) 또한 체바(締婆), 혹은 제화(提和)라고도 한다.

134) 또한 불제(佛提)라고도 한다.

135) 서문은 혜원이 지은 것이 아닌가 한다.

136) 『혜원전』에서는 "도안이 담마난제에게 번역을 청했다"고 하는데 착오이다.

137) 원문에는 이 글자가 없다.

138) 즉 불도나찰(佛圖羅刹)

139) 이상 경서(經序)에 보인다.

140) 앞의 문장을 보라.

141) 이 해 봄에 축불념은 또 『비나야율』을 번역했기(앞의 문장을 보라) 때문에 『비나야율서』를 겸해서 세 가지 경전을 갖추었다는 말이 있다.

142) 『우록』에 보인다.

143) 이는 『승전』의 내용에 근거한 것인데 확실치 않아 의문스럽다. 앞에서
     이미 상세히 밝혔다.

144) 3월이라 한 곳도 있다.

145) 즉 구마라집이 관중에 들어오기 전이다.

146) 승략(僧䂮)은 곧 승략(僧略)이다. 도안의 『증일아함서』에서는 "승략, 승무
     가 도와서 누락된 것을 교정했다"고 했으니, 그렇다면 승략 법사는 원래
     도안이 경전을 번역할 때의 조수이다.

147) 훗날 『중아함』은 건업에서 승가제화를 통해 다시 역출되었다.

148) 『개원록』 축불념(竺佛念)에 대한 기록을 보라.

149) 『우록』 10권의 제7.

150) 『승전』의 원문에서는 논자(論自)로 되어 있다.

석도안 시대의 반야학(般若學)

한나라 말엽부터 유송(劉宋) 초년(初年)까지 중국의 불교 경전 중 가장 유행한 것은 응당 『반야경』이다. 번역을 갖고 말한다면 『반야경』이야말로 번역본이 아주 많다. 가장 이른 것은 지루가참의 『도행반야경』 10권이다. 『방광경』, 『광찬경』은 똑같이 모두 대품(大品)이다. 『광찬경』은 동진 시기에 도안이 찬양했기 때문에 점차 전파되었고, 『방광경』은 서진 시기에 이미 세상에 유행했다. 그리고 구마라집이 장안에 들어와 대품과 소품을 거듭 번역하면서 성공(性空)의 전적(典籍)이 성대히 전파되었고, 이 반야학은 마침내 해가 중천(中天)에 떠있듯이 절정에 이르렀다.

그러나 『반야경』이 번성하기 시작된 것은 멀리 구마라집 이전인데, 번성하게 된 까닭은 바로 당시에 『노자』, 『장자』를 『반야경』과 나란히 이야기했기 때문이다. 현리(玄理)가 정시(正始) 이후에 번성하면서 『반야경』도 그에 수반되어 퍼져나갔다. 모자의 『이혹론』과 『대명도경주(大明度經注)』 등에 의거하면 모두 『노자』, 『장자』의 현리를 원용해서 유행했는데, 그렇다면 이 사적의 근원은 훨씬 이른 시기까지 소급할 수 있다. 도안의 『비나야서』에서는 이렇게 말한다.

불경이 진(秦)나라 땅에 전래된 것은 저절로 온 것이다. 천축의 사문이 불경을 가지고 와서 경전을 접하면 바로 역출을 하였으니, 12부(部) 중에서는 『비일라(毘曰羅)』(『방등』)부가 가장 많았다. 이 나라 사람인『노자』, 『장자』의 교행(敎行)과 『방등경』이 겸망(兼忘)[1]에서 서로 비슷했기 때문에 바람을 타고 쉽게 유행한 것이다.

이 장(章)에서 서술하는 내용은 구마라집 이전에『반야경』이 유행한 사실과 학설을 모은 것이다. 대체로 이 시대에 중국의 학술은 실제로 일대 변동이 생겼고 반야학은 그 주력(主力)의 하나이다. 나는 이 시대를 도안의 시대라고 하는데, 도안은 가장 극진한 노력을 기울여 후세에 정종(正宗)[2]으로 추대되었다. 또 이 경전을 드러내 밝힌 사람들의 연대를 고증하면 대부분 도안과 같은 시대이고 그 전 시대 사람은 매우 적다.

『우록』에 있는 도안의『점비경서서(漸備經書敍)』에 의거하면, "대품'이 역출된 후에 선대 대덕(大德)들의 역출은 간략해서 종합적으로 닦아 익힘[修習]이 불가능한지라 매우 한탄스러웠다. 그러나『대품』은 출간하자 바로 동진과 서진의 모든 강습회에서 모두 수행의 학업으로 삼았다"고 하였다. 이 말은 도안의 시대에『반야경』연구가 크게 번성했음을 증명하는 것이라 할 수 있다.

---

1) '겸망'은 객관적인 대상과 주관을 아울러 잊는 것인데, 이것이『방등경』의 자기를 버리는 지취(旨趣)와 유사하다는 뜻이다.
2) 정통의 종지를 간직한 사람.

1) 이 시대 반야학의 유파(流派)

도안의 시대에는 반야학을 연구하는 사람이 이미 많았고, 또 저마다 새로운 의취(義趣)를 펼쳐서 마침내 유파가 생겨났다. 우법개와 지도림은 즉색의(卽色義)를 변론했고, 축담일(竺曇壹)과 도항(道恒)은 심무의(心無義)를 논쟁했다[2]. 극초와 축법태는 본무(本無)의 뜻을 변론한 네 편의 서신[四首][3] 왕래가 있었으며, 지도림과 왕흡[3], 왕유공(王幼恭)은 즉색의 를 펼쳤는데 두 편(篇)이 있다[4]. 석승조(釋僧肇)[4]는 홍시(弘始) 11년(서기 409년) 후에『부진공론(不眞空論)』[5]을 지었는데, 그 속에서 본무, 즉색, 심무의 세 유파를 언급하고 있다. 그리고 대체로 동시기에 승예는『비마라 힐제경의소(毘摩羅詰提經義疏)』를 지었는데 그 서문에서 이렇게 말하고 있다.

지혜의 바람이 동쪽에서 불어와 법언(法言)을 읊은 이래로 나날이 강연하고 학습했지만, 격의(格義)는 우활(迂闊)하여 근본에 어긋나고 육가(六家)는 편벽되어 들어맞지 않는다. 성공(性空)의 종지를 이제 시험해보건대 가장 진실하다고 하겠다.

---

3) 出三藏記集雜泉卷第十二; 本无難問(郗嘉賓竺法汰難并郗答往反四首) 郗与法 洨書 郗与開法師書 郗与支法師書
4) 동진의 승려. 구역『유마힐경(維摩詰經)』을 읽고서 출가했다. 구마라집의 제자로 '공의 이해는 으뜸'이라는 칭송을 받았다. 저술로는『반야무지론(般若無知論)』, 『부진공론(不眞空論)』,『물불천론(物不遷論)』,『열반무명론(涅槃無名論)』(이 상 네 논문과『종본의(宗本義)』를 합쳐『조론(肇論)』이라 불린다)∙〈유마힐경 주(維摩詰經注)〉등이 있다.

격의와 성공의 종지는 나중에 상세히 밝히겠다. 육가(六家)는 정확히 무얼 가리키는지 모르겠다[6].

진(陳)나라 때 소초제사(小招提寺)의 혜달(慧達) 법사가 지은 『조론서(肇論序)』에는 "아마 육가칠종(六家七宗)인데, 이는 열둘까지 이어진다"는 말이 있다. 당나라 때 원강(元康)이 지은 『조론소』에서는 이 구절을 이렇게 해석했다.

"아마 육가칠종(六家七宗)인데, 이는 열둘까지 이어진다"; 강남에서 본래 '육종칠종(六宗七宗)'을 이루었는데 지금 기전(記傳)을 찾아보니 '육가칠종' 이다. 양(梁)나라 때 석보창(釋寶唱)이 지은 『속법론(續法論)』 160권에서는 "송(宋)나라 장엄사(莊嚴寺)의 석담제(釋曇濟)는 『육가칠종론』을 지었다" 고 하였다. 이 논(論)에서 육가가 나뉘어져 칠종을 이루었으니, 첫째, 본무종(本無宗), 둘째, 본무이종(本無異宗)[7], 셋째, 즉색종(卽色宗), 넷째, 식함종(識含宗), 다섯째, 환화종(幻化宗), 여섯째, 심무종(心無宗), 일곱째, 연회종(緣會宗)이다. 본래 육가가 있지만 제1가(家)가 두 가지 종(宗)으로 나뉘었기 때문에 칠종이 되었다.

'열둘'이라 한 것은 『속법론』의 문장에서 "하정림사(下定林寺)의 석승경(釋僧鏡)[5]이 지은 『실상육가론(實相六家論)』에서는 먼저 손님이 질문한 이제일체(二諦一體)를 마련한 후에 육가의 의취(義趣)를 인용해 답하고 있다. 제1가(家)는 이실무유(理實無有; 진리는 실다워서 유(有)가 없다)를 공(空)으로 삼고 있으며, 범부는 유(有)가 유(有)가 된다고 여긴다. 공(空)이 면 진제(眞諦)이고 유(有)이면 속제(俗諦)[6]이다. 제2가(家)는 색성시공(色

---

5) 동진(東晉) 안제(安帝) 때의 인물로 성은 초(焦)씨이다. 유송(劉宋) 원휘(元徽) 연간에 입적했다. 저술로 『열반경의소(涅槃經義疏)』와 『아비담현론(阿毘曇玄論)』 등이 있다.

性是空; 색의 성품은 공하다)을 공(空)으로 삼으며, 색체(色體)는 유(有)로서 유(有)가 된다. 제3가(家)는 이연무심(離緣無心; 반연을 여의어 마음이 없음)을 공(空)으로 삼으며, 반연과 합하여 마음이 있으면 유(有)가 된다. 제4가(家)는 심종연생(心從緣生; 마음이 반연을 좇아 생겨난다)을 공(空)으로 삼으며, 반연을 여의고 따로 심체(心體)가 있으면 유(有)가 된다. 제5가(家)는 사견소계심공(邪見所計心空; 삿된 견해로 계교한 마음의 공)을 공(空)으로 삼으며, 공(空)하지 않은 인연이 낳은 마음이 유(有)가 된다. 제6가(家)는 색색소의지물실공(色色所依之物實空; 색과 색이 의지하는 사물이 실제로 공함)을 공(空)으로 삼으며, 세상의 유포(流布) 속에서 가명(假名)은 유(有)가 된다. 앞의 육가와 나중의 육가를 합쳐서 12가(家)가 되기 때문에 '이는 열둘까지 이어진다'고 한 것이다.

승경(僧鏡)(즉 초경(焦鏡))의 육가는 그 내용을 살펴보면 담제의 육가와는 동일하지 않다. 이 육가가 어떤 사람의 학설인지도 고증할 수 없다. 다만 그의 제1가와 제2가는 아마도 모두 담제의 제1가, 제2가와 동일할 것이다. 제3가는 아마 식함종(담제의 제3가)과 유사할 것이며, 제4가와 제5가는 모두 무얼 가리키는지 알지 못한다. 제6가는 연회종(담제의 제6가)과 유사하다.

담제의 육가에 대해서는 길장(吉藏)의 『중론소』, 일본 사람 안쵸7)의 『중론

---

6) 제(諦)는 진리를 뜻함. 속제는 분별과 차별로써 인식한 진리, 허망한 분별을 일으키는 인식 작용으로 알게 된 진리, 대상을 분별하여 언어로 표현한 진리, 세속의 일반적인 진리를 말하고 진제는 언어를 넘어선 절대 평등의 진리를 말한다.

7) 763~814. 나라 - 헤이안 시대의 승려.
    젠기[善議]에게 삼론(三論)을 배우고 밀교에도 통했으며, 곤조[勤操]와 더불어 대안사(大安寺) 삼론종을 대표하는 학승이다. 저술에 「중론소기(中論疏記)」가 있다.

소기』에서 상세히 해석하고 있고, 『조론』에서 타파한 삼가(三家)도 담제의
육가에 포함된다고 생각한다. 그래서 당나라 원강의 『조론소』, 송나라 정원
(淨源)의 『중오집해(中吳集解)』8), 원나라 문재(文才)의 『신소(新疏)』 역시
고증하는데 충분한 도움이 된다. 또 일본의 『속장경(續藏經)』 2편을(編乙)
제23질(帙)에 실려 있는 『조론소』세 권8: 은 진(陳)나라 혜달의 편찬인데9:,
그러나 『조론서』를 지은 소초제사의 혜달 법사인지는 모르겠다. 『조론』의
장소(章疏)로는 대체로 이걸 가장 빠른 것으로 추측한다.

『중론소기』의 저작은 일본의 연력(延曆) 20년에 시작해서 대동(大同)
원년에 마쳤는데, 이는 당나라 덕종(德宗) 정원(貞元) 17년에서 헌종(憲宗)
원화(元和) 원년(서기 801년에서 806년)까지 해당한다. 책 속에서 육가를
해석할 때 혜달과 원강의 소(疏)를 인용한 걸 제외하면 옛날의 일서(佚書;
실전된 책) 몇 가지를 인용하고 있다. 첫째는 『술의(述義)』이니, 바로
『중론술의』로서 지은이는 분명치 않다. 둘째, 『산문현의(山門玄義)』이니
바로 진(陳)나라 때 삼론(三論)의 스승인 흥황사(興皇寺)의 법랑(法朗)이
지은 『중론현(中論玄)』인 듯한데 『동역록(東域錄)』에 저록(著錄)되어 있
다. 다만 『동역록』에서는 단지 1권뿐이라고 하지만 안징의 인용에 따르면
다섯 권으로 출간된 것도 있다.

셋째, 태법사(泰法師)의 『이제수현론(二諦搜玄論)』으로 『동역록』에서는
대략 30지(紙)가 1권이라고 한다. 태법사는 어떤 사람인지 알 수 없고, 『소기(疏
記)』에서는 야성사(冶城寺)의 태법사라고 하는데10:, 대체로 이것들은 모두
참고로 쓸 수 있다. 다만 각 가(家)의 법사에 대해 서술한 내용은 여러 서적들
간에 상호 차이가 있다. 이를 먼저 표(表)로 열거하면 다음과 같다.

---

8) 『조론중오집해(肇論中吳集解)』 3권을 말한다.

(1) 승조가 타파한 삼가(三家);

『조론』	『혜달소』	『원강소』[11]:	『술의』
심무(心無)	축법온(竺法溫)	지민도[12]:	축법온
즉색(卽色)	지도림	지도림	지도림
본무(本無)	도안	축법태	도안

이 중에서 가장 주의할 사람은 혜달이니, 그는 승조가 타파한 본무의(本無義)를 도안이 설한 것으로 여기고 있어서 광산(匡山) 원공(遠公)의 『본무론』을 나란히 인용해 언급하고 있다.

(2) 담제의 육가칠종

담제	『중론소』	『산문현의』	『이제론(二諦論)』
본무	도안		
본무이	침법사(琛法師)[13]:	축법심	
즉색	관내(關內)[14]:	제8 지도림	
	지도림		
식함	우법개	제4 우법개	
환화	일법사(壹法師)	제1 석도일	
심무	온법사(溫法師)[15]:	제1 석승온	축법온
연회	우도수(于道邃)	제7 우도수	

안징은 『이제수현론』에서 13가(家)를 열거했다고 하지만 앞의 표(表)를 보면 『산문현의』 역시 칠종만을 인용하는 것은 아니다. 그 가운데 두 개의 첫째가 있는데 그 중 하나는 반드시 구전을 필사할(傳寫) 때 잘못된 것이다.

소위 육가칠종에 세 가지 설(說)이 있다. (1) 원강은 본래 육가가 있으나 본무(本無)가 두 가지 종(宗)으로 나뉘었기 때문에 칠종이 되었다고 한다.

(2) 칠종에서 본무종을 제외하면 육가가 된다. (3) 어떤 사람은 본무이종(本無異宗)을 제외한다. 그리고 하나는 침법사이고, 둘은 관내⁹⁾의 즉색(卽色)이고, 나머지는 식함(識含) 등 네 가지 종(宗)이다.

나중의 두 가지 설(說)은 안징의 저서 속에 보인다. 승예의 『유마서』에 근거해 성공(性空)의 종지를 육가 이외에 열거하는데, 성공의 종지가 바로 본무의 종지라면 제2의 설(說)은 승예 법사의 구설(舊說)이다. 그러나 담제의 설이 승예의 설에 의거했는지 아닌지는 이미 알 수 없으며, 원강의 연대는 오히려 빠르므로 그의 설은 아마 근거가 있을 것이다.

담제와 승경은 모두 유송(劉宋) 때의 사람이며, 그들이 말한 각 가(家)는 모두 진(晉)나라 시대에 일어났다. 그리고 앞의 표(表)에 열거한 사람들은 모두 도안과 선후로 동시대 사람들이다. 당시 종지의 의취(義趣)가 복잡해 실로 기이한 광경이었지만, 애석하게도 보존된 자료가 극히 적어서 대부분 상세히 알 수는 없다. 그래서 앞서 서술한 격의(格義)를 빌려다 다시 육가칠종을 언급하겠다.

2) 축법아의 격의

대체로 세계 각 민족의 사상은 각자 스스로 길을 개척했다. 그 사상에 쓰인 명사(名辭)에는 다분히 독자적인 함의가 있어서 왕왕 다른 민족 사람들은 쉽게 이해하지 못한다. 그리고 이쪽 민족의 문화를 저쪽 나라에서 수입하면 처음엔 서로 어긋나서 녹아들지 못하다가 소통이 점차 오래되면 그 이해도 점점 깊어진다. 그 결과 불분명하긴 하지만 두 민족의 사상에는

---

9) 길장의 『중론소』에서는 이가(二家)가 있다고 한다. 첫째는 관내(關內)의 즉색의(卽色義)이고 둘째는 지도림이 지은 『즉색유현론(卽色游玄論)』이다.

서로 동일한 곳이 있기 마련이니, 이로 인해 자기 나라 사상의 의리(義理)를 외래 사상에 견주어 배대(配對)한다. 이것이 진(晉)나라 초기에 격의(格義)의 방법이 흥기한 까닭이다.

이런 식으로 문화의 수입이 매우 오래되다 보면 이해[了悟]도 더욱 깊어지며, 그 결과 외래 사상이 스스로 그 원류(源流)와 곡절(曲折)이 있다는 걸 살펴 알아서 마침내 궁극적 차이가 있다는 점이 확연해지니, 이것이 도안과 구마라집 이후부터는 격의가 폐기된 까닭이다. 게다가 불법은 외래 종교라서 처음 전래할 때는 믿음을 일으키기 어렵기 때문에 항상 본국의 고유한 의리를 인용해 불법이 허황되지 않음을 거듭 거듭 밝혔으며, 이렇게 해서 불법이 번창하고 나면 격의는 저절로 더 이상 필요한 도구가 아니게 된다.

격의의 방법은 축법아가 창시했다. 축법아는 하간(河間) 사람이다[16]. 도안과 함께 불도징에게 동문수학했으며, 나중엔 고읍(高邑)에 절을 세웠다. 『승전』에서 말한다.

축법아는… 어려서는 외전(外典)을 잘 하다가 커서는 불교의 이치에 통달하니, 의관(衣冠)을 갖춘 벼슬아치들이 그에게 의지해 자문을 받았다. 당시 축법아에게 의지한 문도들은 세상의 전적(典籍)들엔 공력(功力)이 있었지만 불법의 이치는 잘 이해하지 못했다. 축법아는 강법랑(康法朗) 등과 함께 경전 속의 사수(事數)를 외전(外典)에 견주어 배대(配對)함으로써 이해를 낳는 예(例)로 삼았으니, 이를 격의라고 말한다. 아울러 비부(毘浮), 담상(曇相) 등도 격의를 밝혀서 문도들을 교육했다.

축법아는 풍채가 청아하고 탈속한 모습으로 기추(機樞; 사물의 핵심)를 잘 이해했다. 외전과 불경을 서로 번갈아 강설했으며, 도안, 축법태와 함께 매양 경전을 펼쳐 해석하고 의문점을 모아서 그 요체(要體)를 같이 파헤쳤다.

격의란 무엇인가? 격(格)은 양(量)이다. 대체로 중국 사상을 불교에 견주고 배합함으로써 사람들이 불서(佛書)를 쉽게 이해할 수 있도록 하는 방법이다. 사수(事數)란 무엇인가?『세설신어, 문학편』주석에서 말한다.

> 사수(事數)는 오음(五陰), 십이입(十二入), 사제(四諦), 십이인연(十二因緣), 오근(五根), 오력(五力), 칠각(七覺)과 같은 종류[17]:를 말한다.

축법아가 말하는 사수(事數)는 바로 불의(佛義)의 조목(條目)과 명상(名相)을 말한다. 이 사수로 헤아리고 견주는 것은 불경의 내용을 조직하는데 항상 법수(法數)를 쓰기 때문이니, 한나라 이래로 불경의 강의는 사수에 의거한 것이 많다(앞에서 설명했다).『승전』에서는 강법랑 등이 사수를 외전에 견주어 배당하고 이로 인해 이해를 낳은 후에 조목을 좇는 걸 예(例)로 삼았다고 했으니, 강의를 할 때 이를 사용해 문도들을 교육한 걸 격의라고 말한다[18]:.

축법아는 어려서는 외전을 잘 하다가 커서는 불법의 이치에 통달했으므로 내전과 외전을 서로 비교해 견줄 자격이 충분한 사람이다. 그의 제자는 세상의 전적들엔 공력(功力)이 있었지만 불법의 이치는 잘 이해하지 못했다. 그래서 그는 훌륭히 인도하는 방편을 써서 문도들을 세상 전적을 통해 불법의 이치를 깨달아 들어갈 수 있도록 해야 했기 때문에 격의를 써서 내전과 외전을 번갈아 강의하여 그들이 이해할 수 있도록 하였다. '강법랑 등'에서 등(等)은 도안과 축법태를 말한다. 강법랑의 내전과 외전의 학문은 어떠한가?『승전』에는 분명한 내용이 없지만, 그러나 도안과 축법태는 진실로 내전과 외전을 아울러 통한 사람이라 칭송하고 있다.

축법아와 도안과 축법태를 살펴보면 모두 동학(同學)이다. 아마 격의의 방법은 도안의 청년 시절 스승이었던 불도징 때부터 이미 사용되었을 것이다. 그리고 불도징이 죽은 후에 도안은 격의의 방법을 버렸다.『고승전, 석승광전(또는 석승선전)』에서는 도안의 말인 "선대의 옛날에는 격의를 사용해서 이치[理]에 어긋남이 많았다"를 인용하고 있으니, 도안의 어린 시절에는 늘 격의를 사용했기 때문이다. 그리고 비룡산에서 도안은 학문에 진보가 있어서 이치에 어긋나는 곳을 많이 알았다.『고승전, 혜원전』에서는 이렇게 말한다.

　　혜원은 24살 때 갑자기 강연을 하게 되었다. 한 번은 손님이 강연을 듣다가 실상(實相)[10]의 뜻을 질문했는데, 문답이 오고 가면서 시간이 지날수록 의문은 더욱 늘어났다. 혜원이『장자』를 인용해서 내용을 연계시켜 유비(類比; 유추)하자 그때서야 의혹이 환히 풀렸다. 이때부터 도안은 특별히 혜원에게 세속의 서적을 폐기하지 않아도 좋다고 허락했다.

혜원은『장자』를 인용해서 내용을 연계해 유비(類比)했으니, 바로 격의를 외서(外書)에 견주어 배대한 것과 같다. 도안이 혜원에게 세속의 서적을 폐기하지 않아도 좋다고 허락했다면, 도안은 통상 제자에게 세속의 서적을

10) 산스크리트어 dharmatā · bhūta - tathatā. 원뜻은 본체(本體), 실체(實體), 진상(眞相), 본성(本性) 등이다. 만법의 진실하고 헛되지 않은 체상(體相), 또는 진실의 이법(理法), 불변의 이(理), 진여(眞如), 법성(法性) 등을 가리키게 되었다. 세속적 인식의 일체 현상을 가상(假相)이라고 하고, 오직 세속적 인식을 벗어나야만 모든 것의 상주불변(常住不變)하는 참모습을 드러낼 수 있기 때문에 실상이라고 한다.

폐기하도록 했음을 알 수 있다. 세속의 서적을 폐기한 것 또한 격의를 반대한 것과 동일한 취지이다[19]:.

격의는 경전 속의 사수(事數)를 외서에 견주어 배대함으로써 해오(解悟)를 낳을 수 있게 하고, 아울러 조목마다 대응하는 걸 예(例)로 삼았는데 그 방법이 서툴고 견강부회하고 있음을 짐작할 수 있다. 이 때문에 식견(識見)이 있는 자는 이를 취하지 않았다. 그러나 격의의 용도는 중국 사상과 외래 사상을 융합하고 회통하는데 있으므로 도안과 현자들은 이를 논의하지 않은 것이 아니라 오히려 일상에서 직접 실천하였다. 그래서 도안은 축법아의 격의를 반대하긴 했지만 그의 학문은 늘 『노자』, 『장자』의 설(說)을 융합하였다. 도안이 이렇게 했을 뿐 아니라 당시의 명사(名士)들 어떤 사람이든 늘 불교와 『노자』, 『장자』를 나란히 이야기했다. 그 증거는 지극히 많지만 상세히 열거하지는 못하겠다.

격의의 방법은 하북 지방에서 일어났다. 그러나 축법아의 격의를 사용한 사람은 필경 적지 않았다. 『승전』에서는 도안이 이를 비평했지만 승광은 도안이 멋대로 선배(즉 축법아)를 비방하는 건 경계했다고 했으니, 그렇다면 한 때의 인사(人士)들이 중시했다는 걸 알 수 있다[20]:.

그러나 도안 이후 불도(佛道)가 점점 명료해지면서 세상 사람도 점차 불교의 특이한 점을 환히 알게 되었다. 그리고 불교의 세력이 확장하자 응당 출주입노(出主入奴)[11]의 견해가 있게 되었으니, 이로 인해 불교의 이치를 외서에 견주어 이해하는 걸 더 이상 돌아보지 않게 되었다. 급기야

---

11) 원래의 뜻은 하나의 학설을 신봉하면 필연적으로 다른 학설을 배척한다는 것이다. 전자는 잡으면 신봉하여 주인이 되고 후자를 잡으면 당연히 노복(奴僕)이 된다. 나중엔 학술 사상의 종파주의(宗派主義)를 뜻했다.

구마라집 시대가 되면서 경전의 뜻이 크게 밝혀지자 더욱더 세속의 이치와 비교할 필요가 없었으니, 이 때문에 승예는 구마라집이 온 후에 격의는 우활(迂闊)하여 근본에 어긋난다고 거듭 말한 것이다. 그리고 혜예(慧叡)의 『유의론(喩疑論)』에서도 격의는 도안과 구마라집 이후로는 폐기되어 쓰이지 않았다고 말했다.

그러나 『유의론』에서 격의를 언급한 한 단락을 주의해야 한다.

옛날 한나라 종실(宗室)의 중흥기 때(중략)는 상법(像法) 시대의 초기이다. 이때부터 서역의 명사인 안세고의 문도들이 잇달아 와서 문언(文言)을 크게 교화하여 변방의 습속을 점차 깊이 이해해 그 비루한 풍속을 도야(陶冶)하였다. 한나라 말엽 위나라 초기에 광릉군과 팽성군의 두 재상이 출가하여 나란히 불법의 교화를 능히 맡았으니, 불법의 참맛을 찾는 현자들이 비로소 강연의 순서가 있게 되면서 격의로 불법의 의미를 넓혀나가고 배대(配對)의 설명으로 불법을 우회적으로 접근했다.

이 글의 내용에 따르면, 격의로 견주어 배대하는 설명은 도안 이전에는 매우 일반적으로 유행했지 어느 한 지역만은 아니다[21]. 그러나 『우록, 구마라집전』에서는 이렇게 말하고 있다.

대법(大法; 불법)이 동쪽으로 전해진 것은 한나라 명제 때 시작되었는데, 위진 시대까지 이어지면서 경론(經論)이 점점 많아졌다. 그러나 지겸과 축법호가 번역한 것은 문장이 막히는 격의(格義)가 많았다.

이 단락은 『유의론』과 비교할 때 앞의 단락 중 중요한 것만 인용해서 탈태(脫胎)[12]하여 문장을 이룬 것이다. 그러나 승우는 격(格)을 한격(扞格;

충돌함)의 격으로 여길 뿐 격량(格量; 궁구하고 헤아림)의 격이 아니라고
오인하다가 마침내 격의로 배대하여 설명하는 걸 문장이 막히는 격의로
고쳤다. 그렇다면 양나라 때의 학승(學僧)은 격의의 의미를 이해하지 못했
던 것이다. 혜교의『고승전』에서는 비록 축법아가 창안한 격의의 사적이
실려 있지만, 그러나『고승전, 구마라집전』에서는 승우의 원문을 초록(抄
錄)해 "문장이 막히는 격의"라고 했는데, 이는 혜교가 정밀히 살피지 못한
곳이다. 하지만 양나라 때 내전과 외서를 융합하는 그 기풍이 여전히
남아 있더라도 소위 조목마다 견주어 배대해서 예로 삼는 격의의 우활(迂闊)
한 방법은 이미 쓰이지 않고 폐기된 지 오래라서 잊혀졌다는 걸 알 수
있다.

3) 본무종(本無宗)

담제의 육가칠종 중 첫 번째는 본무종이다. 여러 장소(章疏)에서는
본무종이 도안 혹은 축법태의 설(說)이라고 하는데, 혜달은『조론소』에서
혜원의 본무의를 인용해 언급하고 있다. 축법심이 잡고 있는 것은 본무이종
(本無異宗)이다[22]. 그러나 원강은 승조에게 타파된 본무를 축법태에게
귀속시켰고, 길장은 승조가 단지 본무이종을 타파했을 뿐이라고 했으니,
이에 의거하면 축법태 역시 본무이종에 속한다[23].

다만 본무라는 뜻(義)을 잡고 있는 경전은 매우 넓다. 넓은 의미에서
말한다면, 본무는 거의 반야학의 별칭이다. 지루가참의『도행반야경』
제14품, 축숙란의『방광반야경』제11품은 모두 그 명칭이 본무이며, 축념불
이 번역한 제7품도 그 명칭이 본무이다. 지도림의『대소품대비요초(大小品

---

12) 남의 문장을 본떴으나 그 형식을 바꾸는 것이다.

對比要鈔)』1에서는 이렇게 말한다.

　　온갖 생령(生靈)의 본무를 다한다.

다시 또 말한다.

　　온갖 생령이 본무에 돌아간다.

　그리고 지도림의 저술 중에 『석즉색본무의(釋卽色本無義)』가 있으니, 그렇다면 지도림의 학문은 스스로 본무종에 속한다고 여긴 것이다. 혜달의 『조론소』에서는 이렇게 말한다.

　　여산[24:]의 혜원 법사는 본무의를 "인연의 유인 것[所有]은 본무의 무인 것[所無]이다. 본무의 무인 것을 일컬어 본무라고 하며, 본무와 법성(法性)은 실제로는 똑같지만 명칭은 다르다(이하 생략).

　혜원이 지은 『법성론』에서도 그 소견(所見)을 발휘하고 있으니, 『법성론』에서 본무와 법성이 실제로는 동일하지만 명칭은 다르다고 했다면 혜원의 학문을 본무종이라 해도 정말 무방하다고 할 수 있다. 『명승전초』에서 실린 담제의 『육가칠종론』에서는 이렇게 말한다.

　　여래께서 세상에 출현하면서 본무로써 가르침을 전파했다[25:]. 그래서 『방등경』과 같은 심오한 경전이 모두 오음의 본무를 세세히 밝혔으니, 본무의 이론은 유래가 오래된 것이다.

그리고 왕흡의 『지도림에게 보내는 글』[26]에 이런 말이 있다.

> 요즘 본무의 담론(談論)은 그 종지가 간략하고 사례가 평탄하지만, 그러
> 나 경전마다 본무의 이치를 밝히고 있는 것은 많다고 할 수 있다. 다만
> 조정(造精; 정수, 핵심)의 말은 진실로 신뢰하기 어렵고 이치[理]가 극(極)에
> 달해서 통달하기 쉽지 않으니, 어찌 통달하기 쉽지 않다고 해서 다른[異同]
> 설(說)을 펼칠 수 있단 말인가? 결국 공(空)과 유(有)의 담론이 이 갈래
> 저 갈래로 크게 차이가 났는데, 후학(後學)은 망설이면서 의심하다가 판단을
> 내리지 못하였다. 이제 『도행지귀(道行旨歸)』에서 색(色)과 공(空)을 통틀
> 어 서술한 것에는 확연한 이치가 있다. 그러나 경문에 분명한 종지가 있는지
> 는 나는 잘 모르겠다. 아니면 지도림께서 형상 밖에서 분명한 종지를 깨달아
> 품류에 감촉해 확장한 것인가?

이 단락에서 말한 '본무의 담론'은 바로 반야의 성공(性空)을 말한다.
법성종(法性宗)의 전적(典籍)이 당시 이미 크게 번쇄하다고 했기 때문에
"경전마다 본무를 밝히고 있는 것이 많다고 할 수 있다"고 하였다. 그리고
위진 시대 이래로 많은 사람들이 본무성공(本無性空)의 설을 갖고서 각자
다른 의취(義趣)를 내놓았기 때문에 왕경화(王敬和; 왕흡)는 "공(空)과
유(有)의 담론이 분분해지면서 이 갈래 저 갈래로 크게 차이가 났으니,
후학은 망설이면서 의심하다가 판단을 내리지 못하였다"고 하였다. 그리고
지도림의 『도행지귀』에서 즉색(卽色)을 통해 본무를 이야기했다면, 경전
이 비록 많아도 분명히 말하지 못한 것으로 보이기 때문에 의심할 만하다.
여기서 왕흡이 지도림의 본무의(本無義)를 수많은 본무의 중 하나로 여겼다
는 걸 알 수 있다.

생각건대 본무와 성공의 의취(義趣)가 발달한 것은 당시 현학의 청담과

관련이 있고 실제로 불교가 크게 번성한 중요 원인 중 하나이기도 하다.
한나라 때부터 본무는 진여(眞如)로 번역되었는데 그 뜻은 원래 도가에서
취했다. 정시(正始) 이후에 세상 사람은 더욱 도덕허무(道德虛無)의 이론을
숭상하였다. 진(晉)나라의 배위(裴頠)는 당시 사람들의 "무(無)에 대한
논의"가 분분했기 때문에『숭유론(崇有論)』을 지어서 바로잡았다.『숭유론』
에서는 당시의 인사(人士)를 이렇게 말한다.

> 무(無)를 귀중히 여기는 논의를 고양하고, 유(有)를 비천하게 여기는
> 논의를 건립했다.

또 이렇게 말한다.

> 유형(有形)의 연고(緣故)를 깊이 열거하고, 공무(空無)의 아름다움을
> 성대히 칭송했다.

그러나 이 점은 알지 못했다.

> 형기(形器; 형상)의 연고는 증명할 수 있지만, 공무(空無)의 의취(義趣)는
> 검사하기 어렵다.

배위는 당시의 풍속이 방탕해서 유가의 법술(法術)을 존중하지 않는
걸 깊이 우려했다. 세상에서 명성이 높은 하안과 완적은 평소 부허(浮虛;
허무)를 말하면서 예법(禮法)을 존중하지 않았다[27]. 이들이 의존한 것은
『노자』,『장자』,『주역』이기 때문에『숭유론』에서는 이렇게 말했다.

노자는 5천 언(言)을 저술해서 잡되고 더러운 것을 줍는 폐단을 드러내어 고요한 하나[靜一]를 거양하는 의취를 밝혔으니, 이는 사람들이 자신의 잘못을 확 풀어버리고 『주역』의 손괘, 겸괘, 간괘, 절개[損謙艮節]의 종지에 합치한 것이므로 고요한 하나[靜一]로 근본을 지켜서 허무(虛無)라 할 것도 없다. 손괘와 간괘의 속성은 군자의 도(道) 중 하나이지 『주역』의 체(體)를 지키는 본무는 아니다.

무릇 『숭유론』에서 배척하는 '허무', '공무(空無)' 및 '본무'는 불가의 설(說)도 포함한 것이다. 불가에서 말하는 성공(性空)은 마침 『노자』, 『장자』 의 허무(虛無)와 유사하다. 부처의 열반적멸(涅槃寂滅)은 또 『노자』, 『장자』 의 무위(無爲)에 비할 수 있다[28]. 도안, 축법태, 축법심 등 본무를 주장하는 사람들을 살펴보면 더욱 내전과 외서를 잘 겸하고 있다. 가령 축법심의 스승인 유원진, 손작이 말한 "화려한 언사(言辭)로 담론할 수 있고, 몽매한 이를 충분히 일깨울 수 있다"도 청담의 인물을 일컫는 것이다. 그래서 제자 축법심은 능히 『방등경』을 창달(暢達)하기도 하고 『노자』, 『장자』를 해석하기도 했으며, 지도림 역시 『노자』, 『장자』를 아울러 통달한 사람이다. 이로 인해 육조 시대 초기에 불교의 성공본무(性空本無) 교설은 『노자』, 『장자』의 청담을 빙자해 일대(一代)의 문인과 명사들을 끌어들였으며, 그 결과 천하 학술의 주도권을 점차 불교도에게 빼앗기게 되었다.

또 생각하건대 진(晉)나라 초기의 격의(格義)는 필경 이런 종류의 학술 풍토 속에서 생겨났으며, 격의로 견주어 배대한 외서로는 반드시 『노자』, 『장자』의 허무론이 가장 많았다. 가령 혜원이 실상(實相)을 이야기할 때 『장자』의 내용을 연계해 유비(類比)한(『승전』을 보라) 것이 하나의 사례이다. 따라서 『반야경』의 각 가(家)는 『노자』, 『장자』의 영향을 받지 않았다 해도 최소한 『노자』, 『장자』의 용어를 원용했으니, 오늘날에도 보존되고 있는 서적들을 읽으면 아주 분명해서 상세한 예를 들 필요도 없다.

본무의 의취는 대체로『반야경』의 각 가(家)에서는 이미 통용되고 있었다. 그러나 담제의 육가칠종론에서 소위 본무종은 반드시 각 가(家)를 포함할 필요는 없다. 원론(原論)은 이미 실전되었기 때문에 나로서는 당나라 사람의 장소(章疏)를 믿지 않을 수 없다. 이제 여러 설(說)을 통해서 보면, 본무이종(本無異宗)은 확실히 축법심, 축법태의 설을 가리킨다. 그러나 본무종은 도안에 속한다. 다만 도안은 본래 성공종(性空宗)으로도 명성이 자자했으니, 이에 대해서는 다음 절(節)에서 서술하겠다.

4) 석도안의 성공종(性空宗)

도안은 평생『반야경』연구에 가장 힘을 기울였다. 그가 찬술한 것을 살펴보아도 그 종지의 귀결점을 알 수 있다.『우록』에 실려 있는 도안의 저서 중에서 다음에 열거한 항목들은 모두『반야경』과 관련이 있다.

『광찬절중해(光讚折中解)』1권

『광찬초해(光讚抄解)』1권

『방광반야석의준(放光般若析疑准)』1권

『방광반야석의략(放光般若析疑略)』2권

『방광반야기진해(放光般若起盡解)』1권

『도행경집이주(道行經集異注)』1권[29:]

『실상의(實相義)』

『도행지귀(道行指歸)』

『반야절의약서(般若折疑略序)』[30:]

『대품서(大品序)』[31:]

『도행경서(道行經序)』32:

『합방광광찬약해서(合放光光讚略解序)』33:

『마하발라약바라밀경초서(摩訶鉢羅若波羅密經抄序)』34:

『성공론(性空論)』35:

　일반적으로 도안의 일생은 네 시기로 나눌 수 있다고 논한다.

　첫째, 하북에서 불학(佛學)을 구하는 시기이다. 이 시기에 그는 불도징을 스승으로 섬겼고, 축법화, 축법태, 축법아, 축법준 등과 함께 동문수학하였다. 이 사람들은 모두 내전과 외서를 배워서 통달하였다. 축법아는 격의를 창안했으며36:, 도안도 이 방법을 늘 사용하였다.

　둘째, 하북에서 불학을 가르치는 시기이다. 당시 도안은 특히 선관(禪觀)을 중시했을 것이기 때문에 호택에서 『음지입경』, 『대십이문경』, 『도지경』을 주석했다37:. 이때 도안은 이미 『방광반야경』과 『도행반야경』을 보았고 『광찬반야경』도 1품(品)을 얻었다(『합방광광찬수략해서』). 당시 그는 『반야경』(『고승전, 혜원전』)을 강의한 적이 있는데, 그러나 이미 격의의 방법은 버렸다38:.

　셋째, 양양과 번천에서 불학을 가르치는 시기이다. 이때 『반야경』을 크게 강의했다. 또 『광찬반야경』을 태원 원년에 양주(涼州)에서 보내왔으며, 도안은 이 경전을 탐구하고 음미해서 이익을 얻어 기뻐했다39:. 그 『마하발라약바라밀경초서(摩訶鉢羅若波羅密經抄序)』에서 이렇게 말한다.

　　옛날 한음(漢陰)에서 15년을 지내면서 『방광경』을 강의했는데 해마다 늘 두 번 하였다. 그리고 경사(京師)에 이른 뒤 4년 동안 역시 해마다 두 번씩 하면서 감히 그만두지 않았다.

넷째는 관중에서 경전을 번역한 시기이다. 이때 도안은『방광경』을 강의하긴 했지만[40] 그래도 가장 힘을 기울인 것은 경전 번역이다. 번역한 경전 중에『마하발라약바라밀경초』[41]가 있는데, 이 경전은 실제로『소품』이지만 도안은『대품』으로 오인했기 때문에 번역할 때『방광반야경』, 『광찬반야경』과 대조해 교정했다.

도안이『반야경』을 온힘을 다해 연구한 것은 그의『반야』주소(注疏)가 많은 걸 살펴보면 알 수 있다.『우록』권9에는 작자 미상의『점비경십주호명병서서(漸備經十住胡名幷書敍)』가 실려 있는데, 이 경전의 문의(文義)를 살펴서 도안의『합방광광찬수략해서』와 견주어 비교하면 실제로는 도안이 벗에게 보낸 글이란 걸 알 수 있으니, 이 서신에서『십주』의 호명(胡名) 및『점비』와『광찬』의 번역에 대해 서술했고 양양[42]으로 송달한 여러 일에 대해 언급했다. 서신에서는『대품』을 언급하면서 그 연구에 '평생을 다 바치고' 싶다고 말했는데, 여기서도 도안의 큰 서원을 볼 수 있다.

또 이『점비경십주호명병서서』와『합방광광찬수략해서』에서는 모두 『광찬경』을 구하기 어려운 점을 서술했으니,『광찬경』의 역출이 비록 『방광경』보다 9년 앞섰다 할지라도 양주 지역에 숨겨져서 세상에 유행하지 않았다. 하북에서 그 1권[43]을 얻은 도안은 이 경전이 있다는 걸 알고 구하려 했지만 얻지 못했다. 양양에 도착해서는 천축에 가려고 양주를 지나던 혜상(慧常), 진행(進行), 혜변(慧辯) 등을 만났다. 혜상이『광찬경』을 얻어서 필사했는데, 이 경전을 지닌 호시(互市) 사람 강아(康兒)가 많은 길을 에돌다가 장안에 도착했기 때문에 장안의 안법화(安法華)가 사람을 호시에 보내게 했고 호시 사람은 태원 원년 5월 24일 양양에 송달해서 도안에게 넘겨주었다. 양양의 승려는 승현(僧顯)을 시켜 양주(揚州) 축법태에게 필사해 보냈다.

도안은 『광찬경』을 얻자 즉시 『방광경』과 비교해 읽고는 "서로 보충하고 있어서 깨닫는 것이 실로 많았다"고 하였다. 『광찬경』의 현존하는 27품은 『방광경』과 비교하면 63품이 결여되었기 때문에 도안의 서문에서는 '잔권 (殘卷)으로 완전치 못하다'[44]고 하였다. 경전을 얻는 것이 이처럼 어렵고 경전을 얻어도 빠진 부분이 있었으니, 옛사람이 얼마나 고생스럽게 독서를 했는지 생각할 수 있다.

이상의 언급을 통해보면, 도안의 일생은 모두 『반야경』과 관련이 있다. 승예의 『유의론(喩疑論)』에서 말했다.

경문을 비교해 지취(旨趣)를 구하고, 의취가 종지를 멀리 벗어나지 않고, 말이 실제와 어긋나지 않는 것은 돌아가신 스승에게서 시작되었다.

그리고 승예의 『대품경서』에서는 이렇게 말한다.

돌아가신 스승이신 안화상(安和上; 도안)께서 황량한 땅 길을 파서 수레 가 다니는 길을 개척하고, 현묘한 지취를 성공(性空)에서 표방하고, 어긋난 발자취를 버리고 곧바로 통달해서 잘못된 문장에 막히지 않았다. 부지런히 애쓰는 노력을 반이라도 따라가고 싶었지만 도저히 미치질 못했다.

이 글에 따르면, 승예는 스승의 학문이 성공(性空)을 종지로 표방했다고 말한다. 그래서 『비마라힐제경의소서(毘摩羅詰堤經義疏序)』에서 "격의 는 우활해서 근본에 어긋나고, 육가는 편벽되어 정확하지 않다. 성공(性空) 의 종지는 이제 시험해 보니 가장 진실을 얻은 것이다"라고 하여 성공의 종지가 옛날 도안의 학문으로서 육가와 격의의 설(說)과는 동일치 않은 걸 드러냈다. '이제 시험해보았다'는 것은 구마라집이 번역한 내용으로 시험한 것이다. 원강의 『조론소』에서는 이렇게 말한다.

> 안법사(安法師; 도안)는 의취를 세우는데 성공을 종지로 삼아서 『성공론(性空論)』을 지었다. 구마라집은 의취를 세우는데 실상(實相)을 종지로 삼아서 『실상론』을 지었으니, 이를 '명종(命宗)'이라 한다.

승예는 성공의 종지를 "가장 진실을 얻은 것"이라 했을 뿐 아니라 도안의 학문도 육조 시대에 늘 성공의 종지를 추구해 가르침의 중심이 되었다. 양무제(梁武帝)의 『대품경서』에서는 이렇게 말한다.

> 이 경전이 동쪽으로 전파된 지 258년이 되었는데, 처음에는 위나라 감로 5년에 우전국으로부터 왔다. 축숙란이 그 원천(源泉)을 열었고 미천(彌天; 도안)이 강(江)으로 인도했으며 구마라집이 감천(甘泉)으로 적셨으니, 세 가지로 번역하고 다섯 번 교정해서 상세하다고 말할 수 있다.

여기서는 도안과 축숙란과 구마라집을 나란히 찬미하고 있다. 혜달의 『조론소』에서도 이렇게 말한다.

> 미천(彌天) 대덕(즉 도안)과 동수(童壽) 상문(桑門; 사문)(즉 구마라집)이 나란히 명종(命宗)을 창시하고 격의를 원만히 변론했다.

그리고 가상(嘉祥; 길장) 대사에 와서는 다른 설(說)을 물리치고 특히 삼론(三論)의 전파에 힘썼는데, 『방등』의 경론(經論)을 뜻으로 삼고 있으며 도안, 구마라집, 승조, 승랑, 승전, 법랑[45]이 그 뜻을 체득했다. 그래서

『중론소, 인연품』에서는 육가칠종을 서술하면서 본무 일가(一家)를 두 가지 종(宗)으로 나누었다. 두 가지 종(宗)이란 도안의 본무와 침(琛) 법사의 본무이다. 침법사의 본무의는 앞으로 상세히 밝히겠지만, 도안의 본무에 대해서는 이렇게 서술하고 있다.

구마라집이 아직 오지 않았을 때 장안에는 본래 삼가의(三家義)가 있었다[46]. 하나는 도안이 밝힌 본무의로서 말하자면 무(無)가 만물의 변화 이전에 존재하고 공(空)이 온갖 형상의 시초라는 것이다. 무릇 사람이 막히는 것은 말유(末有)[47]에서 막히니, 만약 마음의 본무(本無)에 기탁한다면[48] 다른 상념이 문득 쉰다. 안공(安公; 도안)의 본무의란 일체의 모든 법은 본성이 공적(空寂)하기 때문에 본무라고 하는 것이니, 이는 『방등』의 경론, 구마라집과 승조의 산문(山門)의 의취와 다르지 않다.

'무(無)가 만물의 변화 이전에 존재한다……'는 담제의 육가칠종론에서 나온 것이다. 『명승전초, 담제전』에서는 이를 인용하여 상세히 비교하고 있다.

『칠종론』의 저술[49]에서 첫째는 본무로 종지를 세운 것이다.
"여래께서 세상에 출현해 본무로써 가르침을 전파했기[50] 때문에 『방등』의 심오한 경전이 모두 오음의 본무를 세세히 밝혔으니, 본무론의 유래는 오래되었다. 왜 그런가? 무릇 명조(冥造)[13] 이전에는 확연(廓然)할 뿐이기 때문이다. 원기(元氣)의 도화(陶化;육성하는 것)에 이르면 온갖 상(像)이 형태를 품부 받는데, 형태가 비록 변화의 자량(資糧)이라도 권화(權化)[14]의

---

13) 만물이 만들어지기 이전의 유현(幽玄)한 상태를 말한다.
14) 중생 제도를 위해 방편으로 교화하는 것.

근본은 자연(自然)에서 나오고, 자연은 스스로 그러할 뿐이니 어찌 짓는
자가 있겠는가?

　이로 말미암아 말한다면, 무(無)는 원화(元化)에 앞서 있고 공(空)은
온갖 형상의 시초이기 때문에 본무라 칭하는 것이지 허활(虛豁) 속에서
능히 만유(萬有)를 낳음을 말하는 것이 아니다. 무릇 사람이 막히는 것은
말유(末有)⁵¹˙에서 막히니, 만약 마음의 본무(本無)에 기탁한다면 이것이
누활(累豁)¹⁵)이다. 무릇 근본을 숭상해서 지말(枝末)을 쉴 수 있는 것은
이를 말하는 것이다……."

『조론, 부진공론』에서는 이단(異端)의 설을 타파하고 있는데, 그 세
번째에서 본무의를 타파하고 있다. 혜달은 도안의 본무의라 했는데, 그가
말한 내용은 앞 단락을 간략히 해석한 것으로 다음과 같다.

　'세 번째, 본무'는 미천(彌天) 석도안 법사의 『본무론』에서 "본무를 밝힘은
여래께서 세상에 출현해 본무로 가르침을 전파했기 때문에 『방등』의 심오한
경전이 모두 오음의 본무를 세세히 밝힌 것이니, 본무론은 그 유래가 오래된
것이다'라고 말한 것이다. 저 의취를 얻은 것이 본무이니, 여래께서 세상에
출현하셔서는 단지 본무로 중생을 교화할[化物] 뿐이다. 만약 진실로 능히
본무를 이해했다면 즉각 다른 상념[異想]⁵²˙은 쉰다. 그러나 모든 법이
본래 무(無)임을 능히 깨닫지 못하니, 이 때문에 본무는 참[眞]이라 칭하고
말유(末有)⁵³˙는 속(俗)이라 할 뿐이다.

　앞서 말한 바에 의거하면, 승예는 스승의 설을 성공종(性空宗)이라 칭했
고 담제의 『육가칠종론』에서는 『본무종』이라 칭했다. 그리고 승예 이후의

15) 미망(迷妄)으로 막힌 상태가 열리는 것을 말한다.

양나라 무제와 진(陳)나라 때의 혜달로부터 수나라, 당나라의 길장에 이르기까지 모두 도안이 반야학의 중진(重鎭)임을 인정하고 있다. 길장의 시대에는 아직 정해진 조사(祖師)의 설이 없었다. 만약 있었다면 도안이 반드시 삼론종의 한 분 조사로 추앙을 받았으리란 걸 단언할 수 있다.

도안은 선관(禪觀)으로부터 성공(性空)으로 나아간 사람이라 말할 수 있다. 『음지입경서』는 호택에서 만들어졌는데 이런 말이 있다.

슬기[慧]로 지(智)를 끊어서 삼부(三部)16)에 들어가는 자는 사제(四諦)를 이루고, 12인연으로 정법(淨法)의 부수(部首)를 논하면 네 가지 믿음[四信]17)을 이룬다. 그 행(行)이 오직 신령스러울[神] 뿐이기 때문에 말하지 않아도 이루어지고, 오직 묘할 뿐이기 때문에 행하지 않아도 이르는 것이다.

『도지경서』54:에서도 말한다.

그 상(像)이 됨은 고요하고 담박함을 넓게 포함해서 면면히 존재하는 듯하고, 고요해 말이 없어서 이를 분별하는 자가 거의 없다. 황홀하여 행(行)이 없어서 이를 찾아도 측량할 수 없을 정도로 광대하니, 성인(聖人)이라야 불언(不言)의 가르침을 전파하고 자취 없는 궤칙(軌則)을 늘어놓는다.

---

16) 부처의 깨달음과 지혜와 자비를 나타낸 것으로 보인다.
17) 첫째는 근본을 믿는 것이니 소위 진여법을 생각하는 것이며, 둘째는 부처의 한량없는 공덕을 믿는 것이니 부처를 가까이하고 공양하여 선근을 일으켜서 일체지(一切智)를 구하려는 것이며, 셋째는 법에 큰 이익이 있음을 믿는 것이니 항상 모든 바라밀을 수행할 것을 생각하는 것이며, 네 번째는 사문의 올바른 수행을 믿는 것이니 자리(自利)·이타(利他)의 보살 수행을 배우려는 것이다.

『안반주서(安般注序)』55:에서 말한다.

숨에 기탁하기[寄息] 때문에 육계(六階)18)의 차이가 없고19), 형해에 깃들기[寓骸] 때문에 사급(四級)의 차별이 있다.20) '육계의 차이'란 덜고 또 덜어서 무위(無爲)에 이르는 것이며, '사급의 차별'이란 잊고 또 잊어서 무욕(無欲)에 이르는 것이다.

『인본욕생경주(人本欲生經註)』에서는 상(想)과 수(受)의 멸진정(滅盡定)을 이렇게 해석하고 있다.

행자정(行茲定)이란 꺼져버린 재처럼 그윽해서[冥] 벼락이 쳐도 그의 생각[念]을 놀라게 할 수 없고 불로 태워도 그의 사념[慮]을 다치게 할 수 없으니, 텅 비어서 태허(太虛)와 그 양(量)이 같고 편안히 조화(造化)와 함께 노닌다.

---

18) 안나반나(安那般那)의 수행에는 여섯 단계인 육계(六階)가 있다. 즉 수법(數法), 수법(隨法), 지법(止法), 관법(觀法), 환법(還法), 정법(淨法)이다. 하나하나의 법마다 똑같지 않은 요령이 있지만, 그러나 법마다 숨을 들이키고 숨을 내쉬는 것을 근본으로 삼는다. '안나반나'는 숨을 들이쉬고 내쉬는 것이다.
19) 원문은 '없다', 즉 무(無)로 되어 있으나, 다른 주석에서는 '있다', 즉 유(有)로 되어 있다.
20) 안반(安般)이란 출입(出入)이다. 도(道)의 기탁은 어디를 가든 인(因)하지 않음이 없고, 덕(德)의 깃듦은 어디를 가든 의탁하지 않음이 없다. 그러므로 안반은 숨에 기탁해서[寄息] 도를 지키게 되고, 사선(四禪)은 형해에 깃듦[寓骸]으로써 정(定)을 이룬다.

소위 무언(無言), 무위(無爲), 정적(靜寂), 소요(逍遙)와 같은 말은『노자』,『장자』에서 나오긴 했어도 실제로는 도안의 반야와 동일하다. "진여(眞如)에 의거해 법성(法性)에 노닐면서 그윽이 이름[名]이 없는 것은 지도(智度; 지혜 바라밀)의 깊은 내실[奧室]이다"(『도행서(道行序)』)라는 말과 "담박하여 움직이지 않고, 고요해서 현묘함과 가지런하다[玄齊]"(『수략해서(隨略解序)』)는 말이 '꺼져버린 재처럼 그윽한' 것과 어찌 다르겠는가? 그러므로 도안의 공(空)은 선(禪)에서 생겨난 것이다.

길장의『중관론소(中觀論疏)』에서는 "도안이 본무를 밝힌 것은 일체 모든 법의 본성이 공적(空寂)하기 때문에 본무"라고 했으며, 또 "도안은 무(無)는 만물의 변화 이전에 존재하고 공(空)은 온갖 형상의 시초"라고 하였다. 무릇 인간의 정체(停滯)는 말유(末有)에서 막히니, 만약 마음의 본무에 의탁하면[56] 이상(異想)이 문득 쉰다. 이에 근거하면 도안의 뜻에는 크게 두 가지 의의(意義)가 있다. 첫째, 공(空)이란 공무(空無)이고, 둘째, 공무의 지취(旨趣)는 이상(異想)을 멸하는데 있다. 이 중에서 공무는 궁극적으로 무슨 뜻[義]인가? 전적(典籍)이 상세하지 않아 헤아려 알기가 어렵다. 그러나 도안은 실제로 유(有)와 무(無)라는 상대적 '무(無)'를 말하지 않은 것은 너무나 분명하다.『명승전초』에서는 제1 본무종의 말을 이렇게 인용하고 있다.

허활(虛豁) 속에서 능히 만유(萬有)가 생겨남을 말한 것이 아니다.

그러나 이는 불언(不言)의 자취 없는 가르침으로 이름붙일 수 없기에 '무(無)'라 이름을 붙인 것이다. 무(無)란 진제(眞諦)이다. 속제(俗諦)의 유(有)를 상대해 말했기 때문에 혜달은 "본무는 참[眞]이 되고, 말유(末有)는

속(俗)이 된다'고 해석한 것이다. 안징(安澄) 역시 "별기(別記)에서 진제(眞
諦)란 속제의 근본이라 했기 때문에 무(無)는 원화(元化) 이전에 존재한다"
고 하였고, 또 도안의 『합방광광찬수략해서』에서는 이렇게 말했다.

반야바라밀이란 무상정진도(無上正眞道)를 이루는 근본이다. 정(正)이
란 등(等; 평등)으로 불이(不二)21)에 들어가는 것이다. 이 등(等)의 도(道)에
는 세 가지 뜻이 있으니 바로 법신(法身), 여(如), 진제(眞際)이다. 그래서
이걸 경(經)으로 삼으면 여(如)를 으뜸으로 삼고 법신을 종지로 삼는다.
여(如)는 이(爾)22)이다. 근본과 지말이 등이(等爾; 동등)하여 능히 불이(不
爾)하게 할 수 없으니, 부처의 흥기와 소멸은 면면히 항상 존재하고 한가로이
[悠然] 기탁함이 없기 때문에 여(如)라 말하는 것이다. 법신이란 '하나'이다.
유(有)와 무(無)가 모두 청정해서 아직 명칭이 비롯되지 않았으니, 이 때문에
계율에 대해선 계율도 없고 계율을 범함도 없으며, 정(定)23)에 대해선
정(定)도 없고 혼란도 없으며, 지혜[智]에 처하는 것이라면 시혜도 없고
어리석음도 없다. 소멸과 여여[泯爾]를 모두 잊고 이삼(二三)24)도 다 쉬어서
확연히 밝아 검게 물들지 않기 때문에 정(淨)이고 상도(常道)라 말한다.
진제(眞際)란 집착함이 없는 것이다. 담박하여 움직이지 않고 고요히[湛爾]
현묘함과 가지런해서[玄齊] 함이 없으면서도[無爲] 하지 못함이 없다. 만법

---

21) 이원적, 상대적이 아닌 절대의 경지를 말한다.
22) 여기서는 '‐‐와 같다', '그러하다', '그대로' '‐‐뿐' 등의 뜻으로 쓰인다.
23) 마음이 하나의 대상에만 주의를 기울여 산란하지 않도록 하는 상태. 고요한
   적정(寂靜)의 상태를 가리키기도 한다. 반대로 마음이 산란하고 그치지 않는
   상태는 산(散)이라고 하며, 둘을 합칭하여 정산(定散)이라고 한다. 정(定)은
   원래 산스크리트 사마디(samādhi; 三摩地 · 三昧)의 음역이다.
24) 선법(禪法)으로 초선, 2선, 3선, 4선이 있는데 수행을 통해 2선, 3선도 모두
   쉰다는 뜻으로 보인다.

은 함이 있으나[有爲] 이 법은 고요히 침묵하기[淵默] 때문에 있는 바가 없음[無所有]은 이 법의 참됨[眞]이다. 이를 말미암아 그 경(經)과 만행(萬行)이 둘 다 폐기되고 법[章]에 대한 저촉도 문득 없으니 왜 그런가? 어리석으면 어딜 가든 막히지 않음이 없어서 종일토록 모두 사물[物]만을 말하기 때문에 8만4천 진구문(塵垢門)이 되고, 지혜로우면 어딜 가든 묘하지 않음이 없어서 종일토록 모두 도(道)만을 말하기 때문에 8만4천 도무극(度無極; 바라밀)이 된다. 소위 크나큰 청정[大淨]을 잡아서 만행이 올바르고 올바라서 해로움이 없으니, 이 얼마나 큰 묘함인가!

도안이 반야의 법성을 형용한 것은 아마도 상(常)의 지극함과 정(靜)의 지극함이라 말할 수 있을 터이니, 이 때문에 무위(無爲)이고 이 때문에 집착이 없는 것이다. 그래서 무위를 '깊은 침묵[淵默]'이라 해석하고 '담박하여 움직이지 않고'라고 해석하며, 법신을 '하나'라 해석하고 '청정해서 검게 물들지 않다'고 해석한 것이니, 그래서 '소멸과 여여[泯爾]를 모두 잊고 이삼(二三)도 다 쉰다'고 말한 것이다. 여(如)를 이(爾)라 해석하고 이(爾)란 능히 불이(不爾)하게 할 수 없는 것이니, 소위 면면히 항상 존재하면서 한가로이 기탁함이 없는 것이다.

그러므로 도안의 관점에서는 상정(常靜)의 극(極)을 바로 공(空)이라 함이니, 공(空)이면 명칭도 없고 집착도 없어서 둘 다 잊어 지극히 고요하고 [玄莫] 유연하여 주재[主]가 없다. 이로 말미암아 진여(眞如)에 의거해 법성(法性)에 노닐면서 그윽이 이름[名]이 없으며, 이로 말미암아 어리석음이 제거되고 티끌의 더러움[塵垢]이 다하는 것이다. 어리석음을 제거해 지혜가 완전해지면 어딜 가든 묘하지 않음이 없고 온갖 행(行)과 정(定)이 이루어지지 않음이 없다. 약과 병을 둘 다 잊으면 바퀴의 자취가 일제히 소멸하기(『도행경서』를 참고하라) 때문에 공무(空無)의 종지는 이상(異想; 다른 상념)을 멸하는데 있고, 내 마음을 온통 확충해서 청정케 하기 때문에 만행이 올바르다.

대체로 이 상정(常靜)에 관한 담론은 당시의 현학을 회통한 것으로 보인다. 비록 도안이 격의를 배척하고 『도행경서』에서 『주역』의 이치를 비하하며 "도(道)를 잡아 유(有)를 통제하는데 높고 낮음의 차이가 있는데, 이는 유위(有爲)25)의 영역일 뿐이다"라고 했지만, 그러나 불교 서적과 『노자』, 『장자』, 『주역』을 융화해 회통하는 것은 실제로 당시의 기풍이라서 도안의 학설도 이 관습을 벗어나지 못한 것 같다57:

승조의 『부진공론』은 진(晉)나라 때 지어졌는데, 그때 승예는 단지 육가를 지적했을 뿐이다. 담제의 『육가칠종론』은 송나라 때 지어졌는데, 승예의 육가에 입각해 성공(性空)의 종지를 덧붙여서 본무를 두 가지로 나눈 것으로 보인다. 그러나 승조와 승예 두 법사의 시기로부터 말한다면 아마 두 종(宗)으로 나누는 설(說)은 없었을 것이며, 승조의 타파는 필경 본무를 견지한 여러 법사들을 통틀어 지적했지 상세히 분별한 뒤 그 중 어느 한 사람만을 타파하지는 않았을 것이다.

아울러 진(陳)나라 때 혜달의 『조론소』에서도 오히려 승조가 타파한 것은 바로 도안과 혜원 두 법사의 견해라고 하였다. 길장의 『중론소』에서는 담제가 본무를 두 가지로 나눈 설(說)에 입각해 승조가 타파한 것이 본무이

---

25) 위(爲)는 조작(造作)한다는 의미이며, 조작함이 있는 것을 유위라고 한다. 즉 인연(因緣)이 조작하여 만들어내는 사물들은 다 유위이다. 생성할 수 있는 인연은 생성되는 사물을 조작하는 것이고, 생성되는 사물은 반드시 이 인연의 조작을 가지기 때문에 유위법이라고 한다. 본래 스스로 그러하여 인연에 의해 생성되지 않는 것은 무위법(無爲法)이라고 한다. 그러므로 유위라는 것은 '인연이 있다(有因緣)'고 말하는 것과 같다.

종(本無異宗)이라고 한다. 가상대사(嘉祥大師)가 지적한 내용은 이치에 맞는다고 할 수 있다. 하지만 승조가 타파한 본무는 "정견[情]으로 무(無)를 숭상하고" "객체[賓]가 무(無)에 복속(服屬)하는" 것으로 허활(虛豁) 속에서 만유를 낳는 걸 가리킨 듯하다[58]. 그러나 도안은 '허활 속에서 능히 만유를 낳는다고 여기지 않았다'고 했다. 하지만 길장 또한 도안의 본무와『방등』의 경론(經論)이 습조(什肇; 구마라집과 승조) 산문(山門)의 뜻과 다르지 않다고 했는데 이 지적은 너무 지나쳤다.

왜냐하면 도안은 지극한 고요함[至靜], 지극한 항상함[至常]으로 법의 모습[法相]을 형용했다면, 승조는『물불천론』에서 바로 이 뜻을 부정했기 때문이다. 승조는 움직임[動]과 고요함[靜]이 애초에 다르지 않아서 반드시 움직임에 즉(卽)해 고요함을 구하므로 하늘과 땅이 뒤집어져도 고요하지 않다고 말하지 못하며 홍수가 하늘까지 닿아도 그 홍수가 움직인다고 말하지 못한다고 했다. 도안이 설한 내용은 문헌이 부족해서 그 전모를 헤아리진 못해도 움직임에 즉해 고요함을 구하는 종지는 결코 없다. 승조는 이 본무에 대해 단지 "인정(人情)의 미혹"이라고 인식할 뿐이다.

5) 본무이종(本無異宗)

『중론소』에서는 본무의 일가(一家)를 두 가지 종(宗)으로 나누고 있다. 하나는 도안의 본무의(本無義)인데 앞에서 서술했고, 또 다른 하나는 침법사(琛法師)의 본무의이다. 일본인 안쬬의『중론소기』에서는 이 침법사가 바로 축도잠이고 자(字)는 법심(法深)[26]으로 침(琛)으로 쓴 것은 착오라고 하였다. 아울러 침법사는 따로 있다고 하면서 바로『중론소』에서 일컫는

---

26) 원문의 침(琛)은 심(深)의 오기로 보인다.

소위 북쪽 땅의 삼론사(三論師)라고 하였다. 안쵸는 그가 지은『중론소』(대
정속장(大正續藏) 65권 20페이지)를 보았는데, 이에 근거하면 침법사는 별개의
사람으로 구마라집이 중국에 온 후의 사람이지 동진 초기의 축법심이
아니다. 축법심은『방광경』과『반야경』에 능통했다. 그는 중주의 유원진을
스승으로 섬겼으며 24살 때『법화경』과『대품』을 강의하였다. 현존하는
남북조의 서적에서는 그의 학설이 어떤 것인지 말하지 않았다.

그러나 축법심이 반야학자인데다 본무를 당시 반야학의 통칭(通稱)으로
본다면, 축법심을 본무의 설(說)을 지닌 자라 해도 틀리지 않을 것이다.
다만 당나라 원강(元康)의『조론소』에 의거하면, 승조의『부진공론』에서
배척한 본무의는 바로 축법태의 설이다. 축법태는 도안과 동문수학했고
건업에서『방광경』을 강의했으며 형주에서 도항의 심무의를 반박하였다.
그래서『우록』에 있는 육징(陸澄)의『법륜목록(法輪目錄)』에는 이런 글
하나가 있다.

본무는 어려운 문제이다. 극가빈(郄嘉賓; 극초)이 빈객의 위치에 섰는데,
축법태가 질문을 하고 극초가 대답을 하면서 네 번 주고받았다.

『고승전, 축법태전』에서도 이렇게 말한다.

축법태는 의소(義疏)를 저술해서 극초의 서적과 본무의 뜻을 서신으로
논했는데 모두 세상에 유행했다.

극초는 지도림의 즉색의(卽色義)를 주장한 자로 보이니, 본무의는 응당
축법태의 설이 되어야 한다.

『중론소』5에서는 침(琛)59):법사의 말을 인용해서 "본무란 색법(色法)이
있기 전에 먼저 무(無)가 있기 때문에 무(無)로부터 유(有)가 나온 것이니,
바로 무가 유에 앞서 있고 유는 무의 뒤에 있기 때문에 본무라 칭한다"고
하였다. 승조는 본무론을 논하면서 "본무란 무(無)를 숭상하는 정견(情見)
이 많은 것인데60):, 말과 접촉함으로써 무(無)를 상대화한다. 비유(非有)는
있음(有)이 곧 없음(無)이고, 비무(非無)는 없음도 없음이다"라고 하였다61):.
『중론소기』에서 말한다.

　　『이제수현론(二諦搜玄論)』의 13종(宗) 중 본무이종에서는 논(論)을 지으
면서 이렇게 말했다.
　　"무(無)란 무엇인가? 텅 트여서 형상이 없지만 만물이 이를 말미암아
생겨난다. 유(有)는 비록 생겨날 수 있으나 만물을 능히 낳지 못하기 때문에
부처님께서 범지(梵志)27)에게 사대(四大)가 공(空)으로부터 생겨났다고
대답한 것이다."
　　『산문현의(山門玄義)』 제5권 『이제장(二諦章)』 하(下)에서는 이렇게 말
한다.
　　"다시 축법심이 말하기를 '모든 법이 본무(本無)라서 텅 트여 형상 없는
것을 제일의제(第一義諦)28)라 한다. 생겨난 만물은 이름하여 세제(世諦)라
하기 때문에 부처님께서 범지에게 사대는 공으로부터 생겨났다고 대답했다'
고 하였다."

---

27) 산스크리트어 brāhmaṇa 범(梵)은 청정을 뜻함. 바라문(婆羅門)을 일컬음. 바라
　　문은 청정한 수행을 하고 범천(梵天)에 태어나기를 지향하는 자이므로 이와
　　같이 말함.
28) 그 자체 진실(眞實)인 이법(理法)으로 깊고 오묘한 절대적 진리. 열반, 진여,
　　실상, 중도 따위의 진리를 말한다.

이 본무이종에서는 만물이 무(無)로부터 생겨났다고 하는데, 여기서 말하는 무(無)는 그 실제적인 뜻이 상세하지 않다. 그러나 '텅 트여서 형상이 없다'는 말과 또 '사대는 공으로부터 생겨났다'는 인용을 살펴보면 역시 공(空)과 색(色)의 법(法)에 치우친 듯하지만, 그러나 심신(心神)이 형상 없는 것은 공하지 않은[不空] 심신인 듯하다. 다만 이 본무이종의 특징으로 승조 등이 주목한 것은 유(有)와 무(無) 두 글자의 집착에 있으니, 이 때문에 승조는 이를 "비유(非有)란 이 유[此有]가 없고 비무(非無)란 저 무[彼無]가 없다'를 집착하는 것이라 여겼다. 유와 무를 실다운 물건[實物]처럼 집착한 탓에 천착이 생겨나니, 이 때문에 승조는 '무(無)를 좋아하는 담론'을 배척한 것이다.

그래서『중론소』에서는 이 설(說)을 "만약 무가 유 이전에 존재한다면 유가 아니다[非有]"라고 해석했으니, 본성이 무이면 전에는 없다가[無] 나중엔 있어서[有] 유(有)로부터 무(無)로 환원한다.『중론소』에서는 아울러『대품경』37『성취중생품(成就衆生品)』의 말을 인용해 논박하였으니, 경전에서는 "만약 법이 전에는 있다가[有] 나중엔 없다면[無] 곧 모든 불보살이 문득 죄과(罪過)가 있다"고 했는데, 이제 본무의 설(說)에서 먼저는 없다가[無] 나중엔 있다고[有] 한다면 이 역시 죄과가 있는 것이다.

이에 근거하면 이 본무이종은 '실무(實無)'에 집착하고 있다. 본무이종에서 말하는 공(空)은 '유도 아니고 무도 아니다[非有非無]'가 아니라 먼저는 없다가 나중엔 있는[先無後有] 것이라서 단지 유무(有無)의 무(無)로 공(空)을 해석했을 뿐이다. 그러므로 도안이 설한 공적(空寂)과는 확실히 구별되어 두 파(派)가 되는 것이다.

축법태와 동시기에 축승부(竺僧敷)란 사람이 있다. 그는 많은 경전을 배워 통달했으며 특히『방광경』,『도행경』에 능통했다. 사문 도숭(道嵩)은

도안에게 보낸 글에서 우리들이 미칠 바가 아니라고 칭송했다. 축승부가
죽은 후에 축법태는 도안에게 보낸 글에서 "매양 부상인(敷上人; 축승부)을
기억할 때마다 그와 함께 돌아다닌 일이 어제 같습니다. 그가 서거한지
여러 해가 지났지만 서로 청담(淸談)을 나눈 날들은 정말이지 그립습니다.
그대와 함께 그의 아름다움을 되새기고 싶었습니다……."고 하였다. 아울
러 축법태는 도안에게 보낸 글에서 축승부의 주장을 자주 서술했는데[62],
그렇다면 축승부의 학설은 응당 축법태의 본무의와 계합하는 곳이 있었을
것이다.

6) 지도림의 즉색의(卽色義)

담제의 육가칠종론에서 즉색의는 세 번째 종(宗)이다. 『중론소』에서는
이 종(宗)에 두 가지 가(家)가 있다고 한다. 첫째는 관내(關內)의 즉색공(卽
色空)으로 색(色)의 자성(自性)[29] 없음을 말하는데, 이는 승조가 질책한
것이다. 둘째는 지도림의 '즉색(卽色)이 공(空)이다'인데, 이는 바로 본성이
공적(空寂)하다는 도안의 설을 말한다. 그러나 진(陳)나라의 혜달과 당나라
원강의 『조론소』에서는 모두 승조가 질책한 즉색의가 바로 지도림의 설이
라고 한다. 그래서 『중론소기』에서도 이렇게 말한다.

원강과 혜달 두 법사가 모두 "지도림의 즉색의를 타파했다"고 말한다.

---

29) 모든 존재는 본래 변하지도 않고 바뀌지도 않는 성품(性)이 있는데, 이것을
자성(自性)이라고 명명한다. 『중론(中論)』 등에서는 모든 법은 모두 인연으로
인하여 성립하며 일정한 자성이 없기 때문에 '자성 곧 공(空)'이라고 한다.

원(元)나라의 문재(文才)가 지은 『조론신소(肇論新疏)』에서도 승조가 타파한 것은 지도림의 설이라고 말한다. 문재는 당나라 광요(光瑤) 선사의 소(疏)에 근거하고 있는데, 그렇다면 진(陳)나라에서 당나라 때까지 많은 사람들이 이런 견해를 갖고 있었으므로 길장의 말은 실제로는 오류이다.

지도림이 이(理)를 담론한 작품은 현재 알고 있는 것에 의하면 다음과 같다.

『즉색유현론(卽色遊玄論)』[63]:

『석즉색본무의(釋卽色本無義)』[64]:

『도행지귀(道行指歸)』[65]:

『대소품대비요초(大小品對比要鈔)』[66]:

『변저론(辯著論)』

『변삼승론(辯三乘論)』[67]:

지도림의 서신『극가빈에게 보냄』

지도림의 『답사장하(答謝長遐)』

『본기사선서(本起四禪序)』와 병기된『주석[注]』

『본업약례(本業略例)』

『본업경주서(本業經注序)』[68]:

『성불변지론(聖不辯知論)』

『석몽론(釋曚論)』

『안반경주(安般經注)』[69]:

『묘관장(妙觀章)』[70]:

『소요론(逍遙論)』[71]:

『통어부(通漁夫)』[72]:

『물유현기론(物有玄幾論)』[73]:

이밖에 현존하는 『지둔집(支遁集)』[74:]에는 시문(詩文)이 몇 편 실려 있고 앞서 열거한 글은 모두 실전되었다. 겨우 『요초서(要鈔序)』만이 아직도 온전히 존재한다. 『광홍명집』에는 왕흡이 『임법사에게 보낸 글』이 실려 있는데, 대체로 『즉색유현론』에 붙어 있는 왕경화의 질문이다.

지도림은 『반야경』 연구에 매우 부지런히 힘썼다.

『대품』과 『소품』의 같고 다른 점을 상세히 연구해서 『대소품대비요초』를 지었다. 여기서 말하는 『대품』은 응당 『방광경』을 가리키며, 『소품』은 아마도 지루가참의 『도행경』[75:]일 것이다. 두 경전의 판본은 상세함과 간략함이 서로 달라서 늘 의심하는 사람이 있었다. 지도림은 이(理)에는 대품이나 소품이 없으므로 설사 사람의 명철하고 우매함 때문에 가르침이 번쇄하거나 검약(儉約)하긴 하더라도 종지를 밝혀 하나로 통합하는 일치된 이해에서는 다르지 않다고 여겼다. 또 두 『반야경』을 연구해보면 왕왕 단장취의(斷章取義)[30)]하다가 원래의 종지를 잃었으니, "혹은 언구(言句)에만 매달려 법사(法事)를 추정하다가 지취(旨趣)를 찾지 못하거나, 혹은 경전의 원본에 의거하지 않고 의미를 재단하는 경우가 많았기 때문에 문장의 흐름이 서로 등지고 의취(義趣)도 마찬가지로 어긋나서 온갖 의취가 편협(偏狹)하여 그 현묘한 종지를 잃고 만다. 혹은 인용의 통일성을 잃고 그 법사를 잘못 따져서 교묘한 언사와 변론의 거짓을 경전의 체(體)로 삼으니, 설사 문장이 싱겁고 맑더라도 이법[理統]이 종지에 어긋난다"고 하였다. 이런 이유로 지도림은 『대소품대비요초』[31)]를 지었으며, 그 서문에

---

30) 원작자의 본뜻과는 상관없이 자신이 소용되는 부분만 발췌해서 멋대로 해석하는 것.

서 이렇게 말했다.

"같고 다른 점을 살피고 그 허실(虛實)을 시험해서 흐름의 근원을 궁구(窮究)하니 각기 귀결점[歸趣]이 있었다. 그래서 『소품』에서 종지를 이끌어 낼 때 때로 『대품』과 차이점들이 있었다. 혹은 언사(言辭)가 뒤바뀌었어도 법사(法事)는 동일해서 종지의 귀결점[旨歸]에 어긋나지 않았거나, 혹은 최초의 요체만 취하고 나중의 뜻은 폐기했거나, 혹은 언어 표현보다 법사의 종지를 우선해서 앞뒤가 거꾸로 되었거나, 혹은 온갖 품류(品類)에 분산되어 있어서 현묘한 뜻을 간략히 취했는데, 이런 일이 가끔 있어서 서로 어긋나고 일치하지 않았다.

또 『대품』의 사수(事數)는 아주 많고 언사는 매우 광범하다. 원래는 본래의 종지를 추구하여 법사의 종지를 명확히 검증하려고 했지만, 생각해야 할 것은 너무 많고 심사에 들이는 노력은 적어서 폐기된 법사를 헤아려 검증하는 일은 빨리 할 수 없다. 그래서 이제 나는 현묘한 일로 비교하는 걸 예로 삼고 대품과 소품을 표방해서로 대비해서 피차(彼此)의 소재를 밝히고 대품과 소품의 광채를 변별하는 것이다. 비록 이(理)가 심오하지 않을지 몰라도 법사의 대비가 다르기 때문에 탐구 내용의 정밀함과 조잡함을 취하고 아울러 사적(事迹)도 모두 연구하여 검증의 이유도 밝힌다. 76;,
『대소품대비요초』 한 권은 그 의도가 매우 훌륭하여 극히 부지런하게

---

31) 동진 시대에 『소품』인 『도행반야경』과 『대품』인 『방광반야경』을 비교 연구했는데, 지도림의 『대소품대비요초서』에서 그 성과의 일단을 볼 수 있으니, 지도림은 "부처님께서 세상을 떠난 후 『대품』으로부터 『소품』을 초록해냈다"고 했다. 구마라집이 번역한 『마하반야바라밀경』 27권을 『신대품경』이라 하고 10권을 『신소품경(新小品經)』이라 하니, 『대품』과 『소품』도 『반야경』의 광본(廣本)과 약본(略本)이라 할 수 있다.

공(功)을 들였음을 알 수 있다.

　극초는 지도림의 신도(信徒)로서 두 사람의 언론은 서로 매우 계합했다. 극초는 친구에게 보낸 글에서 "지도림 법사는 신령한 이치를 통한 사람으로 현묘함을 끄집어내 홀로 깨달았으니, 수백 년 이래로 대법(大法)을 이어 밝혀서 진리(眞理)를 끊어지지 않게 한 사람으로는 이 한 분 뿐이다"라고 하였고, 지도림 역시 극초를 한 시대의 준걸이라 칭송하였다[77]. 극초는 지도림과 이(理)와 뜻(義)에서 부합했기 때문에 축법태의 본무의와 우법개의 식함(識含)의 뜻(義)를 모두 타파해 배척하였다. 극초가 지은 불교 저작은 다음과 같다.

　본무난문(本無難問) 축법태가 어려운 질문을 하고 극초가 답하면서 네 번을 주고 받았다.
　극초의 『법준(法濬)에게 보내는 글』
　극초의 『개법사(開法師; 우법개)에게 보내는 글』
　극초의 『지법사(支法師; 지도림)에게 보내는 글』
　『봉법요(奉法要)』
　『통신주(通神呪)』
　『명감론(明感論)』
　『논삼행상(論三行上)』
　『서통삼행(敍通三行)』
　극초의 『사경서(謝慶緒)에게 보내는 글』 다섯 번 주고 받음
　『논삼행하(論三行下)』
　극초의 『부숙옥(傅叔玉)에게 보내는 글』 세 번 주고 받음
　『전생론(全生論)』

『오음삼달석(五陰三達釋)』78:
『지둔서전(支遁序傳)』
『동산승전(東山僧傳)』79:

극초의 저작은 모두 실전되었고 오직 『봉법요』만이 『홍명집』에 실려 있다. 『논삼행』의 여러 저작의 확실한 논지를 알지 못한다. 그러나 『홍명집일촉(弘明集日燭)』에서는 지도림이 "삼번(三幡)32)이 두드러지면서 거듭 어둠[冥]이 밝아졌다"고 했으며, 또 『문선(文選), 천태산부(天台山賦)』의 주석에서는 극경여(郄敬輿)80:의 『사경서(謝慶緒)』33)81:에게 보내는 글』을 인용하면서 삼번을 논했는데, 이런 문장이 있다.

최근에 삼번을 논하면서 사람들은 다분히 색공(色空)을 이미 관(觀)했으면서도 따로 다시 식(識)을 관하고자 하니, 하나의 유[一有]로 똑같은데도 두 가지 관(觀)을 거듭 빌리는 것은 이치상으로 장점이 된다.

그렇다면 삼행(三行)을 논함은 역시 색공을 담론한 것이다.

승조는 자신이 질책한 즉색공(卽色空)에 대해 "즉색(卽色)이란 색이 자체로 색[自色]이 아님을 밝힌 것이기 때문에 비록 색이라도 색이 아니다"라고 하였다.

---

32) 삼번(三幡)은 첫째는 색(色), 둘째는 색공(色空), 셋째는 관(觀)이다. 삼번이 비록 다르더라도 소멸해서 하나[一]가 되면 똑같이 무(無)로 돌아간다.
33) 회계 사람. 은사(隱士)로 불교와 도교에 능했다. 성품이 고요하고 욕심이 적었으며 태평산(太平山)에 들어가 수행했다.

당나라의 원강은 이 말이 지도림의『즉색유현론』에는 보이지 않는다고 하면서 실제로는『지둔집』의『묘관장(妙觀章)』에 실려 있다고 했다. 해당 단락의 원문은『세설신어, 문학편』주석에서 인용한 것이 비교적 상세하다. 또한『지둔집, 묘관장』에도 보이는데 이런 내용이 있다.

> 무릇 색의 성품은 자체로 색이 있지 않다. 색이 자체로 있지 않으므로 비록 색이라도 공(空)이니, 이 때문에 "색은 곧 공이 되면서도 색은 다시 공과 다르다[色卽爲空, 色復異空]"라고 말한 것이다.

그러나 혜달의『조론소』에서는 이 말의 인용이 다소 차이가 있다. 그 내용은 다음과 같다.

> 지도림 법사의『즉색론』에서는 "나는 색 그대로[卽色] 공(空)이라 생각하지 색이 멸한 공[色滅空]은 아니라고 본다"[82]고 했으니, 이 말이 지극하다! 왜냐하면 무릇 색의 성품은 색이 자체로 색이 아니라서[83] 비록 색이라도 공이기 때문이다. 가령 앎[知]은 자체로 앎이 아니라서 비록 알아도 항상 적멸한 것과 같다.

『중론소기』에서는『산문현의(山門玄義)』를 인용하는데 문자상으로 다소 같지 않은 점이 있다.

> 여덟째, 지도림이 저술한『즉색유현론』에서는 "무릇 색의 성품은 색이 자체로 색이 아니며, 자체가 아니므로 비록 색이라도 공이다. 가령[84] 앎은 자체의 앎이 아니므로 비록 알더라도 적멸한 것과 같다[85].

이 세 단락의 문자는 비록 약간의 차이가 있지만 그 문장의 뜻을 살피면 실제로 승조가 질책한 것은 지도림의 설이다. 소위 관내(關內)의 즉색의가 바로 그 뜻인데 역시 지도림의 설을 조술(祖述)한 것이다. 생각건대 소위 관내의 즉색의를 잡았는지 아니면 끝내 그런 일이 없었는지는 역시 알 수가 없다. 지도림과 도안은 명성을 크게 날렸지만 이들을 왜곡해 이해한 자도 있었을 것이다. 말하자면 승조와 지도림과 도안이 지닌 불법의 뜻이 차이가 없다고 했기 때문에 승조가 도안의 본무를 배척하지 않았고 다시 지도림의 즉색을 질책하지 않았다고 말한 것이다. 그리고 또 승조가 장안에서 타파한 것이 장안의 삼가의(三家義)이기 때문에 길장의 『중론소』에서는 "장안에 본래 삼가의가 있다"고 하였고 또 "관내의 즉색"이 따로 있다고 말했지만 실제로는 모두 사실이 아닐지도 모른다[86].

지도림의 저술에서 『요초서(要鈔序)』를 제외한 나머지는 모두 실전되었기 때문에 지도림의 즉색의는 더더욱 상세히 알 수 없고, 혜달, 원강, 정원(淨源), 문재, 안쬬의 해석도 확실한지 아닌지 정하기 어려우므로 자못 허망한 논의일 뿐이다. 소위 '색은 자체로 색이 아니다'는 바로 일체의 모든 법이 자성(自性)이 없음을 밝힌 것이다(혜달의 말). 색이 자성이 있지 않기 때문에 승조는 지도림이 말한 뜻을 이어서 이렇게 서술하고 있다[87].

무릇 색이란 단지 색에 당면해서 바로 색이지[當色卽色] 어찌 색이 색이길 대대(待對)한 후에야 색이 되겠는가?

이는 색이 '색이 색이길 대대한 후에야 색이 되는' 건 아니라고 말한 것이라서 바로 '색의 자성 없음'을 설한 것이고 또한 '색은 자체로 색이 아니다'를 말한 것이다. '색은 자체로 색이 아니다'는 바로 색은 색을 색으로 삼는 자성을 대대하지 않는 후에야 비로소 색이 됨을 말한 것이다. 색은 본래 인연의 가유(假有)[34]이고 그 본성은 공무(空無)이다. 이 가유의 색에 당면함이 바로 색이지[88]: 따로 색을 색으로 삼는 자성이 있는 것은 아니다.

즉색공(卽色空)은 색과 일체법이 모두 인연으로 이루어졌다고 주석해 중시하고 있으며, 종소문(宗少文)의 『하승천(何承天)에게 답한 글』에서는 즉색공을 같은 부류로 인용할 수 있다고 했는데, 그 문장은 다음과 같다.

무릇 색이 자체로 색이 아니니 비록 색이라도 공이고, 연(緣)이 합해서 있는[有] 것이지 본래 자체로는 있지[有] 않으니, 모두 환(幻)처럼 지어진 것이며 꿈에서 보는 것과 같다. 비록 있다[有]고 해도 있음[有]이 아니니, 미래는 이르지 않았고 과거는 이미 소멸했고 현재도 머물지 않아서 다시 결정된 있음[定有][35]은 없다.

이는 연(緣)이 합해서 있는 것이기 때문에 색이 곧 공이라 말한 것이니, 그래서 연(緣)을 대대(待對)한 색은 환(幻)과 같고 꿈과 같아서 본래 자체로는 있지[有] 않다고 말할 수 있는 것이다. 그러나 대개의 공(空)이란 연(緣)을 대대하기 때문에, 즉 자체로 색이 아니기 때문에 연(緣)을 대대한 가색(假色) 역시 공(空)이라 한다면 지도림은 깨닫지 못한 것이다. 그래서 승조는

---

34) '실유(實有)'의 대립적 명칭. 속유(俗有), 기명유(假名有)라고도 한다. 만법은 모두 인연의 화합에 의하여 존재한다는 것이다. 거울에 비친 꽃이나 물에 비친 달과 같은, 인연이 생성하는 법들에는 그 진실의 성품이 없지만, 그것들이 허무(虛無)의 법은 아니다. 즉 만법의 존재는 인연을 말미암아 생기는 것이기 때문에 확정된 무(無;없음)도 아니고 확정된 유(有;있음)도 아니며 빌어서 유(有)로 세워지는 것이다. 그래서 의존적 존재로서 가유(假有)라고 한다.

35) 실체를 가진 유(有)는 없다는 뜻이다.

이를 타파하면서 이렇게 말했다.

　　이는 다만 '색이 자체로 색이 아님'을 말했을 뿐이지 색이 색이 아님은
깨우치지 못했다.

원강의 해석은 아마 원래의 뜻을 얻었을 터인데, 그 문장은 다음과
같다.

　　이 임법사(林法師; 지도림)는 단지 색이 자체로 색이 아니라 인연으로
이루어졌다는 것만 알아서 말했을 뿐이지 색이 바로 공이라서 오히려
가유(假有)가 존재함은 알지 못했다.

지도림 법사의 즉색공(卽色空)의 이치는 대체로 『반야』의 본무(本無)
아래에 있는 하나의 주해(注解)인데 즉색(卽色)으로 본무의 종지를 증명하
고 있다. 그래서 지도림의 종지의 소재(所在)는 진실로 본무에 있으니,
그의 『요초서』에서는 이렇게 말한다.

　　반야바라밀이란……. 모든 부처의 시유(始有)[36]를 밝히고 온갖 영(靈)의
본래 없음(本無)을 극진히 해서 십주(十住)의 묘한 위계(位階)에 오르고
무생(無生)의 경로(徑路)[37]에 나아간다. 왜냐하면 그 지무(至無)에 의존해
능히 작용(用)하기 때문이다.

---

36) 원초적으로 존재하는 영원한 실재라는 뜻이다.
37) 무생법인(無生法忍)을 얻어 열반의 길로 가는 것을 뜻한다.

이는 지극(至極)이 무(無)를 체(體)로 삼고 있음을 말한다. 무(無)의
종지를 증명할 필요가 있기 때문에 지도림은 즉색공(卽色空)의 뜻을 특별히
표방했는데, 그러나 지도림이 즉색을 특별히 표방한 까닭은 실제로 그가
존신(存神; 신을 간직함)의 뜻을 지녔기 때문이다. 그의『요초서』에서는
"신왕(神王)이 말미암는 바이고 여래의 비추는 공(功)이다"라고 했고, 또
" 지혜는 무(無)를 다하기에 불충분하고, 고요함은 신과 명합(冥合)하는데
불충분하다"고 했으며, 또 "신령한 깨달음은 더디면서 빠르다"고 했고,
또 "바탕[質]이 밝으면 신(神)이 명랑(明朗)하다"고 했으니, 전편을 통틀어
신을 언급한 것이 이토록 매우 많았다. 그리고 지도림은 이상적인 인격을
늘 "지인(至人)'이라 했는데, 지인이란 정신(精神)을 능히 응결해 지키는
존재이다. 그의 신(神)은 소요하고 자족(自足)하기[89]: 때문에『요초서』에
서는 다시 이렇게 말하고 있다.

> 무릇 지인은 온갖 묘함을 열람하여 통달하고 응결된 신(神)이 현묘하고
> 그윽하다. 영(靈)이 비어서 메아리처럼 응하는지라 감응해 통하는 것이
> 방위(方位)가 없다. 동일한 덕을 건립해서 교화를 제접(提接;이끌어 줌)하
> 고, 현묘한 가르침을 마련해 신을 깨달으니, 지나간 자취를 술회함으로써
> 막힌 곳을 찾아내고, 성취된 규범을 펼침으로써 근원을 깨우친다. 혹은
> 변화를 통해 통달을 구하기 때문에 일을 성취해야 교화가 쉬며, 혹은 임무에
> 적응하여 분수를 온전히 하기 때문에 분수가 충족되면 교화가 폐지된다.
> 그러므로 이(理)는 변하지 않고 변하면 이(理)가 아니며, 교화는 체(體)가
> 아니며 체(體)는 교화가 아니니, 이 때문에 천변만화(千變萬化)가 모두
> 이(理) 밖에 있지 않음이 없으니 신(神)이 어찌 변동하겠는가?

『세설신어』의 주석에서는 지도림의『소요론』을 이렇게 인용하고 있다.

소요(逍遙)란 지인의 마음을 밝히는 것이다……. 지인은 하늘의 올바른 기운을 타고 높이 올라가 방랑을 하면서 무궁(無窮)에 노닐고, 사물을 사물 자체로 두지 사물을 사물로 대상화하지 않는다면 아득하여 내가 얻는 것이 아니고, 현묘한 감응이 작위(作爲)하지 않아서 서두르지 않아도 빠르니, 그렇다면 소연(逍然)하여 적합하지 않음이 없다. 이를 소요라고 하는 것이다(이하 생략).

심신(心神)은 본래 부동(不動)이지만 스스로 그 얻음을 얻고 스스로 그 적합함에 맞춘다. 그리고 진실로 능히 지족(至足)[38]할 수 있다면 스스로 그 적합함을 얻어서 변화에 무궁하게 응할 수 있다. 지족(至足)이란 인간의 차원에서 말한다면 성(聖)을 일컫는 것이고, 이(理)의 차원에서 말한다면 도(道)를 칭하는 것이다. 도(道)는 명칭도 없고 비롯함도 없으며, 성(聖)은 "가(可)함도 없고 불가함도 없다"고 한다. '가함도 없고 불가함도 없다'도 『소요론』에서 말하는 자적(自適)이고 지족(至足)이다.

또한 『요초서』에서는 소위 "현묘함을 잊기 때문에 무심(無心)이다"라고 하는데, 무심이란 『즉색론』에서 '앎은 자체로 앎이 아니라서 비록 알더라도 적멸하다'고 말한 것이니, 대체로 신(神)을 부동(不動)의 체(體)로 삼기 때문에 자체로 알지 못하는 것이다. 그러나 과연 이 명적(冥寂)의 심지(心知)를 능히 응결할 수 있다면 신이 명랑해지고, 신이 명랑하면 역으로 조감(照鑑;비추어 봄)해서 참으로 알지 못함이 없다. 이 또한 "변화에 무궁하게 감응하는" 것이다. 진실로 신이 명랑해서 현묘함을 잊고 무심할 수 있다면 지혜가 완전하고 말이 폐기되니, 이른바 온갖 영(靈)이 본무로 환원하는 것이다.

---

38) 지극히 원만한 완전무결의 상태.

극초의 『봉법요』에는 한 단락의 문장이 있는데 앞서 서술한 것과 서로
발명할 수 있는 것으로 보인다.

공(空)이란 회포를 잊음[忘懷] 것을 말하지 부택(府宅)[39]을 일컫는 것이
아니다. 무(無)는 진실로 없음[無]이라서 없음을 간직하면 막히고 봉(封)해
진다. 유(有)는 진실로 유이니, 둘 다 잊으면 현묘히 이해한다. 그렇다면
유와 무는 방촌(方寸; 마음)을 말미암을 뿐이지 외부 사물과는 관계가
없다. 비록 사용(事用; 현상의 작용)을 늘어놓더라도 감응이 끊어지면
이(理)가 어두워지니, 어찌 유를 소멸한 후에야 무이고 함께 끝까지 덜어내
고 나서야 무이겠는가.

아마 이 종(宗)은 즉색을 통해 본무를 이야기하고 있을 것이다. 즉색의
소공(所空)은 단지 색의 성품이 공한 것이다. 그리고 공(空)이나 무(無)는
역시 무심으로 회포를 잊어서 소요하고 지족(至足)함이니, 마치 지도림이
묘사한 지인(至人)의 마음과 같다.

7) 우법개의 식함종(識含宗)

칠종의 네 번째는 식함종으로 우법개의 설이라고 한다. 우법개는 우법란
의 제자이다. 의술이 기이하다는 평판을 얻었으며 『방광경』, 『법화경』에
능통했다. 진(晉)나라 애제(哀帝) 때 『방광경』을 거두어 강의한 적이 있는
데, 과거의 경학에 품었던 의문을 샅샅이 해석했다. 지도림이 『소품반야경』

---

39) '부택'은 머물거나 깃들 수 있는 공간의 개념으로 쓰였다. 즉 공(空)은 공간이
    아니다.

을 강의하자 우법개는 제자 우법위를 시켜 지도림과 변론하게 했고, 또 매번 지도림과 즉색공의 뜻에 대해 논쟁을 하였다. 여강(廬江)의 하묵(何默) 은 우법개의 논란을 명확히 밝혔으며, 고평(高平)의 극초는 지도림의 견해 를 서술해서 널리 알렸다. 『우록』에 실린 육징의 『법론목록』에는 극초의 『우법개 법사에게 보내는 글』이 있다. 식함종이란 삼계(三界)를 꿈이나 환(幻)에 견주어서 다 심식(心識)에서 일어난다고 하는 것이다. 『중론소』에 서는 이렇게 말한다.

> 삼계는 기나긴 밤의 집이고, 심식(心識)은 커다란 꿈의 주체다. 지금 온갖 유(有)를 보는 것은 모두 꿈속에서 보는 것이다. 그 커다란 꿈을 깼다면 기나긴 밤이 새벽으로 밝아지면서 즉시 전도(顚倒)된 미혹의 식(識) 이 소멸하여 삼계가 몽땅 공(空)하다. 이때는 무엇으로부터 생겨나는[從生] 바도 없고 생겨나지 않는 바도 없다.

『중론소기』에서는 이렇게 말한다.

> 『산문현의』 제5에서 말한다.
> 네 번째 우법개가 저술한 『혹식이제론(惑識二諦論)』에서는 "삼계는 기나 긴 밤의 집이고 심식은 커다란 꿈의 주체이니, 만약 삼계가 본래 공(空)함을 깨달으면 미혹의 식(識)이 다해서 십지(十地)의 지위에 오른다. 이제 미혹으 로 보는 것은 속(俗)이 되고, 깨달을 때는 몽땅 공(空)해서 참[眞]이 된다"고 하였다.

당나라 균정(均正)의 『사론현의(四論玄義)』에서는 양무제(梁武帝)의 설을 서술하고 있는데 앞서 말한 것과 동일하다.

그는(양무제를 가리킴) 생사를 환원하여 오직 커다란 꿈일 뿐임을 밝혔기 때문에 삼라만상이 있는 걸 보고, 만약 부처를 얻었을 때 마치 크게 깨어났다면[大覺] 다시는 일체의 모든 법이 있다고 보지 않는다.

양무제는『신명성불의(神明成佛義)』를 지어서 신명(神明)이 성불하지 않았을 때 미혹의 식(識)이 다하지 않은 것을 무명(無明)[40]이라 하고, 신명이 이미 성불했다면 무명이 전변(轉變)하여 밝음[明]을 이룬다고 하였다. 우법개의 설도 이를 인용해 동일한 종류로 삼을 수 있었으니, 당시 정신과 심식의 관계에 대해 이미 연구한 문제였다. 가령 육징의『법론목록』에는 왕치원(王雉遠)이 구마라집에게 정신, 심(心), 의(意), 식(識)을 물은 내용이 실려 있다. 혜원은 심, 의, 식 등을 변론해서 이를 모두 논하고 싶어 했고, 우법개가 말한 식(識)은 신명(神明)과 두 가지로 나뉘는데 신(神)은 주재(主宰)이고 식(識)은 신이 발한 공용(功用)이다. 식함(識含)이란 용어는 종소문의『명불론』에 의거하면 바로 "식(識)은 신(神)에 포함된다"[90]고 말한 것이다.

종소문의 글에 숫자의 말이 있는데, 아마 우법개의 식함(識含) 두 글자가 쓰이는 뜻을 발명(發明)할 수 있을 것이다. 그 말은 이렇다.

그러나 온갖 생명의 신(神)은 그 극(極)이 비록 가지런하더라도 연(緣)을 따라 천류(遷流;변천하며 흘러감)해서 거칠고 묘한 식(識)을 이룬다.

---

40) 어둡고 둔한 마음, 즉 어리석은 마음이 모든 법의 이치와 사리의 밝음을 비추어 보지 못하는 걸 의미한다. 즉 치(癡;어리석음)의 다른 이름. 십이인연(十二因緣) 중의 하나로 무명지(無明支)라고도 한다.

우법개의 설은 아마 삼계가 본래 공(空)함을 말한 것이겠지만, 그러나 삼계가 공하지 않은 까닭은 바로 온갖 생명의 신이 연(緣)을 따라 천류해서 갖가지 미혹의 식(識)을 일으킬 수 있기 때문이다. 미혹의 식이 있을 때는 마치 양무제가 말했던 것처럼 무명의 신명(神明)이 일체를 꿈속에서 보듯이 보는 것이고, 급기야 신이 각성[覺]해서 삼계가 본래 공함을 알았다면 미혹의 식도 다 없어져서 신명이 십지의 지위에 올라 성불한다. 종소문의 『명불론』에서는 온갖 생명의 신은 모두가 서로 동일하나[91], 미혹의 전도로 식이 화생(化生)[92]했다고 한다. 이런 종류의 학설은 모두 신식(神識)의 획분(劃分; 구획)에 근거해서 본공(本空)의 외상(外象)을 해석[詮釋]하므로 환(幻)을 실유(實有)로 여기는 것이다.

8) 환화종(幻化宗)

칠종 중 다섯 번째는 환화종인데 길장은 일법사(壹法師)의 설이라고 하였다. 일법사는 어느 곳 사람인지 알지 못한다. 축법태에게 제자 담일(曇壹)과 도일(道壹)이 있는데, 당시 사람들은 담일을 대일(大壹), 도일을 소일(小壹)이라 불렀다. 축법태가 형주에 있을 때 담일을 시켜 도항의 심무의(心無義)를 공격하게 했는데, 담일은 스승의 설(說)(본무의(本無義))을 확실히 지켰으니, 그렇다면 환화의 뜻은 아마 도일의 설일 것이다. 『중론소기』에서도 환화를 도일의 주장이라 했고, 『중론소』에서는 이렇게 말했다.

일법사가 말했다.
"세제(世諦)의 법은 다 환화와 같으니, 이 때문에 경전에서는 '본래부터 유(有)가 비롯한 적이 없다'고 한 것이다."[93]

『중론소기』에서는 이 설이 단지 모든 법의 공(空)이지 심신(心神)은 공하지 않은 것이라 말했다. 그 문장은 이렇다.

『현의(玄義)』에서 말한다.

"첫째, 석도일(釋道壹)이 저술한 『신이제론(神二諦論)』에서는 '일체의 모든 법이 다 환화와 같고, 환화와 같기 때문에 이름하여 세제(世諦)라 한다. 그러나 심신은 오히려 참되어 공(空)하지 않으니 이를 제일의(第一義) 라 한다. 만약 신(神)이 다시 공하다면 가르침을 어디에 베풀 것이며 누가 도를 닦을 것인가? 범부를 벗어나 성인을 이루기 때문에 신(神)이 공하지 않음을 안다.

이에 의거하면 도일의 주장도 존신(存神)의 뜻이 있어서 다음에 소개하는 심무(心無)의 설과는 서로 큰 차이가 있다.

9) 지민도(支愍度)의 심무의(心無義)

칠종 중 여섯 번째는 심무종인데, 길장은 온법사(溫法師)의 뜻이라고 한다. 그러나 실제로 이 설은 지민도[94:]에게서 시작되었는데, 진인각 선생 의 『지민도학설고(支愍度學說考)』에서 지극히 자세하고 상세하게 논했으 니 그 서술은 다음과 같다.

『세설신어, 가휼편(假譎篇)』에서 말한다.

"지민도 도인(道人)은 처음에 강동으로 건너가려고 할 때 어느 북방(僧)의 도인과 도반이 되었는데, 두 사람은 이렇게 의논했다.

'불학(佛學)에 대한 과거의 뜻만 갖고서는 강동으로 가서 밥도 얻어먹지 못할 걸세."

그래서 두 사람은 함께 심무의를 수립했다.

얼마 후 이 북방 도인은 강동으로 건너가지 못했다. 그러나 지민도는 강동에서 수년 간 심무의를 강의했다. 나중에 북방 도인이 와서 선대의 도인이 부탁한 말을 하였다.

'나를 위해 지민도에게 이 뜻을 전해주게. 심무의는 어떻게 수립될 수 있었는가? 이 생각을 낸 건 굶주림을 면하기 위한 방편이었을 뿐이니, 여래에게 죄를 짓는 일은 하지 말게나.'

북방(僧) 도인[95:]의 사적이 반드시 사실대로는 아니겠지만, 그러나 이에 의거해 심무의는 지민도가 처음 수립한 것이 되었다. 당나라 원강의『조론소』에서도 이 심무의를 지민도의 설이라고 했다.『고승전, 축법태전』에서는 이렇게 말한다.

당시 사문 도항은 재능과 능력이 있었다. 그가 항상 집착하는 심무의가 형주 땅에 크게 유행하자, 축법태가 말했다.

"이는 삿된 설(說)이니 반드시 타파되어야 한다."

그리하여 명승들을 크게 소집한 후 제자 담일을 시켜 도항을 논박하게 했다. 담일은 경전에 근거해 이치를 인용해서 어지러이 분석하고 논박했지만, 도항은 말솜씨가 탁월해서 굴복하려 하지 않았다. 날이 저물자 다음 날 아침 다시 소집했다. 혜원이 자리에 나가서 난점들을 여러 번 공격하니, 그에 관한 문책이 벌떼같이 일어났다. 도항은 스스로 이치의 차이가 있다는 걸 깨닫자 안색이 미미하게 변하면서 털이개로 탁자를 두드릴 뿐 대답을 하지 못했다. 혜원이 말했다.

"(마음이 없으니) 서두르지 않아도 빠른데, 어찌하여 저축(杼柚)[41)]을

41) 베틀의 북. 전(轉)하여 문장을 짓는 일. 여기서는 이리저리 궁리하며 생각하는

하는가?"

앉아 있는 사람들이 모두 웃었다. 심무의는 이때부터 사라졌다.

그리고 『중론소』에 의거하면 심무(心無)는 바로 온법사의 뜻이다. 안쵸
의 『중론소기』에서는 도항이 집착한 심무의가 실제로는 법온(法溫)에게서
얻은 것이라 하였다. 나중에 지민도도 이전의 심무의를 추적해 배웠지만,
그러나 이는 실제로 억측에서 나온 이야기이다. 『중론소』에서 말한 온법사
와 안쵸가 말한 법온은 실제로 축법심의 제자 축법온이다. 『중론소기』에서
는 『이제수현론』을 인용해 이렇게 말한다.

진(晉)나라의 축법온은 석법침(釋法琛) 법사의 제자이다.

축법심에겐 제자 축법온이 있었다. 『고승전』에서는 그가 깨달음의 이해
가 현묘한 경지에 들어갔고 특히 『방광반야경』에 능통했다고 하였다.
이에 근거하면, 축법온도 반야학자이므로 그가 심무의를 잡고 있는 것도
전혀 이상한 일이 아니다. 앞서 말한 바에 의거하면, 심무의를 주장한
사람으로는 지민도가 있고 도항이 있고 축법온[96:]이 있다. 『우록』 2에서는
지민도가 바로 진나라 혜제(惠帝) 때의 사문이라고 했고, 『고승전』에서는
그가 성제(成帝) 때 장강을 건넜다고 했고, 『세설신어』에선 그가 심무의를
강북에서 수립했다고 하였다. 축법온은 축법심의 제자이므로 지민도 만년
의 후배이고, 축법태는 흥녕 3년 무렵에 강릉에 와서[97:] 도항과 심무의를
논쟁했다. 이렇게 추론하면 지민도의 연대가 가장 빠르기 때문에 이 심무의

것을 말한다.

는 응당 그의 창안이므로 『세설신어』와 원강의 말은 잘못이 아니다[98].
지민도의 저작은 다음과 같다.

『합유마힐경(合維摩詰經)』 5권[99]
『합수능엄경(合首楞嚴經)』 8권[100]
『경론도록(經論都錄)』 1권[101]
『경론별록(經論別錄)』 1권[102]
『수행도지경서(修行道地經序)』[103]

심무의를 창시한 사람은 지민도이고, 전한 사람은 도항과 법온이다.
비록 축법태가 담일을 시키고, 나아가 혜원이 심무의를 타파했을지라도
『고승전』에서 말한 것처럼 "심무의는 여기서 사라졌다"가 되지 않았다.
『우록』 12 육징의 『법론목록』에는 다음과 같은 두 가지 조항이 있다.

　　『심무의』 환경도(桓敬道), 왕치원(王稚遠)이 질문하고 환경도가 답했다.
　　『석심무의(釋心無義)』 유유민(劉遺民)

이에 의거하면 환현(桓玄)과 유정(劉程)이 모두 심무의를 종지로 삼았고,
이는 도항의 후대에 있는 일이다. 또 『중론소기』에서는 송나라 승필(僧弼)
의 『장육즉진론(丈六卽眞論)』을 인용해 "성인은 무심을 종지로 삼았
다……."고 했는데, 그렇다면 승필 역시 심무의를 사용한 사람이리라.
　　승조의 『부진공론』에서는 심무의를 타파했는데, 원강은 이를 지민도의
설이라고 했다. 원문에서는 이렇게 말한다.

심무(心無)란 만물에 무심하나 만물은 무(無)인 적이 없는 것이다. 이는 신의 고요함(神靜)에서 얻고 사물의 허망함(物虛)에서 잃는 것이다.

소위 심무의란 길장의 『이제의(二諦義)』에 의거하면 바로 마음의 공(空)이지 색(色)의 공이 아니다. (1) 경계인 색이 공하지 않다는 것은 만물이 무(無)인 적이 없다는 말이다. 원강은 이렇게 해석하고 있다.

그러나 사물은 유(有)이지 무(無)인 적이 없다.

『중론소』에서도 이렇게 해석한다.

외부 사물의 공하지 않음은 바로 외부 사물의 경계가 공하지 않은 것이다.

그리고 외부 사물이 공하지 않은 것은 불법의 정의(正義)가 아니기 때문에 원강은 이렇게 말한다.

사물의 성품이 공이란 걸 알지 못하기 때문에 잘못되었다고 말하는 것이다.

(2) 마음의 공함은 바로 심무(心無)를 일컫는 것이니, 소위 만물에 무심한 것이다. 원강이 이렇게 말한다.

그러나 사물에 대해 집착하는 마음이 일어나지 않기 때문에 그 공(空)을 말한 것이다.

그리고 길장은 『이제의』에서 "공관(空觀)을 얻기 때문에 색의 공함을 말했지만 색은 끝내 공할 수 없다"고 하였고, 그의 『중론소』에서는 이렇게 말했다.

그 의미로 경전에서 모든 법의 공함을 설한 것은 심체(心體)가 허망하여 집착하지 않도록 하고자 했기 때문에 무(無)를 말했을 뿐이다.

그러나 지민도의 심무의는 『세설신어』에서 말하는 구의(舊義)와 동일하지 않다. 유효표(劉孝標)는 이렇게 주석하고 있다.

구의(舊義)에 대해선 "종지(種智)는 유(有)로서[104: 능히 원만히 비춘다. 그렇다면 온갖 누(累; 장애)가 소진하는 걸 공무(空無)라 일컫고, 항상 머물면서 변하지 않는 걸 묘유(妙有)라 일컫는다"고 하였다. 그리고 무의(無義)에 대해선 "종지(種智)의 체(體)는 태허(太虛)처럼 텅 트였다. 그리하여 허(虛; 비움)로서 능히 알고 무(無)로서 능히 응하니, 종지의 지극함에 거처하는 것은 오직 무(無)일 뿐이니라"고 하였다.

이에 의거하면, 구의(舊義)에서는 '누(累)가 다함을 공(空)이라 일컫는다'고 했으니, 이는 바로 길장이 말한 '허망하여 집착하지 않는' 것이다. 그러나 지민도는 구의를 버리고 마음의 체(體)를 추구해서 태허처럼 텅 트였다고 여겼다. 허(虛)로서 능히 알고 무(無)로서 능히 응했다면, 원강과 길장의 해석도 완전하게 보이지는 않는다.

축법온이나 온법사의 설은 혜달의 『조론소』와 『중론소기』에 보이는데, 여기서 인용된 종지는 바로 마음은 공해도 경계는 공하지 않다는 것이다. 혜달의 『조론소』에서는 이렇게 말한다.

축법온 법사의 『심무론(心無論)』에서 말한다.

"무릇 유(有)는 형(形)이 있는 것이고, 무(無)는 상(像)이 없는 것이다. 상(像)이 있으면 무(無)라 말할 수 없고, 형(形)이 없으면 유(有)라 말할 수 없다. 그리고 경전에서 색무(色無)라 칭한 것은 단지 내적으로 그 마음을 올바로 하는[105:] 것이지 외부의 색이 공한 것은 아니다. 다만 내적으로 그 마음을 멈추어 외부의 색을 상기하지[想] 않게 하면 바로 색의 상념[想]이 폐기된다."

『중론소기』에는 다음과 같은 한 단락이 실려 있다.

　　『산문현의』 제5에서 말한다.

　　"제1[106:] 석승온(釋僧溫)이 저술한『심무이제론(心無二諦論)』에서는 '유(有)는 형(形)이 있는 것이고, 무(無)는 상(像)이 없는 것이다. 형(形)이 있으면 무(無)라 할 수 없고 상(像)이 없으면 유(有)라 할 수 없으니, 경전에서 색무(色無)라 칭한 것은 단지 내적으로 그 마음을 그칠 뿐이지 외부의 색이 공한 것은 아니다'고 하였다. 이는 일공(壹公)이 타파한 것인데, 도리어 색의 있음[色有]을 밝혔기 때문에 속제라 하고 심무(心無)이기 때문에 진제라 한다."

따로 또 하나의 단락이 있다.

　　『이제수현론』에서는 "진(晉)나라의 축법온은 석법침 법사의 제자"라고 하였다. 축법온은 『심무론』을 지으면서 이렇게 말했다.

　　"무릇 유(有)는 형(形)이 있는 것이고, 무(無)는 상(像)이 없는 것이다. 그렇다면 상(像)이 있으면 무(無)라 말할 수 없고, 형(形)이 없으면 유(有)라 말할 수 없다[107:]. 이 때문에 유는 실유(實有)가 되고 색은 진색(眞色)이 되니, 경전에서 말한 색공(色空)이란 단지 내적으로 그 마음을 그칠 뿐이지 외부의 색에 걸리지는 않는다. 외부의 색을 여타의 정(情) 안에 간직하지 않는다면 무(無)가 아니고 무엇이겠는가? 어찌 텅 트여 형상이 없어서 색이 없는 것이라 하겠는가!

두 단락에서 온법사의 말을 인용했는데 약간의 차이가 있다. 그러나 그 종지는 유와 무를 밝히는데 있으니, 말하자면 유는 형(形)이 있는 것이고 무(無)는 상(像)이 없는 것이다. 그러나 상(像)이 있다면 무라 할 수 없고 형(形)이 없다면 유라 할 수 없으니, 이 때문에 형(形)의 유(有)는 응당 실유가 되어야 하고 색은 진색(眞色)이 되어야 한다. 색이 이미 진색이 되었는데도 경전에서 색공이라 말한 것은 단지 내적으로 그 마음을 그칠 뿐이지 외부의 색에 걸리는 것은 아니며, 아울러 색과 형(形)이 참으로 없는 것도 아니다. 이에 의거하면 그 뜻은 마음의 공함이지 경계의 공함이 아니란 건 너무나 분명하다[108]:

제1 단락의 "이는 일공(壹公)이 타파했다……."에서 '일공'이 자주 보이는데 담일인 듯하다. 까닭인즉 담일이 심무의를 타파했기 때문이다. 그러나 실제로는 환화의 뜻을 주장하는 도일을 가리킨다. 환화의 뜻이란 사물(物)은 똑같이 환화이나 심신(心神)은 참으로 있다[眞有]는 말이니 심무의와는 서로 상반되는 것 같다. 그래서 "이는 일공(壹公)이 타파한 것인데, 도리어 색의 있음[色有]과 심무(心無)를 밝혔다……."고 한 것이다. 이에 의거하면 『산문현의』에서 도일의 설을 서술한 것은 필경 법온의 설이 있기 이전이니, 따라서 앞서 인용한 제1 단락에서 '제1'두 글자는 응당 제2의 오류이다. 『조론』에서는 단지 삼가(三家)의 뜻을 타파했을 뿐이다. 본무는 축법심, 축법태의 설이고 즉색은 지도림의 설인데 모두 세상의 큰 스승이다. 그리고 심무의 역시 매우 유행했으니, 이 때문에 승조가 타파한 것이다. 이 세 가지는 승조가 특별히 제출한 것으로 당시에 중시되었음을 알 수 있다.

10) 연회종(緣會宗)

칠종의 일곱 번째는 연회종인데 길장은 우도수의 설이라고 하였다. 우도수는 우법란의 제자이고 우법개와 동문수학하였다. 축법호는 그를 대법(大法)의 대들보라고 칭찬하였다. 우법란과 함께 장강을 건넌 후에 서역까지 따라 가다가 교지(交趾)에서 병에 걸려 죽으니 31세 때의 일이다. 그의 저작과 학설은 모두 분명치 않다. 『중론소』에서는 이렇게 말한다.

> 제7 우도수는 연이 모였기[緣會] 때문에 유(有)이니 그 이름을 세제(世諦)라 하고, 연이 흩어지면 곧 무(無)이니 그 칭호를 제일의제(第一義諦)라 함을 밝혔다.

『중론소기』에서는 이 내용을 이렇게 해석했다.

> 『산문현의』[42)]에서 말한다.
> "제7 우도수가 저술한 『연회이제론』에서는 '연회(緣會)이기 때문에 유(有)이니 이는 속제(俗諦)이고, 무(無)를 추궁해 단정함은 진제(眞諦)이다. 비유하면 흙과 나무가 합해서 집이 되는데, 집이 이전에 체(體)가 없을 때는 이름[名]만 있지 실다움[實]은 없으니, 이 때문에 부처님께서 나타(羅陀)에게 색상(色相)이 무너져 소멸하면 보는 바가 없다고 고한 것이다."

---

42) 법랑(法朗)이 지은 『중론소』를 『산문현의』라 칭하기도 한다.

연회이기 때문에 공(空)이라는 것은 『반야경』에서 항상 하는 말이다. 종병의 『명불론』에서는 신(神)의 불멸, 연회의 이(理), 학습이 쌓여 성인이 되는 이 세 가지를 불법의 근본 뜻으로 여기고 있다. 종병은 비록 송나라 때 살았지만, 그러나 진(晉)나라 때의 지도림 같은 무리도 일찍부터 연회의 이(理)를 사용했다. 우도수는 연회에 편중했고 후인(後人)은 이를 해석해 공(空)으로 분석했지만, 그 저술이 실전되어서 그의 종지가 자세하지 않다109:. 『산문현의』에 인용된 '색상이 무너져 소멸한다'는 말에 근거하면 아마도 역시 색의 공함[色空]을 중시한 것이리라. 나는 이에 대해 알고 있는 자료가 너무 적어서 그 설이 과연 어떤 것인지 헤아릴 수 없다.

11) 본말(本末), 진속(眞俗), 유무(有無)

위진 시대의 현학은 바로 본체의 학문이다. 주(周)나라와 진(秦)나라의 제자(諸子)가 본체를 담론한 것은 주로 유가와 도가가 대종(大宗)을 이룬다. 『노자』는 도(道)를 만물의 모체[母]로 삼고 무(無)를 천지의 근(根)(근본)으로 삼고 있다. 천지만물과 도의 관계는 '유(有)'와 '무(無)'로 해석되니, '무'는 모체이고 '유'는 자식이며, '무'는 근본이고 '유'는 지말이다110:. 근본과 지말의 구별은 곧 후세의 이른바 체용(體用)의 분별이다111:.

위나라 정시(正始) 시기에 하안과 왕필은 『노자』, 『장자』를 조술(祖述)하였다. 그들이 세운 이론에서는 천지만물이 모두 '무'로 근본을 삼는다고 여겼다112:. 나아가 진(晉)나라 때는 이런 기풍이 더욱 심해서 사대부들이 다투어 공무(空無)를 숭상했다. 대체로 말을 수립할 때 허무(虛無)를 빙자하면 이를 현묘(玄妙)라고 불렀으니113:, 마침내 무(無)를 귀하게 여기는 논의가 크게 번창하고 유(有)를 천시하는 논의가 수립되었다. '본무(本無)'와 '말유(末有)'는 실제로 이른바 현학자의 중심 문제가 되었다. 학자들은 이미 유와 무의 논쟁에 뛰어들어서 중국 사상은 마침내 본체론을 골간으로 삼는 현상이 뚜렷해졌다.

그러다가 불교의 의학(義學)이 들어와서 한나라 말엽 이래로 점점 도가[114:]와 합류했다. 여러 『반야경』에서 늘 말하는 '본무'는 바로 '진여(眞如)'의 고역(古譯)이고[115:], '본말'은 실제로 '진(眞)'과 '속(俗)' 이제(二諦)의 별칭이다. 진여가 진(眞)이 되고 본(本)이 되며, 만물이 속(俗)이 되고 말(末)이 된다면, 근본의 이상(理想) 위에 불교 철학은 이미 인용되어서 중국의 현학과 서로 관련하고 결합했다. 『안반수의경』에서는 "유(有)란 만물을 말하고, 무(無)란 공(空)을 말한다"고 했으며, 도안은 "무(無)는 만물의 변화 이전에 존재하고, 공(空)은 온갖 형상의 시초가 된다"고 하였다. '본무'의 한 마디는 어쩌면 『반야경』 실상학(實相學)의 별명일지도 모른다.

그래서 육가칠종은 12가지로 늘어나는데, 그들이 세운 이론의 핵심은 모두 본말과 유무의 변론에서 벗어나지 못하고 게다가 모두가 진(眞)과 속(俗) 이제(二諦)의 논의이다. 육가는 모두 무(無)를 이야기하고 공(空)을 설명하는 자들이다. 세상에는 우법개가 지은 『혹식이제론』, 도일이 지은 『신이제론』, 승온이 지은 『심무이제론』, 우도수가 지은 『연회이제론』이 전해졌는데, 지금의 관점에서 보면 본무와 즉색은 역시 진속(眞俗)과 본말(本末)의 변론이다. '12가지'는 모두 공과 유를 밝히고 있으니, 공은 진제이고 유는 속제이다[116:]. 승경(僧鏡)이 서술한 실상십이가(實相十二家) 역시 모두 이제에 의거해 유무의 문제를 해석한 것이다.

중국에서 본체를 말한 자는 대체로 인간의 삶을 여읜 적이 없다고 말할 수 있다. 이른바 인간의 삶을 여읜 적이 없다는 것은 바로 본성의 실현을 첫 번째 요의(要義)로 삼음을 말한 것이다. 본성의 실현이란 소위 근본으로 돌아가는[反本] 것이니, 참에 돌아감[歸眞], 명에 복귀함[復命], 현묘함에 통함[通玄], 도를 밟아나감[履道], 극치를 체득함[體極], 신을 간직함[存神] 등등은 모두 근본으로 돌아가는 것의 이명(異名)이라고 할 수 있다. 불교는 원래 해탈의 도(道)라서 인간 삶과의 관계가 아주 밀접하다.

　대법(大法)이 동쪽으로 전래된 후에 한나라 시대의 신사(信士)들은 정령 (精靈)의 불멸을 주장했다. 그러나 업보가 상응했기 때문에 고해(苦海)에 떨어졌으니, 해탈의 방법은 뜻[意]을 쉬고 욕망을 없애서 식심(識心)이 근본을 요달해 무위로 돌아가는데 있다. 무위에 돌아간다는 것은 바로 그 초복(初服)43)에 돌아간다는 뜻이다. 그리고 위나라와 오나라 시대가 되자 신(神)과 도(道)를 융합하는 설이 일어났다. 삼계가 다 고통이라서 즐길 만한 것이 없다고 말한 것은 고난이 침투하고 욕망이 가로막아서 마음이 유(有)에 정체되어 온갖 삿됨이 모두 이르른 것이다. 도(道)가 있는 인사는 만유(萬有)의 무상을 두려워하고 천화(遷化)한 자가 나가 아님[非我]을 알았다117:. 그래서 선(禪)과 지혜를 쌍으로 운용해서 지말을 말미암아 근본을 요달하니118:, 묘도(妙道)가 점점 쌓이고 덜어냄으로써 무(無)에 이른다. 사물을 대상화하지 않기[無物於物] 때문에 능히 사물에 정렬할 수 있고, 지혜를 대상화하지 않기[無智於智] 때문에 능히 지혜를 운용할 수 있으니, 그리하여 모든 부처의 현묘한 거울[玄鑑]은 신명(神明)을 본무로 환원한다119:.

---

43) 초복이란 출가하기 전의 일상 복장, 혹은 관료가 입는 옷에 대응한 일상복을 말한다, 따라서 여기서 초복에 돌아가는 것은 바로 원초적 근원에 돌아간다는 뜻이다.

『반야경』에는 부처가 본무라는 설이 있어서 본무에 귀의하면 즉시 성불한다고 말한다. 『노자경』에서는 "도는 자연을 본받아서 함이 없어도 하지 않음이 없다[無爲而無不爲]"고 했는데, 소위 성불도 바로 자연에 순응하는 것이다. 자연에 순응함은 바로 참[眞]에 귀의하고 근본에 돌아간다는 뜻이다. 한나라 시대의 불법에서 말하는 '근본에 돌아감[反本]'은 심식(心識)의 근원을 탐색하는데 있으며, 위진 시대 불교의 현학에서 말하는 '근본에 돌아감'은 바로 본무와 말유(末有)의 이치를 밝혀내는데 있다. 이 중에서 변천의 관건은 도술과 현학의 성질이 동일하지 않은데 있다. 또 '근본에 돌아간다'는 설은 바로 오늘날 말하는 인생의 실현과 같다. 인간은 심령(心靈)을 주(主)로 삼기 때문에 한나라 때 이래로 불교도로서 색공(色空)을 설한 사람은 많으나 심공(心空)을 주로 삼은 사람은 극히 적었다[120:]. 육가에서 말한 심무(心無)를 관찰해 보면 당대 명인(名人)들의 공격을 크게 받았음을 알 수 있다.

인간의 일을 소홀히 여기고 지족(至足)하며 소요한 진(晉)나라 때의 명사와 명승의 흉금은 본래 동일한 기풍에 속한다[121:]. 무(無)를 귀중히 여기고 유(有)를 천시하여 근본에 돌아가고 참[眞]에 귀의한다는 점에서 진나라 때의 불교학과 현학의 근본 뜻은 특히 차이가 없다. 그래서 승려들이 일을 행하는 기풍과 품격, 연구하고 읽은 경서(經書), 사용한 명사(名辭), 채택한 이론은 어디를 가도 청담가와 일치하지 않음이 없다. 이런 모든 단서는 앞에서 이미 간략히 말했으므로 다시 상세히 언급하지는 않겠다. 지도림은 그 당시의 기풍을 대표하는 인물이니, 이제 그의 시(詩) 한 수를 기록해 증거로 삼겠다. 그의 영회시(詠懷詩; 회포를 읊은 시) 2에서 말한다.

단정히 정좌(正坐)하여 외로운 그림자를 짝하고
아득히 유현(幽玄)해서 생각의 수고로움을 잊었으며,
우뚝 솟아나서 신령의 고삐[神轡]를 거두고
밝은 이해[領略]로 명서(名書)들을 종합해 정리했네.
『노자』를 섭렵해서 쌍현(雙玄)44)을 즐겼고
『장자』를 펼쳐서 태초(太初)에서 놀았으니,
영가(詠歌)를 부르자 맑은 바람 모여들고
생각 생각마다 담박하고 즐겁다네.
아래로는 질문(質文)45)의 숲을 땔감으로 쓰고
위로는 두 종장(宗匠)46)의 죽음을 슬퍼한다.
쓸쓸히[蕭蕭] 주하(柱下)47)를 지나가고
고요히[寂寂] 몽읍(蒙邑)48)이 비어있네.
텅 비었도다, 천년의 사적(事績)이여!
몽땅 융화하여49) 공무(空無)로 돌아갔고,
무(無)인데 다시 무슨 장애가 있을 것인가!
온갖 차별상(差別相)이 하나의 길로 돌아가네.
도(道)의 회통(會通)은 명상(冥想)을 귀중히 여기고
망상(罔象; 허무)은 현묘한 구슬[玄珠]을 얻었으니,

---

44) 『노자』의 핵심 용어인 유(有)와 무(無)를 말한다.
45) 실질적인 내용을 질(質)이라 하고 외적인 형식을 문(文)이라 한다. 혹은 질박함과
   화려한 아름다움을 뜻하기도 한다.
46) 노자와 장자.
47) 노자는 주(周)나라 때 주하사(柱下史)를 지냈는데, 이 때문에 후대에는 '주하(柱
   下)'를 노자나 『도덕경』을 대신 일컫는 칭호로 쓰였다.
48) 장자는 몽인(蒙人)으로 몽(蒙)의 칠원리(漆園吏)를 지냈다. 몽읍은 장자의 고향
   이다.
49) 원문 '소액(消液)'은 금액환단(金液還丹)으로 도교에서 행하는 일종의 양생법이다.

혼탁한 물가에서 한탄하고 원망을 했지만

맑음이 비치는 도랑에선 기연(機緣)을 잊었네.

급기야 거울(鑑)은 징막(澄漠)[50])에 돌아가

고요하고 한가로운 모습으로 도를 머금어 부합하네.

마음이 이(理)와 함께 하니 이(理)가 밀밀(密密; 엄밀)하고

몸(形)이 사물(物)과 함께 하니 사물이 성글다네.

표표히 인간의 일을 떠나서

홀로 신명(神明)과 함께 거처한다네.

12) 총체적 결론

『반야경』의 전역(傳譯)은 한나라 말엽에 시작되었다. 그리고 진(晉)나라 혜제 때 주사행이 얻은 『방광경』이 세상에 퍼진 후에 반야학은 더욱 성행했으며, 『반야경』의 본무와 현학의 천유(賤有; 유를 천시함)가 계합했기 때문에 더 쉽게 유행하였다. 격의(格義)가 내전과 외서를 소통하자 반야의 법이 그 도움을 얻어 새롭게 흥성했다. 그래서 도안의 시대에는 동쪽과 서쪽의 모든 강습이 『반야경』을 업으로 삼지 않음이 없었고, 도안의 제창 역시 『반야경』에 가장 두드러지게 힘을 기울였다. 요진(姚秦) 시기의 승조는 삼가(三家)의 다른 사상들을 타파했으니, 소위 심무와 즉색과 본무이다. 승예는 이미 육가를 언급했지만, 그러나 육가가 어떤 종지인지는 알지 못했다. 유송(劉宋)의 담제는 『육가칠종론』을 지었는데, 오늘날의 고증에 의하면 그 명목(名目)과 인물은 다음과 같다.

---

50) 은밀한 곳간(隱藏).

육가	칠종	주장한 사람
본무	본무	도안[122]:
	본무이(本無異)	축법심, 축법태 (축승부)
즉색	즉색	지도림(극초)
식함	식함	우법개 (우법위, 하묵)
환화	환화	도일
심무	심무	지민도 축법온 도항 (환현, 유유민)
연회	연회	우도수

　육가칠종은 모두 중국의 인사들이 성공(性空), 본무(本無)에 대해 해석한 것이다. 도안은 정적(靜寂)을 진제(眞際)라 설했고, 축법심과 축법태는 허활(虛豁)의 담론에 치우쳤다. 그다음 네 종(宗)의 분류는 모두 마음과 색(色)의 공무(空無)를 변별하는 것이었다. '즉색'은 색이 자제로 색이 아님을 말하고, '식함'은 삼계를 커다란 꿈으로 여기고, '환화'는 세제(世諦)의 모든 법이 공하다고 말하니, 세 가지의 공은 모두 색(色)에 있다. 그리고 지도림은 응신(凝神)에 주력했고, 우법개는 십지의 지위에 오르는 걸 말했으며, 도일은 심신(心神)은 오히려 참[眞]이라 말했으니, 이 세 가지의 공(空)은 모두 심신(心神)에 있지 않다. 이 세 가지와 상반되는 것으로 심무의(心無義)가 있다. 심무의는 만물에 무심할 뿐이지 만물이 무(無)인 적은 없다고 말하는 것이다. 즉 마음이 공하지 경계가 공하지 않다는 설이다. 연회종은 색상(色相)의 괴멸을 인용한 말을 보면 역시 색공(色空)을 중시한 것으로 보인다.

　이상의 설명을 종합하면『반야경』의 각 가(家)는 세 가지 파(派)로 나눌 수 있다. 첫 번째는 두 가지 본무이니 본체의 공함을 해석한 것이다.

두 번째는 즉색, 식함, 환화에서 연회에 이르는 네 가지이다. 모두 색의 없음[色無]을 주장하는데 지도림이 가장 유명하다. 세 번째는 지민도가 수립한 심무(心無)이다. 이는 대체로 『부진공론』에서 질책한 삼가(三家)에 해당한다. 이렇게 보면 승조가 타파한 이단의 생각[異計]은 겨우 세 가지에 한정될 뿐이니 어찌 이유가 없겠는가?

도안 시대에 『반야경』의 본무와 이단의 사상들이 분분히 일어나면서 학사(學士)들이 배출되었는데, 이는 중국에서 처음으로 불학(佛學)이 번성한 것이다. 서방의 교리가 동쪽 땅 학술의 숲에 등재되는 그 관건도 바로 여기에 있다. 원래의 저술은 전부 결손(缺損)되어서 참모습을 엿보기가 실로 어렵다. 이 장(章)의 취지도 실전된 글을 수집해 편집한 것이니 훗날에 참고하기 위해 준비한 것이다.123:

미주

제9장

1) 『우록』 8 도안의 『반야초서(般若抄序)』에서는 호(胡)의 대품을 언급했고, 『우록』 10 승가나찰의 『소집경후서(所集經後序)』에서는 도안의 『대품서』를 언급했다. 당시 『대품』이란 『방광경』을 가리킨다.

2) 이상 『승전』에 보인다.

3) 자(字)는 경화(敬和)

4) 둘 다 『우록』에 실린 육징(陸澄)의 『법론(法論)』에 보인다.

5) 『부진공론』에서는 『중론』을 인용하고 있으며, 『중론』은 홍시 11년에 번역되었다.

6) 가상(嘉祥)의 『중론소인연품(中論疏因緣品)』에서는 승조의 삼가(三家)에 의거해서 "구마라집이 오기 전까지 장안에는 본래 삼가의 의취(義趣)가 있었다"고 하였다. 지금 승예의 서문에서는 이미 육가를 칭하고 있으니, 그렇다면 장안에서 단지 삼가의 의취만이 아니라 다른 것도 알고 있음이 너무나 분명하다.

7) 효월(曉月)의 『조론서주(肇論序注)』에서는 본무현묘종(本無玄妙宗)으로 되어 있다.

8) 일본인이 새로 만든 목록에서는 단지 상권과 중권만 있다고 하면서 하권은 빠져 있기 때문에 실제로는 오류이다.

9) 원래의 목록에 진(晉)나라 혜달로 되어 있는 것도 역시 오류이다.

10) 『대정장(大正藏)』 65권 81페이지를 보라.

11) 『집해(集解)』, 『신소(新疏)』 모두 동일하다.

12) 『신소』에서는 도항으로 되어 있다.

13) 승조에게 타파됨

14) 승조에게 타파됨

15) 승조에게 타파됨

16) 『불도징전』에서는 중산(中山)의 축법아라고 했다.

17) 성(聲)으로 되어 있기도 한데 잘못이다.

18) 『채원배(蔡元培) 선생의 기념책』, 진인각의 『지민도학설고』를 참고하라.

19) 또 『담휘전』에서는 "도안은 담휘의 정신과 풍모를 높이 사서 먼저 독서를 통해 경서와 사서(史書)를 겸하도록 하다가 16살이 되어서야 삭발을 허락했다"고 하였다. 이 역시 통상 도안이 제자에게 경서와 사서를 많이 읽지 못하게 했음을 알 수 있다.

20) 축법아는 도안과 동문수학을 했지만 나이는 필경 도안보다 어른이었을 것이다. 축법아의 제자 담습은 조(趙)나라의 태자 석선(石宣)의 존경을 받았고, 그 후 도안은 석준에게 존경을 받아서 화림원에 초청을 받아 들어갔다. 습착치와 도안은 아마도 나이가 비슷하겠지만 축법아는 선배이다. 이 때문에 승관이 축법아를 선배라고 칭한 것이다.

21) 혜예는 먼저 장안에 있다가 나중에 남방에 있었다.

22) 상세한 것은 앞서 제시한 표(表)를 보라.

23) 앞으로 상세히 밝히겠다.

24) 여(廬)는 원작에서는 노(盧)로 되어 있다.

25) 전파했다고 번역한 홍(弘)자는 원문이 불(佛)자인데, 여기서는 혜달의 『조론소』에 의거해 교정했다.

26) 『광홍명집』에 실려 있다.

27) 이는 『진서』 본전(本傳)에서 인용한 것이다.

28) 안세고, 지겸 등은 모두 무위를 열반으로 번역했다.

29) 이상은 모두 『우록』 권5에 보인다.

30) 바로 제4항의 서문이다.

31) 이상 『우록』 권12에 보인다.

32) 즉 제6항의 서문.

33) 이상 두 가지는 『우록』 권7에서 나왔다.

34) 이것은 『우록』 권8에 보인다.

35) 원강의 『조론소』 혹은 앞서 열거한 『실상의』에 보인다.

36) 앞에서 상세히 밝혔다.

37) 모두 『우록』 『경서(經序)』에 보인다.

38) 비룡산에 있을 때는 스승이 죽은 뒤이다.

39) 마찬가지로 서문을 보라.

40) 이전 4년도 매년 두 번씩 했는데, 『승전, 승부전(僧富傳)』을 참고하라.

41) 이 역시 『수보리품』이라 칭하기도 한다.

42) 당시 도안은 양양에 있었다.

43) 『수략해서』에서는 제1품으로 되어 있다.

44) 『광찬경』은 태원 원년 이전에는 중원에 단지 잔권(殘卷)만이 있었기 때문에 도안은 단지 1권만을 보았다. 또 양양에 있을 때 도안이 얻은 것도 완전하지는 않았다.

45) 세 사람은 산문(山門)의 의취에 속한다.

46) 이는 바로 『부진공론(不眞空論)』에서 언급한 본무, 즉색, 심무의 세 가지를 가리킨다. 그러나 장안에서는 이 삼가의만 알고 있는 것이 아님을 앞에서 이미 설명했다.

47) 원문의 미(未)는 말(末)자여야 한다.

48) 원문의 타(詫)는 택(宅)자 혹은 탁(託)자이다.

49) 저(著)는 원문에서는 저(着)으로 되어 있다.

50) 홍(弘)은 원작에서는 불(佛)로 되어 있다.

51) 원문의 미(未)는 잘못이다. 아래 단락을 참고하라.

52) 원문은 사이(思異)로 되어 있다.

53) 이것으로 길장(吉藏)의 소(疏)에 있는 미유(未有)가 말유(末有)의 오기임
     을 증거할 수 있다.

54) 역시 호택 시대에 만들어졌다.

55) 언제 지어졌는지 알지 못한다.

56) 탁(託)은 원래 타(詫)로 되어 있다.

57) 그의 『합광찬서』의 말미에서도 가도(可道), 상도(常道)[1]와 이제(二諦)[2]를
     비교했는데 별로 의미가 없으며 실제로 격의의 영향을 받은 것이다.
     1) 노자의 『도덕경』 제1장 "도가도 비상도(道可道 非常道)……"에 나오는 용어이
        다. 그 뜻은 "도를 도라 할 수 있으면[可道] 영원한 도[常道]가 아니다"이다.
     2) 진제(眞諦)와 속제(俗諦)를 말한다. 진제는 명상(名相)을 넘어선 절대적 진여실
        상(眞如實相)의 진리이며, 속제는 명상으로 이루어진 상대적 차별 세계의
        진리이다.

58) 다음에 나오는 설명을 보라.

59) 응당 심(深)이어야 함은 앞에서 설명한 것과 같다.

60) 원강과 안쵸는 무를 숭상하는 정견이 많다고 해석한다. 이 종지는 비유(非
     有)를 편향되게 집착하는 것이 많아서 비무(非無)에 대해서는 별로 설하지
     않았다.

61) 비유도 없고 비무도 없음을 말한 것이다.

62) 이상은 모두 『고승전』에 보인다.

63) 왕경화가 묻고 지도림이 답한 것이다. 왕경화의 질문은『광홍명집』에
    실려 있다.

64) 왕유공(王幼恭)이 질문하고 지도림이 답했다.

65) 여기서도 즉색의를 밝히고 있으며, 왕흡은 이를 읽고 의문이 있었다.
    서신으로 질문했고(서신은『광홍명집』에 실려 있다), 지도림은『즉색유현
    론』으로 답했다.

66) 『우록』에 그 서문이 존재한다.

67) 지도림은 삼승의 막힌 뜻을 변론했는데『세설신어』에 보인다.

68) 이상『우록』12에 보인다.

69) 이상『고승전』에 보인다.

70) 『세설신어』주석에서 인용하는데 지도림집에서 나왔다고 한다.

71) 『세설신어』주석에서 인용하고 있다.

72) 『세설신어』

73) 혜달의『조론소』

74) 소무서간본(邵武徐幹本)

75) 지루가참의 서문에서는 이 경전이 먼저 번역되었다고 한다.

76) 이상은 모두『대소품대비요초』서문에서 인용했다.

77) 『세설신어』에 보인다.

78) 이상 모두『우록』에 있는 육징의『법론목록(法論目錄)』에 실려 있다.

79) 모두『고승전』에 보인다. 그러나『지둔서전』은 응당『동산승전』속에
    있어야 한다.

80) 극초의 별칭이다.

81) 이름은 부(敷)

82) 이는 『유마경』을 인용한 것이다. 『조론, 부진공론』에서는 이를 인용하여 색의 성품이 공한 것이지 색을 파괴한 공[色敗空]은 아니라고 했다.

83) 부자색(不自色) 세 글자는 앞 단락에 의거해 덧붙인 것이다.

84) 如; 원문에는 이 여(如)자가 없다. 지금은 혜달의 『조론소』에 의거해 부가했다.

85) 원문에는 야(也)자가 없는데, 지금 앞 단락에 의거해 부가했다.

86) 이것이 잘못 전해진 것인지 혹은 길장의 추측에서 나온 것인지 역시 알 수가 없다.

87) 이는 원강의 『조론소』에 의거했다. 안쵸의 『조론소기』를 참고하라.

88) 그래서 '색에 당면해서 바로 색이다'라고 말한 것이다.

89) 자족하므로 응결하고[凝] 지키는[守] 것이다.

90) 원문에서는 "슬기[慧]를 알고 멸망을 싫어하는 식(識)은 항상 신에 포함된다"고 했다.

91) 걸(桀)왕의 신명과 요(堯)임금의 신명은 동일하다.

92) 삼계가 본래 공하나, 이 전도로 인해 삼라만상이 있다.

93) 『중론소기』에 의거하면, 이 구절은 『대집경(大集經)』9를 인용한 것이다.

94) 민(愍)은 또한 민(敏) 또는 민(繁)으로 된 곳도 있다. 모두 당나라 때 태종(太宗)의 휘(諱)를 피해 고친 것이다. 나머지는 대체로 민(愍)으로 고쳤다.

95) 『세설신어, 아량편(雅量篇)』 주석에서 인용된 진양추(晉陽秋)는 "오(吳) 땅의 사람은 북방의 중주(中州) 사람을 창(傖; 촌뜨기)이라 했다"고 하였고, 『진서(晉書)』의 육완치(陸玩致), 왕도전(王導牋)은 "나는 비록 오 땅의 사람이지만 거의 북방의 촌뜨기입니다"라고 했다. 이 북방의 도인 역시 북방의 중주 사람이다.

96) 즉 온법사 혹은 법온.

97) 앞의 장(章)을 보라.

98) 진인각 선생의 고찰이 매우 상세해서 여기서는 덧붙이지 않는다.

99) 『우록』 권7에 그 서문이 실려 있다.

100) 『우록』 권8에 그 서문이 실려 있다.

101) 『방록(房錄)』, 『개원록』 등을 보라.

102) 앞과 동일

103) 『방록』, 『안세고록』을 보고, 『개원록』도 동일

104) 시유(是有)는 원문에서 유시(有是)로 되어 있다.

105) 지(止)는 원문에서는 정(正)으로 되어 있다.

106) 『중론소기』에서는 『산문현의』를 인용해 환화종(幻化宗)의 도일도 제1을 열거했다고 해서 이 단락의 말과 서로 충돌하고 있다. 그러나 이곳의 일(一)자는 실제로 잘못이니 앞으로의 설명을 보라.

107) 원문에는 무(無)자가 없다.

108) 그러나 법온의 설은 역시 구의(舊義)를 벗어나지 못한 것 같다.

109) 후인은 제(齊)나라 주옹(周顒)의 『삼종론(三宗論)』을 해석하면서 그의 두 번째 종지가 우도수의 뜻과 동일하다고 말했다. 제18장에서 상세히 밝히고 있으니 참고하라.

110) 『노자』 52장의 왕필 주석을 참고하라.

111) 체용 두 글자가 대비되어 쓰인 것은 『노자』 38장 왕필 주석을 보라.

112) 『진서, 왕연전(王衍傳)』

113) 배위의 『숭유론』에서 한 말.

114) 이는 『노자』와 『장자』의 현리를 가리키는 것이지 도교의 방술을 말하는

것이 아니다.

115) 지루가참은 이미 이 말을 사용했다. 지루가참은 비록 하안과 왕필 이전에 살긴 했지만, 그러나 반야가 정시(正始) 시기의 현담(玄談)에 대해 영향을 끼쳤는지 아닌지는 사실을 증명할 수 없다.

116) 이미 앞에서 상세히 인용했다.

117) 극초의 『봉법요』에서는 "신(神)은 항상한 집[常宅]이 없고 천화는 정지하지 않으니, 이를 일러 비신(非身)이라 한다"고 했는데, 무아(無我)의 이치는 한나라 이래로 대체로 이런 견해를 갖고 있었다.

118) 『우록』에 있는 도안의 『도지경서』를 참고하라.

119) 『우록』 지도림의 『대소품서(大小品序)』.

120) 무아라는 뜻은 노자의 "그 자신을 벗어난다[外其身]"는 설을 유비(類比)로 취하여 해석한 것이다.

121) 제7장에서 서술한 것과 같다.

122) 성공종(性空宗)의 뜻

123) 이 장(章)은 본말(本末), 진속(眞俗)의 한 단락을 제외하곤 중화민국 22년 5월에 출판된 『철학논총』에 실려 있다.

10

구마라집과 그의 제자들

구마라집은 요진(姚秦) 홍시(弘始) 3년(401년) 겨울에 장안에 도착했고 홍시 15년(413년) 4월에 사망했다. 10여 년 동안 널리 교화를 펼치고 묘한 경전을 많이 번역해서 마침내 "불법의 북소리가 다시 염부제(閻浮提)[1]에 울리고 범륜(梵輪)[2]이 다시 천북(天北)에 구르게"하였으니[1], 당시 불법의 흥성은 고금에 필적할 자가 드물었다. 비록 미천(彌天) 법사의 선구적 역할이 있고 혜원, 승조 등이 날개를 달아준 역할이 있었지만, 그러나 역시 구마라집 법사의 박식함과 정묘함이 불법의 흥성을 초래한 것이다.

1) 구마라집의 학력

구마라집[2] 법사는 대체로 진(晉)나라 강제(康帝) 때(343년 혹은 344년) 구자국에서 태어났다[3]. 구마라집은 본래 천축 사람으로 집안은 대대로 나라의 재상이었다[4]. 조부의 성함은 달다(達多)로서 남들보다 뜻이 크고

---

1) 불교에서 말하는 사대주(四大洲)의 하나이다. 수미산 남쪽 바다에 있다는 대륙으로, 인간이 사는 세계를 말한다.
2) 여기서는 법륜(法輪)과 같은 뜻이니, 말하자면 부처님께서 설한 진리이다.

기개가 있었으며 명성이 나라 안에 높았다. 부친 구마라염(鳩摩羅炎)[5]은 총명해서 덕행과 절개가 있었는데 재상의 지위를 버리고 출가하였다[6]. 동쪽으로 총령(葱嶺) 산맥을 넘어 구자국에 도착했다[7].

구자국 왕은 기바(耆婆)라는 스무 살 난 누이동생이 있었는데 재주가 출중하고 영특해서 한 번 읽은 책은 반드시 이해하고 한 번 들은 것은 바로 외울 수 있었다. 그리고 기바의 몸에 난 붉은 사마귀는 지혜로운 자식을 낳는 징조라고 했다. 여러 나라에서 청혼이 들어왔지만 모두 거절했다가 마침내 구마라염을 만나자 맘에 들어 했다. 왕이 아내로 맞으라고 핍박해서 얼마 후에 바로 구마라집을 임신하게 되었다. 구마라집이 태(胎) 안에 있을 때 그녀의 지혜와 이해력이 두 배나 늘어서 작리대사(雀梨大寺) [8]에 덕망 높은 고승도 많고 도(道)를 터득한 승려도 있다는 말을 듣자 바로 왕족의 고귀한 여인들, 덕망 높은 비구니들과 함께 여러 날 공양을 올리고 재(齋)를 마련하여 설법을 들었다. 구마라집의 어머니는 (임신 중에) 갑자기 천축의 언어에 통하게 되었고[9], 구마라집을 낳은 뒤에는 도리어 이전의 천축 말을 잊어버렸다. 훗날 구마라집의 어머니는 출가하기를 원했지만 남편이 허락하지 않아서 남자 아이를 하나 더 낳았는데 이름을 불사제바(弗紗提婆)라고 했다. 그러다 다시 해골을 보다가 무상한 느낌이 들자 음식을 끊고 출가하기를 바랐다. 후에 계를 받고 나선 선법(禪法)을 수학해 초과(初果)를 얻었다.

불교가 언제부터 구자국에 전파되었는지는 확실하지 않다[10]. 중토범(中土凡)은 구자국의 승려이고 성은 백(帛)씨이다[11]. 『개원록』에서는 조(曹)씨의 위(魏)나라에 경전 번역자로 백연(白延)이 있다고 하였다[12]. 서진(西晉) 무제(武帝) 시대에 축법호는 『아유월치차경(阿惟越致遮經)』을 번역했는데, 그가 번역한 호본(胡本)은 구자국의 부사(副使) 미자후(美子侯)로부터 돈황에서 받은 것이다(『우록』7). 그리고 『정법화경(正法華經)』을 번역할 때 교정에 참석한 사람으로 백원신(帛元信)이 있고(『우록』8), 회제(懷帝) 시기에 축법호가 『보요경(普耀經)』을 번역할 때 받아 적은 사람으로 백법거 (帛法巨)(『우록』7)가 있는데, 『우록』9 『점비경십주호명서(漸備經十住胡名 敍)』에서는 백법거 역시 박식한 도사였다고 말한다[13]. 백법조(白法祖)와 법조(法祚) 형제는 한 시대에 유명한 승려로서 속가의 성은 만(萬)씨이고 하내(河內)[3]사람인데, 구자국 사람으로부터 수업을 받고 스승을 따라 성씨를 고친 것이 확실하다. 동진 시대에 강을 건넌 사람으로는 고좌(高座) 의 도인[4] 백시려밀다라(帛尸黎名密多羅)가 있으며, 양주(涼州)에는 지시 륜(支施崙)을 도와 경전을 번역한 백연[14]이 있다. 이상의 근거로 볼 때 양진(兩晉) 이래로 구자국에 불교가 유행한 것은 의심할 나위가 없다.

구자국에 유행한 불교는 대부분 소승의 불학이다[15]. 부진(苻秦) 시대에 승순(僧純) 등은 이미 구자국에 유람한 적이 있으며, 그들이 돌아와서 그 지역의 불교 상황을 서술했다. 『우록』11 『비구니계본소출본말서(比丘 尼戒本所出本末序)』에 대략적인 기록이 여전히 남아 있는데[16], 그 문장과 원주(原注)는 아래와 같다.

구이국(拘夷國)(즉 구자국)에는 사찰이 매우 많은데 장식이 지극히 화려 했다. 왕궁의 누각들도 사찰의 형상으로 건립되어서 절과 다르지 않다. 달모람(達慕藍)이라는 사찰이 있고(승려 170명), 치예람(致隷藍)이라는 북 산(北山)의 사찰이 있고(승려 60명), 검모왕신람(劍慕[5]王新藍)이라는 사찰

---

3) 하내(河內): 지금의 베트남 지역
4) 고좌의 도인은 일반적으로 상석(上席)을 차지하는 고승을 가리킨다.
5) 검모(劍慕): 검모법. karma의 음역이고 업(業)은 의역이다. 중국 한자의 음역은

(승려 50명)이 있고, 온숙왕람(溫宿王藍)이라는 사찰(승려 70명)있는데, 이 네 사찰은 모두 불도설미(佛圖舌彌)가 통솔하고 있었다. 사찰의 승려는 3월 1일이면 모두 방이나 상(床), 자리(座)를 바꾸거나 혹은 사찰을 바꾸는데 승랍(僧臘)이 5년 미만인 승려는 하루 밤이라도 의거해 머물지 않을 수 없다. 왕신승가람(王新僧迦藍)(승려 90명)에는 구마라(즉 구마라집)이라고 하는 젊은 사문이 있는데. 그는 재능이 출중해서 대승 불학에 밝았으며 불도설미의 제자이다. 불도설미는『아함(阿舍)』학자이다[17].

이 글에 근거해서 보면 구자국의 계법은 지극히 엄격하다. 소승의『아함』학자 불도설미는 당시의 대사(大師)이다.『우록』11의『관중근출니단문기(關中近出尼壇文記)』에서 말하기를 "승순과 담충(曇充)이 구이국에서 돌아올 때 운모람(雲慕藍) 사찰에서 고승인 사문 불도설미가 허가하여 이『비구니대계』와 수좌(受坐) 이하 검모법(劍慕法)까지의 수계법을 모두 받았다……"라고 했다. 운모람 사찰은 바로 앞에서 서술한 달모람 사찰로서 운(雲)자는 담(曇)자의 와전이다[18]. 치예람은 바로 작리대사(雀離大寺)[6]로서 구마라집의 어머니가 설법을 듣던 곳이다[19].『우록』과『고승전』에서는 모두 구마라집이 유학(遊學)을 갔다 구자국으로 돌아온 후에 신사(新寺)에 거주했다고 하는데 바로 앞 글의 왕신승가람 사찰이다. 구마라집의 스승 불도설미는 원래 소승을 신봉했지만, 승순 등이 그를 만났을 때는 이미 대승을 신봉하고 있었다. 승순은『비구니계본(比丘尼戒本)』등을 얻어서 돌아왔고 건원 15년(379년)에 이를 번역했다. 당시 구마라집은

갈마(羯磨)이고 수계, 참회 등 승려의 수행을 가리킨다.
6)『후한서·반용전(班勇傳)』에 "언기(焉耆)에 작리관(雀離關)이 있다"는 기록이 있다.

36세였다.

『비구니계본소출본말서(比丘尼戒本所出本末序)』에도 구자국의 비구니 사찰에 대한 다음과 같은 기록이 있다.

> 아려람(阿麗藍) 사찰(비구니 180명), 윤약간람(輪若干藍) 사찰(비구니 50명), 아려발람(阿麗跋藍) 사찰(비구니 30명), 이 세 사찰은 비구니가 통솔하고 있고 불도설미 대사로부터 법계(法戒)를 받았다. 외국의 법에서 비구니는 독립하지 못하게 되어 있었다. 이 세 사찰의 비구니는 대부분 총령 동쪽의 왕족 부녀들이 도를 구하려 멀리서 이 사찰에 모였으며 법으로 자체 관리를 하고 검열 제도가 엄했다. 3월 1일에는 역시 거주하는 방을 바꾸거나 사찰을 바꾸었다. 큰 비구니가 동반하고 세 명 이상이 아니면 외출하지 않았다. 대부분 5백 가지 계를 지키면서 하루라도 스승 없이 보내면 바로 탄핵을 했다. 지금 출간한 『비구니대계본』은 이 사찰에서 항상 사용했던 것이다.

이 글로부터 구자국 승려와 비구니의 계율이 엄격했음을 볼 수 있다. 구자국에는 온숙왕람 사찰이 있고[20], 총령 동쪽의 왕족 부녀들은 늘 비구니 사찰들에 모였으니, 이 나라가 서역의 불교 중심지의 하나란 걸 알 수 있다. 구마라집의 어머니도 왕의 여동생으로 출가하여 도를 공부했으니 역시 당시의 풍습이 그러한 것이다.

『우록』의 기록에 근거하면, 구마라집은 일곱 살[21]에 어머니를 따라 함께 출가했다. 스승[22]으로부터 경전을 받아 하루에 천 개의 게송을 외웠는데[23], 『비담(毘曇)』을 정해진 수효 이상으로 외웠을 때 스승이 그 뜻을 가르치자 바로 스스로 통달하여 깊은 뜻도 막힘이 없었다[24]. 당시 구자국 사람들이 구마라집의 어머니가 왕의 동생이기 때문에 공양을 아주 많이 하자 어머니는 구마라집을 데리고 이를 피했다. 그래서 구마라집은 아홉 살 때 어머니를 따라 신두하(辛頭河)를 건너 계빈국(罽賓國)에 도착했다. 그곳에서 덕망이 높은 법사 반두달다(盤頭達多)를 만났는데, 그는 계빈왕의 사촌 동생이었다. 반두달다는 학문이 깊은데다 그릇이 크고 순수했다. 또 밝은 재능과 박식함이 당시 독보적이라서 경전의 삼장(三藏) 구부(九部)의 그윽한 이치를 통달하지 않음이 없었다. 아침부터 점심까지 게송 천 수(首)를 직접 쓰고 점심부터 저녁까지 천 수의 게송을 외우니, 명성이 여러 나라에 퍼져서 먼 곳에서 왔든 가까운 곳에서 왔든 그를 스승으로 모셨다.

구마라집은 도착하자마자 즉시 스승에 대한 예의로 그를 섬겼으며, 스승으로부터 『잡장(雜藏)』7) 중의 『장아함경』, 『중아함경』 모두 4백 만자를 전수받았다. 반두달다는 매번 구마라집의 신기한 재능을 칭찬해서 그 소문이 왕에게까지 갔다. 왕은 구마라집을 궁궐에 초청한 뒤 외도의 논사(論師)들을 모아서 서로 공방을 벌이도록 했다. 논쟁이 시작되자 외도는 나이 어린 구마라집을 경시해서 말투가 자못 거칠었지만, 구마라집은 그 틈을 타서 그들을 꺾었다. 외도가 후회하면서 굴복하자 국왕과 승려들은 더더욱 구마라집을 존경했다25:. 구마라집이 12살이 되자 어머니는 그를 데리고 구자국으로 돌아왔다26:.

돌아오는 길에 어머니와 구마라집은 월씨국(月氏國)의 북산에서 한 나한을 만났다. 나한은 구마라집을 보자 기이하게 여기면서 어머니에게 "이 사미승을 항상 잘 보호해야 하오. 만약 35살까지 파계하지 않으면

---

7) 『잡보장경(雜寶藏經)』은 북위(北魏) 시대의 언어를 실제로 반영하는 대표적 작품으로 아함장(阿含藏) 계통에 속한다. 가장 빠른 한역본은 원위(元魏) 때 서역 출신의 승려 길가야(吉迦夜)와 담요(曇曜)가 공역했으며 전 10권(또는 8권 혹은 13권이라고도 함)이다.

불법을 크게 일으켜 무수한 사람을 제도하는 것이 구파국다(漚波掬多)와 다르지 않을 것이오"라고 했다[27]. 구마라집은 사륵국(沙勒國)에 도착하여 부처님의 바루를 정대(頂戴; 머리에 올림)한 적이 있었고[28], 그리하여 사륵국에 일 년간 머물렀다.

그 해 겨울에 『아비담』을 독송했는데[29] 『십문품(十門品)』 및 『수지품 (修智品)』에 대한[30] 자문과 가르침을 받은 적이 없는데도 그 오묘함을 모두 통달했다. 또한 『육족론(六足論)』의 여러 의문에 대해서도 막힘이 없었으며, 아울러 『증일아함경(增一阿含經)』도 독송했다[31]. 사륵국왕은 희견(喜見)이란 삼장법사의 말을 듣고는 큰 법회를 열어서 구마라집에게 법좌에 올라 『전법륜경(轉法輪經)』을 설해주길 청했다. 일개 사미승에게 세존께서 녹야원에서 최초로 법륜을 굴리신 경전을 설해주길 청했으니 구마라집을 지극히 숭배했다고 말할 수 있다. 그 의도는 본국의 승려들을 격려하는 것도 있지만 구자국과 좋은 관계를 맺으려는 것도 있었다. 구지국 왕은 과연 사자를 보내 친선의 우호에 보답했다.

구마라집은 일곱 살 이후에 『비담』을 전수받았고, 계빈국에 도착해서는 반두달다 스승에게 잡장(雜藏) 중 『장아함경』과 『중아함경』을 많이 배웠고, 사륵국에서 『아비달마(阿毗達磨)』 및 『발지론』을 독송해서 『육족론』에 대해서도 막힘이 없었으니, 그렇다면 열두 살 이전에 배운 것은 소승이다. 그러나 계빈국에서 유행한 우수한 종파는 일체유부(一切有部)의 학문이었다. 부진(苻秦) 시대 이래로 계빈국의 승려 중 동쪽 지역으로 와서 도안(道安)과 함께 경전을 번역한 사람도 이미 여러 명이 있었다. 구마라집이 장안에 도착하였을 때는 불약다라(弗若多羅)와 비마라차(卑摩羅叉), 그리고 불타야사(佛陀耶舍)도 와서 머물렀는데 역시 모두 계빈국 사람이다. 불약다라와 구마라집은 함께 『십송율(十誦律)』을 번역했고, 비마라차는

구마라집의 스승이고 『십송율』의 거장이다. 『십송율』은 바로 일체유부의
계율이다. 따라서 구마라집은 젊은 시절에 계빈국 일체유부의 영향을
깊을 받았을 것이다.

구마라집의 학문은 사륵국에 체류한 시기에 전환했다. 『고승전』에서는
구마라집이 사륵국에서 설법한 여가 시간에 여전히 외도의 경서를 찾아보
았다고 한다. 『위타사다론(韋陀舍多論)』을 훌륭히 배웠고 문자와 언사에
많이 밝아서 문답 등을 제작했으며, 또한 『사위타(四韋陀)』[8]의 경전들과
『오명(五明)』[9]의 여러 논(論)도 많이 열람했으며, 음양과 별자리의 계산도
모두 다 연구했으며 길흉을 묘하게 통달해서 그에 대해 말한 것은 모두
맞았다. 이렇게 본다면 구마라집은 사륵국에 있을 때 처음으로 광범하게
책을 열람을 했고, 계빈국에 머물 적에는 이미 천축어과 서적에 능숙했을
터인데, 이제 그 문법도 정밀히 익혀서 『위타』의 경전까지 열독했을 것이다.
계빈국의 승려 불타야사가 먼저 사륵국에 도착해서 달마불다(達摩弗多)
태자의 총애를 받고는 왕궁에 머물며 공양을 받았으며, 구마라집은 그
뒤에 도착하여 야사를 스승으로 공부했는데 서로 매우 존중했다.

야사는 어린 시절에 대승과 소승의 경전 수백만 언(言)을 외워서 담론(談
論)에 능숙하고 자기 지견(知見)을 갖고 있었으며, 또 과거에 『오명』의
논서들을 배운 적이 있고 세간의 법술도 대부분 종합적으로 익혔다. 구마라
집이 사륵국에 있을 때 외도의 서적도 광범히 채집해서 법술을 밝힌 것은
어쩌면 야사의 훈도(薰陶; 가르침)를 받았을지도 모른다. 야사는 젊은

---

8) 네 가지 베다. 리그 베다, 사마 베다, 야주르 베다, 아타르바 베다를 말한다.
9) 다섯 가지 학문. 문법과 훈고의 학문인 성명(聲明), 기술과 공예와 역수(歷數)
   등의 공교명(工巧明), 의학과 약학과 주술 등의 의방명(醫方明), 논리학의 인명
   (因明), 자기 종교의 취지를 밝히는 학문인 내명(內明)이다.

시절에 성품이 교만하여 승려들의 중시를 받지 못하였고, 구마라집도
역시 소탈한 성품이라 사소한 규정은 구애 받지 않았기 때문에 수행자들은
자못 그를 의심했다. 그러나 두 사람 모두 그 가운데서 터득한 바가 있어서
세속적으로 힘써야 할 일에는 개의치 않았다. 훗날 구마라집이 고장(姑
藏)10)에 있을 때 야사는 먼 길도 마다하지 않고 그를 따랐고, 구마라집은
장안에 도착해서 요흥(姚興)에게 야사법사를 초청해 맞이하라고 자주
권유했으니, 두 사람 사이의 정신적인 계합(契合)을 가히 상상해 볼 수
있다32:.

　당시 사륵국에는 불교가 아주 흥성했다. 국왕과 태자가 모두 삼보를
믿고 삼천 승려가 모인 법회를 한 적도 있다(『고승전 · 불타야사전』). 이 나라는
소승을 신봉했을 것이다. 또 지리적으로 교통의 요충지에 위치해서 남으로
는 인도로 통하고 북으로는 구자국에 이르렀으며, 서쪽으로는 대월씨국의
옛 땅과 인접해서 한나라 시절에 이미 『방등(方等)』 경전이 유행했으며,
동쪽으로는 사거국(莎車國)을 거쳐 우전국(于闐國)에 도달할 수 있었다.
우전국은 대승으로 유명한 나라이다. 그 서쪽에는 자합국(子合國)이 있는
데 법현(法顯)은 그 나라 승려는 대부분 대승 불학을 공부한다고 했다.
그리고 근대의 사람들은 늘 자합국이 바로 차구가국(遮拘迦國)이라고
하는데, 수(隋)나라 시기에 그 나라는 순수하게 대승을 신봉했다고 전한
다33:. 사륵국은 여행할 때 반드시 거쳐야 할 대로(大路)였기 때문에 대승도
유행할 수 있었다. 그리고 사거국은 우전국과 가까운 편이기34: 때문에
구마라집이 사륵국에서 사거국의 대승의 명망 있는 승려를 만나서 소승을
버리고 『방등』으로 마음을 돌린 것이다. 『고승전』에서는 이렇게 말한다.

---

10) 고장(姑藏): 황화 서쪽 지역, 현재 감숙성의 무위시(武威市).

당시 사거 왕자와 참군(參軍) 왕자 두 형제는 나라를 버리고 승려를 따라 사문이 되길 청했다[35]. 형의 이름은 수리야발타(須利耶跋陀)이고 동생의 이름은 수리야소마(須利耶蘇摩)인데[36], 소마는 재능과 기예가 비할 바 없이 뛰어나서 오로지 대승으로 교화했다. 그래서 그 형님과 많은 학자들은 함께 그를 스승으로 섬겼고, 구마라집도 그를 종사로 받들었는데 아주 지극히 친했다. 소마는 훗날 구마라집에게 『아누달경(阿耨達經)』을 가르쳤다[37]. 구마라집은 '음(陰), 계(界), 여러 입(入)이 모두 공이고 무상(無相)이라는' 걸 듣자 이상하게 생각해서 질문했다.

"이 경전은 어떠한 뜻이 있기에 모든 법을 다 파괴합니까?"

수리야소마가 대답했다.

"눈 등의 모든 법은 진실로 있는 것이 아니다."

구마라집은 안근(眼根)에 집착하고 있고, 수리야소마는 인(因)으로 이루어졌을 뿐 실답지 않음에 근거하고 있었다. 그래서 대승과 소승을 연구하면서 질문과 대답을 오래 주고받았다[38]. 그리하여 구마라집은 이(理)의 귀결점을 알자 마침내 『방등』에만 오로지 힘쓰면서 이렇게 탄식했다.

"내가 예전에 소승을 공부한 것은 마치 금을 알아보지 못하고 구리나 돌을 오묘하다고 여긴 것과 같구나."

구마라집은 그 뜻과 요체를 널리 구하려고 『중론』, 『백론』과 『십이문론(十二門論)십이문론(十二門論)』 등을 배워서 외웠다.

구마라집은 어머니를 따라서 계빈국을 떠나 월씨국의 북산을 거쳐 사륵에 도착했으며, 이 사륵에서 불타야사와 수리야소마를 만나 그의 학풍(學風)은 완전히 변했다[39]. 사륵에서 약 일 년간 거주한 뒤에 어머니를 따라 북쪽으로 가서 온숙에 이르렀으니 바로 구자국의 북쪽 경계이다. 그리고 유명한 도사와 변론하여 승리함으로써 명성을 크게 날렸다[40]. 구자왕은 친히 온숙까지 가서 그를 맞이하여 구자국으로 귀국했다. 구마라집이 많은 경전을 널리 설하니 사방면 곳의 종장(宗匠)도 대항할 자가 없었다.

당시 왕의 여동생이 비구니가 되었는데 이름이 아갈야말제(阿竭耶末帝)였다. 그녀는 많은 경전을 광범하게 열람해서 선요(禪要;선의 요체)를 깊이 터득해 '이미 이과(二果)를 증득했다'고 하는데[41], 불법을 듣고 환희가 솟자 더 큰 법회를 열어서 『방등』 경전의 심오함을 가르쳐주길 청하였다. 구마라집이 모든 법이 다 공이고 무아라는 걸 추론하고 변론하면서 음(陰)과 계(界)는 가명(假名)일 뿐 실답지 않다고 분별하니, 듣는 자는 모두 비감한 감정으로 추도(追悼)하면서 깨우침이 늦은 것을 한탄했다.

구마라집은 스무 살이 되자 왕궁에서 계를 받고[42] 비마라차로부터 『십송율』을 배웠다[43]. 얼마 후 구마라집의 어머니는 구자국을 작별하고 천축으로 가면서 구자국 왕 백순(白純)에게 말했다.

"당신의 나라는 쇠퇴하고 있어서 저는 떠나려고 합니다."

그녀는 천축으로 가서 정진 수행해서 삼과(三果)에 올랐다. 구마라집의 어머니는 떠날 무렵 아들에게 말했다.

"『방등』의 심오한 가르침을 응당 진단(眞丹)[11]에 크게 천양해야 하는데, 그걸 동쪽 지역에 전파하는 것은 오직 너의 능력일 뿐이다. 하지만 자신에게는 이득이 없는데 이를 어찌하겠느냐?"

구마라집이 대답했다.

"대사(大士)의 도는 남에게 이득이 되기 위해 자신의 몸을 잊는 겁니다. 반드시 불법의 교화를 크게 전파하여 몽매한 속됨을 씻어서 깨닫게 할 수만 있다면, 비록 몸이 용광로에 들어가 고생을 한다 해도 여한이 없습니다."

---

11) 진단(眞丹): 고대에 중국 지역을 가리킨다.

그래서 구자국에 남아 신사(新寺)에서 머물렀다[44].

『우록』에서는 구마라집이 구자국 백순왕의 신사(新寺)에서 『방광경(放光經)』을 얻어 읽고 나중에 작리대사에서 대승경전을 읽었는데, 두 번 모두 마귀의 방해가 있었다고 하였다[45]. 그는 그 절에 2년간 거주하면서[46] 대승의 경론(經論)을 광범하게 독송하여 그 비밀의 오묘함을 환하게 통찰했다. 구마라집은 사륵국에 약 13년간 거주했고 온숙에 이른 것까지 포함하면 약 14년 거주했다. 그 후 얼마 지나지 않아 바로 구자국으로 돌아갔으며, 나중에 여광(呂光)이 구자국을 침범하여 함락했을 때 구마라집의 나이는 41세였다. 그렇다면 그가 귀국한 후로부터 거주한 시간은 대략 26년이다. 이 기간에 언제 백순이 세운 신사에 거주했고 언제 작리대사에 거주했는지는 이미 고증할 수 없다. 다만 구자국 승려의 규율에 따르면 3월에 한 번 사찰을 바꾼다고 했으니[47], 그렇다면 구마라집이 거주한 사찰도 항상 변경되었을 것이다.

『고승전』의 내용이다; 구마라집은 그의 스승 반타달다가 대승을 아직 깨닫지 못했기 때문에 스승에게 가서 교화하려고 했다. 얼마 뒤에 반타달다는 멀리서 구마라집의 명성과 구자왕의 홍법(弘法)을 듣고서 먼 곳에서 왔다[48]. 구마라집은 스승이 오자 마음속에 품고 있던 생각을 이루게 된 걸 기뻐하면서 즉시 스승에게 『덕녀문경(德女問經)』을 설하여[49] 만법이 인연(因緣), 공(空), 가(假; 가짜)임을 충분히 밝혔다[50]. 구마라집은 과거에 스승과 더불어 대승을 믿지 않았기 때문에 먼저 설한 것이다. 스승이 제자에게 물었다.

"너는 대승에 대해 어떤 특이한 모습異相을 보았기에 대승을 숭상하려 하는가?"

구마라집이 대답했다.

"대승은 심오하고 청정해서 유법(有法)이 모두 공이라는 것을 밝혔지만, 소승은 치우치고 국한되어서 대부분 이름과 모습(名相)에 빠져있기 때문입니다."

스승이 말했다.

"네가 설한 일체가 다 공(空)이라는 것은 아주 두려운 것이다. 어찌 법의 있음(有法)을 버리고 공에 애착하는가? 마치 옛날에 미친 사람이 방직공에게 실을 뽑되 지극히 가늘고 볼품 있게 해달라고 한 것과 같다. 방직공은 심혈을 기울여 미세한 먼지처럼 가늘게 실을 뽑았지만 미친 사람은 여전히 거칠다고 원망했다. 방직공은 크게 화를 내면서 허공을 가리키며 말했다.

'이것이 바로 가는 실이오.'

미친 사람이 대답했다.

'어찌하여 보이지 않소?'

방직공이 말했다.

'이 실은 너무나 가늘어서 나 같은 솜씨 있는 장인도 볼 수 없는데 남들이야 말할 것이 있겠소?'

미친 사람이 크게 기뻐하면서 방직공에게 뽑아달라고 하자 방직공도 실 뽑는 흉내를 냈다. 두 사람 모두 최상의 상을 받았지만 실제로는 아무 것(物)도 없으니, 너의 공법(空法)도 역시 이와 마찬가지이다."

그러나 구마라집은 연속 유비(類比)로 설명하면서 여러 차례 힘들게 주고받았다. 마침내 한 달여가 지나자 비로소 믿고 복종하게 되면서 스승은 이렇게 탄복했다. "스승이 통달하지 못한 것을 도리어 제자가 그 뜻을 일깨워준다고 하더니[51] 오늘에야 이 말을 증험(證驗)하는구나."

그리고는 구마라집을 스승의 예의로 모시면서 말했다.

"화상은 나의 대승의 스승이고, 나는 화상의 소승의 스승이오."

서역의 여러 나라들이 모두 구마라집의 빼어남에 복종했다. 매번 강설(講
說)할 때마다 왕들은 모두 법좌 옆에 꿇어 엎드려서 구마라집이 딛고
올라가게 하였으니, 얼마나 구마라집을 중시했는지 알 수 있다. 구마라집은
이로 말미암아 "서역에 그의 도가 퍼졌고 동쪽 나래[東國]에 그의 명성을
날리게" 되었다.

부견(苻堅)의 진(秦)나라 건원 15년(서기 379년)에 승순(僧純), 담충(曇
充) 등은 구자국로부터 돌아와서 그 나라 불교의 성대한 모습을 서술했는데,
모두 "왕신승가람"과 "구마라라고 하는 젊은 사문이 있는데 재능이 크고
높아서 대승 불학에 밝다"고 언급했다. 그들이 서술한 내용은 『우록우록』
11과 『비구니계본소출본말서(比丘尼戒本所出本末序)』에 기재되어 있는
데, 이 서문은 도안이 쓴 것이다. 당시 도안은 마침 장안에 갔다가[52:]
바로 구마라집의 명성을 들었다. 『명승전・도안전』에서는 도안이 먼저
구마라집이 서역 나라에 있다는 것을 듣고는 매양 부견에게 그를 모셔오라
고 권했다고 한다. 하지만 『고승전, 혜원전』에는 도안이 구마라집에게
보낸 서신이 실려 있는데, 그 중에 "귀하[仁者]는 예전엔 다른 지역에 동떨어
져 있었지만 외국의 국경을 넘어오셨습니다. 당시는 음역(音譯 언어 통역)
의 교류가 없을 때인지라 풍문을 듣고도 기뻤습니다"는 내용이 있다.
그리고 구마라집이 양주(涼州)에 있을 때 승조는 먼 길을 마다않고 찾아왔
으며, 또 구마라집이 장안에 도착하자 사방의 학자들이 구름처럼 모여들었
다. 『고승전』에서는 "서역에 그의 도가 퍼졌고 동쪽 나라에 그의 명성을
날렸다"고 했는데 허망한 말이 아닐 것이다.

2) 구마라집이 양주에 도착하다

부견은 관중(關中)에서 진(晉)나라 승평(升平) 원년(서기 357년)에 대진
(大秦)의 천왕(天王)을 참칭(僭稱)하여 연호를 영흥(永興)이라고 고쳤다.
당시 구마라집은 대략 십여 살이었다. 그 후 승평 22년(서기 379년)에
승순이 장안에 도착해서 구마라집의 명성에 대해 서술했다. 하지만『우록』
에서는 이렇게 말했다.

> 부씨(符氏)의 건원 13년 정축년(丁丑年) 정월에 태사(太史)가 '외국 땅에
> 별이 보이는데, 이는 대덕(大德)의 지혜로운 사람이 중국에 들어와 돕는
> 것'이라고 상주(上奏)했다. 부견은 평소에 구마라집의 명성을 들었기 때문
> 에 이내 깨우치면서 "짐은 서역에 구마라집이 있다고 들었는데[53: 아마
> 이 분이 아니겠는가"[54: 라고 했다.

이 글에 근거하면, 승순이 동쪽 지역으로 돌아오기 2년 전에 부견이
이미 구마라집의 명성을 들었다고 하는 것은 확실하지 않을 수도 있다.
당시 부견은 이미 산동 지역을 평정하고 병력이 강대해서 마침내 서역까지
도모할 뜻이 있었다[55:. 대체로 건원 14년(서기 378년)에 양희(梁熙)[12]는
이미 서역에 사자를 보내 부견의 성대한 덕을 칭송했으며, 그 결과 많은
나라들이 조공을 바쳤다[56:. 부견은 계속해서 승리를 하자 교만해져서
천년 뒤까지 명성을 남기고 싶어 했고[57:, 게다가 서역에서 온 사람도
부견에게 서역으로 출병할 것을 권했다. 『고승전』에서는 이렇게 말한다.

---

12) 전진(前秦) 때의 양주자사(凉州刺史).

당시 부견은 관중에서 황제를 참칭하고 있었는데, 외국의 전부왕(前部王)
과 구자왕의 동생58:이 모두 와서 조회(朝會)를 했고 부견은 정전(正殿)에서
그들을 영접했다. 두 왕은 부견에게 "서역에는 진귀한 것들이 많이 생산됩니
다"라고 말하고는 병사를 보내 평정한 후에 속국으로 삼으라고 청했다.

『고승전』에서 또 말한다.

17년 2월에 선선왕(鄯善王)과 전부왕 등은 다시 서역에 출병해서 정벌하
라고 부견을 설득했다59:. 18년60: 9월 부견은 효기(驍騎) 장군 여광(呂光)과
능강(陵江) 장군 강비(姜飛) 등을 파견하여 전부왕과 군사(軍師)왕 등과
함께 7만 명의 병사를 거느리고 서역의 구자국과 오기(烏耆) 등 여러 나라를
정벌했다. 출발하기 전에 부견은 건장궁(建章宮)에서 여광에게 만찬을
베풀며 말했다.

"제왕은 천명의 뜻에 따라 나라를 다스리고 창생(蒼生)을 자식처럼 사랑
하는 것으로 근본을 삼는데, 어찌 그 땅을 욕심내서 정벌할 수 있겠는가.
바로 도를 품은 사람이 있기 때문에 정벌하는 것이다61:.

짐이 듣건대 서역에 있는 구마라집은 법상(法相)13)을 깊이 이해하고
음양을 능숙히 알아서 후학들의 종사(宗師)라고 한다. 짐이 깊이 생각해보니
현명하고 명철한 자는 나라의 큰 보배이니, 만약 구자국을 공략하면 즉시
역마(驛馬)를 달려 구마라집을 운송해 오라."

여광의 군사가 도착하기 전에 구마라집은 구자왕 백순에게 말했다.
"나라의 운세가 쇠약하니 반드시 강한 적을 맞을 겁니다. 머지않아 동쪽으

---

13) 모든 존재들이 갖춘 본질의 모습[體相]이며, 그 의미 내용[義相]을 가리키기도
한다. 유식종은 법상(法相)을 분석하거나 분류하는데 특징이 있기 때문에 법상
종(法相宗)이라 칭하기도 한다.

로부터 사람이 오면 공경히 맞아들여야지 그들의 예봉에 저항해선 안
됩니다."

그러나 백순왕은 구마라집의 말을 듣지 않고 전쟁을 벌였다. 여광은
마침내 구자국을 함락해 백순왕을 살해하고는 백순왕의 동생 진(震)을
왕위에 세웠다.

승조는 『구마라집 법사의 추도문』에서 "대진(大秦)의 요씨와 부씨 두
천왕(天王)은 군사를 보내서 구마라집을 영접했다"[62]고 했으니, 그렇다면
부견이 군사를 보낸 본의는 구마라집을 얻는데 있다는 걸 알 수 있다.
하지만 부견은 크나큰 공덕을 좋아했기 때문에 한무제처럼 서역을 개통하
여 도호부(都護府)를 설치하려고 했다[63]. 또 거사국 전부왕(前部王) 등의
유혹과 권유로 군사를 일으켰기 때문에 그 동기가 오로지 구마라집을
영접하기 위한 것이라고는 할 수 없다. 『고승전』에서 계속 말한다.

여광은 구마라집을 얻은 뒤에 그의 지혜와 도량을 알아보지 못했다.
그저 나이가 젊은 것만 보고서 평범한 사람으로 생각해 그를 희롱하면서
구자왕의 여자를 부인으로 삼으라고 강요했다. 구마라집은 거절하며 받아
들이지 않았지만 거절의 언사가 너무나 힘들었다. 여광은 "도사의 지조는
선대의 아버지를 넘지 못하는데 어찌하여 고사(固辭)하는가?"라고 하면서
구마라집에게 독한 술을 마시게 한 뒤에 여자와 함께 밀실에 가두었다.
구마라집은 극도의 핍박을 받자 마침내 자신의 절개를 무너뜨리고 말았다.
여광은 또 구마라집에게 소를 타게 하거나 난폭한 말을 타게 해서 떨어트리
고자 하였지만, 구마라집이 늘 모욕을 참으면서 한 번도 내색하지 않자
여광은 부끄러워하며 그만두었다.

여광은 진(晉)나라 태원(太元) 9년(서기 384년)에 구자국을 격파하였고,

부견은 그다음 해에 살해되었다. 만약 여광이 부견의 명령대로 역마를 달려 구마라집을 운송했다면, 구마라집은 부견의 진나라 때에 장안에 도착했을 것이다. 여광이 구마라집을 박해하고 모욕한 것을 보면 여광은 불교도를 공경하고 신봉하는 자가 아니다. 구마라집이 양주에 있을 때 도를 펴지 못한 까닭이 바로 여기에 있다.

구마라집은 음양 술수(術數)에 통달해서 그가 여광 부자를 따라 양주로 오는 길에 말한 내용은 모두 맞았다. (1)여광이 군사를 이끌고 돌아오는 길에 산 아래 군사를 주둔했는데, 구마라집은 안 된다고 하면서 반드시 낭패를 볼 것이라고 했다. 야밤에 큰비가 와서 수천 명이 죽었다. (2)여광이 돌아오는 중도에 복된 땅(福地)에 거처할 것이라고 예언했다. 후에 여광은 과연 양주에서 연호를 참칭하였다[64]. (3)태안 원년[65]: 정월, 고장(姑臧)에 큰 바람이 불었다. 구마라집은 "상서롭지 못한 바람이라서 반드시 간사한 사람의 반란이 있겠지만, 그러나 힘 들이지 않고도 저절로 평정될 겁니다"라고 했다. 얼마 후 양겸(梁謙)과 팽황(彭晃)이 잇달아 반란을 일으켰지만 얼마 안 가 모두 전멸되었다[66]. (4)구마라집은 여찬(呂纂)이 단업(段業)을 토벌하면 필경 패배한다고 예언했는데, 훗날 여찬은 과연 합리(合梨)에서 패배했고[67] 얼마 후에 곽마(郭䃴)에게 또 패배했다[68]. (5)중서감(中書監) 장자(張資)가 병이 들자 외국의 도인 나차(羅叉)가 '장자의 병을 치료할 수 있다'고 했다. 구마라집은 시험을 해서 나차의 치료가 필경 효과가 없다는 걸 증명했다. 그 뒤 장자는 과연 죽었다. (6)여찬이 즉위하고서 2년(융안 4년)이 되었을 때 구마라집은 괴이한 일이 자주 나타나자 반드시 아랫사람의 역모가 있을 거라고 했는데, 후에 여초(呂超)가 과연 여찬을 살해하고 여륭(呂隆)을 세웠다(융안 5년).

진(晉)나라 태원 10년(서기 385년)에 구마라집은 여광을 따라 양주에

도착했고, 같은 해에 요장(姚萇)이 장안에서 황제에 즉위했다. 9년 후에
요흥이 즉위하고 연호를 황초(皇初)로 고쳤다. 또 7년이 지난 요흥의 홍치
(弘治) 3년(융안 5년, 서기401년)에 여륭(呂隆)이 양주의 주인이 되었다.
구마라집이 양주에 체류한 기간은 전후로 17년이 된다(『백론소』에서는
18년이라고 함). 『고승전』에서 말한다.

구마라집이 양주에 머문 지 몇 년이 되었는데도 여광 부자가 도를 널리
펴지 않았기 때문에 구마라집은 불법의 심오한 이해[69]를 쌓아두고도 교화
를 펼 수 없었고 부견은 이미 죽었기 때문에 끝내 만나질 못했다. 그리고
요장이 관중(關中)에서 황제의 연호를 참칭했을 때 구마라집의 높은 명성을
듣자 마음을 비우고 요청했지만, 여씨(呂氏)들은 구마라집이 풍부한 지혜와
계략으로 요장을 위해 도모할까봐 동쪽으로 들어가는 것을 허락하지 않았
다[70].

요장이 죽고 아들 요흥이 지위를 이어받자 다시 사신을 보내 성성껏
요청했다. 요흥의 홍치 3년 3월에 묘당(廟堂)의 정원에 연리지(連理枝)[14]가
생기고 소요원(逍遙園)의 패[蔥]가 어수리[茴]로 변하자 상서로운 길조라고
여기면서 지혜로운 사람이 응당 들어올 것이라고 했다. 5월에 요흥은 농서공
(隴西公) 석덕(碩德)을 파견하여 서쪽의 여륭을 토벌하게 했다. 여륭의
군대는 크게 패배했다. 9월에 여륭이 항복하겠다는 표문(表文)을 올리자
비로소 구마라집을 영접해 관중(關中)에 들어올 수 있게 했다. 그해 12월
20일에 구마라집은 장안에 도착했다(『우록』에 실린 승예(僧睿)의 『대품경
서(人品經序)』, 『관중출선경서(關中出禪經序)』, 『대지석론서(大智釋論
序)』 및 『대지론기(大智論記)』에 기재된 연월일은 모두 같다).

---

14) 줄기와 가지가 다른 두 나무 가지의 결이 서로 이어져 하나가 된 것. 애정이
깊은 부부의 관계를 비유할 때 쓰이기도 한다.

3) 장안에서의 구마라집

구마라집은 요흥 홍치 3년(서기 401년)에 장안에 도착했고, 15년 계축(癸丑)(서기 413년) 4월 13일 대사(大寺)에서 70세에 임종했다[71]. 장안은 서진(西晉) 시대에 이미 축법호가 경전을 번역하고 있었고, 백법조(帛法祖)는 제자 수천 명에게 강습(講習)하고 있었으니, 당시 장안에서 이미 불법이 흥성했음을 엿볼 수 있다. 부견이 관중에 도읍을 세울 때 석도안과 조문업(趙文業)의 노력으로 장안은 점차 역경의 중심지로 불렸다. 당시 유명한 승려로는 법화(法和)(도안의 동문), 혜상(慧常)[72], 축불념(竺佛念)[73], 승략(僧䂮), 승도(僧導), 승예(僧叡) 등이 모두 서경(西京)인 장안에 모였고, 승략과 승예는 구마라집이 도착했을 때 이미 크게 공적을 이루고 있었다.

도안 시절에 담경(曇景)(즉 담영(曇影))은 『비나야(鼻奈耶)』의 번역을 도왔고 승도는 『사아함모초(四阿含暮抄)』를 받아 적은 사람이었는데 후에 모두 구마라집 문하의 유명한 승려가 되었다[74]. 그러므로 구마라집 시기에 법회(法會)의 흥성은 사실상 도안의 힘이 컸다는 걸 알아야 한다. 그리고 요자략(姚子略; 요흥)의 불교에 대한 신봉은 부영고(苻永固; 부견)를 훨씬 능가한다. 조정의 불교 신봉자로는 요민(姚旻)[75], 요숭(姚嵩), 요현(姚顯), 요홍(姚泓)이 있다(태자(太子)). 의학(義學)의 사문들이 장안에 모여들었고 외국에서 온 사문도 많았다. 승조는 성대한 교화의 시대를 만났다고 탄복하면서 "(부처님의) 기원정사(祇洹精舍)의 집회를 직접 보지 못했지만 어찌 여한이 있겠는가!"라고 했다. 혜예(慧叡)의 『유의론(喩疑論)』에서도 이렇게 말했다.

뜻[義]이 종지를 멀리하지 않고 말이 실상을 잃지 않은 것은 돌아가신 스승으로부터 시작되었다[76]. 급기야 부견이 구자국을 병합하자 세 왕이 조회를 왔는데 법의 종지를 지니고 경전들도 함께 갖고 왔으며, 구마라(究摩羅) 법사는 구자국으로부터 오면서 계빈국에서 모은 계율 삼장을 가져왔고 선사와 문도들도 모두 자취를 따라 모였으니, 관중의 흥성한 10여 년은 바로 대법(大法; 불법)이 후대에 성대하게 흥기한 것이다.

구마라집이 장안에 도착하자 요흥은 국사(國師)의 예의로 대접하면서 대단히 총애했다. 서로 터놓고 대화를 하면 하루 종일 심취하여 미세한 부분까지 샅샅이 탐구하면서 시간 가는 줄 모르고 피곤을 잊었다[77]. 『진서 · 대기(戴記)』에서 요흥이 구마라집을 공경한 예를 이렇게 서술했다.

　요흥은 마치 소요원에서 했듯이 많은 사문들을 징현당(澄玄堂)으로 인도하여 구마라집의 불경에 대한 설법을 들었다. 구마라집은 중국말에 능통해지자 옛날의 경전을 찾아 읽어보았는데 어긋나고 틀린 부분이 많았고 호본(胡本)과도 맞지 않았다.
　요흥과 구마라집 그리고 사문 승략(僧略)[78], 승천(僧遷), 도수(道樹)[79] 승예, 도탄(道坦)[80], 승조, 담순(曇順) 등 팔백 여 명이 『대품(大品)』을 번역했다[81]. 구마라집이 호본을 들고 요흥이 옛날의 경전을 잡고서 서로 대조하고 교정했다. 새로운 문장은 구역(舊譯)과는 달리 모두 이치와 뜻[理義]이 통하였다. 그리하여 계속해서 여러 경전과 논서들 3백여 권을 출간했으니, 지금의 새로운 경전은 모두 구마라집이 번역한 것이다. 요흥은 불도에 뜻이 있었고, 조정의 공경(公卿)[15] 이하로 모든 사람들이 모두 사문에 귀의했으며, 멀리서 온 사람도 5천여 명이 되었다. (장안의) 영귀리(永貴里)에 불탑(佛塔)을 세우고 중궁(中宮)에 파약대(波若臺; 반야대)를 세웠다. 좌선하는 사문들이 항상 천여 명이 있었고, 각 주(州)와 군(郡)에서 교화하여

15) 공경(公卿): 고대조정에서 제일 높은 관직

부처를 섬기는 자가 열 가구에서 아홉 가구였다.

요흥은 경전과 논서의 서적을 능히 강의할 수 있었으니(『진서·대기』), 불법에 대해서도 마하연(摩訶衍)(대승)과 아비담(소승)의 뜻을 통달했다[82]. 그는 자신의 소회(所懷)로 마하연의 여러 뜻에 주소(疏)를 달고 조목(倏)을 붙여서 구마라집과 상세히 확정하려고 했다. 그 중 제일 유명한 것이 『통삼세론(通三世論)』이다. 이 논서는 아비담의 설을 타파해서 삼세는 하나로 통일되고 순환 작용을 해서 과거는 비록 소멸해도 그 이치[理]는 항상 존재한다고 했다. 구마라집은 답서(答書)에서 역시 그의 주장을 인정했다. 요흥이 주(注)를 붙인 여러 조목에서는 또 이렇게 말한다.

> 중생이 도를 밟지 못하는 까닭은 집착이 있기 때문이다. 따라서 성인의 가르침은 항상 집착을 버리는 것을 일삼기 때문에 반야에도 머물지 말라고 말하는 것이다. 비록 큰 성인의 현감(玄鑑; 현묘한 지혜)이 감응해 비추는 것이 한계가 없더라도 역시 집착하지 말아야 한다. 집착은 역시 우환을 낳는다. 수행하는 사람들로 하여금 나와 남을 잊게 하고 싶다면 의탁하는 바를 버리게 해야 하니, 묶여있지 않은 배처럼 떠서 기댈 바가 없다면 이치[理]에 합당한 것이다.

이 말은 비록 깊은 이치는 없지만 당시 현학자의 상투적인 전형을 다분히 이어받고 있으니[83], 이를 통해 그 당시의 기풍을 볼 수 있다[84].
여산(廬山)의 혜원은 구마라집이 입국했다는 소식을 듣자 바로 서신을 보내 친밀감을 표시했고[85] 아울러 의복과 법기(法器)를 증정했다. 구마라집은 답장을 보내서 각별히 격려하고 게송 한 수를 보냈다. 그 뒤 법식(法識) 도인이 관중(關中)에서 광부(匡阜)에 왔을 때 혜원은 구마라집이 본국으로 돌아가려고 한다는 소식을 듣고 또 서신을 써서 게송 한 수로 보답했다[86]. 그리고 경전 속 어려운 문제 수십 가지를 조목조목 나열하여 해석을 청했다. 또한 진(晉)나라의 왕밀(王謐)[87]도 스물네 가지 일에 대하여 자문했고 구마라집도 답변을 주었는데, 지금은 대부분 흩어져서 보존된 것은 몇 개 없다[88].

불법을 통달하는데 두 가지 어려운 점이 있다. 첫째는 명상(名相)에 대한 변별과 해석이 어렵고, 둘째는 미묘한 뜻을 증명해 이해하기가 어렵다. 중국의 불교는 구마라집이 도착했을 때 한편으로는 경전의 번역이 번잡해 불법 이치[佛理]의 명상(名相)과 조목(條目)이 경전마다 표현이 동일치 않아서 취사선택하고 회통하는 것을 어디에 근거할지 알기 어려웠다. 혜원이 구마라집에게 질문한 수십 가지 문제도 이런 종류에 속할 것이다. 따라서 구마라집의 답서(答書)도 왕왕 경전이나 논서의 말을 취하여 서로 해석하고 비유했을 것이므로 불법의 깊은 뜻과 커다란 종지는 드러내지 못할 수가 있다. 또 한편으로 위진 시대 이래 불교와 현학의 합류(合流)로 중국의 학인(學人)들은 그저 자신의 소견에 입각해 불교의 뜻을 억측했다. 어떤 사람은 그 소견이 참되고 투철하지 못해서 해석도 잘하지 못했으며, 어떤 사람은 확실하게 깨우친 바가 있어도 학문이란 털끝만한 실수로도 천 리의 차이를 낳으니, 그렇다면 구마라집이 대승의 심오한 큰 뜻을 중국 사람에게 깨달아 알도록[證知] 하고 싶다 해도 너무나 어려운 일이었다. 구마라집은 서방의 게송체(偈頌體)에 대하여 이렇게 논하였다.

"범문(梵文:산스크리트 문장)을 진(秦)나라 말로 고치면 그 조울(藻蔚)[16]을 잃는다. 비록 대충의 뜻은 얻지만 문체가 현격히 다르니, 이는 마치

---

16) 문사(文辭)의 빛나고 아름다움을 말한다.

밥을 씹어서 남에게 먹여주는 것과 같아서 맛을 잃을 뿐 아니라 구역질이 나게 한다."

이 말에서 범어 경전의 번역은 문자 차원의 이해도 아주 어렵다는 걸 알 수 있다. 그래서 구마라집은『법화에게 증정하는 게송[贈法和頌]』에서 이렇게 노래했다.

"마음의 산이 밝은 덕을 기르니
그 향기가 1만 유연(由延; 유순)17)을 흐르고,
애달픈 봉황 외로이 오동나무에 앉아
청아한 소리가 구천(九天)에 사무치네."

애달픈 봉황과 고독한 오동나무는 구마라집 자신의 상황이기도 하니, 대체로 현묘한 종지는 깊고 그윽해서 계합해 깨닫는 자는 더욱 적다는 뜻이다.『승전・혜원전』에서는 구마라집이 본국으로 돌아가려고 했지만 문하 제자 5천 명 중에서도 이해한 사람은 실로 적었기 때문에 돌아가기 어려움을 알고 그만두었다고 하였다.『승전』에서 또 말한다.

구마라집은 대승을 좋아해서 그 가르침을 널리 펼치는데 뜻을 두었다. 그래서 항상 이렇게 탄식했다.
"내가 만약 붓을 들어 대승의 아비담을 저술했다면 가전연자(迦旃延子)에 비할 바가 아니겠지만, 오늘 진(秦)나라 땅에 깊이 아는 자가 드물어 여기서 날개를 접게 되었으니 장차 무엇을 논하겠는가."
그리고 참담한 마음으로 아비담 저술을 그만두었다. 유일하게 요흥을

17) Yojana의 음사(音寫). 인도에서 거리를 재는 단위인데 대체로 40리에 해당한다고 함.

위하여『실상론(實相論)』두 권을 저술했고 아울러『유마경』에 주석을 달았다. 입을 벌리면 바로 문장이 되어서 삭제하거나 고칠 필요가 없었고, 언사는 완곡하고 간략해서 현묘하고 심오하지 않음이 없었다. 구마라집은 정신과 감정이 거울처럼 맑았고 고오(高傲)한 성향이 출중했으며 기연(機緣)에 응한 이해력은 필적할 자가 없었다. 또 인자하고 후덕한 성품과 널리 사랑하는 마음으로 스스로를 비워서 남을 잘 인도했는데 종일토록 게을리하지 않았다. 요흥은 늘 구마라집에게 이렇게 말했다.

"대사의 총명함과 뛰어난 깨달음은 천하에 둘도 없습니다. 만약 하루아침에 세상을 떠나기라도 한다면, 이 어찌 법의 후손이 없도록 하는 것이 아니겠습니까?"

그리하여 기녀(妓女) 열 명을 받아들이도록 핍박했다. 이때부터 승가의 거처[僧坊]에 거주하지 않고 관사에 살면서 풍성한 공급을 제공받았다. 매번 설법할 때마다 스스로 늘 먼저 말하길 "비유하면 냄새나는 진흙 속에서 연꽃이 피어나는 것과 같으니, 오직 연꽃만을 취할 뿐 냄새나는 진흙은 취하지 말라"고 했다(『진서·구마라집전』에서는 구마라집이 자식 둘을 낳았다고 한다. 길장의『백론소』에서는 장안에 그의 손자가 있다고 했다. 『북산록(北山錄)』3에서는 "위나라 효문제가 조서를 내려 구마라집의 후손을 찾아내서 봉록을 주었다"고 하였다.『위서·석로지』에는 효문제 태화 21년에 조서를 내려 구마라집의 옛 사찰[89:]에 불탑을 세웠고 아울러 그 자손을 방문했다는 내용이 실려 있다.

구마라집이『대품경』을 번역할 때 승예는 오백여 명이 있었다고 서술했다.『법화경』을 번역할 때 혜관(慧觀)은 사방에서 의학(義學)의 사문 이천여 명이 모였다고 했다. 승예는 깨달음의 가르침을 듣고 받아들이는 승려가 팔백여 명으로 모두 각 지방의 영재로서 한 시기의 준걸이라고 했다. 『사익경(思益經)』을 번역할 때 승예는 깨달음을 자문한 승려가 이천여

명이라 했고『유마경』을 번역할 때는 천이백 명이라 했다.『우록』에서는
당시 사방에서 모인 의학(義學)의 사문이 만 리 길을 멀다 않고 모였다고
했다. 그 중 명성과 덕망이 우수하고 출중한 자는 재(才)와 창(暢) 두 사람[90]:
이고, 그리고 도항, 승표(僧標)(즉 도표), 혜예, 승돈(僧敦)[91]:, 승필(僧弼),
승조 등 삼천여 명의 승려가 삼가 정밀히 연구하고 유현한 종지를 끝까지
파고들어갔다.『위서 · 석로지』에서는 "당시의 사문 도동(道彤)[92]:, 승
략[93]:, 도항, 도표(道標)(즉 도표), 승조, 담영 등이 구마라집과 함께 서로
이끌면서 유현한 이치를 발명(發明)했다"고 하였다.

현재 알고 있는 의학의 사문으로 장안에 있는 자는 수십 명에 지나지
않는다.

(1) 그중 원래 관중(關中)에 있은 자로는 법화[94]:, 승예[95]:, 담영[96]:, 승
략[97]:, 혜정(慧精)[98]:, 법흠(法欽), 혜빈(慧斌)[99]:, 도항[100]:, 도표[101]:, 승도(僧
導)[102]:, 승포(僧苞)[103]:, 승조[104]:, 담옹(曇邕)[105]:, 불념(佛念)[106]:, 도함(道
含)[107]:이 있다.

(2)본래 북방으로부터 온 사람으로는 도융(道融)[108]:, 담감(曇鑑)[109]:,
담무성(曇無成)[110]:, 담순(曇順)[111]:, 승업(僧業)[112]:, 혜순(慧詢)[113]:이 있다.

(3)원래 여산으로부터 온 사람으로는 도생(道生)[114]:, 혜예[115]:, 혜관(慧
觀)[116]:, 혜안(慧安)[117]:, 도온(道溫)[118]:, 담익(曇翼)[119]:, 도경(道敬)[120]:이
있다.

(4) 원래 강좌(江左)로부터 온 사람들로는 승필(僧弼)[121]:, 담간(曇幹)[122]:
이 있다.

(5) 어디에서 왔는지 모르는 사람들로는 혜공(慧恭)[123]:, 보도(寶度),
도회(道恢), 도종(道悰), 승천(僧遷), 도류(道流)[124]:, 승숭(僧嵩)[125]:, 승해
(僧楷)[126]:, 승위(僧衛)[127]:, 도빙(道憑)[128]:, 승인(僧因)[129]:, 담구(曇晷)[130]:

등이 있다[131].

구마라집은 홍시 15년(서기 413년)에 죽었다. 그는 여러 승려들과 이별을 고하면서 이렇게 말했다.

"법으로 인해 서로 만났지만 (불법을 펴겠다는) 이 마음을 아직 다하지 못했구나. 이제 세상을 달리하게 되었으니 참담한 마음을 어찌 말로 다할 수 있겠는가."[132]

훗날 외국의 사문이 와서 "구마라집은 자신이 암송한 것 중에서 십분의 일도 번역하지 않았다"고 하였다. 그래서 구마라집은 이해가 유현하고 미묘해서 깊이 알아채는 자가 드물다고 탄식했던 것이다. 그의 학문은 상당히 방대하지만 시간이 짧았기 때문에 세상에 다 전하지 못한 것이다.

4) 구마라집의 경전 번역

『고승전』에서는 구마라집이 장안에서 삼백 여권의 경전을 번역했다고 하고, 『우록』 2권에는 350부 294권이 기록되어 있어서[133] 마치 구마라집의 공적이 전적으로 번역에 있는 듯하지만, 그러나 고금의 번역은 그 기풍이 매우 다르다. 오늘날에는 서양의 문자만 알고 서양 철학의 이치는 몰라도 철학자의 명작을 번역할 수 있으며, 서양 철학을 깊이 통달한 학자는 번역에 종사하지 않는다. 하지만 고대 중국에서 역경의 거장들은 반드시 먼저 불교학의 대사(大師)였다. 예를 들면 구마라집은 『반야』, 『삼론(三論)』에 대해, 진제(眞諦)[18]는 『유식(唯識)』에 대해, 현장(玄奘)은 성종(性宗)과 상종(相宗)에 대해, 불공(不空)[19]은 밀교에 대해 모두 그 뜻을 깊이 통달해

---

18) 남조(南朝) 양(梁)나라, 진(陳)나라 때 중국에 온 인도의 승려. 인도 이름은 구나라타(拘那羅陀)이다.

서 전역(傳譯)을 했다. 역사책을 고증해보면 번역 내용의 이치에 밝게
요달한 번역자로는 앞서 말한 네 사람만이 아니다. 오늘날의 관습에 따라서
만 고대 역경의 대사(大師)들을 상세히 논한다면 절대로 역사의 진실을
얻을 수 없다.

　고대 사람의 경전 번역은 먼저 문장을 역출(譯出)하고 그에 따라 뜻을
강의했으며, 소위 번역 장소의 조수(助手)는 모두 실제로 의리(義理)를
듣고서 받아들인 제자이다. 구마라집의 경전 번역도 마찬가지로 다시
강(講)하고 해석했다[134]: 혜관의 『법화종요서(法華宗要序)』에서 말했다.

　　구마라집이라고 하는 외국 법사가……. 이 경전을 다시 번역하여 많은
　사람과 상세히 탐구했다. 구마라집은 호어(胡語)로 된 경전을 직접 잡고서
　진(秦)나라 말로 구역(口譯)했는데, 다른 나라의 말로 표현해서 곡절은
　있지만 원문의 뜻을 어기지 않아서 언사의 지취(旨趣)가 충분히 창달되었다.
　비록 하늘에 구름의 그늘이 걷혀서 햇볕이 비춘 광경이 모두 빛난다 해도
　비유가 모자란다. 구마라집은 오히려 언어로 나타내도 이치는 막히고 일(事)
　은 비근해도 종지는 멀리 있다고 했으며, 또 언어로 드러난 이면의 숨은
　뜻을 해석함으로써 응당 깊은 이치를 탐구해야 한다고 했다.

---

19) 705년에 태어나 774년에 세상을 떠났다. 전체 이름은 불공금강(不空金剛)이고
　　산스크리트로는 아목거발석라(阿目祛·跋折羅; Amoghavajra)이다. 원래 북천
　　축(北天竺)의 사자국(獅子國) 사람이라고 한다. 당나라 때의 고승인데 어려서
　　아버지를 잃고 숙부를 따라 중국에 왔다. 금강지(金剛智)를 스승으로 섬겼으
　　며, 명을 받들어 천축과 사자국에 가서 밀장(密藏)을 구했다. 중국 밀종(密宗)을
　　창시한 사람 중 하나이다.

승예는 『법화경후서』에서 말했다.

구마라(究摩羅) 법사를 만나 경전 내용을 전하고 필사해서 크나큰 귀의처
[大歸]를 가리켰다.

그래서 구마라집은 늘 『법화경』을 강의했다. 『사익경서(思益經序)』에
서 말한다.

이미 범어로 된 말을 다시 번역해서 정문(正文)은 죽백(竹帛; 대나무와
비단)에 적었다. 또 (구마라집의) 현묘한 종지를 파헤쳐 해석한 것을 듣고
언구 아래서 크나큰 귀결처를 깨우쳤다.

구마라집은 『사익경』도 해석한 적이 있다. 승조는 『유마경주서(維摩經
注序)』에서 이렇게 말했다.

나는 암송을 잘하지 못해서 시간을 마련해 차례차례 들었는데, 비록
현묘한 종지에 참여하는 것은 부족하다고 생각하지만 문장의 뜻은 대충이나
마 얻었다. 그래서 들은 내용대로 주해(注解)를 달았다. 간략한 기록으로
언어를 완성했지만 서술만 할 뿐 짓지는 않았다[述而不作].

이 경전에 대한 승조의 주석은 현존하고 있는데, 그 중 많은 부분은
구마라집이 구술(口述)한 뜻이다. 그렇다면 구마라집이 『유마경』을 번역
할 때 역시 그 뜻을 강의한 것이다. 승복(僧馥)은 『보리경주(菩提經注)』에서
말한다.

기바(耆婆) 법사가 설한 입실(入室)의 비밀 설법은 친히 이어받은 자가 적어서 세상에 보기 드물다. 나의 스승 순(順)[135:]께서 최초의 법회에서 얻었는데, 내기 비록 명민하지 못하지만 제50회의 설법에서 조금 들었다.

구마라집은 늘 비밀리에 『보리경』을 설했다. 게다가 구마라집은 『대품』에 대해서도 세 번 번역하고 다섯 번 교정을 보았지만[136:], 평소의 종지는 『반야』와 『삼론』을 각별히 중시했으므로 이 여러 경전과 논서를 번역할 때도 반드시 그 뜻을 크게 홍보했을 것이다.

장안의 역경은 축법호로부터 시작되었고 도안 법사 때 성황을 이루었다. 도안이 죽은 뒤에 요흥의 황초(皇初) 말엽, 홍시(弘始) 초기(서기 499년)[20)]에 법화, 승략, 승예, 불념은 이미 장안에서 승가발징(僧伽跋澄)과 함께 『출요경(出曜經)』을 번역했다. 2년 후에 구마라집이 왔고 그의 경전 번역은 도안의 옛 규칙과 조수(가령 법화와 승략 등)의 덕택을 많이 보았을 것이다. 구마라집은 도안이 돌아간 16년 후에 장안에 도착했다(서기 401년). 도안 이전의 역경은 항상 개인적인 사업이었고 불교세력이 확장한 후에는 제왕이 불교를 신봉하면서 경전 번역은 점차 정부가 주관하는 일이 많아졌다. 구마라집의 경전 번역은 요흥이 주관을 했고, 『대품』의 새로운 경전을 번역할 때는 요흥 천왕(天王)이 직접 교정을 보았다. 장안의 역경 사업은 십수 년 동안 지극한 성황을 이루었다. 『고승전』에서는 이렇게 논하고 있다.

---

20) 원문의 499년은 서기 399년의 오기로 보인다.

그 후 구라집은 박식하고 깊이가 있었으며 신령한 지혜는 오묘하고 원대했다. 그는 중토(中土)를 편력하면서 지역의 언어를 두루 익혔다……. 당시 도생, 도융, 담영, 승예, 혜엄, 혜관, 도항, 승조 등은 모두 구마라집의 설법을 직접 듣고 깨우쳤는데, 그 설법의 언사는 주옥같이 부드러웠다. 또 제왕의 성지를 받아 집필하는 중임을 맡고 있었기 때문에 장안에서 한 경전 번역은 가히 으뜸이라는 칭송을 받았다. 당시 요흥은 연호를 참칭해 황실을 차지한 후에 삼보(三寶)를 숭상해서 성내의 거리마다 불법을 남겼는데, 도를 흠모하여 찾아온 사람들로 성안이 붐비었다. 삼장(三藏)의 법문은 인연이 있으면 반드시 보게 되리니, 상법(像法) 시대의 기운이 동쪽으로 이동하여 여기에서 성황을 이루었다.

구마라집을 따르는 조수들은 학문과 문장이 모두 지극히 우수했다. 그리고 교리에 계합해 회통하는 것과 번역 내용을 요달해 이해하는 것도 특히 일반 사람이 따라올 수 없을 정도였다.

혜예는 구마라집을 따르면서 글로 받아 적고 구마라집은 혜예에게 서방의 사체(辭體)를 논했다[137]. 후에 사영운은 그에게 자문을 구하여 『십사음훈서(十四音訓敍)』를 지었으며, 그 결과 호(胡)[138]의 글과 한(漢)나라 글을 조목조목 예시하여 확연히 이해할 수 있어서 문자도 근거가 있게 되었다.

요흥의 감탄과 중용을 받은 도융은 칙령을 받자 소요원에 들어가 올바르고 상세한 번역에 참여했다. 구마라집은 『중론』을 번역하여 두 권을 얻었는데, 도융은 바로 강원에 나아가 경문의 말을 분석해서 미리 처음부터 끝까지 꿰뚫어 이해했다. 구마라집은 또 도융에게 새로운 『법화경』을 강의하도록 명하고 자신도 직접 강의를 들었다. 구마라집은 그의 강의에 감탄하면서 "불법을 흥성케 할 자는 바로 도융 이 사람이리라"고 하였다. 얼마 후 사자국(師子國)에서 바라문 한 명이 와서 진(秦)나라 승려와 변론을 했는데, 도융이 크게 이겼다[139]:.

담영은 구마라집을 도와 『성실론』을 출간했는데, 일반적으로 쟁론(爭論)의 문답을 모두 순서에 따라 주고받았다. 담영은 그렇게 하면 지리멸렬해진다고 한탄하면서 다섯 부분으로 묶어 구마라집에게 바쳤더니, 구마라집이 말했다.

"아주 훌륭하구나, 내 뜻을 깊이 얻었다."

승예는 구마라집의 경전과 논서 번역에 모두 참여해 교정했다. 과거 축법호가 출간한 『정법화경수결품(正法華經受決品)』에서 "하늘은 사람을 보고 사람은 하늘은 본다(天見人, 人見天)"고 했는데, 구마라집은 경전을 번역하다가 이 구절에 이르자 이렇게 말했다.

"이 말은 서역의 말뜻과 같다. 그러나 말이 실질보다 지나치다."

승예가 대답했다.

"장차 사람과 하늘이 서로 교접(交接)하여 양자가 서로 보게 되는 것이 아니겠습니까."

구마라집은 기뻐하면서 대답했다.

"실제로 그렇다."

후에 『성실론』을 출간하면서 구마라집은 승예에게 이렇게 말했다.

"이 쟁론(諍論)에 있는 일곱 곳의 문장이 『비담』을 타파하고 있다. 그러나 말에 나타난 것은 작고 숨겨져 있으니, 만약 질문하지 않고도 능히 이해할 수 있다면 영재(英才)라 할 수 있다."

승예는 유현하고 미묘한 뜻을 계발(啓發)해서 과연 구마라집에게 자문하지 않았다[140]:.

승조는 『대품』을 출간한 후(서기 403년~서기 405년) 바로 『반야무지론(般若無知論)』을 저술했고[141]:, 구마라집은 『반야무지론』을 읽은 후 훌륭하다고 칭찬했다. 승조는 또 『물불천론(物不遷論)』 등을 지었다.

혜관은 『법화종요서(法華宗要序)』를 저술하고는 구마라집에게 서신을 보냈다. 구마라집은 "선남자여! 그대의 논변은 너무나 통쾌하다"라고 했다[142].

승예는 『사익경서』에서 "이 경전은 천축의 본래 발음이 비시사진제(毘絁沙眞諦)(Visesa - cinta)인데, 이는 타방(他方)의 범천(梵天) 수특묘의(殊特妙意) 보살의 칭호이다"라고 하였다. 승예는 구마라집이 그 명칭을 전역(傳譯)하는 걸 자세히 듣고서 여러모로 번역하여 그 뜻을 전달하려고 했지만 여전히 만족하지 못했다. 오랫동안 적당한 진(秦)나라 말을 찾지 못한 이유는 명분과 실제의 변화 때문이다. 그 말뜻을 살펴서 그 명칭[名]의 취지를 파악하면 응당 지의(持意)라고 해야지 사익(思益)[21]은 아니니, 곧바로 지(持)의 함의를 깨우치지 못해서 결국 익(益)을 사용했을 뿐이다.

이에 근거하면 구마라집은 당시 번역을 돕는 스님들의 이해력을 늘 칭찬했다. 그들은 『법화경』, 『유마경』 등의 번역을 잘 했을 뿐 아니라 문자도 아름답게 구사하고 이해도 정밀하고 미묘해서 아주 두드러진 장점을 갖추고 있었다.

구마라집은 연세가 60세에 가까워도 여전히 직접 전역(傳譯)을 했고 돌아가실 때까지도 일을 멈추지 않았다. 알고 있는 자료로 연표를 만들면 다음과 같다.

---

21) 『사익경』의 본래 명칭은 『사익범천소문경(思益梵天所問經)』이고, '사익'은 색계 범천의 천왕 이름이다. 축법호는 지심(持心)이라 번역했다.

진(晉)나라 안제(安帝) 융안(隆安) 5년, 즉 후진(後晉) 홍시 3년(서기 401년) 12월 20일, 구마라집은 58세의 나이에 양주로부터 장안에 도착했다. 승조는 이미 양주에서 구마라집을 따랐고 지금도 구마라집을 따라 장안으로 왔는데 그의 나이 불과 19세였다. 구마라집을 따른 사람들을 살펴보면, 이 해에 법화는 약 70세이고, 승략은 약 60세이고, 도항은 약 56세[143], 담영은 약 50세, 승예도 50세를 넘었고(『대품경서』), 혜엄과 혜예는 모두 약 40세이고, 승도는 약 37세이고, 승업은 약 35세이고, 혜관은 약 30세이고, 혜순(慧詢)은 약 27세이고, 승필(僧弼), 담무성(曇無成)은 약 20세였고, 나머지 나이를 모르는 사람도 아주 많다. 다만 법화가 제일 연로하고 승조가 가장 어렸을 것이다.

승예는 12월 26일 선법을 수여받고 구마라집을 찾아가 초록해 모은 『중가선요(衆家禪要)』세 권을 얻었다[144]. 그 후에는 『십이인연』 및 『요해』를 출간했는데 모두 선법이다[145].

진나라 안제 원흥(元興) 원년, 즉 홍시 4년(서기 402년) 2월 8일에 『아미타경』한 권을 번역했고(『방록』) 3월 5일에 『현겁경(賢劫經)』7권을 번역했다 (『방록』). 여름에 소요원의 서문각(西門閣)에서 『대지도론』을 번역하기 시작했고[146], 12월 1일 소요원에서 『사익범천소문경(思益梵天所問經)』 4권을 번역했는데(『방록』) 승예와 도항이 전사(傳寫)하고(『경서(經序)』) 승예가 서문을 지었다. 같은 해에 『백론(百論)』을 번역했고 승예가 서문을 지었다. 하지만 그 당시에 구마라집은 여전히 중국말에 능통하지 못했기 (『백론소』1권) 때문에 승조는 『백론서(百論序)』에서 구마라집에 대해"먼저 직접 번역하긴 했지만 방언(중국어)에 융화하지 못한 탓에 사색하는 자로 하여금 잘못된 글 속에서 망설이게 하였고 위상(位相)을 표방한 자로 하여금 귀결된 이치[歸致]에서 어긋나게 하였다"고 말했다.

진나라 안제 원흥 2년, 즉 홍시 5년(서기 403년) 4월 23일, 소요원에서
『대품반야경』을 번역하기 시작했다.

"법사께서 직접 호본(胡本)을 들고 입으로는 진(秦)나라 말로 펼치니,
두 가지 서로 다른 언어(異音)를 대조하고 해석하고 문장의 취지를 교류해
변별하였다. 진왕(秦王)이 친히 옛 경전들을 모아 그 득실(得失)을 검증해서
문맥이 통하는 길을 자문하여 종지의 이치를 밝혔다. 오랜 친구들과 의학(義
學) 분야의 사문들, 즉 석혜공(釋慧恭), 승략, 승천, 보도(寶度), 혜정(慧精),
법흠(法欽), 도류(道流), 승예, 도회, 도표, 도항, 도종(道悰) 등 5백여 명이
뜻과 취지를 상세히 하고 문장을 심사한 후에 글로 옮겼다. 이해 12월
15일에 번역을 완료했고 교정과 검사를 거쳐 다음 해 4월 23일에 마쳤다."
(『경서』)

진나라 안제 원흥 3년, 즉 홍시 6년 (서기 404년) 4월에 『대품경』의
교정과 검사를 마쳤다. 10월 17일 중사(中寺)에서 불약다라(弗若多羅)의
언어로 『십송률』을 번역했는데 "3분의 2를 하고서" 불약다라는 사망했다.
이해 요숭이 구마라집에게 『백론』 2권을 다시 번역해달라고 요청했다.
승조가 서문을 지었는데 2년 전의 번역과 승예 법사의 서문과 비교하면
이번에는 "문장의 뜻도 바르고 서문도 좋았다"(『백론소』 1권)고 하였다.

진나라 안제 의희(義熙) 원년, 즉 홍시 7년(서기 405년) 6월 12일에 『불장경
(佛藏經)』 네 권을 번역했고(『방록』), 10월에 『잡비유경(雜譬喩經)』 한 권을
번역했고(『방록』), 12월 27일에 『대지도론』 백 권의 번역을 마쳤으며 승예가
서문을 지었다. 구마라집은 『대품경』을 번역할 때 『석론(釋論)』을 출간하
게 되자 그 즉시 교정을 보았으며, 이제 『석론』22)의 번역을 마쳤으니

---

22) 1. 현교(顯敎)에서는 『대품반야경』을 해석한 대지도론(大智度論)의 약칭(略稱)

『대품경』의 문장은 바르다고 하겠다[147]:.

이 해『보살장경(菩薩藏經)』세 권(『방록』)과 『칭양제불공덕경(稱揚諸佛功德經)』세 권(『방록』)을 번역했으며, 이해 가을 담마류지(曇摩流支)가 장안에 왔고 혜원과 요흥의 요청으로 구마라집과 함께『십송률』을 연속해 번역해서 전후로 58권을 완성했다. 후에 비마라차가 61권으로 만들었다.

진나라 안제 의희 2년, 즉 홍시 8년(서기 406년) 여름에 대사(大寺)에서 『법화경』8권을 번역했고, 이 해에 역시 대사에서『유마경』을 출간했고 승조와 승예가 함께 소(疏)와 서문을 지었다. 또『화수경(華手經)』10권을 번역했다(『개원록』). 이 해에 비마라차가 장안에 도착했는데 실제로 구마라집의 스승이다.

진나라 안제 의희 3년, 즉 홍시 9년(서기 407년) 윤월(閏月) 5일에『선법요(禪法要)』를 거듭 수정했고[148]:, 이 해에 요현(姚顯)의 요청으로『자재왕보살경(自在王菩薩經)』두 권을 번역했고 승예가 서문을 지었다. 담마야사(曇摩耶舍)[149]:는 담마굴다(曇摩掘多)와 함께 관중에 와서 석양사(石羊寺)에서『사리불아비담』의 원문을 필사했고, 홍시 16년(서기 414년)에 경사(經師) 점한(漸閑)은 진(晉)나라 말로 스스로 직접 번역을 해서 다음 해에 완성했는데 모두 22권으로 도표(道標)가 서문을 지었다.

진나라 안제 의희 4년, 즉 홍시 10년(서기 408년) 2월 6일에서 4월 30일까지『소품반야경』열 권을 출간했고 승예가 서문을 지었다.

진나라 안제 의희 5년, 즉 홍시 11년(서기 409년)에 대사(大寺)에서『중론』네 권을 번역했고 승예와 담영이 모두 서문을 지었다. 또 대사에서『십이문

이다. 밀교(密敎)에서는『대승기신론』의 주석서인 석마하연론(釋摩訶衍論)의 약칭이다. 2. 경전을 해석한 논서(論書)를 가리킨다.

론(十二門論)』한 권을 번역하고 승예가 서문을 지었다.

진나라 안제 의희 6년, 즉 홍시 12년(서기 410년), 구마라집이 장안에 온 후에 불타야사가 먼저 관중에 들어와서 함께『십주경(十住經)』네 권을 번역했는데 어느 해에 했는지는 모른다. 이 해에 불타야사는 중사(中寺)에서『사분률』을 처음 출간했다[150]. 불타야사는 바로 구마라집의 스승으로 적자비바사(赤髭毘婆沙) 혹은 대비바사(大毘婆沙)라 칭하며(『승전』) 또 '삼장(三藏)의 사문'이라고도 한다(『장아함경서』).

대체로 이 해에 지법령(支法領)이 서역에서 얻은 새로운 경전을 가지고 왔고 구마라집이 대사(大寺)에서 번역했다[151]. 불타발다라(佛陀跋多羅)는 왕궁의 사찰에서 선법을 가르쳤는데 문도가 수백 명이 되었고, 이해 8월에 승조가 유유민(劉遺民)에게 보낸 서신에서 장안의 불법이 성대한 걸 칭송했다.

진나라 안제 의희 7년, 즉 홍시 13년(서기 411년) 9월 8일에 요현(姚顯)이 『성실론』번역을 요청했고 담구(曇晷)가 필사하고 담영이 정식으로 적었다[152].

진나라 안제 의회 8년, 즉 홍시 14년(서기 412년) 9월 15일에『성실론』번역을 완성했는데 모두 16권이었다. 이 해에 불타야사(佛陀耶舍)가『사분률』번역을 마쳤는데 모두 60권이었다.

진나라 안제 의희 9년, 즉 홍시 15년(서기 413년) 계축년(癸丑年)에 구마라집은 4월 13일 대사(大寺)에서 70세에 열반했다. 이해 불타야사가『장아함경』을 번역했고, 양주(涼州)의 사문 축불념이 번역을 했고, 진(秦)나라 도사 도함(道含)이 필사했고, 승조가 서문을 지었다.

번역 연도는 모르지만 중요한 경전들은 다음과 같이 나열했다[153]:

『금강반야경』 1권

『수능엄경』 3권

『유교경(遺敎經)』 2권

『십주비바사론』 14권

『대장엄경론(大莊嚴經論)』 15권

이상 연표에 따른 열거에 근거하면, 홍시 3년부터 7년까지 구마라집은 대부분 소요원에 거주했고 8년 뒤에는 대사(大寺)에 거주했다. 소요원은 성(城)의 북쪽154: 위수(渭水) 강변에 있었다155:. 필교(畢校)23) 송민구(宋敏求)24)의 『장안지(長安志)』에서 "요흥은 항상 이 소요원에서 여러 사문들을 이끌고 구마라집의 불경 강의를 함께 들었다"고 하면서 이렇게 말했다.

"소요궁(逍遙宮)을 지었는데 궁전의 정원 좌우에는 백장(百丈) 높이의 누각이 있고, 두 누각의 거리는 40자인데 마(麻)로 만든 끈으로 크게 한 바퀴 둘러서 양끝을 각각 경루(經樓; 경전을 보관한 누각) 위에 매달았다. 법회를 하는 날에 두 사람이 각 누각 안으로부터 출발하여 끈 위를 지나가게 한 것인데 부처와 신이 서로 만나는 것으로 여겼다."

이 일의 확실성 여부는 분명치 않다. 하지만 좌우의 누각 중 하나는 아마 서문각(西門閣)으로156: 구마라집이 경전을 번역한 장소이다. 『장안지』에서는 또 소요원에 있는 증현당(澄玄堂)은 구마라집이 경전을 연설하

---

23) 청나라 때의 학자 필원(畢元)이 교정을 본 『장안지』 판본을 말한다.

24) 송민구는 1019년에 태어나 1079년에 죽은 북송(北宋)의 사관(史官)이다. 자(字)는 차도(次道)이고 조주(趙州) 평극(平棘) 사람이다. 저술로는 『춘명퇴조록(春明退朝錄)』, 『당대조령집(唐大詔令集)』, 그리고 『하남지(河南志)』와 『장안지(長安志)』가 있다.

는 장소라고 하였다. 그리고『진서·대기(戴記)』에서는 요흥이 영귀리(永貴里)에 불탑을 세우고 중궁(中宮)에 파약대(波若臺)를 세웠다고 했다.『장안지』에 근거하면 파약대는 바로 영귀리에 있다고 했다[157].

대사(大寺)는 중앙에 법당 하나를 지었는데 풀로 덮였기 때문에 초당사(草堂寺)라고 불렀다. 북주(北周) 초기에 이 사찰은 이미 네 개 사찰로 나뉘었다. (1)여전히 본명을 사용하여 초당사라고 했다. (2) 상주사(常住寺) (3) 경조왕사(京兆王寺). 후에 안정국사(安定國寺)라고 개명했다. (4)대승사(大乘寺)[158]. 구마라집 시대에 장안에는 또 중사(中寺)가 있었으니 바로 불타야사가『사분률』을 출간한 장소이다. 그리고 석양사(石羊寺)도 있는데, 전진(前秦) 시대의 승가발징이 여기에서『승가나찰경(僧伽羅刹經)』및『비바사』를 번역했고, 지금은 사리불의 호본(胡本)을 필사한 장소가 되었다. 승조가『유유민에게 보내는 서신』 중에도 궁중의 사찰이 있는데, 이는 바로 소요원이다. 각현(覺賢)이 여기에 머물 때 구마라집은 이미 대사(大寺)로 이주했다.

5) 불타발다라와 구마라집

『수서·경적지(經籍志)』를 보면, 구마라집이 장안에 있을 시절에 서쪽 나라에서 수십 명의 승려가 왔다고 한다. 오늘날 살펴보건대, 부견의 전진(前秦) 시대에 장안에는 이미 많은 외국 사람들이 있었고, 요씨의 진(秦)나라 시대에는 더 늘어났을 것이다[159]. 승조의『유유민에게 보내는 서신』[160]에서는 장안의 불법 상황에 대해 이렇게 서술했다:

영공(領公)[161]의 원대한 거동25)은 천 년의 나루터가 될 것입니다. 영공이 서역에서 돌아오면서『방등』2백여 부(部)의 새로운 경전을 얻게 되었습니다. 대승의 선사 한 분, 삼장 법사 한 분, 비바사 승려 두 분을 청하여(『승전』, 『우록』에는 청(請)자 이하 열아홉 글자가 빠져 있다) 구마라집 법사가 대사(大寺)¹⁶²:에서 새롭게 도착한 경전들을 번역 출간하니, 그 법장(法藏)은 심오하고 광대해서 매일 색다른 배움이 있었습니다.

대승의 선사께서는 궁전의 사찰¹⁶³:에서 선도(禪道)를 가르치고 익히니, 문도 수백 명이 밤낮으로 게으름 없이 조화롭고 엄정(嚴正)하게 스스로 즐거움을 이루었다. 삼장 법사께서는 중사(中寺)에서 율장(律藏)의 근본과 지말을 정밀하게 역출했는데 마치 (세존께서 만든) 최초의 제도를 보는 것 같습니다. 비바사 법사는 석양사에서 『사리불아비담』 호본을 역출했는데, 비록 아직 번역하지 않았지만 이 경전 내용에 대해 때때로 질문을 했는데 그 발언이 신기했습니다¹⁶⁴:.

여기서 말하는 소위 대승의 선사는 응당 불타발다라이고 삼장 법사는 불타야사이다¹⁶⁵: 비바사 법사 두 분은 담마야사(曇摩耶舍)와 담마굴다(曇摩崛多)이다¹⁶⁶:. 그리고 동시에 불야다라(弗若多羅)¹⁶⁷:, 담마류지(曇摩流支)¹⁶⁸: 비마라차(卑摩羅叉)¹⁶⁹:는 모두 장안에 모였으니, 이는 중국의 율장과 지대한 관계가 있다.

불타발다라¹⁷⁰:는 한역하면 각현(覺賢)이며 천축국의 나가려성(那呵犁城)에서 태어났다¹⁷¹:. 선(禪)과 계율로 유명했고¹⁷²: 계빈국에 유학을 가서 대선사 불타사나(佛陀斯那)에게 수학(受學)했다. 진(秦)나라의 사문 지엄(智嚴)이 서역으로 갔을 때¹⁷³: 각현에게 간곡히 동쪽으로 오시라고 요청했다. 그리하여 사막의 위험을 넘어 관중에 도착해서¹⁷⁴: 구마라집을 만나 궁전의 사찰에 머물렀다¹⁷⁵:. 그는 선법(禪法)을 가르쳤고 문도는 수백

---

25) 지법령이 서역에 가서 불경을 가져온 것을 말한다.

명이었는데, 유명한 승려로는 지엄, 보운(寶雲)[176]:, 혜예[177]: 혜관[178]:이 그를 따르며 공부했다. 하지만 제자 중에 요위(澆僞)[26]의 무리가 있어서 유언비어를 퍼뜨려 크게 비방을 받고 모욕을 당했다. 진(秦)나라의 옛 승려 승략과 도항은 그가 계율을 위반했다고 생각해서 그를 배척해 떠나가게 했다.

각현은 제자 혜관 등 40여 명과 함께 남쪽 여산으로 내려가 혜원에 의지했다[179]:. 생각건대 각현은 대략 진(秦)나라 홍시 12년(서기 410년)에 장안에 도착해서 얼마 뒤에 바로 배척을 받았을 것이다. 몇 년간 여산에 머물게 되자, 혜원은 요(姚)왕과 진(秦)나라 여러 승려에게 서신을 보내 배척받은 일을 해결했다. 진(晉)나라 의희 8년(서기 412년)에 혜관과 함께 강릉에 도착하여 유유(劉裕)를 만났고[180]:, 그 후(서기 415년) 다시 도읍으로 내려가서 번역 사업을 매우 성대하게 했다[181]:.

각현과 관중(關中)의 승려들의 충돌에 대해 혜원은 "문인(門人)들의 잘못 때문"[182]:이라고 했는데, 사실은 구마라집 종파와 서로 맞지 않은 것이 원인이다. 『승전』에서는 "구마라집과 각현이 함께 법상(法相)을 논하면서 현묘하고 미묘한 이치를 계발하여 깨달은 이익이 많았다"고 하였다.

각현이 구마라집에게 말했다.

"당신의 해석은 일반 사람의 뜻을 넘어서지 못하는데, 어찌하여 높은 명성을 얻었는가?"

구마라집이 대답했다.

"내 나이가 늙었기 때문에 명성을 얻었을 뿐이지 어찌 훌륭한 강연이라 칭찬하는 것이겠는가?"

26) 도덕이 퇴폐해서 인정이 박해지고 거짓이 많아짐.

이 대화에서 각현은 구마라집의 학문에 대해 완전히 복종하지 않았음을 알 수 있다. 각현은 계빈국에서 공부했고 그의 학문은 사바다부(沙婆多部)에 속한다[183]. 구마라집 역시 계빈국 유학(遊學)해서 일체유부(一切有部)에 정통했지만, 그러나 그의 학문은 사륵국에 거주한 뒤로는 이미 소승을 포기하고 대승에 나아갔다[184]. 당시 전하는 바에 의하면 불교는 다섯 부로 나뉘는데, 각 부(部)마다 계율이 있을 뿐만 아니라[185] 각자 선경(禪經)을 서술해 찬탄했다[186]. 계율에 관해서 구마라집은『십송률』(사바다부)을 신봉하지만, 그러나 선법에 대해서는 각현과 취향이 달랐다. 구마라집은 홍시 신축년(辛丑年)(서기 401년) 12월 20일에 관중에 도착했고, 승예는 26일에 구마라집으로부터 선법을 받았다. 구마라집은 구마라라타(究摩羅羅陀)[187], 마명(馬鳴), 바수밀(婆須密), 승가라차(僧伽羅叉), 구파굴(漚波崛), 승가사나(僧伽斯那), 륵비구(勒比丘)[188] 등 여러 대가들의 선법을 초록(抄錄)해서『선요(禪要)』세 권으로 번역했다[189]. 나중에 또『지세경(持世經)』에 의거하여『십이인연』[190] 및『요해(要解)』[191] 두 권을 추가하고 있다. 홍시 9년(서기 407년)에 다시『선요』[192]의 교정을 상세히 보았으니, 바로잡은 내용이 많아 더욱 상세해졌기 때문에 첫 번째 번역본과는 현저하게 다르다[193].

구마라집은 선법에 대하여 대체로 최선을 다했다고 말할 수 있다.『진서·대기』에서는 "구마라집 시기에 좌선하는 사문은 항상 수천 명이 되었다"고 하며,『속증선·습선편(續僧傳 習禪篇)』에서는 "담영과 도융이 회북(淮北) 지역에서 노력하고 정진했다"고 했으니, 그렇다면 구마라집의 문하에서 좌선한 사람은 필경 적지 않았을 것이다. 그러나 대체로 홍시 12년(서기 410년)에 각현이 관중에 와서 선법을 크게 전수하자 문도가 수백 명이 되었다. 구마라집이 삼론을 한창 전파할 때 "오직 각현만 고요함을 지키면서 대중들과 달랐다"[194]:고 했으니, 각현이 전수한 선법은 구마라집의 것과는 현격한 차이가 있었다. 따라서 배우는 자들은 흐릿하게나마 5부의 선법도 으레 "깊고 얕은 다른 기풍이 있고 지류(支流)도 각자 다르다"는 걸 알았고[195]:, 각현의 선법은 바로 서역의 사바다부로서 불타사나 대사가 전수한 정통의 종지이다. 그 전수(傳授)의 역사는 확실히 믿을 수 있는 것이다[196]:.

각현의 제자 혜관 등은 필경 구마라집이 먼저 내놓은 선법에 대해 매우 신뢰하지 않았을 것이다. 혜원은 각현이 번역한 책의『선경서(禪經序)』를 지었다[197]:. 각현을 선법을 가르친 종사라고 하는 것은 달마다라(達摩多羅)와 불대선(佛大先)(즉 불타사나)에게서 나왔기 때문이다. 구마라집이 마명의 업적을 펼쳐 서술해도 "그 도(道)는 원융하지 못했다"고 했으니, 이처럼 구마라집의 역출에 대해 곧바로 지적을 가했다. 생각건대 구마라집은 『수능엄경』을 번역하고 또 스스로『보살선(菩薩禪)』이라 칭했고[198]: 각현의 선법은 소승의 일처유부에 속했으니, 이처럼 그 학문이 다르니 그 문도들 간에도 이견이 쉽게 발생할 수 있다.

각현이 번역한『달마다라선경』은 일명『수행도지경(修行道地經)』이라고도 하는데, 범어로는 "유가차라부미(庾伽遮羅浮迷)"라고 하니 바로『유가사지(瑜伽師地)』를 말한다. 대승의 유종(有宗)은 위로 소승의 일체유부를 이어받았으니, 그렇다면 유종(有宗)의 선(禪)이 위로 유부의 법을 접한 것은 지극히 자연스런 일이다. 각현이 처한 시대는 이미 유부가 분열되고 붕괴한 뒤라서 그 학문은 이미 대동(大宗; 대승 유종)의 사바다(沙婆多)[27]에 근접했다.『승전』에서 말한다.

---

27) 즉 설일체유부(說一切有部).

진(秦)나라 태자 홍(泓)은 각현의 설법을 듣고 싶어서 뭇 승려들에게 동궁(東宮)에 모여 쟁론하라고 명령했다. 구마라집과 각현은 여러 번 논의를 주고받았다. 구마라집이 이렇게 물었다.

"법이 어찌하여 공입니까?"

각현이 대답했다.

"많은 극미(極微)[28]가 색(色)을 이루고 색은 자체의 성품이 없으므로 오직 색이 항상 공일뿐입니다."

구마라집이 또 물었다.

"이미 극미로 색을 타파해 공하다면 어찌하여 다시 하나의 극미를 타파하는가?"

"많은 법사들은 아마 하나의 극미를 타파해 분석하겠지만 나의 뜻은 그렇지 않습니다." "극미는 항상합니까?"

"하나의 극미 때문에 많은 극미가 공하며, 또 많은 극미 때문에 하나의 극미가 공입니다."

당시 보운(寶雲)이 이 대화를 통역했지만 그 뜻을 이해하지는 못했다. 도인과 속인 모두가 각현이 '미진(微塵)[29]은 항상한다'고 계교했다고 여겼다.

그날 변론이 끝나자 장안의 학승(學僧)들이 다시 해석을 부탁했다. 각현이 말했다.

"무릇 법이란 자체로 생겨나지 않고 연(緣)이 모이기 때문에 생긴다. 하나의 극미를 반연하기 때문에 많은 극미가 있고, 극미는 자체 성품[自性]이 없어서 공이라 한다. 어찌 하나의 극미를 타파하지 않고서 항상하여 공이 아니라고 말할 수 있겠는가."

---

28) 지극히 작은 것. 오늘날 물리학에서 말하는 소립자 따위의 개념을 말하는 것이다.
29) 산스크리트어 aṇu - rajas 아주 작은 티끌이나 먼지. 극미(極微)의 일곱 배를 가리키는 말.

이것이 바로 문답의 큰 뜻이다.

이 글에 근거하면, 각현의 공에 대한 담론은 필경 구마라집의 뜻과
달랐다. 그는 극미가 있다고 주장함으로써 '극미가 항상하다'는 잘못된
이해를 야기했지만, 하지만 구마라집은 대승의 공의(空義)를 말해서 극미
의 없음을 설했다. 그렇다면 각현의 학문은 구마라집처럼 필경 공적(畢竟
空寂)을 말하지 않은 것으로 보인다. 또 생각건대 각현이 번역한 『화엄경』
은 경전 번역에서 최대의 공적인데, 『화엄경』 역시 대승의 유종(有宗)이다.
총체적으로 말한다면, 각현이 배척당한 것은 단순히 문인(門人)들의 과오
때문이 아니라 구마라집과 학문이 달라서 쌍방의 문도들이 화합하지 못한
것이 근본 원인이다.

6) 구마라집의 저작

구마라집은 많은 경전을 번역했지만 저술은 유난히 적었다. 계통을
통합한 작품은 『실상론』인데 오늘날 이미 실전되었다. 그리고 『유마경』,
『금강경』에 대한 주석을 해서 그 학설의 골격을 볼 수 있지만, 그러나
유마경 주석은 완전하지 못하고 금강경 주석은 일찍 유실되었다. 또 구마라
집은 혜원 및 왕치원(王稚遠)(왕밀(王謐))과 문답한 글이 여러 편이 있다.
후세 사람이 구마라집과 혜원의 문답 중 18장을 모아서 세 권으로 묶은
것이 오늘날 현존하고 있는 구마라집의 『대승대의장(大乘大義章)』이
다199: 근대의 구벽(邱檗) 선생 희명(希明)[30]이 교정과 감수를 하고는

---

30) 구벽은 이름이고 자는 희명이다. 그는 근대의 유명한 불학(佛學) 거사 구양점(歐
陽漸)(1871~1943)의 제자이다.

이름을 바꾸어『혜원과 구마라집의 대승요의 문답(遠什大乘要義問答)』이
라고 했으며, 나머지 문답들은 이미 일찍부터 유실되었다. 구마라집이
편찬한 저술을 다음과 같이 열거한다.

『실상론』 2권
『주유마경』 (현존하는 것으로 승조의 주(注)가 있고, 아울러 관중(關中)
의 소내(疏內)31)가 있지만 완전하지 못한 듯하다.)
　이상의 내용은『고승전』에 보인다.
『문여법성실제(問如法性實際)』(『대승대의장』 제13장)『문실법유(問
　　實法有)』(『대승대의장』 제14장)
『문분파공(問分破空)』(『대승대의장』 제15장.『문법신(問法身)』)(『대
　　승대의장』 제1. 혜달의『조론소』에서 이 장을 인용했다)
『중문법신(重問法身)』(『대승대의장』 제2)『문진법신상류(問眞法身像
　　類)』(『대승대의장』 제3)
『문진법신수(問眞法身壽)』(『대승대의장』 제4)『문법신감응(問法身感
　　應)』(『대승대의장』 제7)
『문수삼십이상(問修三十二相)』(『대승대의장』 제5)『문법신불진본습
　　(問法身佛盡本習)』(『대승대의장』 제8)
『문염불삼매(問念佛三昧)』 (『대승대의장』 제11)『문편학(問遍學)』(『대
　　승대의장』 제17)

---

31)『정명경집해관중소(淨名經集解關中疏)』를 말하는데, 또한『정명경관중소(淨
　　名經關中疏)』,『정명집해관중소(淨名集解關中疏)』,『관중집해(關中集解)』,
　　『정명경소(淨名經疏)』,『불교경전주소(佛敎經典註疏)』라고도 한다. 당나라 때
　　자성사(資聖寺) 사문 도액(道液)이 찬집(撰集)해 만들었다.

『중문편학(重問遍學)』(『대승대의장』제17)『문나한수결(問羅漢受決)』
　　(『대승대의장』제10)
『문주수(問住壽)』(『대승대의장』제18)『문후식추억전식(問後識追憶
　　前識)』(『대승대의장』제16)

　이상은 모두『우록』에 있는 육징(陸澄)의『법론목록(法論目錄)』에 기재
되었다. 그리고 모두 혜원이 질문하고 구마라집이 대답한 것으로 전부
『대승대의장』속에 있다.

『문사상(問四相)』(『대승대의장』제12)

　이것 역시 육징의『법론목록』에 보인다. 비록 혜원의 질문과 구마라집의
대답이라고 말하지 않았지만, 그러나『대승대의장』에서 이 내용을 찾아볼
수 있고 또한 길장의『중론소』에서도 이를 인용하면서 구마라집으로부터
나왔다고 하였다.

『문답수결(問答受決)』(『대승대의장』제6)『문답조색법(問答造色法)』
　　(『대승대의장』제9)

　이상 두 가지는 육징의『법론목록』에는 보이지 않으나 현재의『대승대의
장』에는 있는데 모두 혜원과 구마라집의 질문과 대답이다.

『문법신비색(問法身非色)』

이상의 글은 육징의 『법론목록』에 보이지만 『대승대의장』에는 기재되지 않았는데, 역시 혜원과 구마라집의 문답이다.

『문열반유신부(問涅槃有神不)』 『문멸도권실(問滅度權實)』
『문청정국(問淸淨國)』 『문불성도시하용(問佛成道時何用)』
『문반야법(問般若法)』 『문반야칭(問般若稱)』
『문반야지(問般若知)』 『문반야시실상지비(問般若是實相智非)』
『문반야살바약문동이(問般若薩婆若問同異)』 『문무생법인반야동이
　　　(問無生法忍般若同異)』
『문예사반야(問禮事般若)』 『문불혜(問佛慧)』
『문권지동이(問權智同異)』 『문보살발의성불(問菩薩發意成佛)』
『문법신(問法身)』 『문득삼승(問得三乘)』
『문삼귀(問三歸)』 『문벽지불(問辟支佛)』
『문칠불(問七佛)』 『문불견미륵불견천불(問不見彌勒不見千佛)』
『문불법불로(問佛法不老)』 『문정신심의식(問精神心意識)』
『문십수론(問十數論)』 『문신식(問神識)』

이상의 24개 항목은 『우록』과 『법론목록』에 모두 기록되었고, 왕치원이 질문하고 구마라집이 대답한 것이다.

『문삼승일승(問三乘一乘)』[200:]
『약해삼십칠품차제(略解三十七品次第)』

이상 두 항목은 역시 구마라집이 지은 것으로 『우록』에 실린 『법론목록』

에 보인다.

『문실상(問實相)』201:
『문편학(問遍學)』202:

이상 두 항목은 모두『우록』에 보이는데 역시 구마라집이 대답했을 것이다.

『답요흥통삼세논서(答姚興通三世論書)』

이것은『광홍명집』에 보인다. 또『홍명집』에는 구마라집과 승략 등이 임금에게 글을 올려 도항과 도표가 환속하는 일에 대한 칙령을 논의한 것이 실려 있다. 또한『고승전』에는 구마라집의 글이 실려 있는데, 예를 들면 앞서 여찬(呂纂)의 소(疏) 등 몇 편과 혜예와 서방의 사체(辭體)를 논한 것으로 교리와는 무관하다.

『금강경주』
　　『광명홍집』에 실린 당나라 이엄(李儼)의『금강반야경집주서(金剛般若 經集注序)』를 보라. 하지만 불가(佛家)의 목록에는 기록되지 않았다.
『노자주』 2권203:
『기바맥결(耆婆脈決)』12권, 석라습(釋羅什)의 주석. (일본에서 발견된 서목(書目)의 의방류(醫方類)에 보인다.)

이상 두 책은 다른 곳에는 보이지 않으므로 위작(僞作)인 것 같다. 『기바맥결』의 기바는 바로 인도의 의왕(醫王)이지 구마라기바가 아니다. 나습의 주석이라고 해서 이름 때문에 오해한 것이다.

7) 구마라집의 학문

구마라집의 학문에 대해서는 그의 저술이 잔권(殘卷)이거나 유실되어서 헤아리기가 아주 어렵다. 세상에서는 구마라집이 『실상론』을 지었기 때문에 그의 학문을 『실상종(實相宗)』이라고 부른다[204]. 하지만 이 『실상론』은 일찍 유실되었다. 『대승대의장』에 나오는 혜원의 질문은 대부분 명상(名相)에 대한 해석과 경문에 대한 소(疏)와 해석이라서 구마라집 사상의 깊이와 폭을 엿보기 힘들다. 오직 현존하는 자료를 통해 구마라집 학문의 종지를 엿볼 수 있는 것으로 네 가지 사항이 있다.

첫째, 구마라집은 확실히 『반야』와 『삼론』[205:]의 불학(佛學)을 가장 중시했다. 구마라집이 널리 천양한 경전은 『법화경』이 있고, 계율에서는 『십송률』이 있고, 논(論)에 관하여는 『성실론』이 있고, 수행에 관하여는 『보살선(菩薩禪)』이 있다. 이 네 가지는 모두 적지 않은 영향을 일으켰다. 특히 『성실론』의 세력은 남조(南朝) 시대에는 『반야』와 『삼론』을 능가했는데, 하지만 구마라집 학문의 종지는 『반야』이고 용수보살을 각별히 존중했다[206:]. 구마라집의 제자들 중 탁월한 자는 모두 대승의 논서를 연구하지 않은 사람이 없었다. 담영은 『중론』을 주석했고 도융은 『대품』과 『유마경』에 소(疏)를 달았고, 도생은 『소품』 및 『유마경』을 주석했고, 승도는 『삼론의소(三論義疏)』를 지었다. 승예는 『중론서』에서 이렇게 말하고 있다.

『백론』은 외부 경계를 다스려서 삿됨을 방지하고, 이 글(『중론』)은 내부 경계를 털어내서 막힌 곳을 흐르게 하며, 『대지도론』은 심오하고 넓으며, 『십이문관(十二門觀)』은 정밀한 조예가 있다. 이 네 가지를 탐구하는 사람은 참으로 해와 달을 가슴에 품은 것과 같아서 확연하게 비추어 사무치지 않음이 없다. 나는 그 뜻을 음미하느라고 손에서 책을 떼어놓지 못했다.

구마라집은 『대지도론』을 중요시했는데 승예의 서문에서 분명한 문장이 보인다.

구마라기바라고 하는 법사가 있는데……. 늘 이 『대지도론』을 심오한 거울로 삼아서 지고한 이치에 의거해 종지를 밝혔다.

구마라집은 『백론』도 중시했는데 승조의 서문에서 볼 수 있다.

천축의 사문 구마라집은…… 늘 이 『백론』을 음미하면서 마음의 요체(心要)로 여겼다.

『중론』에 대해 승예의 서문에서는 이렇게 말했다.

천축의 여러 나라에서 감히 학자라고 하는 사람들은 이 『중론』을 음미하지 않는 자가 없어서 『중론』을 강요(綱要)로 여겼다.

이로 말미암아 말한다면, 후세에 구마라집을 삼론학파라 부른 것은 진실로 여러 방면에서 확연하게 보였기 때문에 나온 말이다.

둘째, 구마라집은 소승의 일체가 유(有)라는 설을 깊이 배척했다. 구마라집이 일찍이 유부(有部)의 경론을 익혔으나 나중에 포기하고 대승으로 나아간 것은 탁월한 소견이 있기 때문이다. 『고승전』에서는 『성실론』이 일곱 곳에서 『비담』을 타파했다고 말한 적이 있는데, 어쩌면 이 『성실론』이 유부(有部)를 올바로 타파해 대승으로 들어가는 과도기의 작품이기 때문에 역출했을 것이다. 『대승대의장』에서도 유부의 뜻을 반박한 곳이 여러 군데서 보인다. 예를 들면 다음과 같다:

하지만 아비담법(阿毘曇法; 소승법)과 마하연법(摩訶衍法; 대승법)은 각기 다른 것을 밝히고 있다. 가령 가전연(迦旃延)의 『아비담』에서는 '허깨비의 변화[幻化]같고, 꿈이나 메아리 같고, 거울의 영상이나 물속의 달과 같다고 함은 볼 수 있는 법이고 또한 식지(識知)할 수 있으므로 삼계에 묶이고 음(陰), 계(界), 입(入)에 포섭되는 것'이라고 하였다. 대승법에서 허깨비의 변화나 물속의 달은 단지 마음의 눈[心眼]을 미혹하는 것이라 정해진 법이 없다.

또 이렇게 말한다:

유위법(有爲法)의 사상(四相)을 말한 사람은 제자인 가전연의 뜻이지 부처님께서 설한 것은 아니다.

또 말한다:

불법에는 미진(微塵)이라는 명사가 전혀 없다. 다만 색이 조잡하든 미세하든 모두 무상하다고 말하며, 나아가 극미(極微)와 극세(極細)가 있다고는 설하지 않았다……. 외도와 부처님 제자들의 삿된 이론을 타파하기 위하여 미진을 말했을 뿐이지 결정된 상(相)³²)은 없고 오직 가짜 이름[假名]만 있다.

여기서 말하는 소위 부처님 제자의 삿된 이론은 자연히 사바다(沙婆多) 법사의 설을 가리키는 것이다. 또 이렇게 말한다:

그러므로 반드시 알아야 하나니, 색(色) 등이 실유(實有)가 되고 공(孔) 등은 인연유(因緣有)라 말하는 것은 소승이 논한 뜻이지 매우 심오하게 법을 논한 것은 아니다.

여기서 말하는 소승은 역시 유부(有部)를 가리킨 것이다.

셋째, 구마라집에 와서야 무아의 뜻이 비로소 크게 밝혀졌다. 한(漢)나라 이래로 정령(精靈)의 생멸과 인과응보를 불법의 근본 뜻으로 삼았고, 위진 시대에 의학(義學)의 승려로 『반야』를 담론한 사람도 모두 색은 공이라고 했다. 지민도(支愍度)가 심무의(心無義)를 세우자 많은 사람들이 크게 과시하면서 불법에서 말하는 무아를 비신(非身)이라고 번역했다. 지둔의 시에서는 "원컨대 몸[身]이 없는 도를 이루어 지고(至高)의 경지에서 침묵의 고요함으로 텅 비어있기를"이라고 했는데, 이는 『노자』의 '그 몸[身]을 벗어나고'라는 설을 이용한 것이다²⁰⁷). 극초의 『봉법요』에서는 "신은 고정된 거처[常宅]가 없어서 천화(遷化; 변화)하면서 멈추지 않으니, 이를 비신(非身)이라 한다"고 했는데, 이것이 바로 신(神)은 존재하고 형태는 소멸한

---

32) 산스크리트어 lakṣaṇa. 형상(形相)이나 상태(狀態)라는 뜻. 성질(性質), 본체(本體) 등에 대립하여 말한 것으로서 모든 법의 형상 상태를 가리킨다.

다는 설이다. 구마라집에 와서야 무아의 설이 비로소 크게 밝혀졌는데, 승예의 『유마서』에서는 이렇게 말하고 있다.

지혜의 바람이 동쪽에서 불어와 법의 말씀이 흐른 이래로 비록 매일 강습을 한다고 했지만 격의(格義)가 우활해서 근본에 어긋나고 육가(六家)는 치우쳐서 맞지가 않았다. 오늘날 검증해보면 성공(性空)의 종지는 가장 실제적이지만, 그러나 스스로를 단련하는 공부가 미약해서 다하지 못했다. 응당 찾을 만한 법이 없는 것이지 찾았는데도 찾지 못한 것이 아니니, 어떻게 이를 알 수 있는가? 이 땅에서 먼저 출간된 경전들은 식신(識神)의 성공(性空)에 대해 명확히 말한 곳이 적었고 신(神)이 존속한다는 글은 많았다. 『중론』과 『백론』의 글은 이에 대해 언급하지 않았고 통틀어 조감(照鑑)하지도 않았으니 누구와 더불어 이를 바로잡겠는가? 옛 종장(宗匠)(도안을 말함)이 붓을 놓고 길게 탄식하면서 생각을 그만두고 미륵에 대해 말한 것도 진실로 이 때문이다.

이 글에 의거하면, 구마라집이 중국에 와서 『중론』과 『백론』을 번역할 때 신(神)을 타파하는 글이 있었고 식신(識神)의 성품이 공이라는 뜻에 대해서도 확연하게 천명했다. 그 전에 도안은 이에 대하여 의심한 적이 있긴 하지만 결정을 내리지 못했다.

구마라집 이전을 생각해보면, 소위 신(神)이란 아마 두 가지 뜻을 벗어나지 못했을 것이다. 첫째, 신이란 생사(生死)에 빠져있는 나(我)이고, 둘째, 신명(神明)은 장수한다는 것이다. 예컨대 모자의 『이혹론』에서는 "유(有)의 도(道)는 비록 죽더라도 신은 복당(福堂)으로 돌아가며, 나쁜 짓을 하다 죽으면 신이 그 재앙을 받는다"고 했으며, 또 『사십이장경』에서는 "부처님께서는 아라한이란 능히 날아다니고 변화할 수 있으며 수명(壽命)

에 머물고[33) 천지를 움직인다고 말씀하셨다"고 했으며, 강승회의 『안반수의경서』에서는 "천지를 통제하며 수명에 머문다[制天地, 住壽命]"는 말이 있으며, 도안의 『음지입경주』에서도 역시 "수명에 머물며 도를 이룬다[住壽成道]"고 말했다. 『대승대의장』의 기재에 의하면, 여산의 혜원은 구마라집에게 서신을 보내서 보살이 누리는 수명이 한 겁이 넘는지 물었는데, 구마라집이 답장에서 "누리는 수명이 한 겁이 넘는다는 설(說)은 없으며 그런 말을 전하는 자의 망상일 뿐이다"라고 했으며, 또 "『마하연경』에서 말하기를 '만약 갠지스 강의 모래수 같은 겁 동안 장수하려는 자가 있다면, 이는 거짓말[假言]이며 더욱이 사람 이름도 설하지 않았다'"고 하였다.

『반야』의 학문이 크게 번창한 이래로 중국의 학인(學人)들은 점점 오음(五陰)이 본래 없음을 요달하게 되고 혜예가 말한 식신(識神)의 성공(性空)을 점차 요달했다. '수명에 머문다'는 설은 법신(法身)의 이(理)와 서로 어긋나기 때문에 혜원이 구마라집에게 보낸 서신에서는 이미 "전역(傳譯)이 종지를 잃었다"고 의심하고 있다. 무릇 "법신의 실상은 오고 감이 없고 마치 니환(泥洹; 열반)처럼 함도 없고 작위도 없다[無爲無作]"[208]고 하니, 그렇다면 생사를 윤회하면서 '수명에 머묾[住壽]'을 보태서 계산하는 신이 불법의 근본 뜻이라고 여기는 것은 실제로는 오해이다. 『우록』에 실린 육징의 『법론목록』에서는 왕치원이 구마라집에게 "니환에 신이 있는가?" 하고 질문하고 있다. 오늘날 그 문장은 이미 유실되어서 구마라집이 어떻게 대답했는지는 모른다. 하지만 당연히 니환에 신이 있다는 설은 필경 '전하는 사람의 망언'으로 여겼을 거라고 단언할 수 있다.

---

33) '수명에 머물고'는 장생(長生)을 누린다는 뜻으로 해석된다.

넷째, 구마라집의 학설은 필경공(畢竟空)[34]을 주장한다. 구마라집 이전의 『반야』는 대부분 허무에 치우쳤다. 그러나 구마라집이 설하는 공은 앞 사람의 공무(空無)에 대한 담론을 간소화한 것이다. 구마라집은 이렇게 말했다.

> 법신의 뜻으로 법상(法相)의 뜻을 밝히면 유(有)와 무(無) 등의 희론(戲論)[35]이 없으니 적멸상(寂滅相)이기 때문이다[209].

또 말한다.

> 유(有)와 무(無)는 중도[中]가 아니라 실제로는 변두리[邊]이다. 그래서 유(有)를 말해도 유(有)가 아니고 무(無)를 말해도 무(無)가 아니다(『주유마경』 2권).

또 말한다.

> 마하연법에서는 비록 색(色) 등이 지극한 미진 속의 공이고 심(心)과 심수법(心數法)이 지극한 마음속의 공이라 설하지만, 이 역시 적멸[滅]에 떨어지는 것이 아니다. 왜냐하면 단지 뒤바뀐 사견(邪見)을 타파하기 위해 제법(諸法)의 실상이 아니라고 말했기 때문이다[210].

---

34) 십팔공(十八空)의 하나. 모든 현상에 대한 분별이 완전히 끊어진 상태. 선가(禪家)에서는 '공함도 없고 공함이 없음도 없음을 곧 필경공'이라고 하였다.
35) 실제 사실에 다가가기보다는 언어의 유희만이 무성한 논의.

유(有)를 보내는[遺] 걸 공(空)이라 일컫기 때문에 모든 법은 유(有)도 아니고 무(無)도 아니라는 것이 바로 공의 뜻이다. 구마라집은 이렇게 말했다.

본래 유를 보냄으로써 공을 말한 것이지 유(有)가 제거되어 공(空)이 존재하는 것은 아니다. 만약 유가 제거되어서 공이 존재한다면 공이라고 할 수 없다[211].

필경공(畢竟空)이란 일체의 상(相)을 일소한 것이므로 이미 유(有)를 보내서 또다시 공도 공(空)한 것이다. 이미 유도 아니고 무도 아니라면 또한 생겨남[生]도 없고 소멸함[滅]도 없다. 소승의 관법(觀法)은 생멸을 무상의 뜻으로 삼고, 대승은 불생불멸(不生不滅)을 무상의 뜻으로 삼는다. 소승에 의거한 생멸의 무상은 "생각 생각마다[念念] 머물지 않지만 유(有) 때문에 묶여서 머무는[繫住]" 것이다. 그러나 "지금 이 한 생각[一念]을 묶어 머물게 한다면 나중에도 응당 머물러야 한다. 지금도 머물고 나중에도 머문다면 시종일관 변함이 없고, 시종일관 변하지 않음은 사(事; 현상)에 의거하면 그렇지가 않다. 머무는 때가 머물지 않는 것이 소멸하는 까닭이며, '머묾이 곧 머물지 않음'이야말로 참된 '머묾이 없는' 것이다. 본래 머묾을 유(有)로 삼는데, 지금 머묾이 없다면 유(有)가 없고, 유(有)가 없다면 필경공이다"[212]라고 하니, 필경공은 바로 대승의 무상을 말하는 오묘한 종지이다.

삼론의 학설은 일체의 상(相)을 일소해서 언어의 길을 넘어섰다. 그리고 상(相)을 일소해 언어를 여읜 자는 만유(萬有)를 완공(頑空)[36]이나 절허(絶虛)[37]라 하지 않고 진실한 체[眞體]는 언어의 상(象)으로 얻을 수 없다고 말한다[213]:. 언어의 상(象)이란 주변(周遍)을 계교해 헤아리고 분할해 구획(區劃)해서 진체(眞體) 위에 갖가지 분별을 일으키다가 여여(如如)[38]한 성품을 잃는 것이다[214]:. 모든 법은 불생불멸이지만 사람들은 항상[常]과 단멸[斷]을 계교하고, 모든 법은 있는[有] 것도 아니고 없는[無] 것도 아닌데도 유와 무의 논쟁이 분분히 일어났다. 무릇 유(有)와 무(無), 생(生)과 멸(滅)이란 사람의 정(情)으로 정한 이름이지 진여(眞如)의 실제(實際)가 아니다[215]:.

대체로 평범한 사람이 만유(萬有)에 감응하면 상(相)을 취하기 마련인데, 반드시 무상의 본체에서 갖가지 상(相)을 일으켜 마음을 반연(攀緣)케 해서 이름과 말로 분별을 일으키게 한다. 언어의 상[言象]의 분별을 집착하기 때문에 마침내 소위 외부 경계에 대해 계교하고 구획해서 극미(極微)가 실제로 존재한다는 설이 있게 되고, 소위 내심(內心)에 대해서도 계교하고 구획해서 영혼이 머물며 장수한다는 설이 있는 것이다. 소위 극미(極微)의 영혼이란 모두 언어의 상으로 얻은 것에 집착해서 그걸 실물(實物)로 보는 것이다[216]:. 그래서 실상 이외에 따로 자성(自性)을 세웠고[217]:, 소위 우주의 본체란 것이 바로 실재(實在)를 여의고 홀로 존재하니[218]:, 그렇다면

---

36) '완공'은 호호막막한 우주의 허공으로 편공(偏空)이라고도 한다. 이 허공은 고요히 늘 적멸(寂滅)해서 필경에는 작용이 없다. 불교 교리에서는 늘 몸의 생명력과 지혜까지 소멸하는 소승의 회신멸지(灰身滅智)의 열반을 가리킬 때 쓰이는데, 이는 대승에서 주장하는 묘한 작용이 있는 열반의 묘공(妙空) · 제일의공(第一義空)과는 다르다.
37) 완공의 뜻과 같다. 작용이 단절된 허공을 말한다.
38) 『능가경(楞伽經)』에서 말하는 오법(五法) 중의 하나. 법성인 본체는 불이(不二)의 평등이기 때문에 여(如;같다)라고 말하고, 피차의 모든 존재들이 모두 같기 때문에 여여(如如)라고 하며 올바른 지혜가 관계하는 본체를 가리킨다.

이는 바로 거울 속의 꽃이나 물속의 달에 집착하는 것과 같다.

앞서 말한 것에 의하면, 사물은 피차가 없고 "정해진 상(相)이 없다." 언어의 상(象)으로 얻은 정해진 상(相)에 집착한다면 반드시 언어의 상으로 얻은 것을 실물로 집착하여 실재 이외에 따로 실체를 세운다[219]. 대승 불법이 공을 담론하는 목적은 단적으로 "사물에 정해진 상(相)이 없다면 그 성품은 비어있다[虛]"를 밝히는데 있다(『유마주』1). 정해진 상이 없음은 바로 무상(無相)을 일컫는 것이고, 성품의 비어있음은 바로 자성이 없음[無自性]을 일컫는 것이다[220]. 인간의 감정은 명칭과 상징[名象]에 집착해서 무상(無相) 위에 상(相)을 세우고 무자성(無自性) 위에 따로 실물(實物)을 세우지만 도리어 실재의 진상(眞相)을 잃는다[221]. 그렇다면 우주의 실상은 본래 얻을 만한 상(相)이 없고, 우주의 본체는 또한 사물 밖에 초연한 것도 아니다. 사물 밖에 초연한 것이 아니기 때문에 궁극적 사물의 근원은 출처가 없는 것이니, 이로 인해 "무본(無本)"이라고 말한 것이다(유마주 6). 그리고 무상(無相)도 얻을 수 있는 것이 아니기 때문에 능(能)과 소(所)를 쌍(雙)으로 잊고 옳고 그름도 가지런히 소멸하는 것이며, 사물 밖에 초연하지 않기 때문에 여여(如如)할 수 없어서 마치 거울 속의 꽃과 물속의 달을 실제로 있다고 집착하므로 도리어 무(無)를 유(有)로 삼는 것이다[222]. 얻을만한 상(相)이 없기 때문에 "일체법은 필경 공적(空寂)해서 열반의 상(相)과 같으며, 있음도 아니고 없음도 아니고 생겨남도 없고 소멸함도 없으며, 언어의 길이 끊어지고 모든 마음의 행(行)이 소멸한다"(『대승대의장 12』)고 하였다. 그래서 일체법이 무상(無相)이고 말이 끊어진다고 함은 만물 밖에 따로 하나의 독립된 비밀의 자체(自體)가 있다고 말하는 것이 아니다.

구마라집의 저작은 대부분 유실되고 구의(口義)만 드물게 전한다[223].

그러나 (구마라집이) 혜원에게 증여한 게송 한 장(章)만을 보아도 이취(理趣)가 유현하고 심오하며 경지가 지극히 높아서 조예의 깊이를 확연히 볼 수 있다. 황강(黃岡)39)의 웅십력(熊十力)40) 선생님께서 게송에 간략한 해석을 했으니, 바로 다음의 글이다.

　　이미 쾌락에 물듦을 버렸다면 마음은 훌륭히 다스릴[攝] 수 있는가?

　쾌락에 물듦은 탐욕 따위를 말한다. 섭(攝)은 마음이 밖으로 치달리지 않는 것을 말한다. 이미 탐욕 등의 염법(染法)을 여의어 현실적으로 일어나지 못하게 한다면, 이 마음은 마침내 스스로 훌륭하게 응섭(凝攝:응집하여 다스림)할 수 있어서 다시는 외부로 치달려 산란하게 되는 일은 없을 것이다. 대체로 탐욕 등의 습기(習氣)는 잠복해 있기 때문에 잠시 굴복했더라도 지관(止觀)의 힘이 조금만 느슨하면 오히려 틈을 타 남몰래 일어나는 잘못이 있다. 지관이란 무엇인가? 이 마음이 항상 응결되고 수렴되어서[凝斂] 산란하지 않는 것을 이름하여 지(止)라 하고, 언제나 일체 법을 선택하면서도 미혹으로 그릇되지 않는 것을 이름하여 관(觀)이라 한다. 지(止)에 즉하고 관(觀)에 즉함은 바로 일심(一心)의 상용(相用)에 나아가 분별해 말하는 것이다.

---

39) 황강: 중국 호남성 황강시
40) 웅십력(1885년~1968년)은 중국의 유명한 철학자이다. 신유가(新儒家)의 개산조사(開山祖師)로서 국학대사(國學大師)이다. 저술로는 『신유식론(新唯識論)』, 『원유(原儒)』, 『체용론(体用論)』, 『명심편(明心篇)』, 『불교명상통석(佛敎名相通釋)』 등이 있다. 그의 학설은 중국 철학계에 깊은 영향을 끼쳤다.

만약 치달려 산만하지 않으면 실상에 깊이 들어간 것인가?

만약 지관(止觀)의 공부가 면밀(綿密)해서 짬[間]이 없으면 늘 탐욕 등을
굴복시켜 현행(現行)하지 못하게 할 수 있다. 즉 이 마음이 치달려 산만하지
않을 수 있다면 실상에 들어간 것이라고 말할 수 있지 않겠는가. '들어간다
[入]'는 실상을 증득해 들어가는 것으로 본체(本體)라 하거나 진여(眞如)라
하는 것과 같은데, 나의 관점에서 말한다면 바로 본심(本心)이다. 비록
지관의 힘이 깊어서 마음이 치달려 산만하지 않지만, 그러나 물든 습기(習
氣;습관)의 뿌리가 아직 다하지 않아서 오직 간단없이 가행(加行)224:할
뿐이다. 즉 능(能)과 소(所)로 상(相)을 취하는 걸 여의지 못하니225: 어떻게
실상을 증득한다고 설할 수 있겠는가? 그래서 질문을 일으켜 의심함으로써
공부의 수행이 아직 모자란 걸 스스로 알게 했으니, 이는 마치 먼 길을
떠나려면 자량(資糧)을 잘 준비해야 하는 것과 같다. 그러나 도착하려는
목적지가 너무 멀면 기대할 수가 없다.

필경공(畢竟空)의 상(相) 속에선 그 마음에 즐기는 바가 없다.

필경공이라 함은 일체의 소취(所取)의 상이 모두 공이기 때문에 능취(能
取)의 상도 역시 공이며, 능(能)과 소(所)로 상을 취하는 것이 모두 공이기
때문에 공상(空相) 역시 공이라는 것이다. 일체의 상이 모두 없기 때문에
그윽이 속박[繫]을 여의고 적멸(寂滅)이 현전(現前)하니226:, 이를 필경공의
상(相)이라고 한다. 이 필경공에 이르면 마음은 즐기는 바가 없는데 바로
이것이 진정한 즐거움이다. 만약 즐기는 바가 있다면 일체의 상을 능히
소멸하지 못함이라서 속박을 여의질 못하기 때문에 진정한 즐거움이 아니

다. 이것은 열반의 심체(心體)를 올바로 나타내 보인 것이다(열반이란 실상의 다른 이름이다). 하지만 공부의 수행이 아직 얕다면 어떻게 이에 이를 수 있겠는가? 앞에서 '실상에 깊이 들어갈 수 있는가'를 질문했는데, 바로 그 의문에 따라 구하여 나아가고자 하면 여기에 이른다.

만약 선(禪)의 지혜를 기뻐하면 이는 법성(法性)이 비춤이 없는 것이며, 허망함과 거짓 등은 진실이 없어서 역시 마음을 멈출 곳이 아니다

선을 기뻐하면 즐기는 바가 있는 것이니, 이는 오히려 소취(所取)의 상이 있기 때문에 지혜가 능취(能取)의 상을 아직 소멸하지 못한 것이다. 성(性)이란 체(體)의 뜻이다. 법성(法性)이란 모든 법의 본체를 말하는 것이니, 즉 본심을 가리켜 지목한 것이다. 비춤이 없음은 나무나 돌처럼 완고해서 비춤의 작용이 없다는 것이 아니라 체(體)에 즉(卽)한 비춤이 다시 환하게 두루 비추더라도 비추는 상(相)을 얻을 수 없기 때문에 비춤이 없다고 말하는 것이다. 만약 비춤이 있는 마음이라면 문득 허망하게 분별하는 상이기 때문에 '허망함과 거짓 등은 진실이 없다'고 말한 것이다. 만약 이 허망한 분별의 마음을 인정해서 본심으로 여긴다면 곧 도둑을 자식으로 인정하는 것이라서 스스로를 해칠 뿐이니, 이 때문에 '마음을 멈출 곳이 아니다'라고 말한 것이다. 멈춤[停]은 바로 그침[止]이니, 마음이 허망함과 거짓 등 진실이 없는 영역에 멈출[止] 수 없음을 말한 것이다. 여기서 필경공의 상을 환하게 밝히되 지극함에 돌아가 비추면서도 비춤이 없다면 지혜의 상도 역시 얻을 수 없다. 만약 지혜의 상을 얻을 수 있다면 필경 지혜가 아니라 단지 허망함과 거짓 등의 진실이 없는 망식(妄識)일 뿐이다. 마음의 요체[心要]를 열어 보이는 것이 이처럼 진실하고 간절하니, 승조의

『반야무지론(般若無知論)』이 이것과 서로 인증할 수 있다.

　　인자(仁者)가 얻은 법의 그 요체를 보여주길 바란다.

　이는 겸손함을 보여줌으로써 혜원의 자기반성을 바란 것이다. 구마라집
의 이 계송을 자세히 음미하면 자량(資糧)과 가행(加行)[41]의 양자 사이에서
혜원의 경지를 헤아렸다. 그는 혜원을 매우 높이 보았기 때문에 그를
권유해 더 돈독하게 하려고 했다. 나는 구마라집이 경사(經師; 경전을
가리키는 스승)의 한 부류가 아니라고 말한 적이 있는데 실제로 그는
스스로 증득한 바가 있는 사람이다. 아쉬운 점은 그 스스로 슬퍼하면서
날개를 접고 창조적 저술을 하지 않은 것이다. 그나마 이 계송이라도
겨우 남아있어서 지극히 소중하다. 만약에 가르침을 인용하여 상세히
해석하면 너무나도 번거롭고, 또 처음 배우는 사람은 명상(名相)에 사로잡
혀서 탐색해 이해하기가 더욱 어렵기 때문에 거칠고 간략하게 해석했다.

---

41) 유식학에서 보살 수행의 다섯 단계, 즉 오위(五位)는 자량위, 가행위, 통달위,
　　수습위, 구경위이다. 여기서 앞의 두 단계인 자량위와 가행위에 전념하는 수행자
　　를 보살 십지(十地)이전의 상태라서 지전(地前)의 보살이라고 한다. 뒤의 세
　　단계는 당연히 지상(地上)이라고 불린다.
　　자량위(資糧位)와 가행위(加行位)는 범부로 있으면서도 범부로서의 깨달음이
　　정점에 달해서 번뇌를 낳지 않을 무루(無漏) 종자가 싹을 틔우려 하는 단계이다.
　　자량위는 부처가 될 밑천을 비축한다는 의미에서 '자량'이라 하고, 이 자량위에서
　　기초적으로 형성된 수행력을 한층 더 강화하여 다음 단계로 나아갈 수 있는
　　기반을 확고히 다지는 과정이 가행위이다.

8) 구마라집의 제자

구마라집에겐 천백 명의 제자가 있으며 그중에는 빼어나고 유명한 제자도 적지 않다. 후세 사람들은 도생, 승조, 도융, 승예를 네 명의 성자라고 했다[227]. 하지만 『고승전』에는 당시 사람의 평어(評語)가 기록되어 있는데, 실정(實情)에 통한 사람으로는 도생과 도융이 상수(上首)이고, 난점(難點)에 정통한 사람으로는 도관과 승조가 제일이라고 했으며 승예는 없다. 또 어떤 사람은 "도생과 예(叡)(여기서는 혜예를 말함)는 천진(天眞)[228]을 발했고, 혜엄(慧嚴)과 혜관(慧觀)은 유련(流連)[42]을 깊이 생각했고[229], 혜의(慧義)는 열심히 정진했고[230], 구연(寇淵)[231]은 묵묵히 숨어 있었다[232]"고 했고, 그래서 승조, 도융, 승예 세 사람이 빠져 있다[233].

양(梁)나라 시기에는 혜교(慧皎)가 경전 번역을 논하면서 처음으로 여덟 명을 특별히 지적했으니, 바로 도생, 도융, 담영, 승예(『승전』), 혜엄, 혜관, 도항, 승조이다. 그리고 『대승대의장』 첫머리에서 구마라집의 여덟 제자를 언급했는데 바로 도융, 윤(倫)(자세하지 않음), 담영, 승조, 도연, 도생, 성(成)(담무성(曇無成), 승예이다. 수나라와 당나라 때는 팔준(八俊; 여덟 명의 빼어난 사람)과 십철(十哲; 열 명의 철인)에 대한 목록이 있었다. 팔준은 도생, 승조, 도융, 승예, 도빙(道憑)(『승전・승달전(僧達傳)』의 도빙), 담영, 혜엄, 혜관이다[234]. 다만 승략이 있고 도빙이 없거나[235] 혹은 도항이 있고 도빙이 빠진 것도 있다[236]. 십철(十哲)은 팔준 이외에 도항과 도표를 추가한 것이다(『북산록』 4).

이 가운데 승조는 삼론의 시조(始祖)이고, 도생은 열반의 성인이고,

---

42) 노는데 팔려서 집으로 돌아가는 것을 잊는 것인데, 여기서는 생사에 빠져 유전(流轉)하는 것을 뜻한다.

승도(僧導), 승숭(僧嵩)은 『성실(成實)』 종파를 시작했다. 모두 뒤에서 상세히 논할 것이다. 나머지 몇 명에 대해서는 그저 중요한 사적만 택해 요점을 서술하면 다음과 같다.

승예는 위군(魏郡)의 장락(長樂) 사람이다. 승현(僧賢)을 따라 출가했고 승랑의 『방광경』 강의를 들었으며237:, 도안을 스승으로 모시고 경전 번역을 도왔다. 후에 구마라집이 관중에 들어왔을 때 경전 번역에 참여해서 영재(英才)라고 불렸다. 67세에 임종을 맞았다238:.

도융은 급군(汲郡) 임려(林慮) 사람으로 12살에 출가해서 먼저 외서(外書)43)를 배웠다. 30세에 이르자 재능과 이해가 각별히 뛰어나서 내외의 경서(經書)를 마음속에 담았다. 구마라집이 관중에 들어오자 그를 찾아가 자문을 구했는데, 구마라집은 도융을 매우 기이하게 여겼다. 후에 팽성(彭城)에 돌아와서 계속 설법을 했고 문도들도 매우 많았다. 팽성에서 74세로 임종을 맞았다. 저작으로는 『법화경』, 『대품』, 『금광명경』, 『십지경』, 『유마경』 등의 의소(義疏)가 있다.

담영은 북방 사람이라고 말하며 도안을 도와 『비나야』를 번역했다. 『정법화경』과 『광찬반야경』을 잘 설했는데 매번 천여 명이 강의를 들었다. 요흥은 정중한 예의를 갖춰 그를 대했다. 구마라집이 장안에 도착하자 담영은 그에게 가서 경전 번역을 도왔다. 저작으로는 『법화의소(法華義疏)』 네 권이 있고 『중론』을 주석했다. 훗날 깊은 산에 은거했고239: 70세에 임종을 맞았다.

승략은 북방의 니양(泥陽) 사람이다. 처음에는 홍각(弘覺) 대사를 스승으로 삼았다. 홍각 대사가 요장(姚萇)에게 『법화경』을 강의할 때 승략이

---

43) 여기서는 불교 이외의 서적을 가리킨다.

도강(都講)을 맡았다. 요장과 요흥은 육경(六經)과 삼장(三藏)을 모두 통달한 그를 일찍부터 매우 존중했고 구마라집이 관중에 들어온 시기에는 칙령을 내려 승주(僧主)로 임명했다(즉 승통(僧統)). 후에 번등(樊鄧)으로 유학을 간 적이 있으며(『승전·담제전(曇諦傳)』), 홍시 말년에 장안의 대사(大寺)에서 73세로 임종을 맞았다.

도항은 남전(藍田) 사람으로 스무 살에 처음 출가했다. 내전(內典)과 외서(外書)에 해박해서 대부분 통달했으며, 구마라집이 관중에 들어오자 그를 찾아가 절을 축조하고 수리하는 한편 번역 사업도 도왔다. 요흥은 도항과 그의 동창인 도표에게 환속해서 국정(國政)을 함께 다스리길 권유했다. 그러나 도항은 바로 산속에 은거해서 의희(義熙) 13년에 산사(山舍)에서 임종을 맞았다.

혜예는 기주(冀州) 사람으로 천축국에 유학을 해서 지방 언어[方言]를 잘 알았다. 도안을 스승으로 섬긴 것으로 보이는데[240] 훗날 여산에 거주했다. 얼마 있다 도생 및 혜엄과 함께 관중에 들어가 장안에서 구마라집을 따랐다. 나중에 다시 건업으로 돌아가 오의사(烏衣寺)[241]에서 머물렀다. 송나라의 팽성왕 의강(義康)이 스승으로 모셨고 사영운과 친한 벗이었다. 『니원경(泥洹經)』을 역출한 후에 『유의론(喩疑論)』을 지었는데(『우록』 5), 이 책은 세상에서 불성(佛性)의 뜻을 비난하는 자들을 설득하기 위해 쓴 것이다. 송나라 원가(元嘉) 중에 임종을 맞으니 춘추 85세였다.

혜엄은 예주(豫州) 사람이다. 열두 살에 제생(諸生; 학생)이 되어서 시서(詩書)에 널리 밝았고, 열여섯 살에 출가하여 불교의 이치에도 정통했다. 관중에 들어가 구마라집을 만난 후에 건업으로 돌아와 동안사(東安寺)에 거주했다. 후에 송나라 고조(高祖) 문제(文帝)의 존중을 받았고, 그 뒤 혜관, 사영운과 함께 『열반경』대본(大本)[44]을 고쳤다. 송나라 원가 20년(서기 443년) 81세로 임종을 맞았다.

혜관은 청하(淸河) 사람이다. 젊었을 때 광범한 독서로 이름을 날렸고
『법화경』을 익혔다[242]. 그리고 여산에서 혜원을 스승으로 모신 적도 있고,
구마라집이 관중에 들어온 소식을 듣자 특별히 찾아가서 그를 따랐다.
훗날 각현과 함께 남쪽의 여산에 거주했는데, 대체로 진(晉)나라 의희
8년에 각현과 함께 강릉(江陵)에 갔다[243]. 의희 11년까지 강릉에서 머물다
가 유유가 사마휴지(司馬休之)를 토벌할 때 혜관은 유유를 만났다[244].
혜관은 이곳에 있으면서 비마라차가 강의한 『십송률』을 기록했고[245],
그 후 경사로 돌아와서 도량사(道場寺)에 거주했다. 혜관은 선과 계율에
능통하고 불법의 이치에 뛰어났다. 『법화경』을 주석했고 『노자』, 『장자』도
깊이 연구했으며, 문사(文辭)도 능숙하여 당시의 학자들이 우러러보았다.
원가 때에 71세로 임종을 맞았다.

진(晉)나라 시대는 현학과 『반야』의 합류가 학술계의 주종을 이루었다.
남방 지역에서는 사대부의 청담이 널리 유행했고, 북방 지역에서는 현리(玄
理)의 맥이 끊어지지 않았다. 구마라집의 유명한 제자들이 각 지방으로부터
왔는데 모두 내전과 외서를 다 잘했고 시서(詩書)에도 능통하고 박식했다.
그리고 구마라집이 관중에 들어오기 이전에 대부분 나이가 적지 않았고
학문의 성취도 이루었다. 나는 그들이 익힌 외서의 학문이 어떤 책인지
모르지만, 그러나 승예, 승융은 일찍부터 『반야』를 강의했다. 혜예와 혜관
은 광산(匡山)에서 왔고 광산의 대사(大師) 혜원은 『노자』, 『장자』를 중시했
으므로 구마라집 이전의 『반야』는 현학의 냄새가 더 많았을 것이며, 이
때문에 나는 구마라집의 제자들은 대부분 현담(玄談)을 숭상했다고 말하는

─────────

44) 『대열반경』을 말한다.

것이다. 혜관이 『노자』, 『장자』를 탐구한 것에 대하여는 역사에 명확한 문장이 있다. 승조가 제자들 중에서 제일 어리지만, 그도 구마라집을 만나기 전에 이미 『노자』, 『장자』를 읽었다[246]. 여기서 그들 동창들의 학풍(學風)을 추측하여 알 수 있다.

또 구마라집 이전에 석도안은 관중에 거주했고 도안도 본래는 현학을 공부한 사람이다. 하지만 그때 마침 계빈국의 일체유부(一切有部) 승려인 승가제바 등이 동쪽으로 오자 도안은 그를 도와 경전 번역을 했다. 유부(有部)에서는 일체의 모든 법은 다 자성이 있다고 하는데, 이는 『반야』에서 자성이 공적(空寂)하다고 말하는 것과는 그 지취(旨趣)가 다르다. 훗날 승가제바가 남쪽으로 와서 『비담』의 소승학도 잠시 남방에서 유행했다. 그 당시 남북의 불교학은 필경 조금씩 변화하고 있었지만, 그러나 얼마 후 구마라집이 와서 자성이 공하다는 성공(性空)의 종지를 거듭 크게 발전시켰다. 혜예의 『유의론』에서 말한다.

> 36개 나라의 사람들은 소승을 믿었다. 이 소승학[247]이 진(秦)나라 땅에 유행하자 혜도(慧導)의 무리는 결국 다시는 『대품』을 믿지 않았다. 구마라집이 관중에 들어온 덕택에 진리의 비춤이 열리면서 『반야』의 광명이 다시 빛나게 되었다.

혜도의 무리는 계빈국 학승의 영향을 받아서 『대품』을 믿지 않았을 것이다. 구마라집이 장안에 와서야 비로소 『비담』을 배척하고 『반야』를 다시 전파했으며, 구마라집의 문하에는 사방의 영재들이 모여서 국내의 현학자들을 흡수했다. 현학은 뜻을 얻으면 상(象)을 잊는 것을 중시하므로 유부(有部)가 명수(名數: 명상과 법수)의 분석을 아주 중시한 것과는 커다란

차이가 있다. 그래서 구마라집 제자들의 유부 학설에 대한 태도는 왕보사(王
輔嗣; 왕필)의 한나라 역술에 대한 태도와 매우 흡사하다. 승예는 "나를
놓치고 통발에 떨어졌다"⁴⁵⁾**248:**고 했으며, 도생도 "통발을 잊고 고기를
취해야 비로소 도(道)라 말할 수 있다"**249:**고 했으며, 담영의 『중론서』에서
도 물고기를 폐(廢)하고 통발을 지키는 것을 배척하면서 손가락만 간직하고
달은 보지 못하는 것과 같다고 했다. 그리고 명수(名數)의 쓰임에 대해서는
이렇게 밝혔다.

　무릇 만물의 변화는 종(宗)이 없는 것이 아니라 종(宗)이라는 모습이
없으니, 이처럼 비어있는 종은 계합이 없는 것이 아니라 계합하는 자가
무심하다. 그러므로 지인(至人)은 무심의 미묘한 지혜로 저 모습 없는
무상의 비어있는 종(宗)에 계합해서 안과 밖이 모두 그윽하여[冥] 반연과
지혜도 모두 적멸하다. 그러니 어찌 그 사이에 명수(名數)를 용납할 수
있겠는가?
　하지만 현묘의 본질은 그 취향(趣向)이 반드시 이유가 있으리니, 이름[名]
이 아니면 수(數)를 처리할 수 없고 수가 아니면 종을 헤아릴[擬] 수 없기
때문에 마침내 이름을 마련해서 부르고 수를 세워서 변론하는 것이다.
그렇다면 명수(名數)의 발생은 누착(累著)⁴⁶⁾**250:**에서 생겼다. 지극함에
이를 수 있어도 그 지극함은 아니니, 진실로 '지극함이 아니다'라고 한다면
어찌 항상 유(有)이겠는가. 그러므로 여래께서 처음으로 진각(眞覺)에 도달
해 사물에 감응하고 거친 중생을 접할 때 유(有)로써 계도(啓導)한 것이다.

---

45) 통발을 사용하는 것은 고기를 잡기 위함이다. 따라서 고기를 잡으면 통발은
　잊어야 하는데, 고기는 잡지 못하고 통발에 사로잡혀 있는 것을 "나를 잃고
　통발에 떨어졌다"고 표현한 것이다.
46) 누(累)는 '누를 끼치다'이고, 착(著)은 집착을 뜻하니 모두 장애를 의미한다.

이것이 훗날 대승이 되어서 공법(空法)을 설했으니 당시에 맞게 교화한
것이지 깨달음에 둘이 있는 것은 아니다.

여기서 여래께서 설한 유(有)는 응당 사바다부(沙婆多部)를 가리킨다.
무릇 『반야』는 명수(名數)의 분석이 없는 것이 아니지만, 그러나 분석은
바로 소탕(掃蕩)하는 것이다. 그렇다면 명수는 단지 고기를 잡는 통발일
뿐이고 토끼를 잡는 올무인 것이다. 통발이나 올무의 설은 본래 현학에서
왔다251:. 『반야』 학자와 현학을 담론하는 자는 그 방법과 태도가 사실상
일치하기 때문에 구마라집의 제자는 공의 이치[空理]를 종지로 삼아 신봉했
지만, 이는 중국 당시의 풍습을 여의지 않은 것이다.

9) 승조의 간략한 전기

석승조는 경조(京兆) 사람이다252:. 집이 가난하여 글을 대신 써주는
것을 생업(生業)으로 삼았다. 글을 잘 베껴 쓰다 보니 경전과 역사서를
많이 읽었고 고대의 전적(典籍)까지도 모두 섭렵했다. 그는 뜻이 현묘하고
미묘한 것을 좋아해서 늘 『장자』, 『노자』를 마음의 요체[心要]로 삼았다.
그래서 노자의 『도덕경』을 읽다가 탄식했다.

"아름답다면 아름답다. 그러나 신(神)의 그윽한 층들[冥累]에 깃드는
방법을 기대하기엔 여전히 최선을 다하지 못했다."

훗날 구역 『유마경』을 보자 환희하고 머리 위로 받들면서 계속 탐구하고
음미하여 '이제 비로소 귀의할 곳을 알았다'고 했다. 이로 인해 출가하여
『방등』을 배워 능통했고 삼장(三藏)도 겸하여 통달했다. 스무 살 때는
이미 관중과 인근 지역에 이름을 날렸으니, 당시 명예를 다투는 무리
중에 승조의 때이른 영예를 시기하지 않는 자가 없었다. 어떤 사람은

천리 길도 마다하지 않고 식량을 싸가지고 관중에 와서 승조와 변론했는데, 승조는 재능과 사유가 그윽하고 현묘한데다 언변도 좋아서 기회를 틈타 상대를 격파하는 바람에 언변의 흐름이 막힌 적이 없었다. 당시 경조(京兆)의 유학(儒學) 장로와 관외(關外)의 빼어난 영재들은 그의 날카로운 언변에 고개 숙이지 않는 자가 없었으니, 승조는 기세를 타고 그들의 검을 꺾었다.

훗날 구마라집이 고장(姑藏)에 오자 승조는 멀리서 찾아가 그를 따랐다253:. 구마라집은 승조를 끝없이 찬탄했다. 구마라집이 장안으로 가자 승조도 따라갔다. 그 후 요흥은 승조와 승예 등에게 소요원에 입주하여 경론의 상세한 확정을 도우라고 명령했다. 승조는 성인47)과의 거리가 멀리 떨어진 탓에 문의(文義)가 조잡해졌다고 여겨서 먼저 과거에 해석된 내용 중에 때때로 뜻이 어긋나고 잘못된 곳을 구마라집을 만나 자문을 받고 나서 더 많은 깨달음을 얻었다. 그래서『대품』을 번역한 후에(서기 403년~405년) 승조는 다시『반야무지론』을 지었다. 그는 2천여 자가 되는 이 글을 구마라집에게 보여주었고, 구마라집은 읽은 뒤에 훌륭하다고 칭찬하면서 승조에게 말했다.

"나의 이해가 그대를 물러나게 하지 못하니, 언사도 마땅히 서로 공경해야 한다."

대략 홍시 10년(서기 408년) 여름 말미에 축도생은 남쪽으로 돌아왔을 때 이 논문을 여산에 은거한 유유민(劉遺民)에게 보여 주었다. 유유민은 이『반야무지론』을 보고 감탄했다.

"뜻하지 않게 방포(方袍)에도 다시 평숙(平叔)48)이 있구나."

---

47) 여기서는 석가모니 부처님을 말한다.
48) 방포는 승려의 겉옷인데 여기서는 승려를 뜻한다. 평숙은 하안(何晏)을 말한다.

그리고 혜원에게 보여주자, 혜원도 탁자를 어루만지면서 감탄했다.
"이런 글은 본 적이 없다."
그리고는 함께 글을 살피면서 음미했다.

다음 해(서기 409년) 유유민은 승조에게 편지를 모내 이『반야무지론』에
관하여 자문을 구했다. 또 1년 뒤(서기 410년)⁴⁹⁾ 8월 15일에 승조는 질문에
대답하고 자신이 주석을 단『유마경』을 보냈다²⁵⁴ᐟ. 승조는 구마라집을
10여 년간 따르다가 진(晉)나라 의희 10년(서기 414년) 구마라집이 죽은
다음 해에 장안에서 31세의 젊은 나이로 임종을 맞았다²⁵⁵ᐟ.

당시 승조의 이른 죽음을 아쉬워하는 말이 있었다.²⁵⁶ᐟ『전등록』제27권
에는 승조가 진(秦)나라 왕에게 죽임을 당할 때 사형에 임해 네 구절의
게송을 읊었다는 내용이 있다. 그러나 당나라 이전에는 이 설이 없는
것처럼 보이고, 게송 역시 아주 속되고 비천하니 필경 정확치 않을 것이다.

승조의 저작은 아래와 같다.
* 『반야무지론』
* 『답유유민서(答劉遺民書)』
『우록』에 기재된 육징의『법론목록』에 들어있으며²⁵⁷ᐟ, 아울러 주석에
서는 "유유민이 난해한 것을 질문하고 승조가 대답했다"고 하였다.
* 『부진공론(不眞空論)』
* 『물불천론(物不遷論)』
육징의『법론목록』에 모두 기록되어 있다. 이 두 논문은 모두『중론』을

즉 하안과 같은 유명한 문장가가 승려 중에도 있다는 뜻이다.
49) 원문에는 409년으로 되어 있는데 410년의 잘못이다.

인용했고 홍시 11년(서기 409년) 후에 지어진 것이다. 『고승전』에서는 승조가 『반야무지론』을 지은 후에 다시 『부진공론』, 『물불천론』을 지었다고 하는데 맞는 말이다.

* 『열반무명론(涅槃無名論)』
* 『상진왕표(上秦王表)』[258]:

육징의 『법론목록』에는 『열반무명론』이 실려 있고 『상진왕표』를 언급하지 않았다. 상진왕표에 근거해 말한다면, 구마라집이 죽은 후 진(秦)나라 왕 요흥이 요숭에게 보낸 답장[259]을 보고서 이 『열반무명론』을 지었다고 한다. 이 논문은 무명(無名)씨와 유명(有名)씨 사이의 문답에 의탁해 아홉 번의 곡절과 열 번의 연설이 있다. 『고승전』에서는 요흥이 찬탄하는 서술을 덧붙이고는 비단에 써서 여러 자식과 조카들에게 나누어 주라고 칙령을 내렸다고 한다. 하지만 이 『열반무명론』에 관해서는 자못 의심스러운 점이 있으니 뒤에서 따로 논하겠다.

이상은 모두 『고승전』에 보이고 아울러 현존하는 『조론』에 실려 있다. 『조론』에서는 『물불천론』이 첫 번째로 실려 있고, 『부진공론』은 다음에 있고, 그다음에 『반야무지론』이 있고, 유유민이 승조에게 보낸 편지와 승조의 답장이 부기(附記)되어 있고, 그 다음에 『요흥에게 올리는 표문上姚興表』 및 『열반무명론』이 있다. 여러 논문을 하나의 책으로 묶어서 『종본의(宗本義)』라는 제목을 지었는데 언제부터 시작되었는지는 모른다. 구록(舊錄)에는 단지 네 편의 논문만 실려 있을 뿐 『종본의』은 실려 있지 않으니 자못 의심스러운 점이 있다. 진조(陳朝) 때는 이미 『종본의』를 편입시켰고, 소초제사(小招提寺)[50]의 혜달의 서문에서도 언급한 적이 있다. 또 현존하

---

50) 소초제사: 중국 티벳의 유명한 사찰

는 일본『속장경』중에 소위 혜달의『조론소』에는 네 논문의 순서가 통상적
인 순서와는 다르고 또『종본의』도 빠져 있다. 일본 승려는 혜달이 지은
것이라고 했지만, 그러나 그가 소초제사의 승려인 줄은 몰랐다. 이 혜달의
『조론소』는『조론소』중에 가장 오래된 것이고 당나라 이전에 있는 것이라
서 아주 귀중하다.

  *『장육즉진론(丈六卽眞論)』

  육징의『법론목록』과 수나라『법경록』에 기록되었고, 다른 곳에서는
언급되지 않았으며 이미 유실되었다.

  *『유마경주』

『고승전』에 보인다. 현존하는 경전의 주석은 구마라집, 승조, 도생,
혜예, 도융 등 여러 사람의 주석을 뒤섞어 만든 것이다. 통상의 책자에서는
이 책이 승조가 지은 것이라고 하지만 사실에 부합하지 않는다. 또한
돈황에서 발견된 당나라 도액(道液)의『정명경관중소(淨名經關中疏)』도
역시 구마라집과 승조 등의 설을 모은 것이다.

  *『유마경서』260:

  *『장아함경서』

  *『백론서』

  이상 세 가지 서문은 모두『우록』에 실려 있다.

  *『구마라집법사뢰(鳩摩羅什法師誄)』

  문장은『광홍명집』에 실려 있다.

  또 현존하는『보장론(寶藏論)』은 승조가 지었다고 한다. 하지만『우록』,
『장방록』,『내전록(內典錄)』,『수지(隋志)』, 두 가지『당지(唐志)』에는 모
두 기록되지 않았고, 육조(六朝)의 장소(章疏)에도 언급되지 않았다.『통지

략(通志略)』과『송사(宋史)·예문지(藝文志)』에 처음으로 실리기 시작했으니 확실히 위작이다. 명나라 감산(憨山) 대사는 "『전등록』에서는 승조가 죽임을 당하기 전에 7일간 휴가를 얻어『보장론』을 지었다"고 하였는데[261], 지금『전등록』을 찾아보면 이런 말이 없다[262]. 이『보장론』을 승조가 지었다고 하는 설은 아마 본래 선종(禪宗) 사람들의 전설일 것이다.『보장론』속의 언구를 살펴보면 선종에서 늘 사용하는 용어들이 많아 승조의 어투 같지가 않으며, 선종의 저작 중에는 이『보장론』을 원용한 것도 있다.

명나라 홍치(弘治) 갑자년(甲子年)에 발간된『보장론』에는 상도(上都) 장경사(章敬寺) 회휘(懷暉)의 서문이 실려 있다[263]. 생각건대 회휘도 역시 당나라의 유명한 선종 인사 중 한 명이니[264], 그렇다면 이『보장론』이 유행한 것은 선종과 상당한 관계가 있다. 또 금(金)나라 조병문(趙秉文)의 『도덕경집해(集解)』에서는 소위 승조의『노자주(老子注)』를 인용했는데, 그 중에 있는 "익히고 배우는 것을 문(聞)이라 하고, 배움을 끊는 것을 인(鄰)이라 한다"는 구절[265]은 사실상『보장론』속의 말이다.『보장론』에는 도교의 이론과 명사(名辭)[266]도 상당히 많다. 그렇다면 이『보장론』은 중당(中唐) 이후에 망녕된 사람이 당시 유행하는 선종과 도교의 이론을 섞어 지은 뒤 승조의 이름을 빌린 것이다. 그리고 소위 승조가 지었다고 하는『노자주』도 역시 위서이다.『보장론』을 살펴보면 이런 말이 나온다.

"무엇을 오통(五通)이라고 하는가? 첫째는 도통(道通)이고, 둘째는 신통(神通)이고, 셋째는 의통(依通)이고, 넷째는 보통(報通)이고, 다섯째는 요통(妖通)이다……."

무릇 '통(通)'이란 역시 '신통'의 약칭이고 오통은 바로 오신통(五神通)을 말한다[267]. 그러나 현재는 '신통'을 오통 중의 하나로 열거하고 있는데, 승조는 구마라집의 번역을 도울 정도로 박식했으므로[268] 이처럼 이상한 말은 하지 않았을 것이다. 또 위서(僞書)를 지은 자는 아마 '신통'을 신선의 통(通)으로 보기 때문에 '요통(妖通)'을 열거해서 신통과 대응했으니 지극히 요망한 것을 알 수 있다. 『보장론』이 위작(僞作)인 것은 다시 번거롭게 말을 기다리거나 증거를 대서 해결할 필요도 없다.

승조는 중국 현종(玄宗)의 대사(大師)이므로 세상 사람들이 위작을 편찬해서 승조의 이름을 빌리는 것도 전혀 이상하지 않다[269]. 오늘날 승조의 저작은 비록 위작의 의심도 있지만 전부 위작인 것은 아니다. 『물불천론』, 『부진공론』 및 『반야무지론』 세 가지는 비할 바 없는 정묘한 작품이니, 이 세 작품을 위주로 승조의 현학에 대해 앞으로 간략히 해석하겠다.

10) 승조의 학설

위진 시대부터 남북조 시대까지 중국의 학술계는 이단(異端)의 설(說)이 번창해서 갖가지 논쟁이 나왔는데, 표면적으로는 아주 복잡하지만 논쟁의 중심은 체(體)와 용(用)[51]의 관념을 벗어나지 못했다. 또 현학과 불학은 모두 무(無)를 귀하게 여기고 유(有)를 천시하는 주장을 똑같이 했다. 무(無)를 근본으로 삼고 만유(萬有)를 지말(枝末)로 삼는데, 이 본말(本末)을 바로 체용(體用)이라 한다. 『반야』의 칠종(七宗) 십이가(十二家)는 모두 이 하나의 문제를 연구했지만 주장한 내용은 달랐다. 승조는 천진(天眞)의 깨달음을 발해서 일찍부터 『노자』, 『장자』를 음미하다가 늦게야 구마라집

---

51) 만법의 체성(體性)과 작용(作用)이다. 체(體)는 곧 체성(體性)으로 불변하는 진리의 실상(實相)으로 분별(分別)이 있지 않다. 용(用)은 곧 작용(作用)으로 차별현상의 구체적 표현이다. 체성으로부터 작용이 일어나고 작용으로부터 체성으로 돌아가기 때문에 체성과 작용이 둘이 아니고[體用不二] 본원과 자취가 다르지 않다[本迹非殊]고 한다.

을 따랐다. 그가 지은『물불천론』,『부진공론』및『반야무지론』세 가지는
중국과 인도의 의리(義理)를 융화해 회통했고 체용(體用) 문제에 대해서도
깊고 절실한 깨달음[證知]이 있었으며, 게다가 지극히 아름답고 유력한
문자로 그 뜻을 표현했기 때문에 중국 철학에서 가장 가치 있는 저작이다.
　한마디로 말해서 승조의 학설은 "체(體)이면서 바로 용(用)"이라고 한다.
그가 지은 논문들 중에『물불천론』이 가장 중요하다.『물불천론』에서
"반드시 온갖 움직임[動]에서 고요함[靜]을 구해야 하고, 움직임을 버리지
않고 고요함을 구해야 한다"고 말하고, 또 "고요하면서도 항상 흘러가고,
흘러가면서도 항상 고요하다"고 말한 것은 모두 움직임이 바로 고요함임을
주장하는 것이다. 이는 마치 고대 그리스 철학자 파르메니데스(Parmenides)[52]
가 일체는 변하지 않는다고 한 주장과 같으며, 또 헤라클레이투스
(Heracleitus)[53]가 일체는 모두 변한다는 주장과도 같은데, 승조는 양자를
모두 질책하고 배척했다. 즉 소위 두 철학자의 '조화파(調和派)'는 본질은
변하지 않고 변화는 현상에 속한다는 것인데, 이는『물불천론』의 취지와
아주 비슷하다.『물불천론』에서 말한다.

---

[52] 이태리 태생의 고대 그리스 철학자. 소크라테스 이전에 그리스의 주요학파
　중 하나인 엘레아 학파를 세웠다. 그는 많은 사물과 사물들의 형태 변화 및
　운동은 단 하나의 영원한 실재의 현상일 뿐이라고 주장하면서 '모든 것은 하나'라
　는 이른바 파르메니데스 원리를 수립했다. 결국 자연계는 발전도 없고 새로운
　물건도 없는 그저 다양성의 나열일 뿐이라고 했다.
[53] 고대 그리스의 철학자. '변화'의 문제에 관심을 기울여 '만물은 유전(流轉)한다'고
　하였다. 이 사상은 '당신은 동일한 강물에 두 번 발을 들여놓을 수 없다. 왜냐하면
　새로운 물이 계속 밀어닥치기 때문이다'라는 그의 진술에서 극명하게 드러난다.
　그리고 이 변화하는 만물의 기원과 원리를 '불'이라고 하였다.

『방광경』에서 "법이란 오고 감도 없고 움직임과 고요함도 없다"고 했다. 무릇 부동(不動)의 작용이 어찌 움직임을 버리고서 고요함을 구하는 것이겠는가! 반드시 온갖 움직임에서 고요함을 구해야 한다. 반드시 온갖 움직임에서 고요함을 구해야 하기 때문에 움직이더라도 항상 고요하며, 움직임을 버리지 않고서 고요함을 구해야 하기 때문에 고요하더라도 움직임을 여의지 않는다. 그렇다면 움직임과 고요함은 애초에 다르지 않지만 미혹한 자에겐 다르다.

전체적인 논지는 실재(實在)가 동정(動靜)이 일여(一如)[54]이고 머묾[住]이 곧 머묾이 아님을 증명하는 것이지, 하나의 부동(不動)의 본체를 말미암아 갖가지 변동(變動)하는 현상이 생겨난다고 말하는 것은 아니다. 본체와 만상(萬象)은 갈라서 분리할 수 없다. 만약 가르고 분할해서 동정의 진제(眞際:참된 경계)에 통하길 구하려 한다면, 진실을 위반하고 성품을 미혹하여 (본성에) 돌아가질 못하는 것이다. 그래서 이 『물불천론』에서 "움직임 그대로 고요함[卽動卽靜]"의 의의를 논하여 "본체 그대로 작용[卽體卽用]"의 이론을 올바로 밝힌 것이다. 『물불천론』이라 이름 지어서 마치 전적으로 고요함[靜]만 말한 것 같지만, 그러나 소위 이동하지 않는다는 불천(不遷)은 동정 일여(一如)의 본체를 말한 것이다. 절대의 본체는 언상(言象)의 동정을 초월한다고 말할 수 있다. 또한 법신은 파괴되지 않는다고 말하기 때문에 『물불천론』에서는 이렇게 말한다.

"여래의 공덕은 만세(萬世)에 유전하면서도 늘 존재하고, 도(道)는 백겁(百劫)을 통하면서도 더욱 확고하다."

법신의 본체가 상대적인 동(動)이나 정(靜)에 치우치지 않는 것은 바로

---

54) 한결같다는 뜻으로 차별을 떠난 있는 그대로의 참모습을 말한다.

"동과 정이 애초에 다르지 않기" 때문이다. 승조의 학설은 『노자』, 『장자』의 현학을 취하긴 했지만 실제로는 구마라집으로부터 얻은 것이니, 구마라집이 『유마경』을 주석할 때 이미 이런 뜻을 발휘했기 때문이다[270]. 승조 학설의 배경에 근거해서 말하면, 첫째, 일반 사람들은 사물[有物]의 유동(流動)에 미혹되고, 둘째, 현학자는 무(無)를 귀중히 여기고 또 정(靜)으로 본체를 해석하는 걸 벗어나지 못한다[271]. 승조는 유(有)와 무(無) 사이에서 신(神)에 계합했기 때문에 유와 무는 각자 치우쳤다고 여겼으니, 이로 인해 치우침이 없는 불이설(不二說)을 건립했다.

예로부터 불가(佛家)에서 행한 공(空)의 담론은 모두 치우침을 벗어나지 못했다. 승예가 말한 "육가(六家)는 치우쳐서 맞지 않았다"가 이를 말해준다. 지민도와 축법온의 심무(心無) 이론은 그 종지가 공심(空心)에 있고, 경계인 색(色)에 자성이 없다는 지도림의 주장은 사물의 방면으로부터 공을 설한 것이라서 모두 치우침이 있었다. 동진(東晉) 이래로 불교의 대사(大師)인 석도안과 축법심은 모두 당시 현학의 풍습에 물들어서 역시 허무(虛無)에 치우치는 걸 벗어나지 못했다.

승조는 『부진공론』에서 본무(本無)설을 배척하며 "무(無)를 숭상하는 사람들이 많다"고 했으니, 소위 "많다"는 것은 바로 무에 치우쳤음을 말한 것이다. 무에 치우쳤기 때문에 "말할 때마다 무를 공경하는" 것이다. 종래로 "무를 좋아하는 담론"은 본체의 무상(無相)이 일체의 분별을 초월한다는 것을 모른다. 따라서 유에 치우치지도 말고 무에 치우치지도 말아야 한다. 일체의 결정(決定)은 바로 부정(否定)이다[272]. 언상(言象)으로부터 결정을 내려 이렇다, 저렇다 말하는 것은 바로 본체 상에 부정하는 바가 있어서 그 진실을 잃는다.

요컨대 치우침의 차단이 바로 체(體)를 드러내는 것임을 알아야 하지만,

그러나 만유(萬有)를 버리고 허무(虛無)만 홀로 존재하는 것은 아니니, 유를 버리고 무를 간직하는 것이 본무설(本無說)을 주장하는 자의 편벽된 설이다. 유가 바로 무이고[卽有卽無] 체가 바로 용이니[卽體卽用]273:, 바로 대승의 체용일여(體用一如)의 묘한 진리[妙諦]이다274:. 또 종래로 공에 대한 설명은 심신(心神)의 공하지 않음에 치우쳤으니, 이 때문에 소위 공이란 『노자』의 회포를 잊고 몸을 벗어나는[忘懷外身] 설을 취하거나 혹은 『장자』의 소요하면서 자족[逍遙自足]한다는 말을 사용했다. 우법개(于法開)가 말하는 공은 심신(心神)이 꿈에서 깨어나자 전도(顚倒)된 미혹의 식(識)이 소멸하는 걸 말하며, 축법온이 말하는 공은 안으로는 마음을 멈추고 밖으로는 색(色)을 생각하지[想] 않는 것이니, 이는 모든 만물이 내 마음을 말미암아 공하지만 만유의 본성이 공적한 줄은 모른다는 말이다. 이 때문에 승조는 "성인은 만물에 대해 어떠한가? 그는 만물에 즉(卽)해 저절로 비어있지[自虛] 비어있음을 빌려서 만물을 비우는 것이 아니다"라고 했다.

이상을 종합하면, 예로부터 공에 대한 설명은 허공(虛空)을 치우치게 숭상했기 때문에 유(有)(만상(萬象))와 무(無)(본체(本體))의 분할을 이루었다. 그래서 유를 버림으로써 무를 간직하고 색(色)을 꺾어서 공(空)이 있게 되었는데, 하지만 승조는 "성인은 만물을 대할 때 만물에 즉(卽)해 저절로 비어있지 어찌 분할을 기다렸다 통하길 구하겠는가!"라고 했다. 어떤 사람은 보고 듣는 것을 막아야 바로 진제(眞諦)라고 하는데, 그러나 승조는 이렇게 말했다.

"지인(至人)은 보고 듣는데 눈과 귀를 지극히 하기 때문에 소리와 색이 능히 제약하질 못하니, 어찌 이것이 만물에 즉(卽)해 저절로 비어있는 것이 아니겠는가! 그러므로 사물은 능히 그의 신명(神明)에 누를 끼칠

수 없는 것이다."

『부진공론』에서는 세 번에 걸쳐 "만물에 즉해 저절로 비어있다"를 언급했으며, 승조는 이 뜻을 전 작품의 주된 종지를 드러내는 것으로 사용했기 때문에 종래의 다른 주장과는 저절로 구별된다.

예로부터 공에 대한 담론은 저마다 다르다. 승조는 『부진공론』에서 삼가(三家)를 질책하고 배척했다. '무(無)'자는 '공(空)'자의 구역(舊譯)이기 때문에 심무(心無)는 바로 '심공(心空)'이다. 즉색(卽色)은 스스로 '즉색공(卽色空)'이라 호칭했고 본무는 곧 '본공(本空)'이지만, 승조는 자신의 학설을 스스로 '부진공(不眞空)'이라 했다[275]. 말하자면 "모든 법은 가짜 명회(假號)로서 진실이 아니다"[276]라고 했으니 유(有)도 아니고 무(無)도 아니다. "유(有)라 말하려고 하면 유는 진실로 생겨난 것이 아니고, 무(無)라 말하려고 하면 사상(事象)은 이미 형태[形]를 띠었으니, 상형(象形)은 무에 즉(卽)하지 않았기 때문에 비무(非無)이고, 진실[眞]도 아니고 실유(實有)도 아니기 때문에 비유(非有)라고 한다." 본체는 무상(無相)이라 유와 무를 초월했고(승조가 유유민에게 보낸 서신에서도 "유도 무도 마음의 영향"이라고 했다) 유와 무 모두가 진실이 아니다. 승조는 이렇게 말하고 있다.

"사물에는 이쪽저쪽[彼此]이 없지만, 이쪽 사람이 이쪽[此]을 이쪽이라 여기고 저쪽[彼]을 저쪽으로 여기면, 저쪽 사람은 이쪽을 저쪽이라 여기고 저쪽을 이쪽으로 여기니, 이쪽저쪽[彼此]이 하나의 이름으로 정해지지 않았는데도 미혹한 자는 필연적으로 그러하다는 뜻을 품게 된다."

이쪽과 저쪽이 다 가명(假名)으로 인정(人情)의 미혹에서 나왔기 때문에 만물은 진실[眞]이 아니다. 하지만 진체(眞體)는 작용을 일으키므로 만유(萬有)의 생기(生起)는 진체(眞體)에 근본을 두고 있다. "그래서 경전에서는 '참으로 기이하십니다, 세존이시여. 진제(眞際)를 움직이지 않고도 모든 법의 입처(立處수립된 곳)가 되시니, 참[眞]을 여의지 않은 입처라서 입처가 바로 참[眞]입니다'라고 하였다." 모든 법의 입처가 바로 참[眞]이기 때문에 『조론』의 최종적 한마디는 "도가 멀리 있는가? 부딪치는 사물마다 진실이 다"라고 하였다. 이는 소위 본체의 도(道)가 결코 현상 밖으로 초월하는 것이 아니므로 우주 만물은 실제로 진제를 여의지 않아서 실상과 둘이 아님을 밝힌 것이다.

『반야무지론』의 주된 종지는 응화(應化)를 해석하는데 있지만, 그렇다고 해서 오로지 지식 차원에서 말하는 것은 아니다. 『물불천론』은 '고요함 그대로 움직임[卽靜卽動]'에 의거해 '본체 그대로 작용[卽體卽用]'을 이야기함으로서 승조 이론의 기초를 정했다. 『부진공론』은 체(體)를 이야기하고 『반야무지론』은 체용의 관계를 이야기했다. 이처럼 세 논문은 저마다 착안한 곳이 있으면서도 서로 관련되어 있다. 승조는 『대품반야』의 번역을 마친 후에 『반야무지론』을 지었고, 축도생은 남쪽으로 내려간 후 여산에 거주하는 유유민에게 이 글을 보여주었다. 유유민은 승조와 서신을 교류하면서 어려운 점을 질문했고, 승조는 답장을 보내 상세한 설명을 했으니, 이 두 서신을 통해 『반야무지론』의 지극히 중요한 일관된 뜻[一義]을 엿볼 수 있다. 유송(劉宋) 시대 육징의 『법론목록』을 살펴보면 유유민에겐 『석심무론(釋心無論)』이란 작품이 있다. 이 작품은 본래부터 "심무(心無)"설을 주장했기 때문에 승조에게 자문을 구한 서신에서 이렇게 말했다.

성자의 마음은 그윽하고 적멸해서 이치의 지극함이 무(無)와 같다. 그래서 빠르지 않으면서도 빠르고 느리지 않으면서도 느리다.

『세설신어』 주석에서는 지민도의 심무론을 칭하면서 이렇게 말했다.

종지(種智)[55]의 체(體)는 태허(太虛)처럼 텅 트였으니, 허(虛)이지만 능히 알고 무(無)이지만 능히 감응한다.

이 글의 내용은 '성인의 마음은 허무적정(虛無寂靜)의 본체로서 체(體)는 고요히 적멸해도 능히 알 수 있다'는 것이다[277]. 이는 바로 체와 용을 갈라서 "분할로 통함을 구하는" 것이지 체와 용이 일여(一如)하여 모든 법이 다르지 않음은 모르는 것이다[278]. "지혜는 사물 밖에 있지만 애초부터 사물이 없는 적이 없고, 신(神)은 세상 밖에 있지만 종일토록 역내(閾內)에 있다." 범부의 마음은 언어의 상(象)을 반연하기 때문에 유와 무 및 안(內)과 밖(外)을 낳아서 갖가지 분별을 하지만, 실제로 체(體)는 언어를 초월해 있고 지혜[智]는 사량의 경계를 끊었다. 이미 "유(有)라서 유(有)가 되고 무(無)라서 무(無)가 된다"고 능히 말할 수 없고, "움직여서 고요함에 어긋나고, 고요해서 작용을 폐(廢)한다"고 말할 수 없으니, 움직임[動]과 고요함[靜]이 둘이 아니기 때문에 승조는 이렇게 말한다.

작용[用]이 바로 적멸[寂]이고 적멸이 바로 작용이다. 작용과 적멸은 체(體)는 동일한데, 동일함에서 나왔으나 이름은 다르다. 더욱이 작용 없는 적멸이면서 작용을 주재하는 일은 없다.

"작용 없는 적멸이면서 작용을 주재한다"는 바로 "허(虛)이면서 능히 알고 무(無)이면서 능히 감응한다"는 것이다. 그러나 승조는 "작용 없는 적멸이면서 작용을 주재한다"도 없다고 말하고 있으니, 그의 종지는 심무론

---

55) 일체종지(一切種智)의 약칭으로 모든 현상의 있는 그대로의 평등한 모습과 차별의 모습을 두루 아는 부처의 지혜.

(心無論)을 주장하는 자와는 근본적으로 확연히 다르다. 그래서 유유민에게 보낸 서신에서 당시 유행하는 학설을 이렇게 질책했다.

> 따라서 성인은 앎이 있다는 말을 들으면 마음이 있다고 하며, 성인은 앎이 없다는 말을 들으면 태허와 같다고 한다.

여기서 성자의 마음이 태허와 같다는 말은 지민도, 유유민 등이 말한 것을 가리킨다. 승조는 "성인에게 마음이 있다"고 여기는 것과 그 마음이 '태허'[56]와 같다고 하는 것은 모두 변견(邊見)[57]으로서 중도(中道)에 처한 불이(不二)의 도리가 아니라고 한다. 그러므로 체용의 일여(一如)와 동정의 상즉(相卽)은 역시 『반야무지론』의 가장 근본적인 뜻이다.

승조의 학설은 『반야경』, 『유마경』 등 여러 경전과 『중론』, 『백론』 등 여러 논서를 융합해 중국식의 논문체로 요약하여 지은 것이다. 대체로 인도에서 유행한 명상(名相)의 분석과 사수(事數)의 배열을 모두 완전히 제거했는데, 이것이 비록 문자상의 개혁이긴 해도 정수를 끄집어내고 찌꺼기를 버리는 승조의 능력은 필적할 자를 찾기 어려우며, 특히 인도 학설의 중국화 과정에서 그의 작품은 절대적인 공헌을 하고 있다. 하지만 순수한 중국 문체를 사용한 탓에 그가 사용한 언사와 뜻은 자연히 『노자』, 『장자』와 현학의 책에서 취한 것이 많다. 이 때문에 『조론』은 바로 현학의 계통에 속한다.

개괄적으로 말하면, 『조론』의 중요한 논리인 옳고 그름[是非]이 가지런하

---

56) 아무 것도 모르는 무지(無知)를 말한다.
57) 유(有)와 무(無), 동(動)과 정(靜), 단멸과 항상 등에서 어느 한쪽으로 치우친 견해.

고 움직임과 고요함[動靜]이 하나라고 하는 따위는 아마 『장자』를 많이 읽어서 깨우친 바가 있기 때문일 것이다. 하지만 승조의 특징은 장자의 설에서 마음에 맞는 것이 있으면 순수하게 그걸 본체론에 운용한 것이다. 당시 유행하고 있는 현학에 대한 인식이 지극하고 정밀했으며, 체용(體用) 문제에 대해서도 그 깨우침이 아주 간절했다. 게다가 우아하고 아름다운 필력(筆力)으로 그 뜻을 직접 표현하여 중국 철학에 보기 드문 문자(文字)를 이루었다. 승조 이후에 의학(義學)은 남쪽으로 건너가서 『열반경』, 『성실론』의 기풍이 뒤 이어 유행했다. 그러나 『열반경』은 비록 『반야경』에서 나왔지만 그 학설은 이미 진공(眞空)으로부터 묘유(妙有)에 들어간 것이다. 『성실론』은 비록 마하연(摩訶衍)의 공(空)의 뜻을 취했지만 실제로는 사바다(沙婆多)의 유(有)의 설(說)에 치우쳤다. 송(宋), 제(齊), 양(梁), 진(陳)에서는 모두 동진(東晉)처럼 『반야』를 전적으로 중시하지 못했는데 이는 번역과 관계가 있다[279]. 그러나 승조는 '공 이해의 일인자[解空第一]'[280]로서 그의 논문은 이미 '유(有)와 무(無)', '체(體)와 용(用)' 문제에서 최고봉에 도달했기 때문에 후세 사람이 계승하기 어려웠다.

11) 의학(義學)이 남쪽으로 이전하다

『광명홍집』에 실린 요흥의 『안성후 요숭에게 보내는 서신[與安成侯嵩書]』에서는 이렇게 말하고 있다.

나는 일찍부터 마하연의 갖가지 뜻에 주석과 조목을 붙일 생각을 품고 있어서 이를 구마라집과 마음을 털어놓고 자세히 평가하려고 했지만 결국 슬픈 일 때문에 이(理)를 다시 단정하질 못했다. 얼마 후에 구마라집께서 변고를 당했다. 이후로는 전란의 참화가 계속 이어져 뜻을 얻지[281] 못하다가 마침내 잊어버리고 말았다.

이 글에 의거하면, 구마라집이 임종을 맞은 이후는 바로 요흥의 세상이라서 법사(法事)는 점차 쇠락했다. 구마라집은 진(晉)나라 의희 9년에 죽었다. 그 후 4년 뒤에 유유가 관중으로 진입했고, 그다음 해에 혁련발발(赫連勃勃)이 장안을 격파했다. 이때를 전후해 서진(西晉)과 후위(後魏)의 전쟁으로 관내(關內) 지역은 병란(兵亂)이 빈발했고 유명한 승려는 사방으로 흩어졌다. 팽성으로 간 승려로는 도융, 승숭(僧嵩)이 있고, 수춘(壽春)에 머문 승려로는 비마라차, 승도가 있고, 담영, 도항은 산속에 은둔했고, 혜예, 혜관, 혜엄, 승업은 남쪽의 건업에 머물렀고, 도생은 그 전에 일찍 장강을 건넜으며, 승예는 또 먼저 요절했다. 장안의 법회는 이미 쇠락했다.

그리고 마지막으로 위나라 태무제(太武帝)의 불법 훼손을 거치자 명리(名理)에 밝은 학자들은 자신들의 학문을 갖고 남쪽 강회(江淮)로 갔다. 『고승전』에 기록된 유명 승려의 이름도 적지 않지만, 그 외에 사라졌거나 나타나지 않은 승려는 더 많았을 것이다. 한나라와 위나라 사이만이 아니라 양진(兩晉) 시기에도 학사와 유명한 승려는 모두 남쪽으로 건너갔으니, 이것이 제3차 학술의 전이(轉移)이다. 이 이후부터 남북의 불학(佛學) 기풍은 더욱 다른 형태를 띠었다. 남방은 의리(義理)에 전문적으로 정통했다. 반면에 북방은 행업(行業)에 치중했는데 현학의 풍습이 몇 번에 걸쳐 남쪽으로 이전되었기 때문이다.

미주

제10장

1) 승조의 『구마라집 법사의 추도문[什法師誄文]』

2) 『우록』14, 『고승전』 및 『진서·예술전(晉書·藝術傳)』에 모두 전기가 있고 법사의 이름도 똑같이 구마라집으로 되어 있다. 『우록』에 실린 여러 경전의 서문에도 대부분 똑같은 이름이다. 그러나 어떤 경우는 구마라기바(鳩摩羅耆婆)라고 칭하는데 예컨대 『십주경서(十住經序)』가 그렇다. 또 『성실론기(成實論記)』에서는 구마라기바(拘摩羅耆婆)라 했고, 『대지론기(大智論記)』에서는 구마라기파(究摩羅耆婆)라 했고, 『소품경서(小品經序)』에서는 구마라(鳩摩羅)라 했고, 『법화경후서(法華經後序)』에서는 구마라(究摩羅)라 했고, 『신출수능엄경서(新出首楞嚴經序)』에서는 나습(羅什)이라 했고, 『보리경주서(菩提經注序)』에서는 기바(耆婆)라 하였다.

3) 구마라집의 나이는 『광홍명집』에 있는 승조의 『구마라집 추도문』에 근거하여 계산했다. 이 이하의 기록은 대부분 『우록』의 전기를 바탕으로 하였다. 고려 판본의 『우록』 전기에서는 "구마라집은 제(齊)나라 말로 동수(童壽)이다"라고 하였는데, 이 전기는 원래 남제(南齊) 시대에 지은 것이다.

4) 『대승대의장(大乘大義章)』에서는 부서(符書)[1]를 인용해서 구마라집이 바라문 종성(種姓)의 후손이라고 한다.

  1) 부록(符錄) 또는 부도(符圖)라고도 한다. 미래에 나타날 일을 미리 예측한 글이다.

5) 『진서』 및 『대승대의장』에서는 부서를 인용하여 모두 구마라염이라 했고,

『우록』,『고승전』에서는 구마염(鳩摩炎)이라 했다.

6) 『우록』에서는 "대대로 이어받은 재상 지위를 버리고 속세를 떠나 출가했다"고 한다. 길장(吉藏)의 『백론소(百論疏)』에서는 나라가 망하여 멀리 구자국으로 갔다고 한다.

7) 『우록』에서는 "구자국 왕은 그가 부귀영화를 포기했다는 말을 듣자 매우 존경하면서 교외까지 나와 친히 마중하고 국사(國師)로 청했다"고 한다.

8) 『수경주(水經注)』에서 도안의 『서역기』를 인용하여 "구자국 북쪽 40리의 산에 작리대청사(雀離大淸寺)라는 사찰이 있다"고 했다. 『우록』11의 『비구니계본본말서(比丘尼戒本本末序)』에서는 "구자국 북쪽 산에 치예람(致隷藍)이라는 절이 있으며 60명의 승려가 있다"고 했는데, 바로 이 절을 말한 것이다.

9) 『고승전』에서는 "당시 달마구사(達摩瞿沙)라는 나한(羅漢)이 '이는 틀림없이 지혜로운 자식을 임신한 것이다'라고 하면서 사리불(舍利弗)이 태(胎)에 있을 때의 증험을 설했다"고 하였다. 길장의 『무량수소(无量壽疏)』에서는 '사리불이 태에 있을 때 그의 어머니는 변론에 능숙했다'고 하였다.

10) 『아육왕태자괴목인연경(阿育王太子壞目因緣經)』에서는 아육왕이 아들 법익(法益)에게 준 영토 중에 구자국이 포함되었다고 기록하고 있다.

11) 혹은 백(白)이라고도 한다.

12) 하지만 이는 사실상 진(晉)나라 양주(涼州)의 백연(白延)으로 위나라 시대가 아니다. 『개원록』이 잘못된 것이다.

13) 『개원록』에서는 혜제(惠帝) 때 법거(法炬)가 경전을 번역한 적이 있다고 하는데 백법거인지는 확실하지 않다.

14) 구자국의 왕세자이다. 『개원록』에 위나라 때의 백연으로 기록된 것은 이 사람에 대한 오류이다.

15) 『우록·담무참전』

16) 이 서문은 원래 지은이의 이름이 유실되었지만, 그러나 잘 살펴보면 도안(道安)이 승순의 말을 직접 듣고 기록한 것이다.

17) 이상 30자(字)는 원래 작은 글자의 주석인데 지금 큰 글자로 고쳤다.

18) 검모법은 바로 잡법(雜法)이고, 검모란 바로 갈마이다. 그래서 앞의 문장 속 검모왕은 마치 한 글자인 것 같다.

19) 앞의 글을 보라.

20) 온숙은 조위(曹魏)로부터 원위(元魏) 시기까지 구자국에 신하국으로 소속되었다.

21) 대체로 진(晉)나라 목제(穆帝) 영화(永和) 6년.

22) 혹은 불도설미

23) 원문에서는 "게송은 32자로 모두 3만2천자"라고 하였다.

24) 구마라집이 최초로 독송한 경전은 바로 소승의 『아비담(阿毗曇)』인 것으로 추측된다. 서방의 교학은 아마 먼저 『아비담』을 전수했을 것이다.

25) 원서에 상세함.

26) 대략 진나라 목제(穆帝) 영화(永和) 11년

27) 『고승전』에서는 우파구다(優波鞠多)라고 했다. 『우록』3의 기록에 의하면 우파굴(優波掘)은 석가모니 후의 제5대 대사로서 율장을 『십송율(十誦律)』로 고쳤다. 현장의 『서역기』 4권에서는 오파구다(鄔波鞠多)가 매번 한 쌍의 부부를 제도할 때마다 나무 가지 하나를 놓아두었는데 석실(石室)이 나무 가지로 가득했다고 하였고, 『서역기』 8권에서는 그가 아육왕에게 탑을 세울 것을 권했다고 하였다.

28) 『고승전』에서는 지맹(智猛)이 기사(奇沙)에서 부처님의 바루를 보았다고 하고, 『불국기(佛國記)』에서는 불루사국(弗樓沙國)에 부처님의 바루가 있다고 했다. 하지만 구마라집이 머리에 올린 바루는 사륵국에 있다.

29) 이는 일체유부(一切有部)의 근본론인『발지론(發智論)』을 말하는 것이다.

30) 『발지론』의 결온(結蘊)에 십문품이 있고, 지온(智蘊)에『수지품』이 있다.

31) 이상은『고승전』및『우록』을 보라. 다만『우록』의 기재는 비교적 간략하다.

32) 『우록, 구마라집전』에서는 구마라집이 야사에게서『십송율』을 배웠다고
   하는데 정확하지 않다. 야사는 사분율사(四分律師)이기 때문이다.

33) 이상 상세한 내용은 우계료제(羽溪了諦)의『서역의 불교』제4장 제4절을
   보라.

34) 어떤 사람은 사거국이 바로『법현전』의 자합국이라고 한다.

35) 이 말은 이해하기가 아주 어렵다. 대충의 뜻은 형제가 왕위를 버리고
   출가했다는 뜻인 듯하다.『법화전기(法華傳記)』에서 이 글을 인용했는데,
   사(莎)는 초(草)로 되어 있고 청(請)은 제인(諸人)으로 되어 있다.『백론소
   (百論疏)』에서는 구자왕(丘玆王)으로 되어 있고 왕자의 이름은 사거(沙車)
   로 되어 있는데 모두 말이 통하지 않는다.

36) 『우록』에서는 소마가 왕자라고 말하지 않았으며, 형제 두 사람에 대한
   것도 기록되지 않았다.

37) 『백론소』에서는 이 일에 대한 서술이 아주 다르다.『아누달경』은『홍도광
   현삼매경(弘道廣顯三昧經)』이라고도 하는데 서진(西晋) 시대의 축법호
   가 번역했다.『우록』을 보라.

38) 『백론소』의 기재를 참고하라.

39) 『우록』에서는 구마라집이 야사와 소마를 만난 것은 구자국에 돌아간
   뒤라고 서술했는데, 이는『고승전』의 서술과 다르다. 지금은『고승전』을
   따른다.『고승전』과『우록·불타야사전』에서 서술한 두 사람과 구마라집
   의 관계는 약간 다르지만, 그러나 둘 다 똑같이 구마라집이 사륵에서
   야사를 만났다고 한다.

40) 『고승전』에 상세히 기록되었다.

41) 이는 바로 구마라집의 어머니를 가리킨 것이다. 어머니는 왕의 누이동생으로 앞에서 서술했듯이 출가하여 선(禪)을 닦아 초과(初果)를 증득했다.

42) 대체로 진(晉)나라 애제(哀帝) 흥녕(興寧) 원년(元年)이다.

43) 『우록』에서는 구마라집이 온숙에 거주한 것과 계를 받은 일에 대한 기록이 없다. 이는 『고승전』을 따른 것이다.

44) 이상 『고승전』을 보라.

45) 『고승전』에서는 단지 『방광경』을 읽은 것만 서술했고 마귀의 방해를 받았다고 했다.

46) 『우록』에서는 작리대사에 2년간 거주한 것을 말한 듯하고, 『고승전』에서는 신사를 말하는 것 같다.

47) 앞서 기술한 문장을 보라.

48) 『우록』에서는 구마라집이 스스로 계빈국에 가서 스승을 교화했다고 한다.

49) 『우록』 4 실역궐본록(失譯闕本錄)에 1권이 기록되어 있다.

50) 『우록』에서는 스승을 위하여 일승의 심오한 뜻을 설했을 뿐 경전 이름은 말하지 않았다고 하였다.

51) 바로 『서응본기경(瑞應本起經)』에 태자가 일곱 살 때 학문을 배우면서 한 말이라고 서술되어 있다.

52) 『비구니계본소출본말서』를 찾아보면 11월에 번역 출간되었고, 도안이 장안에 간 것은 부비(符丕)가 양양(襄陽)을 공략한 후인 2월이다.

53) 『고승전』에는 '양양에 사문 도안이 있다[襄陽有沙門道安]'는 일곱 글자가 더 있지만, 도안은 2년 뒤에야 장안에 도착했다.

54) 『고승전』에는 이 구절 밑에 "사자(使者)를 보내 모셔오도록 했다[卽遣使求之]"는 다섯 글자가 더 있다.

55) 『진서(晉書)』 122를 보라.

56) 『통감(通鑑)』 104 및 『십육국춘추집보(十六國春秋輯補)』 35.

57) 부견이 부융(符融)에게 대답한 말, 『진서』 114를 보라.

58) 아마 백진(帛震)일 것이다.

59) 『진서·대기(戴記)』에서는 사거국의 전부왕 미진(彌寘)과 선선왕 밀태(密䭾)가 조정에 와서 왕을 알현하고 서역 정벌을 청했다고 하는데, 이는 건원 18년이지 17년이 아니다. 또한 『우록』에 있는 도안의 『반야초서(般若抄序)』에 따르면 두 왕이 부견을 알현한 일은 역시 18년인 것 같다. 『고승전』의 내용은 사실상 잘못이다.

60) 『우록』에서는 19년으로 되어 있는데 잘못이다.

61) 이에 근거하면 부견이 군사를 일으킨 동기가 오로지 구마라집을 영접하기 위해서라는 것은 확실치 않은 듯하다. 『우록』에는 본래 이런 말이 없다.

62) 『광홍명집(廣弘明集)』

63) 『진서』에 상세함.

64) 연호를 태안(太安)으로 고쳤으니, 진나라 태원 11년이다.

65) 태원 11년, 원년은 또한 2년이라고도 한다.

66) 팽황은 그해 12월에 반란을 일으키고, 양겸의 일은 고증할 수 없다.

67) 즉 여광의 비룡(飛龍) 2년, 진(晉)나라 융안(隆安) 원년 5월.

68) 『고승전』에서는 곽형(郭馨)이라고 했는데 잘못이다. 이 일은 동년 8월에 있었다.

69) 『우록』에서는 경법(經法)이라 함.

70) 『우록』의 기재는 이와 다르지만 근거로 삼을 수는 없다.

71) 이는 승조의 추도문에 근거함.

72) 양주 사문으로 서역까지 유행(遊行)했다.

73) 『명승전』에서는 외지(外地)로 유행했고 동시에 번역가라고 하였음.

74) 구마라집은 게송을 지어 법화에게 증여했다. 『고승전』을 보라.

75) 연담마난제(延曇摩難提)가 번역한 『왕자법익괴목인연경(王子法益壞目因緣經)』, 『우록』 7 축불념의 서문을 보라.

76) 도안을 가리킴.

77) 이는 『고승전』을 인용함.

78) 약(畧)자와도 통함.

79) 표(標)자의 잘못임, 즉 도표이다.

80) 항(恒)자의 잘못이다.

81) 승예의 『대품서』에 의하면 번역할 때 오백여 명의 사문이 있었다고 하고, 『고승전』에는 팔백여 명이라 했다. 세 곳의 기록된 승려의 이름도 각각 다르다.

82) 『승전』에서는 요흥이 구경(九經)에 뜻을 두고 마음은 십이부(十二部)에 노닐었다고 했다.

83) 요흥은 불교를 현법(玄法)이라 불렀다.

84) 이상의 인용은 모두 『광홍명집』에 실린 요흥과 요숭의 서신 왕래에서 보인다. 『승전·구마라집전』을 참고하라.

85) 서신은 『혜원전』을 보라.

86) 모두 『혜원전』에 보인다.

87) 자는 치원(稚遠).

88) 다음에 상세히 밝힘.

89) 이름은 상주사(常住寺)이다.

90) 이 두 사람이 누구인지는 모른다.

91) 상세한 내용이 없다.

92) 상세한 내용이 없음.

93) 채(채)자와 통함.

94) 도안과 동문수학하였으며 도안을 도와서 경전의 교정을 보았다. 형양(滎陽)사람으로 원래 촉(蜀) 지방에서 장안으로 왔다.

95) 위(魏)나라 군(郡)인 장락(長樂)사람으로 도안의 제자이고 번역을 도왔다.

96) 도안을 도와『비나야』를 번역했고, 구마라집이『성실론』을 번역할 때 필사한 사람으로 북쪽 지역 사람이다.

97) 『대품경서』에 보인다. 도안 시절에『증일아함경』번역에 참여했다. 원래 장안의 대사(大寺)에 거주했다.

98) 즉 담계(曇戒)로서『승전』5에 보인다. 원래 도안의 제자인데 도안과 함께 장안의 태후사(太后寺)에 거주했다. 『명승전초』에 보인다.

99) 요흥은 이상 네 사람을 승관(僧官)으로 임명했는데 모두 장안의 승려이다.

100) 남전(藍田) 사람이다. 심무의(心無義)를 주장했으며, 구마라집을 만나기 전에는 형주에 있었다.

101) 도항과 동문수학하였다. 요흥은 두 사람에게 환속하라고 권한 적이 있으며,『승전』및『홍명집』에 요흥이 두 사람에게 보낸 서신이 있다.

102) 경조(京兆) 사람으로『사아함모초』를 필사한 사람이다.

103) 장안 사람이다.

104) 경조 사람이다.

105) 도안의 제자로서 본래 장안에 있다가 나중에 혜원을 섬겼고 늘 구마라집에게 서신을 전달했다.

106) 불타야사의 『장아함경』 번역을 도왔다. 서문에서는 양주(涼州) 사문이라 고 했는데, 어찌 도안 시기의 축불념(竺佛念)이겠는가.

107) 『장아함』의 번역을 도운 사람이다. 서문에서는 진(秦)나라 도사라고 했지 만 본래는 관중에 거주했을 수도 있다.

108) 급군(汲郡) 임려(林慮) 사람, 혜엄(慧嚴)(예주(豫州)사람이고 각현(覺賢) 과 함께 관중 지역에 들어왔다.

109) 기주(冀州) 사람으로 후에 형주에 머물렀다.

110) 집이 황룡(黃龍)에 있다.

111) 황룡 사람이다. 제자 승복(僧馥)은 예천(醴泉) 사람으로 『보리경주서(菩提 經注序)』를 지었는데 오늘날 현존한다. 담순이 구마라집을 따른 뒤에 다시 혜원을 스승으로 모셨다.

112) 황하 이북 지역 사람이다.

113) 조군(趙郡) 사람이다.

114) 법태(法汰)의 제자로 팽성(彭城)사람이다. 건업에 있다가 후에 여산으로 갔고 이내 관중으로 갔다.

115) 기주 사람으로 본래는 도안의 제자이다. 서역으로 구법하러 갔다가 돌아온 후에 여산으로 갔다. 훗날 도생과 함께 가서 구마라집을 만났다.

116) 혜원의 제자로 여산의 승려이다.

117) 여산 능운사(凌雲寺)의 승려이다.

118) 안정조나(安定朝那) 사람으로 여산 혜원의 제자이다.

119) 혜원의 제자이다. 후에 구마라집을 스승으로 모시고 말년에는 회계(會稽) 에 머물렀다.

120) 『광명홍집』의 『약야경법사추도문[若耶敬法師誄]』에서는 여산에서 관중 으로 왔다고 했다.

121) 오나라 사람

122) 『승전』에서는 승필과 동창이라고 했는데 역시 남쪽 사람일 수도 있다.

123) 아래의 여섯 사람은 모두 『대품경서』에 보인다.

124) 요흥은 두 사람을 승관으로 임명했는데 본래 장안에 있었을지도 모른다. 또한 『승전·도조전(道祖傳)』에서는 승천, 도류가 함께 여산에 와서 계를 받았고 혜원은 그들을 가상히 여겼다고 했다.

125) 성실론가(成實論家)로 구마라집의 제자이다. 『위서·석로지』에 보인다.

126) 『승전, 승예전』에서는 동창이라고 했는데 아마 구마라집의 제자일 수도 있다.

127) 『우록·십주경함주서(十住經含注序)』에 근거함.

128) 구마라집의 제자이다. 여덟 명의 준걸[八俊] 중의 한 명으로 늘 관내빙(關內憑)이라 불렸다. 역시 관중 사람일지도 모른다.

129) 승도와 함께 구마라집을 스승으로 모셨다. 본래 장안에 거주했을 수도 있다.

130) 『성실론』을 필사한 사람.

131) 이 밖에 『우록』에서 말한 재(才)와 창(暢) 두 사람과 승돈이 있으며, 『위서, 석로지』의 도동(道彤)도 그 출처를 알지 못한다.

132) 『우록』, 『승전』에 상세함.

133) 『명승전초』는 38부 294권이라고 한다. 『우록』 14에서는 300여 권이라고 했다.

134) 아울러 선법(禪法)을 수여하고 계율도 주었다.

135) 응당 담순일 것이다.

136) 양무제의 말, 앞으로 열거할 연표를 참고하라.

137) 『승전』에 상세함.

138) 범(梵)이라도 함.

139) 이 일은 『승전』에 상세함.

140) 승예는 도안을 따르면서 계빈국의 유부(有部)가 중국의 여러 승려들에게 온 것을 보았고 『비담』에 대해서도 본래 공부했었다.

141) 당시 대략 23세였다.

142) 이상은 모두 『고승전』에 보인다.

143) 도표와 동일할 것이다.

144) 『방록』에서는 홍시 4년에 번역한 『좌선삼매경』이 바로 이것이라 했다.

145) 승예의 『관중출선경서(關中出禪經序)』에 상세하게 보인다.

146) 『우록』 2에서는 소요원에서 번역했다고 한다. 『우록』 10 후기(後記)에서는 소요원 서문각이라고 했다.

147) 『대품서』 및 『대지도론서』.

148) 『관중출선경서(關中出禪經序)』에 상세함.

149) 호는 대비바사(大毘婆沙)

150) 이는 승조의 『장아함서』에 근거했다. 하지만 장경(藏經)에 현존하는 『사분률서』도 역시 승조가 지었고, 이에 사분률을 홍시 10년에 번역했다고 하는데 그 이유를 모른다. 현재 『우록』에 『사분률서』를 수록하지 않았기 때문에 이 서문은 믿을 수 없는 것 같다. 『개원록』에서 이에 대해 해석한 내용이 있지만 통하지 않는다.

151) 어느 경전인지는 모른다.

152) 『우록 · 약성실론기(略成實論記)』.

153) 이 중에 『범망경(梵網經)』, 『인왕경(仁王經)』 두 경전은 모두 의심스러워

편입시키지 않았다.

154) 승예의 『대품경서』

155) 『대지석론서(大智釋論序)』

156) 『지도론기(智度論記)』를 보라.

157) 그 문장에서는 "영귀리에 파약대가 있다"고 했다. 요홍은 사문 5천여 명을 모았는데 대도(大道)를 얻은 자는 50명이다. 영귀리에 불탑을 조성하고 파약대를 세웠으며, 거처에 수미산을 만들고 사면에 높은 바위와 가파른 암벽을 만들었다. 진귀하고 기이한 동물이나 새도 있고, 숲과 초목도 기이하고 신선과 불상도 있는데, 사람들이 들어보지 못한 것이라서 모두 희귀하다고 여겼다.

158) 『장방록』 및 『내전록(內典錄)』에 상세히 보임.

159) 『승전』에서는 구마라집이 외국 제자를 곁에 두고 있었다고 하며,『도융전(道融傳)』에서도 사자국(師子國)의 바라문 외도가 장안에 왔다고 하였다.

160) 『조론(肇論)』에 실려 있음.

161) 혜원의 제자인 지법령(支法領)

162) 대석사(大石寺)라 한 곳도 있는데, 이는 『우록』의 기재를 따랐다.

163) 즉 소요원이다. 현행본『조론』에서는 와관사(瓦官寺)라고 하는데 잘못된 것이다. 혜달이 지은 소(疏)에서는 관사(官寺)라고 했는데 역시 잘못된 것이다. 지금은 고려본『우록』에 근거해 고쳤다.

164) 『고승전・승조전』,『출삼장기집』3에서 모두 인용했고 문장이 약간 차이가 있다.

165) 『우록・장아함경서』에서는 "홍시 12년 상장(上章)¹⁾이 무(茂)를 가린 해(경무년(庚茂年))에 삼장의 사문 불타야사를 청하여 율장의 『사분률』40권을 번역하기 시작해서 홍시 14년에 완성했다'고 하였다.[현존하는 『사분율서』

의 기록은 다르다. 하지만『우록』에서는 이 서문을 싣지 않았기에 근거로
삼을 수 없다.]『우록』3에서도『사분률』은 삼장 법사 불타야사가 출간한
것이라고 한다. [『우록』2에서도 불타야사를 삼장법사라고 불렀다.] 진(秦)
나라의 사예교위(司隸校尉) 요상(姚爽)이 삼장 법사를 청하여 중사에서
안거하도록 했는데, 삼장 법사는 율장의 번역자로 바로『사분률』을 번역했
다.[『조론소』에서는 대부분『십송(十誦)』번역자라 하는 경우가 많았지만,
『우록』3에서는『십송률』이 소요원에서 번역했다고 했으므로 응당 아닐
것이다.]

1) 십이지(十二支) 중 경(庚)의 별칭이다.

166) 도표의『사리불아비담서』에 근거하면, 두 사람은 홍시 9년에 범문(梵文)을
     필사하고 홍시 16년에 비로소 번역하기 시작했다. 승조는 이 책이 홍시
     12년에 지어진 것으로 의심하며, 지법령은 바로 이해 전에 장안으로
     돌아왔다.[『사분률서』에서는 지법령이 홍시 10년에 돌아왔다고 하는데
     근거로 삼을 수 있는지 여부는 모르겠다.] 소위 선사 한 분, 삼장 법사
     한 분, 비바사 법사 두 분은 아마 지법령이 서역에서 보고서 중국에
     오도록 요청했겠지만, 그러나 반드시 동행하여 중국에 들어오지는 않았을
     것이다. [『승전』에서는 지법령이 외국의 법사를 초청한 일에 대한 기재가
     없다. 다만『사분율서』에서는 지법령이 불타야사와 함께 동쪽으로 왔다고
     말했다]

167) 구마라집을 도와『십송율』을 번역했는데 완성하지 못하고 죽었다.

168) 구마라집을 도와 이어서『십송율』을 번역했다.

169) 구마라집의 스승. 만년에 수춘(壽春)에 거주하면서『십송률』을 크게 전파
     했으며, 강남 사람들은 그를 종사로 대했다.

170)『우록』에서는 불대발타(佛大跋陀)라고 함.

171)『승전』에서는 "본래의 성(姓)은 석씨(釋氏)이며 가유라위(迦維羅衛) 사람
     으로 감로반왕(甘露飯王)의 후손이다. 하지만『우록』에는 이 말이 없다.

172) 혜달의 『조론소』에는 율(律)자가 없다.

173) 혜달의 『조론소』에는 혜예도 있다.

174) 이는 『승전, 지엄전』에 근거했다. 『승전·각현전』에서는 총령 산맥을
지나 여섯 국가를 거쳐서 동쪽으로 왔다고 하는데, 『서역기(西域記)』
10권에서 말하는 동남쪽 바다의 모퉁이에 있는 여섯 나라일 수도 있다.
교지(交趾)에 도착하여 배로 바다를 건너 청주(靑州)에 도착한 뒤에 다시
관중으로 갔다고 하는데 믿을 것이 못된다.

175) 『승전·지엄전』에서는 대사(大寺)에 거주했다고 한다. 『현고전(玄高傳)』
에서는 석양사라고 했으며, 『우록』 12 『사자전(師資傳)』에서는 제공사(齊
公寺)라고 했다.

176) 『승전』에 의거함.

177) 혜달의 『조론소』에 의거함.

178) 『승전』에 의거함.

179) 『승전』에 상세한 사적이 있음.

180) 『통감(通鑑)』에서는 유유가 그해 11월에 강릉에 도착했다고 하였다.

181) 나중에 상세히 서술함.

182) 『각현전(覺賢傳)』에 의거함.

183) 『우록』 12 『사자전(師資傳)』

184) 사바다부는 바로 소승의 일체유부이다.

185) 『우록』 3을 참고하라.

186) 『우록』에 실린 혜원의 『여산출선경서(廬山出禪經序)』에 상세히 보인다.

187) 약칭 나타(羅陀)

188) 협비구(脇比丘)인 것 같다.

189) 『우록』에 의하면 바로 『좌선삼매경』이며, 일명 『보살선법경(菩薩禪法經)』
이라고도 한다. 제2권만 현존하고 있다.

190) 각각의 기록에는 모두 빠졌다고 하는데, 그러나 어쩌면 현존하는 『좌선삼
매경』의 마지막 하나의 경전일 수도 있다.

191) 『선법요해』는 현존하고 있다.

192) 『우록』에 근거하면 이것이 바로 현존하는 『선비요법(禪秘要法)』이다.

193) 이상은 『우록』에 실린 승예의 『관중출선경서(關中出禪經序)』에 근거함.

194) 이 말은 『승전』에서 나온 것이다.

195) 『우록』에 실린 혜관의 『수행부정관경서(修行不淨觀經序)』에 나오는 말
이다. 생각건대 이 서문은 현존하는 경전 제9품 이하의 서문이다.

196) 혜관의 서문에서 전수의 역사를 상세하게 서술했는데 과거에 각현이
스승으로부터 이어받은 것도 기록했다. [『우록』 12] 대체로 선법은 전수의
가법(家法)을 중시하니 계율만 그런 것이 아니다.

197) 이 서문을 통서(統序)라고 하는데 바로 현존하는 경전 전서(全書)의 서문이
다. 혜관의 서문은 나중 절반 부분에 대한 서문이다.

198) 『승전 · 승예전』과 번역된 선경(禪經)에 보인다.

199) 진(陳)나라 혜달의 『조론소』, 수(隋)나라 길장의 『중론소』에서 모두 이
저서에 있는 구마라집의 문장을 인용했다.

200) 질문자는 모르고 구마라집이 대답한 것이다.

201) 왕치원이 질문하고 외국의 법사가 대답했다.

202) 외국의 법사가 대답하고 질문한 사람의 성명은 주석하지 않았다.

203) 양당지(兩唐志)

204) 원강(元康)의 『조론소』에 보인다.

205) 혹은 사론(四論)

206) 사론(四論) 중 세 가지는 모두 용수의 작품이다.

207) 지둔의 『토산회시서(土山會詩序)』에는 '몸을 벗어난 정결[貞]을 깨닫는다' 는 말이 있다.

208) 이상 두 마디는 『대승대의장』 상권에 보인다.

209) 『대승대의장』 제7

210) 『대승대의장』 제15

211) 『유마주』 3권

212) 『유마주』에 보인다.

213) 따라서 반야는 얻는 바가 없다.

214) 만물은 소여(所如)한대로 여여하고 그러한 바대로 그러하니, 애초에 낱말 과 언어로 억지로 분별해서 피차간에 얻을 수 있는 것이 아니다.

215) 구마라집은 이 뜻을 밝히기 위하여 『대승대의장』과 『유마주』에서 여러 번 "사물은 정해진 상(相)이 없다"고 말했다.

216) 우주의 본체는 모두 공무(空無)가 아니다. 하지만 사람의 마음이 상(相)을 취하여 집착해서 이를 실물로 여긴다면 곧바로 공을 짓밟는 것이다.

217) 예컨대 극미의 자아(自我) 등이 그것이다.

218) 마치 본체 이외에 또 현상이 있다고 말하는 것 같다.

219) 예컨대 서양 철학의 데이비드 흄이 배척한 실체(Substance)설과 같다.

220) 자성이란 자아의 극미(極微) 등과 같은데 흄과 같은 철학자들이 말하는 허구[Fictions]이다.

221) 『유마주』 6에서 구마라집은 "법은 정해진 상이 없고 상(相)은 감응을 말미암아 생기니, 이는 곧 법은 자성이 없고 반연의 감응으로 일어남을

일컫는 것이다"라고 했는데, 여기서 즉위(即謂; 즉…… 일컫는 것이다)
두 글자가 중요하다. 대체로 법 위에서 정해진 상이 있다고 집착하면
법은 자성이 있다는 주장을 가지게 된다.

222) 만약 이런 식으로 집착하면 도리어 공에 떨어져, 소위 악취공(惡取空)이다.

223) 현장(玄奘) 제자들의 장소(章疏)는 비교적 많이 남아있다. 이 때문에 현장
의 저작은 비록 보존되지 않았지만 구의(口義)는 아주 많아서 당나라
사람의 장소(章疏)에 적지 않게 보인다.

224) 가공(加工)해서 행하는 것을 이름하여 가행이라 한다.

225) 범부의 지위에서 지혜를 증득하지 못하면 마음이 일어날 때 반드시 상(相)
을 취하는 바가 있다. 취하는 바[所取]가 있기 때문에 반드시 능(能)히
상을 취하는 것이니, 이는 능(能)과 소(所)가 서로 의지하여 있기 때문이다.

226) 멸한다는 것은 모든 잡되고 물든 것들을 멸하는 것이고, 적(寂; 고요함)이란
고요해서 상을 취하지 않는 것이다.

227) 이 설은 언제 시작되었는지 모른다. 송나라 지원(智圓)의 『열반기요(涅槃
機要)』에 실려 있다.

228) 총명한 깨달음이 천성(天性)에서 나왔다.

229) 여기서 와(窪)는 심(深)이다. 유연(流連)을 깊이 생각해야 비로소 지속적으
로 충족할 수 있다.

230) 노력해서 앞자리를 얻었다.

231) 도연(道淵)의 성이 구(寇)씨이다.

232) 『승전』에서 도연은 빛을 감추고 덕을 숨기고 있어서 세상에서는 모르고
있었다고 한다.

233) 여기서는 단지 강남의 승려만 말했을 것이기 때문에 세 사람이 빠졌다.

234) 돈황본 체청(體請)의 『석조서(釋肇序)』. 길장의 『중론소』 1을 참고하라.

235) 『북산록(北山錄)』 4를 참고하라.

236) 『조론신소유인(肇論新疏游刃)』에 보이니, 이는 바로 『승전』의 역경론에
    근거한 것이다.

237) 아마도 태산의 승랑일 것이다.

238) 응당 장안에서 임종한 것이다.

239) 『위서・은소전(殷紹傳)』에서는 담영이 양적구애암(陽翟九崖巖)에 거주
    했다고 하는데 혼자였을 것이다. 담영은 선(禪)을 수행했기 때문에 만년에
    산에 거주했다.

240) 『유의론(喩疑論)』에서 말하는 돌아가신 스승은 도안을 가리킨다.

241) 『우록』 15 『도생전(道生傳)』에서는 맨 처음 혜예가 일으켰다고 하는데
    응당 사찰 이름일 것이다.

242) 『우록・법화종요서(法華宗要序)』

243) 『본전』에서는 구마라집이 죽은 후라고 하는데 잘못된 것이다. 의희 8년
    유유(劉裕)가 유의(劉毅)를 토벌하러 강릉에 갔을 때 혜관은 이미 유유를
    만났을 것이다. 『각현전』을 보라.

244) 이는 『본전』에 근거함.

245) 『비마라차전』을 보라.

246) 모두 『승전』에 있다.

247) 학(學)자의 오자일 것이다.

248) 『십이문논서(十二門論書)』의 말.

249) 『승전』에 보인다.

250) 원래는 작(作)으로 되어 있다.

251) 남조(南朝) 사대부의 청담은 자주 통발과 올무를 사용했다. 그래서 통발과

올무는 기물(器物)로서 현학을 담론하는 자들의 상징이다.

252) 송(宋)나라 효월(曉月)의 『주조론서(注肇論序)』에서는 속가의 성이 장씨 (張氏)였다고 한다.

253) 『백론소(百論疏)』 1에서는 "구마라집이 경사에 도착하자 승조는 그를 따르면서 일을 청했다"고 하는데 잘못된 것이다.

254) 서기 406년 병오년(丙午年)에 구마라집이 번역했음.

255) 이는 『승전』에 근거했다. 다른 책에는 32세로 되어 있다.

256) 이 말은 『융흥편년(隆興編年)』 3권에 나온다. 또 길장의 『중론소』 1에는 "노인은 도융과 혜예이고 젊은이는 도생과 승조"라는 말이 있다.

257) 원문의 지(知)자는 잘못된 명자(名字)이다.

258) 『열반무명론』에 들어있다.

259) 『광홍명집』의 실려 있는 것을 근거로 함.

260) 즉 경주(經注)의 서문

261) 『어선어록(御選語錄)』에서는 "사형을 당할 사람이 휴가를 얻어 책을 쓴다 는 이치는 없다"고 했으며, 승조가 죽임을 당했다는 일도 실제로 확실하지 않다.

262) 송나라 효월의 『조론서주(肇論序注)』에서는 "『보장론』을 지어서 진나라 왕에게 올렸고 진나라 왕은 은근하게 답장을 하사했다'고 했으니, 송나라 때의 사람도 승조가 죽임을 당한 것을 모르고 있었다.

263) 서문에서는 승조가 의희 10년 31세로 장안에서 임종을 맞았다고 했지 죽임을 당했다고 말하지 않았다.

264) 원화(元和) 10년에 세상을 떠났다.

265) 선종의 책 『벽암록』 5에서 이 말을 인용하면서 『보장론』에서 나왔다고 했다.

266) 허동(虛洞), 태청(太淸), 음부(陰符) 등등.

267) 『장아함·십상경(十上經)』에서 신족통(神足通), 천이통(天耳通) 등을 '육
신통(六神通)'이라 한 것을 증거로 삼을 수 있다. 『장아함』을 번역할
때 승조도 참여했으며 그가 지은 서문도 현존하고 있다.

268) 『유마경·방편품』의 "유희신통(遊戲神通)"이란 구절 아래에 승조가 주석
을 달기를 "경전에서는 보살이 오통을 얻거나 혹은 육통을 갖춘다……."고
하였으니, 이것이 승조가 '통'이 '신통'의 약칭임을 알고 있다는 증거이다.

269) 『내전록(內典錄)』에서 말한 『무명자(無名子)』는 바로 승조의 이름을 빌린
위서이다.

270) 앞부분을 보라.

271) 마치 석도안 같으니, 앞의 내용을 보라.

272) 서양 철학자 스피노자(Spinoza)는 "모든 규정은 부정이다"라고 말했는데,
구마라집은 "만물은 정해진 상(相)이 없어서 그 성품이 허망하다"라고
하였다.

273) 이것이 바로 육가의 치우침으로 부즉(不卽)의 즉(卽)이다.

274) 체용일여(體用一如) 역시 스피노자가 말하는 '자기 원인(immanent cause)'
과 비슷하다.

275) 부진공은 바로 지업석(持業釋)[1]으로 부진(不眞)이 곧 공(空)이란 말이다.
공이 부진(不眞)이라고 말한 것은 아니므로 실재론을 주장한 것이다.

> 1) 육합석(六合釋)이란 첫째, 지업석(持業釋), 둘째, 의주석(依主釋) 이나 의사석
> (依士釋), 셋째, 유재석(有財釋), 넷째, 상위석(相違釋), 다섯째, 인근석(鄰近
> 釋), 여섯째, 대수석(帶數釋)이다.
> 이 중 첫째인 '지업석'은 뜻(義)은 두 가지이지만 체(體)는 하나인 것이다.
> 지(持)는 능지(能持)의 체(體)이고, 업(業)은 소지(所持)의 뜻(義)이다. 두 가지
> 뜻이 하나의 체(體)에 의거하기 때문에 또한 동의석(同依釋)이라고도 한다.
> 예컨대 번뇌장(煩惱障)은 번뇌와 장(障)이 두 가지 뜻이다. 그러나 그 체(體)를

논하면 하나로서 둘로 나눌 수 없다. 둘로 나눌 수 없어서 하나의 체(體) 위에 두 가지 뜻을 지녔으니, 이것이 바로 '지업석'이다.

276) 이는 『방광경』을 인용했는데 바로 논문의 명칭이 유래한 것이다.

277) 『주역』에서는 "적멸해도 움직이지 않음이 없는지라 감응하여 마침내 통한다"고 했는데, 이 역시 같은 견해로 해석할 수 있다.

278) 『논』에서는 "그래서 경전에서는 '모든 법의 다르지 않음'이 어찌 학의 다리를 잘라 오리 다리에 잇고 산악을 평탄하게 하여 계곡을 메운 후에 다르지 않는 것이겠는가!"라고 하였다.

279) 『성실론』, 『열반경』은 모두 『반야경』 뒤에 번역 출간되었다.

280) 원강(元康)의 『조론소』에서는 『명승전』을 인용하여 구마라집이 이렇게 말했다고 하였다.

281) 득(得)자로 의심

11

석혜원

1) 석혜원의 지위

교화의 바탕은 풍속을 바꾸는데 있다. 석혜원은 덕행(德行)이 지극히 순수하고 비할 바 없이 맑았다. 그는 여산 기슭에 은거해서 30여 년간 산 밖으로 나가지 않았다. 은중감(殷仲堪; 은호)은 나라의 중요한 대신이고, 환현(桓玄)은 위풍이 진동하는 왕이고, 사령운(謝靈運)은 재능이 출중하고, 혜의(慧義)는 올바르고 꿋꿋하여 거리낌이 없었다. 이들 각자는 저마다 경도(傾倒)된 사상이 있었는데, 정신력이 탁월하지 않았거나 지극한 덕이 사람을 감동시키지 않았다면 어찌 이럴 수가 있겠는가! 양진(兩晉) 시대에 불법이 흥성한 이유는 실제로 세상에 나오지 않은 대사들이 선후로 세상에 나오고 천하가 그들을 따르면서 동화했기 때문이다.

그러나 양진 시대가 지난 만년에 불자들은 게으름을 피우고 권력에 아부하고 이익을 쫓으면서 시류(時流)에 영합하였다. 사찰을 세워도 칙령으로 건립하는 것을 영광으로 여겼고, 승려는 권력자의 은혜를 받는 것을 귀중하게 여겼다. 또 밖으로는 법을 전파한다고 하면서 속으로는 사사로운 이익을 도모했다. 날마다 권세 있는 귀족 가문을 쫓아다니며 자칭 불법을 보호한다고 하면서 명예를 돌보지 않았으니, 결국 불법은 어쩔 수 없이 퇴락하고 말았다. 승가제바의 비담(毘曇), 각현의 선법(禪法), 구마라집의 삼론(三論) 이 세 가지는 동진 시대 불학(佛學)의 위대한 업적이다. 불법을 선양하고 특히 남방으로 널리 전파하게 된 것은 모두 혜원의 강한 의지력 때문이다. 혜원은 도안의 명을 받고 교화를 널리 폈으므로 스승의 명을 욕되게 하지 않았다고 할 수 있다. 『승전』에서 말한다.

"도안은 양양에서 자신을 따르는 제자들을 분산시켰다. 이때 각자가 도안의 훈계와 가르침을 받았지만 혜원은 한 마디도 듣지 못했다. 이에 혜원은 무릎을 꿇고 말했다.

'나 홀로 가르침과 훈계를 받지 못하니, 사람 축에도 들지 못할까 두렵습니다.' 도안이 말했다.

'그대와 같은 사람을 어찌 우려할 필요가 있겠는가?'

아! 화상(和尚)은 참으로 사람 볼 줄 아는구나.

2) 혜원의 경력

『승전』에서는 혜원이 진(晉)나라 의희 12년에 83세로 임종을 맞았다고 하고, 『세설신어』 주석에서도 장야(張野)의 『원법사명(遠法師銘)』을 인용해 역시 83세로 임종을 맞았다고 한다. 하지만 『광홍명집』에 실린 사영운의 『혜원법사 추도문[遠法師誄]』에서는 혜원이 의희 13년 84세로 임종을 맞았다고 하는데, 두 설 중에 어느 설이 맞는지는 모른다. 『승전』에서는 혜원의 사적을 서술할 때 늘 나이의 선후를 따르지 않았다. 그래서 혜원의 경력을 특별히 간략하게 고증해서 다음과 같이 열거한다.

진나라 성제(成帝) 함화(咸和) 9년(서기 334년), 혜원은 안문(雁門)의 누번(樓煩)[1]에서 출생했다.

진나라 목제(穆帝) 영화(永和) 10년(서기 354년), 21세에 도안에게 가서 출가했다. 당시 도안은 태행(太行)의 항산(恒山)에서 절을 세웠다.

진나라 애제(哀帝) 흥녕(興寧) 3년(서기 365년), 32세에 도안을 따라 남쪽의 양양으로 갔다.

진나라 효무제(孝武帝) 태원(太元) 3년(서기 378년), 45세에 도안과 작별하고 동쪽으로 갔다. 먼저 형주에 머물다가 후에 광산(匡山)(즉 여산)의 용천정사(龍泉精舍)에 거주했다[1].

진나라 효무제 태원 10년(서기 385년), 도안이 장안에서 임종을 맞았다.

진나라 효무제 태원 16년(서기 391년), 58세. 승가제바는 남쪽 여부(廬阜; 여산 기슭)에 머물면서 남산정사(南山精舍)에 거주했다. 혜원은 승가제바에게 『아비담심(阿毘曇心)』의 역출을 요청했다(『우록』 10의 경서(經序)를 보라). 당시 혜원은 이미 동림사(東林寺)에 거주했다[2].

진나라 안제(安帝) 융안(隆安) 3년(서기 399년), 66세. 환현이 가는 길에 여산에 잠깐 머물렀다.

진나라 안제 융안 5년(서기 401년), 구마라집이 장안에 도착했다. 그 후 혜원은 구마라집에게 서신을 보내 환영의 뜻을 전달했다. 그리고 대승의 대의(大義)를 자문하는 서신을 보내면서 서신 왕래가 몇 번 있었다.

진나라 안제 원흥 원년(서기 402년), 69세. 유유민 등과 함께 서방 극락세계에 왕생하기를 서원(誓願)했다[3].

진나라 안제 원흥 3년(서기 404년), 71세. 환현에게 서신을 보내 세속을

---

1) 오늘날 산서성(山西省) 원평시(原平市) 대방향(大芳鄉) 여악촌(茹岳村). 지금도 이 마을엔 누번사(樓煩寺)가 있다.

따르는 것과 사문을 가려내는 문제를 논의했다.

진나라 안제 의희 원년(서기 405년), 72세. 안제가 혜원에게 서신을 보냈다.

진나라 안제 의희 6년(서기 410년), 77세. 노순(盧循)이 여산을 지나면서 만났다.

진나라 안제 의희 6,7년경(서기 410년에서 411년)에 불타발다라가 장안에서 배척을 받아 남쪽의 광산(匡山)2)으로 갔고 혜원은 선경(禪經)의 역출을 청했다.

진나라 안제 의희 9년(서기 413년), 구마라집이 장안에서 임종을 맞았다.

진나라 안제 의희 12년(서기 416년), 혹은 13년. 83세이거나 84세에 여산의 동림사(東林寺)에서 임종을 맞았다. "여산 기슭[盧阜]에 30여 년 거주했다"4). 그 후 3년 뒤에 유유(劉裕)가 진(晉)나라를 찬탈했다.

3) 혜원의 젊은 시절

석혜원의 속가 성은 가(賈)씨이고 안문(雁門)의 누번(樓煩) 출신이다. 어린 나이에 책을 좋아했고 규장(珪璋)3)이 빼어났다. 13세5: 때 외삼촌 영호(令狐)씨를 따라 허락(許洛)4)에 유학을 했다. 이때는 석호(石虎)가 강대해져서 낙양의 궁전을 수복(修復)하는 일에 종사했고 남방과 북방 간의 전쟁이 없어서 중원 지역은 어느 정도 안정되었다. 혜원은 젊은

---

2) 여산을 말한다. 앞으로 나오는 광산은 모두 여산으로 대치해 번역했다.
3) 예식 때 장식에 쓰이는 옥(玉)인데, 고결한 인품을 비유하기도 한다.
4) 허경(許京)과 낙경(洛京). 오늘날 하남성의 허창(許昌)과 낙양(洛陽)의 함께 칭한 것이다.

나이에 제생(諸生)⁵⁾이 되어 육경에 해박했고『장자』,『노자』는 더욱 능통했다. 성품과 도량이 크고 넓었으며 기풍이 밝고 당당해서 영명하고 통달한 유학(儒學)의 장로들도 그의 깊은 실력에 탄복을 금치 못했다.

혜원은 21살⁶ᐟ 때 강동으로 건너가서 범선자(范宣子)⁷ᐟ와 함께 가둔(嘉遁)⁶⁾하기로 의기투합했다⁸ᐟ. 범선은 젊은 시절부터 은둔을 숭상해서⁹ᐟ 관직에 들어간 적이 없었다¹⁰ᐟ. 당시 예장(豫章)에 숨어 살았고 경전과 술수를 좋아했다. 그렇다면 당시 혜원은 유학(儒學)에 뜻을 두고 있었지만¹¹ᐟ 은거하려는 염원을 품은 지가 오래되었다. 그때 석호는 이미 죽었고 은호(殷浩)가 연이어 북방을 정벌했다. 혜원이 21세 때, 즉 영화(永和) 11년에 환온(桓溫)은 계속하여 북방을 정벌했기 때문에『고승전』에서는 '중원에 전란(戰亂)이 일어나서 남으로 가는 길이 막히는 바람에 은둔하려는 소망을 이루지 못했다'고 하였다.

당시 사문 석도안은 태항의 항산에 절을 세워서 상법(像法) 시대의 불법을 전파하고 찬탄하는 것으로 매우 유명했다. 혜원은 마침내 도안을 찾아가 귀의하면서 한결같이 공경을 다하며 자신의 참 스승으로 여겼다¹²ᐟ. 후에 도안이『반야경』을 설법하는 것을 듣고 확연히 깨닫고는 이렇게 탄식했다.

"유도(儒道) 등의 아홉 가지 유파(九流)는 모조리 쌀겨와 술지게미에 지나지 않는다."

---

5) 명(明)나라와 청(淸)나라 때는 고시(考試)를 거쳐서 생원(生員)이 되었고, 생원에는 증생(增生), 부생(附生), 늠생(廩生), 예생(例生) 등이 있는데, 이를 통틀어 제생(諸生)이라 칭했다.
6) 정도(正道)에 맞는 아름다운 은퇴. 예컨대 요임금이 순임금에게 선양을 하고 은퇴한 일이다.

그리고 만년에 유유민[13:]에게 보낸 서신에서 자신의 공부에 대해 이렇게
말했다.

> 매양 과거를 되돌아볼 때마다 나는 속세의 경전에 심취한 것을 당시
> 최고의 경지인 줄로 알았다. 그러다가 『노자』, 『장자』를 보고서 명교(名敎)[7]
> 란 임기응변의 허망한 담론일 뿐임을 깨달았다. 오늘날의 관점에서 볼
> 때, 현묘함에 침잠(沈潛)하는 취향을 안다면 어찌 불교의 이치를 선두로
> 삼지 않을 수 있겠는가.(『광홍명집』)

혜원은 출가해서 공부를 통해 깨달았기 때문에 그의 이 말은 아주 범상치
가 않다.

혜원은 도안을 만나자 바로 동생 혜지(慧持)와 함께 삭발했고 성심(誠心)
을 다해 스승의 가르침을 받았다[14:]. 혜원은 불도에 입문하자 바로 두각을
나타냈고 아주 출중했다. 늘 불법의 골격(綱維)을 총체적으로 섭수(攝收)하
려고 했으며, 대법(大法)을 자신의 임무로 삼아서 밤낮을 가리지 않고
정밀히 사유하고 외우고 간직하였다. 가난한 여정(旅程)에 돈이 없어서
따뜻한 솜옷은 자주 떨어졌지만, 형제가 각별히 공손해서 시종일관 게으르
지 않았다. 동창인 사문 담익(曇翼)이 매번 등불과 촛불의 값을 마련해
주었는데, 도안은 이 일을 듣고는 즐거워하면서 말했다.

"도사가 진실로 사람을 알아보는구나."

혜원의 지혜와 이해력은 전생의 인연에 의한 것이다. 광겁(曠劫)을

---

7) '명교(名敎)'란 용어가 정식으로 출현한 시기는 위진(魏晋) 시대이다. 공자의
'정명(正名)' 사상을 주요 내용으로 삼는 봉건적인 예교(祀敎)를 가리켰지만,
위진 시대에는 '명교'와 '자연'의 관계에 대해 논쟁을 펼쳤다.

거치면서 뛰어난 마음을 발했기 때문에 신명(神明)이 탁월하게 영명하고 근기의 비춤[機鑑]이 원대하고 심오했다. 도안은 늘 그를 찬탄했다.

"불도를 동쪽 나라에 전파하는 것은 바로 혜원에 달려 있다."

혜원은 스물네 살에 강좌에 나가 설법을 했다. 한 번은 어떤 손님이 강연을 듣다가 실상의 뜻을 질문했는데 혜원이 몇 번이나 설명했어도 더욱 의문이 솟구쳤다. 그래서 혜원이『장자』의 뜻을 인용해 유비(類比)를 통해 설명하자 비로소 의혹이 확연히 풀렸다. 이때부터 도안은 특별히 혜원에게 속세의 책을 없애지 않아도 된다고 허락했다. 도안의 제자 법우(法遇)와 담휘(曇徽)는 모두 기풍과 재능이 환히 빛나고 지향(志向)이 맑고 명민했는데, 이들 모두 혜원을 추대하며 복종했다[15].

진나라 애제 흥녕 3년(서기 365년), 혜원의 나이 32세로 도안을 따른 지 이미 10년이 넘었다. 동생 혜지와 함께 스승을 따라 남쪽 번면(樊沔)[8]으로 내려가다가 양양에 도착했다. 축법태는 동쪽으로 가다가 병에 걸려서 양구(揚口)에 머물렀는데, 형주자사 환활(桓豁; 환온)은 사자를 보내 형주를 지나도록 요구했고, 혜원은 스승의 명을 받고 형주로 가서 병문안을 했다. 당시 도항이 항상 주장한 심무의(心無義)가 형주 지역에 크게 유행하고 있었다. 축법태는 제자 담일(曇壹)을 보내 질문을 하게 했고, 혜원도 그 자리에 나가 몇 번이나 난점을 공격하자 도항은 결국 굴복했다. 후에 혜원은 다시 양양으로 돌아갔다. 당시 황하 북쪽에 혜영(慧永)이라는 사문이 있었는데, 나이 열두 살에 축담현(竺曇現)을 스승으로 섬겼고, 나중에는 또 도안에게 복종했다[16]. 혜영은 평소부터 혜원과 함께 나부산의 산굴에

---

8) 면: 면수는 섬서성에 있는 한수(漢水)의 상류로 고대에는 한수 전체를 가리키기 도 함.

집을 짓고 살기로 기약했지만 혜원은 도안의 만류로 가지 못했다. 그래서 혜영이 먼저 떠났는데, 심양(潯陽)에 도착했을 때 그 고을 사람 도범(陶范)[17]이 만류하자 결국 여산의 서림사(西林寺)에 주석했다(『승전』 및 『명승전초』를 참고하라).

진(晉)나라 효무제 태원 3년(서기 377년)에 부비가 양양을 침략했는데, 도안은 주서(朱序)의 만류로 떠나지 못했다. 그래서 제자들을 나누어 각자 떠나도록 했다. 그리하여 혜원은 스승과 이별했고 평생토록 두 번 다시 만나지 못했다.

4) 혜원이 동쪽으로 가서 여산에 머물다

혜원은 바로 양양에 가서 먼저 동생 혜지 및 수십 명의 제자와 함께 형주로 내려갔다. 장강을 건너 상명사(上明寺)에 거주했으며, 담익과 담휘 등도 역시 상명(上明)에 있었다. 훗날 혜영과의 약속을 지키기 위하여 나부산으로 가려고 했다. 그러다가 심양에 도착하여[18] 여산의 청정함을 보고는 마음을 충분히 쉬었다. 처음에는 용천정사(龍泉精舍)에 거주했으니, 진성유(陳聖俞)가 『산북편(山北篇)』에서 서술한 용천암(龍泉菴)이 바로 이곳이다[19]. 당시 혜영은 이미 혜원에 앞서 여산에 도착하여[20] 서림사에 거주하고 있었다. 이 사찰은 산 북쪽에 있었고 태화 2년(서기 367년)에 심양의 도범(陶範)이 혜영을 위해 지었다[21]. 혜영은 혜원과 오래된 동문 친구라 함께 머물자고 요청했다. 혜영이 자사(刺史) 환이(桓伊)에게 말했다.

"원공(遠公)께서는 응당 불도를 전파해야 하는데 지금은 따르는 무리도 많고 찾아오는 사람도 많습니다. 하지만 빈도(貧道)의 거처는 좁아서 거주하기 힘든데 어찌해야 합니까?"

그래서 환이는 혜원을 위해 산 동쪽에 다시 건물을 지었는데 바로 동림사

(東林寺)이다. 혜원이 처음으로 지은 정사(精舍)는 산의 아름다움이 극진해서 뒤로는 향로봉(香爐峰)이 있고 옆으로는 폭포가 흐르는 계곡을 끼고 있었다. 돌을 쌓아 기초를 다지고, 소나무로 집을 얽고, 맑은 샘물이 계단을 돌아 흐르고, 흰 구름은 방을 가득 채웠다. 그리고 사찰 안에 따로 선림(禪林)을 설치했는데, 수목이 우거지고 안개가 자욱했으며, 돌을 간 오솔길은 이끼가 가득했고, 모든 경치는 정신을 맑게 하고 기운을 엄숙하게 했다(『승전』). 환이는 태원 9년에 강주자사(江州刺史)가 되어서 심양으로 이주했다가 대략 태원 19년에 죽었으니[22]:, 그는 동림사를 이 몇 년 사이에 세웠을 것이다[23]:. 진순유의 『여산기』에서는 『십팔고현전』을 인용해 사찰이 태원 11년(서기 386년)에 세워졌다고 하는데 아마 진실한 기록일 것이다.

과거 도안을 시봉할 때 혜원은 서역의 사문들이 서역에 부처님의 모습을 그린 것이 있다고 하는 말을 들은 적이 있었다[24]:. 그러다가 의희 연간에 계빈국의 선사 불타발다라[25]:와 남국의 율학(律學) 도사[26]:에게 그들이 직접 본 부처님의 모습을 상세히 물어서 대(臺)를 세우고 상(像)을 그렸다[27]:. 그리고 돌에 명(銘)을 새기고[28]: 당시에 글을 지은 손님들은 함께 글을 읊었다[29]:. 아울러 제자 도병(道秉)을 멀리 강동으로 보내서 사영운에게 명(銘)의 제작을 위촉해 돌에 새겨 넣었다[30]:. 또 전하는 바에 의하면, 도간(陶侃)이 광주(廣州)에서 아육왕의 불상(佛像)을 얻어서 무창(武昌)의 한계사(寒溪寺)에 보냈다가 혜원이 지은 사찰이 완성되자 그 사찰로 불상을 이전했다[31]:고 한다.

혜원은 여산에 30여 년 거주했고 육십 세 이후로는 산 밖으로 나가지 않았다.[32]: 그리고 사방에서 소문을 듣고 찾아와 귀의하는 사람이 아주 많았다. 혜원의 제자 중에 유명한 자로는 혜관(慧觀)[33]:, 승제(僧濟)[34]:, 법안(法安)[35]:, 담옹(曇邕)[36]:, 도조(道祖), 승천(僧遷), 도류(道流), 혜요(慧

要), 담순(曇順), 담신(曇詵)[37:], 승철(僧徹)[38:], 도왕(道汪)[39:], 도온(道溫)[40:],
법장(法莊)[41:], 혜보(慧寶), 법정(法淨), 법령(法領)[42:] 도병(道秉)[43:], 담항
(曇恒)[44:], 도경(道敬)[45:]이 있다. 그리고 당시 함께 여산에 거주한 사람들로
는 혜원의 동생 혜지[46:], 그리고 동창 혜영(慧永)과 혜안(慧安)[47:], 산음(山
陰), 혜정(慧靜)[48:] 등이 있다. 사영운의 『혜원법사 추도문』(『광홍명집』)에서
는 이렇게 말한다.

　　과거 석안공(釋安公; 석도안)은 관우[9)] 지역에서 현풍(玄風)을 떨쳤고,
도안 법사의 제자 혜원은 강좌(江左)에 많은 영향을 미쳤다. 사람들은
소문을 듣고 기뻐하면서 사해(四海)에서 다함께 귀의했다. 혜원은 인자함을
품고 산림에 은거하여 도를 추구했다. 그러자 많은 승려들이 구름처럼
몰려와서 정토행(淨土行)을 부지런히 닦았고, 함께 법을 구하면서 풍찬노숙
하며 도문(道門)에서 한적히 살았으니, 이는 석가모니의 5백 명 젊은 제자가
위로 사위국(舍衛國)의 기풍을 계승하고 여산의 험준함은 아래로 영취산의
종지를 전파했다고 말할 수 있으니, 그 성대함은 일찍이 없던 일이다.

5) 진(晉)나라 말엽, 조정의 불교

　효무제 시대(서기 373년 이후)에 와서 불교는 이미 중국에서 절대적인
큰 세력이 되었다. 지도림은 진(晉)나라 태화(太和) 원년(서기 366년)에
세상을 떠났고 축도잠은 영강(寧康) 2년(서기 374년)에 사망했는데, 두
승려는 모두 담객(談客)[10)]의 우두머리였다. 석도안은 장안에서 부견의

---

9) '관우'는 장안의 서쪽인 옹주(雍州) 지역을 가리킨다. 옛날에 옹주는 함곡관
　서쪽에 있었기 때문에 '관우'라 칭했다.
10) 여기서 담객은 불법을 담론하는 사람들을 말한다.

예우(禮遇)를 받았고 태원 10년(서기 385년)에 임종을 맞았다. 당시 상류사회의 제왕(帝王), 공경(公卿), 문인(文人), 학사(學士)들은 자못 정법(正法; 불법)을 숭상하였고, 평민도 삼보(三寶)에 귀의한 것은 당시 사찰이 많은 것으로[49] 그 성대함을 증거할 수 있다. 일반적으로 하나의 종교가 번성하면 점차 내용이 복잡해져서 마침내 정상적인 궤도로 온전히 나아가질 못한다. 『홍명집』에 실린 『정무론(正誣論)』은 효무제 이전에 저술된 것으로 보이는데, 그 중에 불교를 모함하는 것을 인용하면 다음과 같다.

　　또 이렇게 모함했다.
　　"도사(道士)는 백성의 재물을 긁어모아서 탑이나 사찰을 크게 짓고 사치스럽게 화려한 장식을 하였으니, 그저 낭비일 뿐 유익함이 없었다."

또 말했다.

　　또 이렇게 모함했다.
　　"사문은 경도(京都)와 낙양에 많이 있다. 하지만 주상(主上)의 수명을 늘여 장수하게 할 수 있다는 말은 들어보지 못했다. 위로는 음양을 조화하여 백성을 풍요롭게 할 수 없고, 재난을 없애거나 병을 낫게 할 수 없으며, 화(禍)와 난(亂)을 극복해 평정할 수도 없다."(이하 생략)

이는 여전히 사찰과 승려의 무익함을 말한 것이다. 『홍명집』에 실린 도항의 『석교론(釋敎論)』에서는 효무제 이후[50] 당시 사람들의 승려를 배척하는 언사가 지극히 통렬함을 서술하고 있다. 예를 들면 다음과 같다.

　　그러나 오늘날의 사문들을 살펴보면 모두 재능이 별로 없고 무리를 지어 난잡하게 모여 있는데 특별나게 빼어난 자를 보지 못했다. 마치 경하(涇河)[11]와 위수(渭水)[12]가 혼탁하게 합류하는 것 같고 향초와 독초가 같은 상자 속에 뒤섞여 있는 것과 같다.

또 말했다.

그러나 사물을 접할 때 무지몽매하여 하나도 취할 만한 것이 없으니, 어찌 고원(高遠)함에 기탁한다고 하면서 비루한 업(業)을 숭상하는가. 영리 (營利)에 급급하다 보니 잠시도 휴식할 사이가 없으니, 혹은 농부처럼 개간하여 전답을 증식하거나, 혹은 장사치처럼 널리 교역을 하면서 다른 무리들과 이익을 다투거나, 혹은 의술을 갖고 있다고 자랑하면서 경솔히 병을 봐주거나, 혹은 교묘한 임기응변과 이단(異端)적인 생각으로 생업을 유지하거나, 혹은 허망한 점괘를 보면서 길흉을 멋대로 논하거나, 혹은 거짓된 방법[詭道]으로 권력을 빌어서 시류의 뜻[時意]을 논하거나, 혹은 가축 등을 축적하여 이양(頤養 수양)에 여유가 있거나, 혹은 뻔하고 상투적 인 공리공담으로 백성을 착취하기도 한다. 이 모든 것에 덕행이 있다고 할 수 없고 행실도 법에 어긋나는 것이 많다. 일시적인 선행이 잠시 있다 해도 어찌 고상하고 빼어난 아름다움을 표방할 수 있겠는가. 이 불법(佛法)을 집행하는 자의 깊은 병통은 나라의 큰 우환이다.

동진(東晉) 효무제 시대 때 불교도는 난잡했고 정치에도 간섭해서 끝내 국가의 쇠망과 관계되었다. 처음에 명제(明帝)는 불법을 좋아하여 낙현당 (樂賢堂)에서 손으로 불상을 그렸다[51]. 『비구니전』에 의하면, 목제(穆帝)

---

11) 감숙성을 지나는 강 이름, 발원지는 섬서성이다.
12) 감숙성에서 발원하여 섬서성을 지나는 강.

때 하(何)황후는 비구니 담비(曇備)를 위해 영안사(永安寺)를 세웠다[52]. 『건강실록(建康實錄)』에서는 사찰 기록을 인용하여 "저(褚)황후는 연흥사(延興寺)를 세웠다"고 했으며, 『어람(御覽)』 99에서는 『진양추(晉陽秋)』를 인용하면서 "강헌(康獻) 저황후는 부처님 집에서 향을 사뤘다"[53]고 했으니, 이를 통해 진(晉)나라 궁전 안에는 일찍부터 불상이 있었고 신봉하는 후비(后妃)도 있었음을 알 수 있다.

효무제는 불과 열 살의 나이에 즉위했으므로 강헌 저태후가 임시로 섭정(攝政)을 했다[54]. 태원(太元) 원년부터 강헌제가 처음으로 친정(親政)을 했는데, 황후 왕씨의 휘(諱)가 법혜(法慧)이고 황후의 오빠 공(恭)도 불교를 지극히 숭배했으므로(『진서』 본전) 황후 역시 불교 신봉자처럼 보인다. 태원 5년에 낭야왕(琅琊王) 도자(道子)(후에 회계왕)를 사도(司徒)[13]로 임명했다. 태원 6년 봄 정월, 처음으로 불법을 신봉한 강헌제는 왕궁 안에 정사를 세워서 사문들을 청해 거주하게 했는데[55], 상서좌승(尙書左丞) 왕아(王雅)는 간언을 표하며 따르지 않았다[56].

후에 황제는 주색에 빠져서 낭야왕 도사에게 사무를 위탁했다. 도자는 불교를 숭배했는데 지극히 사치스럽고 낭비가 심했다[57]. 황제와 도자는 술과 가무에 빠져 있었고 (궁중의) 유모와 비구니 승려와 각별히 친근했다. 이들은 권력을 전횡해서 서로 부탁을 들어주고, 공개적으로 뇌물을 주고, 제멋대로 벼슬과 상을 주고, 형벌과 투옥까지도 멋대로 해서 혼란스러웠다. 허영(許營)은 조서를 올려서 "비구니와 유모가 다투어 친당(親黨)을 만들고 있습니다"라고 간언했고, 또 "오늘날 불교를 신봉하는 자들은 비구니를 더럽히고 주색에 빠져있다"고 하였다. 문인석(聞人奭)도 상소를 올려 간언

---

13) 사도는 옛날의 주나라의 관명으로 삼공(三公)중의 하나이다.

하길 "비구니 노파(老婆)들이 제멋대로 사회를 어지럽힌다"[58]고 하였다.

황제와 도자는 지묘음(支妙音) 비구니를 존경하고 신봉했다. 도자는 태원 10년에 지묘음 비구니에게 간정사(簡靜寺)를 지어주었으며, 지묘음이 절의 주지를 담당하자 따르는 무리들이 백여 명이 되었다. 일시에 왕궁 안팎에서 재능과 의기가 있는 자들이 스스로 모여들어 많은 보시를 하자 간정사는 도읍 못지않게 부유했다. 귀한 자나 천한 자나 모두 종문의 일로 찾아와서 사찰 문 앞에는 매일 백여 대의 마차가 모여 권력이 조정에 못지않았고 그 위력은 궁전 안팎에 떨쳤다(『비구니전』). 왕국보(王國寶)는 나라의 중서령이었고 역시 도자와 같은 당파였다. 그는 원열지(袁悅之)를 시켜서 지묘음 비구니를 통해 태자의 모친 진숙원(陳淑媛)에게 서신을 보내 왕국보의 현자라는 명예로운 칭호를 얻었다(『도자전』).

환현(桓玄)은 지묘음의 힘을 빌어서 황제가 은중감(殷仲堪)을 형주자사로 임명하게 했다(『비구니전』에 상세함). 『진서·효무제본기』에서는 "진나라의 국운(國運)은 이때부터 기울어졌다"고 했다. 진나라의 국운이 기울어지기 시작한 것은 안으로는 도자, 왕국보 같은 무리들의 혼란과 전횡 때문이고 밖으로는 왕공, 은중감, 환현 등의 저항 때문이다. 그래서 안제 시대가 되자 환현이 제위(帝位)를 찬탈했고, 유유가 잇달아 궐기하여 진나라의 정권을 쟁탈했다. 이는 조정에서 정치를 잘못한 탓이지 전적으로 불교의 승려나 비구니가 참람(僭濫)[14]한 때문만은 아니므로 불교에 죄를 돌리지 말아야 한다. 하지만 지묘음 비구니 등이 권력을 전횡하고 후궁의 비(妃)와 결탁한 것은 조정의 흐트러진 기강과 아주 큰 관계가 있다.

건업에서 불법의 정신은 이미 지극히 쇠퇴했고 또 국정을 어지럽혔다.

14) 분수에 넘쳐 방자한 것을 말한다.

당시 불교를 반대하는 언론은 상당히 많았다. 도항은 『석박론(釋駁論)』을 지어서 "의희 연간(서기 405년~418년)에 강동 지역의 원(袁)과 하(何) 두 현자는[59] 치도(治道)를 상의하면서 당시의 정치를 풍자하여 다섯 가지 전횡에 대해 논했는데 그 중 하나가 사문(沙門)이다"라고 하였다. 불법은 보응설(報應說)로 우매한 속인들을 선동했기 때문에 당시에 상당히 비난을 받았다. 그리하여 혜원은 『명보응론(明報應論)』, 『삼보론(三報論)』을 짓고(모두 『홍명집』에 보인다), 대안(戴安)[60]은 『석의론(釋疑論)』을 지어서 보응설의 취지는 교화를 권유하기 위한 것이라고 했다. 혜원은 대안이 지은 책을 보고는 주속지(周續之)에게 답장을 쓰라고 했고 아울러 『삼보론』을 보여주었다(모두 『광홍명집』에 보인다). 중국의 불교도는 정신의 불멸을 삼세(三世) 인과의 근본으로 삼기 때문에 손성(孫盛)은 이를 의심했고 나함(羅含)이 답장을 했다[61].

또한 사문은 한쪽 어깨를 벗어서 일상적인 예절을 무시하므로 하무기는 논(論)을 지어 배척했고[62], 혜원은 다시 서신을 보내 질의했다. 환현 때에 와서는 불교의 뜻에 대한 반대가 더욱 심해졌다. 환현은 심무의(心無義)를 서술한 적이 있는데, "불교 이치의 유현함과 심오함"을 좋아해서 현학에 대한 청담을 폐기하지 않은 것으로 보인다. 하지만 출가하여 도를 닦을 때도 "언제나 세상일을 어기지 않아서"[63] 왕을 존경하지 않거나 예의나 공경을 폐기하는 일에 대해서는 모두 비난했다. 그는 형주(荊州)와 초(楚)에 있을 때 혜원에게 서신을 보내 도(道)를 파기할 걸 청했다[64]. 서신에는 이런 말이 있다.

옛날의 성인은 "생(生)을 모르는데 어찌 죽음을 알 수 있겠는가"라고 하였다. 그래서 일생동안 고생하고 시달리는 형신(形神; 몸과 정신)에게 저승의 황천(黃泉) 아래의 복을 추구하게 했지만, 이는 모두 좁은 소견(管見)이라서 크나큰 조화를 체득하지 못했다. 미혹해도 돌아갈 줄 안다면 도에서 멀지 않으니, 재삼재사 생각하지 않을 수 있겠는가.

안제 원흥 초기에 환현은 경사(京師)에 들어와서 도자와 그의 아들 원현(元顯) 등을 죽이고 스스로 시중승상(侍中丞相)인 녹상서사(錄尙書事)가 되었고, 그리고 태위 양주목(揚州牧)으로 자칭하면서 모든 일을 총괄했다. 그는 팔좌(八座)15)와 사문이 왕을 존경하지 않은 망령된 행위에 대해 서신으로 논의했고 아울러 혜원에게도 서신을 보내 뜻을 물었다65). 급기야 제위(帝位)를 찬탈한 후에야 공경하지 않는 것을 허락했는데 혜원의 말을 따른 것으로 보인다. 무릇 승려와 비구니가 제왕과 예의를 문제를 다툴 수 있었던 것은 궁정의 출입과 정사의 참여가 쉬웠기 때문이다. 환현이 사문은 공경을 다해야 한다는 논의를 다시 내세운 것은 아마 의도가 있어서 그러했을 것이다.

또 동시에 환현은 교령(敎令)을 내려서 사문을 가려내라고 했다66). 그 글에서 간략히 말했다.

부처님께서 귀중히 여긴 무위(無爲)란 성실함으로 욕망을 끊는 것이다. 하지만 근래에 점점 쇠퇴하면서 마침내 이 도를 잃었다. 경사(京師)에서는 사치와 음욕을 경쟁적으로 다투었고, 조정과 시장에서는 분분히 영예를 바라고 있었다. (물산이 풍부한) 천부(天府) 지역은 이로 인해 탕진되고,

---

15) 팔좌(八坐)라고도 한다. 봉건 시대 중앙 정부의 고급 관료 여덟 명을 말한다. 각 왕조마다 일치하지는 않는데, 동한 시대에는 육조의 상서 및 일령(一令), 일복야(一僕射)를 통틀어 이르던 말.

좋은 그릇(名器)은 이로 인해 더럽혀졌다. 부역을 피하여 백 리에서 종(鍾)을 치고, 사묘(寺廟)에는 도망 온 범죄자들로 가득했다. 그 결과 한 현(縣)에 수천 명이 잡다하게 모여 촌락을 이루었다. 읍(邑)에는 걸식하는 무리가 모였고, 경내에는 구속에서 벗어난 무리들이 가득했다. 그래서 관리와 정부에 해를 끼치고 불교를 오물과 찌꺼기로 덮었으니, 진실로 양쪽 다 병폐를 갖고 있어서 참으로 풍습과 규범을 더럽혔다.

도자가 부처를 신봉한다면서 극도로 사치하고 비구니와 친근한 것을 볼 때 환현이 말한 "(물산이 풍부한) 천부(天府) 지역은 이로 인해 탕진되고, 좋은 그릇(名器)은 이로 인해 더럽혀졌다"는 말도 확실히 거짓은 아니었을 것이다[67]. 하지만 환현은 교령(敎令)의 말미에 이렇게 말했다.

오직 여산에 거주하는 도덕(道德; 도를 닦는 대덕)들만 수간(搜簡)[16]의 사례에 넣지 않았다.

도안이 세상을 떠나고 구마라집이 오기까지 약 10여 년의 사이가 있는데, 혜원은 산림에 은둔한 채 도읍(都邑)으로 들어가지 않았다. 『승전』을 살펴보면, 승려 중 빼어난 자는 모두 여산에 모였고 경사(京師)나 읍(邑)에 있는 승려는 아주 적었다. 당시 조정에서는 승려와 비구니가 냄새를 풍겨서 더러운 행위로 공격을 받았지만, 혜원은 명망과 덕행이 탁월하여 튼튼한 기둥이 되었다. 승가를 위해 인격을 다투었고 교법을 위해 변호를 했다. 그림자가 산 밖을 나가지 않았고 발자국이 속세에 들어가지 않자 불법은 자연히 흥성했다. 그는 왕실귀족에게 아첨하지 않고 불법의 일을 높이

---

16) 찾아서 가려낸다는 뜻.

숭상해서 모든 사람이 탄복했다. 마침내 환현이 황제를 두렵게 하는 위엄을
가졌지만 그 역시 존경하고 예를 갖췄다. 혜원의 지위는 승려 역사에서
관여한 바가 적지 않다. 혜원은 한 시대에 불법을 보호했을 뿐만 아니라
서역의 승려를 불러왔고 최초로 미타(彌陀) 정토(淨土)를 제창하여 그
영향이 후대까지 미쳤다. 이에 대해서는 다음 글에서 자세히 논하겠다.

6) 『비담학』 전파의 시작

『비담(毘曇)』[68]은 본래 대법장(對法藏)을 말하지만 중국 육조(六朝)
시대에는 특별히 일체유부(一切有部)의 학설을 가리키는 말이다. 일체유
부는 계빈국에서 흥성했다. 계빈국은 바로 가습미라(迦濕彌羅)이다. 인도
의 서북 지역에 위치하고 있으며 많은 산속에 고립되어 있어서 외국과의
교통이 아주 불편했다. 아육왕 시대에 불교의 교화가 그 땅에 전파되기
시작했는데, 상좌부(上座部)의 학설이 전해졌고 이것이 일체유부로 펼쳐
졌다. 가전연(迦旃延)이 『발지론(發智論)』을 편찬했고 이후 오백 명의
응진(應眞)[17]이 모여서 『대비바사(大毘婆沙)』를 결집했다. 한역(漢譯)으
로는 광설(廣說)이라고 하는데[69], 사실은 여러 사람의 해설을 합하여
『발지론』에 집주(集注)를 단 것이다. 지극히 복잡하고 광대하게 채취(採取)
한 탓에 비록 오백 명 명사(名師)들의 의견을 모두 합하지는 못했을지라도
당시 일체유부의 발달을 엿볼 수는 있다.

중국은 서한 시대부터 계빈국과 교통이 통했지만, 그러나 도안 이전에는
그 학설이 크게 전파되지 않았다. 대체로 계빈국의 불교는 보수적이었을
것이다. 당나라 현장의 『서역기』에서는 '『대비바사』' 등 성스러운 경전은

---

17) 응진: 나한(羅漢)을 말한다.

구리로 된 금속실로 쓰고 돌로 만든 함(函)에 봉하여 탑 속에 숨겨두었으며, 야차신[藥叉神]에게 보호하도록 명하여 다른 학파가 이 논서를 꺼내가지 못하게 했다고 하였다. 하지만 진(晉)나라 시절에 축법호가 번역한『현겁경(賢劫經)』의 원본은 계빈국의 사문으로부터 얻은 것이고[70], 불도징은 스스로 '재차 계빈국에 가서 유명한 스승의 가르침을 받았다'고 하였다(『승전』). 급기야 부(符)씨의 진(秦)나라가 중국 북방을 통일해 서역과의 교통이 활발해지자 계빈국 사문들은 장안에 많이 모여서 일체유부의 경(經), 율(律), 논(論)을 역출했으니, 상세한 내용은 제8장에서 서술했다.

계빈국 사문들이 관중(關中)에서 경전을 번역할 때 주요 후원자는 혜원의 스승 도안이었고, 번역자 중에는 일체유부의 대가인 승가제바가 있었다. 동시에 번역자들은 역시 유부의 삼장을 역출했지만 승가제바는『비담』을 특별히 잘했다. 이때 번역한『아비담』이 바로『발지론』인데,『우록』10에 실린 도안의 서문에서는 이렇게 말했다.

> 신독(身毒)에서 온 사문들은 모두 이 경전을 조술(祖述)했다[71]. 헌장(憲章)『비바사』는 노래를 읊으면 참으로 뒷맛이 있다. 하지만 황량한 사막[大荒] 밖의 총령(葱嶺) 산맥에 있어서 배우려고 해도 찾을 수 없었다.

도안 시기에 와서야 계빈국에 있는 일체유부의『비담』이 중국에 오기 시작했다. 부씨의 진(秦)나라가 패망하자 승가제바는 동쪽으로 가서 낙양에 머물렀고(약 385년), 점차 한나라 말에 익숙해지자 법화(法和)와 함께 이 경전을 번역했고 니타반니(尼陀槃尼)가『비바사』를 편찬했다[72]. 진(晉)나라 태원 16년에 남쪽으로 가서 여산에 도착했고, 그해 겨울에 남산정사(南山精舍)에서『아비담심(阿毘曇心)』네 권을 역출했다. 스스로 호본(胡本)

을 들고 진(晉)나라 말로 구역(口譯)하면 도자(道慈)가 받아 적었다. 다음 해 가을에 다시 승가제바와 교정을 보고 정본(正本)으로 확정했다. 당시의 상좌는 축승(竺僧), 근지(根支), 승순(僧純) 등 80여 명이었다[73]. 혜원의 서문(『우록』 10)에서 이렇게 말했다.

　　계빈국 출신인 사문 승가제바는 어린 시절부터 글공부를 했고 그 맛을 오랫동안 음미했다……. 마침 우연히 유행(遊行)을 와서 요청을 받자 번역하게 되었다. 승가제바는 호본(胡本)을 직접 든 채 입으로는 진(晉)나라 말로 번역하고 문장에 임해 훈계하고 삼가면서 한 장(章)을 세 번 반복했다. 혜원 역시 보물처럼 그를 중시했다.

　그렇다면 승가제바에게 『아비담심』의 번역을 요청한 사람은 바로 혜원이다[74].

　『우록』8 승예의 『유마의소서(維摩義疏序)』에서는 "승가제바 이전에는 천축의 의학(義學) 승려가 온 사람이 없었다"고 했으며, 석혜림(釋慧琳)의 『도생법사 추도문(道生法師誄)』(『광홍명집』)에서는 "승가제바는 소승의 도(道)의 중요 인물이다"라고 했으며, 『진서』 65에서는 "승가제바라고 하는 외국의 사문은 법리(法理)를 묘하게 해석했고 왕순(王珣) 형제에게 『비담경(毘曇經)』을 강설했다"고 했으니, 승가제바는 학인(學人)으로서 소승의 『아비담』에 능했음을 증명할 수 있다. 승가제바는 장안에서 『비담』을 먼저 역출하긴 했지만, 그러나 바로 사회의 변란(變亂)을 만난 탓에 그의 학설을 연구하는 자가 적었다. 후에 유명한 승려들이 모두 모인 여산에 도착했다. 『명승전초·설처(說處)』 10권에는 "혜원은 여산에서 종문의

일[宗事]을 익혔다"는 기록이 있는데, 그렇다면 혜원은 정말로 일체유부의
학설을 제창한 적이 있는 것이다. 혜림의 뇌문(誄文; 추도문)에 의하면,
축도생 역시 승가제바의 학설에 정통했다고 한다[75].

『홍명집』에 실린 범태(范泰)의 『치생관이법사서(致生觀二法師書; 생과
관 두 법사에게 보내는 서신)』에서는 이렇게 말하고 있다.

> 외국의 풍속은 도리어 다르다. 승가제바가 오자 의(義)와 관(觀)(의친(義
> 親)이라고도 함)의 제자들은 모두 목욕을 하고 우러러 보았는데, 이는
> 소승의 법일 뿐이다. 그들은 이(理)의 극치를 말하고 무생(無生)을 말하는
> 『방등』 경전을 모두 마귀의 책이라고 했다.

앞의 의(義)는 혜의(慧義)로 추정되며[76], 관(觀)은 바로 혜관(慧觀)으로
모두 여산에 거주한 적이 있다. 무릇 "승가제바가 처음으로 와서" 먼저
여산 기슭에 머물며 『비담』을 역출했는데, 이 『비담』은 끝내 한 시기에
유행하면서 불교 신도들로 하여금 『방등』을 마귀의 책으로 보게 했으니,
그렇다면 『비담』 학설이 크게 흥성한 것은 실제로 혜원의 문도들 때문이다.

융안 원년(서기 397년) 승가제바는 동쪽 경사(京師)로 유행했으며, 위군
(衛軍)의 동정후(東亭侯) 왕순(王珣)(자는 원림(元琳)이다)은 정사(精舍)를
건립했다. 그리고 계빈국의 사문 승가라차를 청하여 『중아함경』 호본(胡
本)을 강의하도록 했는데, 승가제바가 번역하고 도자(道慈)가 받아 적고
혜지(慧持)가 교열을 보았다[77]. 도자(道慈)와 혜지는 모두 여산에서 왔다.
혜지는 예장(豫章) 태수의 요청으로 『법화경』, 『비담』을 강의하였으며,
혜지도 역시 여산 출신의 승려로서 왕순의 중시를 받았다. 왕순은 또
승가제바를 초청하여 자신의 집에서 『비담』을 강의하도록 했는데[78], 왕승

미(王僧彌)[79]는 절반을 듣자 바로 본인이 강의할 수 있었다[80]. 왕승미는 여산에서 번역한 『아비담심』을 읽고 다시 승가제바의 강설을 들었기 때문에 스스로도 강의할 수 있었을 것이다.

7) 혜원과 구마라집

구마라집은 융안 5년(서기 401년)에 장안에 왔고, 그다음 해에 환현은 반란을 일으켜 건강(建康)에 들어갔다. 또 2년 후에(서기 403년) 유유가 토벌해 평정했다. 그 후 유유가 대참군(大參軍)을 파견하여 요현(姚顯)에게 화해를 요청하고 요현이 길묵(吉默)을 답례로 보내니, 이로부터 사자(使者)가 끊이지 않았다[81]. 대략 이 시기를 전후해서[82] 혜원은 요좌군(姚左軍)의 서신을 받았고[83] 다음 해에는 서신을 보내 우호를 표시했다. 그 당시 여산의 승려 도생, 혜관 등은 북쪽 관중[18]으로 들어가서 구마라집에게 도를 물었다. 구마라집 법사도 혜원의 서신을 받고 즉시 답장을 썼다. 아울러 게송 한 수를 보냈는데, 서신에서는 이렇게 말하고 있다.

경전에서는 "말세에 동방에서 호법(護法) 보살이 있을 터이니, 분투하라, 인자(仁者)여! 불사(佛事)를 널리 잘 전파하기를!"(『세설신어』주석에서는 장야의 『원법사명(遠法師銘)』을 인용하면서 "명성이 유사(流沙)에 퍼지자 그 나라 승려들은 모두 한나라 지역에 대승의 사문이 있다고 하면서 매번 향을 사르고 예배하면서 동쪽에 경의를 표하였다……"고 했는데, 이 말은 여기서 나온 것으로 의심된다)이라고 하였다. 무릇 재물에는 다섯 가지가 구비되어야 하니, 복(福), 계(戒), 박문(博聞; 폭넓은 지식), 변재(辯才; 말솜

---

18) 섬서성(陝西省) 위하(渭河) 유역 일대를 가리킨다.

씨), 심지(深智; 깊은 지혜)를 겸비한 자는 도가 융성하고, 구비하지 못한 자는 의혹에 막힌다. 인자(仁者)는 이 다섯 가지를 갖추고 있다.

그 후 법식(法識) 도인이 북쪽 지방으로부터 와서 구마라집이 본국으로 돌아가려고 한다는 소식을 알려주자, 혜원은 바로 편지를 쓰고 게송을 보내 격려했다. 아울러 서신에서 수십 조목의 일을 간략히 물어서 비평과 해석을 청했다[84]. 구마라집 법사는 일일이 답장을 써주었다. 이 서신은 모두 18장이 현존하고 있는데 바로 『대승대의장』이다. 불약다라(弗若多羅)는 관중에서 『십송률』의 번역을 마치지 못하고 죽었다. 후에 혜원은 담마류지가 진(秦)나라에 들어오면서 이 경전을 가져왔다는 소식을 듣자 바로 제자 담옹(曇邕)에게 편지를 갖고 가 구해오도록 했다. 그 결과 『십송률』 완전본을 얻었다[85].

담옹은 원래의 성이 양씨(楊氏)이고 이름은 옹이다. 부씨의 진나라 시절에 위장군(衛將軍)이었는데[86] 키가 팔 척이고 출중한 호걸이었다. 부견이 남쪽을 침략하다 비수(淝水)에서 패배한 후 장안으로 돌아와서 도안을 스승으로 출가했고, 도안이 돌아간 후에는 남방의 혜원을 스승으로 모셨는데, 혜원과 구마라집 간 10여 년 사이의 서신은 모두 그가 고생을 마다하고 전달했다. 장안과 여산이 서로 소통할 수 있었던 것은 모두 담옹 덕분이었다[87].

혜원은 여산에 은둔했지만 꾸준히 도를 닦고 법을 전파하는데 힘썼다. 매번 서역에서 손님이 한 명이라도 오면 찾아가서 간절히 자문을 구했다[88]. 승가제바, 축승근(竺僧根), 지승순(支僧純)[89], 불타발다라도 모두 여산에 거주한 적이 있었다. 경전이 최초로 강동(江東) 지역에 전파될 때에는 미비한 점이 많아서 선법(禪法)은 들어보지 못했고 율장은 빠진 부분이 많았다. 혜원은 도가 원만하지 못한 것이 아쉬워서 제자 법정(法淨), 법령(法領) 등에게 멀리 경전을 구하러 보냈다. 그들은 사막과 설산을 넘어갔다가 오랜 세월이 지나서야 돌아왔는데, 모두 범어로 된 원본을 가져왔기 때문에 전역(傳譯)을 할 수 있었다. 구마라집과 각현은 모두 그 범어 원본을 경전으로 사용했다. 구마라집이 왔을 때 혜원은 이미 그의 고상한 기풍에 대하여 들은 바가 있었다[90]. 여산의 승려들은 관중에 지극히 많이 들어갔는데 필경 혜원의 격려를 통하지 않은 사람은 없었을 것이다. 그리고 구마라집이 서거한 후에 오래지 않아 관중 지역이 수년 간 크게 혼란해지자 제자들은 사방으로 흩어졌다. 축도생의 무리는 앞서거니 뒤서거니 남쪽으로 내려가서 구마라집이 번역한 경전을 강동 지역에 전파했다.『성실론』,『십송률』,『삼론』,『법화경』 등의 경전은 모두 남쪽 지역에서 크게 유행했는데, 그 근본 원인은 실제로 혜원 법사가 자리를 제대로 지키고 있었고 호법에 정진했기 때문이다. 그리하여『고승전』에서는 이렇게 말하고 있다.

"총령 산맥 밖의 오묘한 경전은 관중 지역에서 훌륭하게 설해졌으니, 그러므로 승려들이 이 땅에 모여든 것은 모두 혜원의 능력이다."

8) 강동에서 선법(禪法)이 유행하다

선법은 한나라 말엽 이래로 매우 유행했다. 서진(西晉) 시대 때 여소(呂韶)는 중산(中山)에서 정신을 응집하여 매번 선정(禪定)에 들어가면 며칠 동안 일어나지 않았다. 승광(僧光)은 암석의 동굴 속에서 묵상에 잠겨 선의 지혜를 지향할 수 있었다[91]. 부씨의 진(秦)나라 시대 이전에 관중 지역은 선수(禪數)[19]의 학문이 매우 성행했다(『승가발징전(僧伽跋澄傳)』).

---

19) 불교 용어 선법(禪法)과 수법(數法)을 말한다. 선법은 정학(定學)에 속하고

영가(永嘉) 년간의 난세 후에 북방의 승려들은 대다수가 강남으로 건너갔다. 축승현(竺僧顯)은 며칠 동안 선정에 들었지만 굶주린 기색은 없었다. 축담헌(竺曇獻)은 고행(苦行)으로 선법을 익혔고, 지담란(支曇蘭)에겐 십여 명이 선법을 공부하고 있었는데 모두 북방에서 온 사람들이다[92]. 그리고 촉(蜀) 지역 출신의 현호(賢護), 법서(法緒)도 모두 하서(河西) 지역에서 왔다. 하지만 강남 지역에서는 좋아하고 숭상한 것이 지혜에 편중되었다. 그래서 사부(謝敷)의 『안반수의경서(安般守意經序)』에서는 이렇게 말하고 있다.

> 마음을 다스리는 요체는 이(理)를 깨달아 느낀 바가 있는 것이다. 그렇다면 외부를 빌려 내면을 고요히 하는 것도 아니고 선법을 인해 지혜를 이루는 것도 아니기 때문에 "『아유월치(阿惟越致)』[20]에서는 사선(四禪)을 따르지 않는다"고 한 것이다.

하지만 도안 법사는 선법을 제창했고 그의 제자인 혜원도 강동에는 선법이 빠져있자 제자를 서역에 보내 구하도록 했다. 진(晉)나라 말기에 많은 사람들이 서역으로 법을 구하러 가서 선법을 얻어 돌아왔다. 그리고

수법(또는 대법(對法)이라고도 한다)은 혜학(慧學)에 속한다. 경문 내용의 부문(部門)과 종류를 구분하는 의리(義理)를 가리킨다.

20) 산스크리트 avivartika의 음사이며 아비발치(阿鞞跋致)라고도 한다. 한역은 불퇴전(不退轉)이다. 보살 계위(階位)의 명칭이다. 『미타요해(彌陀要解)』에서는 "아비발치는 한역하면 불퇴(不退)이다. 첫째 위(位)의 불퇴는 성인의 흐름에 들어가 범부의 경지에 떨어지지 않는 것이며, 둘째, 행(行)의 불퇴는 늘 중생을 제도하면서 이승(二乘)의 경지에 떨어지지 않는 것이며, 셋째, 염(念) 불퇴는 마음 마음마다 일체지(一切智)의 바다에 들어가는 것이다.

불타발다라가 남쪽으로 왔기 때문에 불대선(佛大先)의 선법은 바로 강좌(江左)에서 유행하게 되었다.

불대선이란 바로 불타사나(佛陀斯那)이다[93]. 그는 계빈국의 선법의 대가로 대략 진(晉)나라 말엽에 서역에서 교화를 폈다. 혜원의『여산출선경서(廬山出禪經序)』[94]에서는 이렇게 말하고 있다.

　　지금 번역한 것은 달마다라(達磨多羅)와 불대선으로부터 나온 것이다. 이 분들은 서역의 빼어난 인사(人士)이고 선(禪)을 가르치는 종사이다. 경전의 중요한 것을 수집하여 대승을 권유했는데, 그 가르침의 전파가 다르기 때문에 상세함과 간략함의 차이가 있다(이하 생략).

『선요비밀치병경기(禪要秘密治病經記)』에서도 이렇게 말한다.

　　그 사람은 재능이 특별히 출중하여 여러 나라에서 독보적이었다. 5천만 개의 게송을 외우고 아울러 선법에도 밝았으며, 내전과 외서에 다 해박해서 습득하지 않은 책이 없을 정도이기 때문에 세상 사람들은 모두 "인간의 스승"이라고 했다.

혜관의『수행지부정관경서(修行地不淨觀經序)』에서도 이렇게 말했다.

　　불타사나는 계빈국에서 교화를 폈다……. 이 전단(旃丹)에 스승으로 삼을만한 진실한 습득이 없는 걸 불쌍히 여겼기 때문에 이 법본(法本)을 전해서 동쪽 지역에 유전되었는데, 역시 그 진위(眞僞)를 확연히 요달해 혼란한 흔적을 없애려고 했다.(이하 생략)

중국인으로 불대선의 직접적인 가르침으로 법을 받은 자는 지엄(智嚴)이다. 『승전』에서 말한다.

　　지엄은 서역의 나라를 두루 돌아다니다가 계빈국에 도착했다. 마천다라(摩天陀羅) 정사에 들어가서 불대선 비구를 따르면서 선법의 가르침을 받았다. 3년간 점차 익히다가 10년 넘게 공(功)을 쌓았다.

　　그리고 북량(北凉)의 저거경성(沮渠京聲)[21] 거사도 그를 따르면서 배웠고 『선요비밀치병경』도 받았다. 이 경전에 이런 기록이 있다.

　　서하왕의 사촌동생 대저거(大沮渠) 안양후(安陽侯)는 우전국의 구마제다사(瞿摩帝大寺)에서 천축 비구인 대승의 사문 불타사나를 스승으로 따랐다.

하지만 불대선의 선법을 크게 전파하라고 부촉(咐囑;부탁하여 맡김)의 중임을 받은 사람은 불타발다라이다[95]. 이 법사는 장안에 거주할 때 구마라집 제자들의 배척을 받았기 때문에 제자 혜관 등 40여 명과 함께 모두 여산으로 갔다. 혜원은 그의 명성을 들은 지 오래였고 또 혜관은 바로 혜원의 제자이다. 그래서 각현은 그곳으로 갔고 혜원도 그 소식을 듣고 기뻐하면서 옛 친구처럼 대했다. 그리고는 바로 담옹을 시켜 요왕(姚王)과 관중의 승려들에게 서신을 전하여 배척받은 일을 설명했고 아울러 선경(禪

---

21) 흉노족 출신으로 401년에 북량(北梁)을 건국한 북경 하서(河西) 무선왕(武宣王) 저거몽손(沮渠蒙遜)의 사촌 동생. 안양후(安陽侯)라고 불린다. 어려서 계를 받고 경전 독송을 좋아했다. 불법을 구하기 위해 유사(流沙)를 건너 우전국까지 갔다.

經)의 역출을 청했다(『달마다라선경(達磨多羅禪經)』). 각현은 여산에 몇 년 간 거주하다가 혜관과 함께 강릉으로 갔다. 그 후에는 또 도읍으로 내려가 도량사(道場寺)에 머물렀다. 송나라 초기에 강릉과 건업에 선법이 크게 유행한 것은 각현이 전파한 덕분이며, 또 한편 각현이 배척을 당했을 때 덕행과 명망이 높은 혜원의 보호가 없었다면 선법도 크게 유행하지 못했을 것이다.

9) 혜원의 학문

혜원의 학문은 현학과 불교를 종합했고 아울러 유학(儒學)에도 능했다. 『송서』에서는 종병(宗炳)[96:]이 늘 여산에 들어가서 석혜원에게 문장의 뜻을 고증했다고 하였다. 주속지(周續之)[97:]는 한가히 지내면서 『노자』, 『주역』을 읽고 여산으로 들어가 사문 혜원을 섬겼다. 뇌차종(雷次宗)[98:]은 젊어서 여산에 입산하여 사문 석혜원을 섬겼고 돈독한 뜻으로 학문을 좋아해서 『삼례(三禮)』, 『모시(毛詩)』에 각별히 밝았다[99:]. 『고승전』에서 는 이렇게 말하고 있다.

> 당시 혜원이 『상복경』을 강의할 때 뇌차종과 종병 등은 손에 책을 들고 가르침의 종지를 받았으며, 뇌차종은 후에 따로 의소(義疏)를 저술했다[100:]. 첫머리에 뇌씨라고 칭했는데, 종병은 서신을 보내서 이렇게 비웃었다.
> "예전에 당신과 함께 화상 밑에서 함께 배우면서 이 뜻[義]을 받아들였는 데, 지금에 와서는 책의 서두에서 뇌씨라고 칭하는구나."

육덕명(陸德明)은 『모시음의(毛詩音義)』에서 이렇게 말했다.

또 주속지와 뇌차종은 함께 혜원 법사의 『모시』의 뜻을 수학(受學)했다.

혜원 스스로 과거에 세상의 전적(典籍)에 심취했다고 했는데[101], 이에 따르면 그의 경학(經學)은 이미 일가(一家)의 학설을 이루었을 것이다. 하지만 혜원 역시 양진(兩晉) 시대 불교 학자의 풍습을 탈피하지 못해서 삼현(三玄)에 더욱 능숙했다. 『승전』에서는 혜원이 젊은 시절에 육경을 두루 섭렵했고 『장자』, 『노자』에는 더욱 능했다고 하였다. 또 실상(實相)을 해석할 때 『장자』를 인용해 유비(類比)를 하자 듣는 사람이 바로 알아들었다고 하였다. 『세설신어』에는 혜원이 은중감과 『주역』을 담론하면서 『주역』은 감응(感應)을 체(體)로 삼는다고 말한 내용이 실려 있다. 그리고 현존하는 혜원의 글을 보면 너무나 자주 『장자』, 『노자』를 여기저기 인용하고 있어서 번거롭게 지적할 필요가 없을 정도이다. 그래서 혜원은 불교 독립의 정신을 다분히 지니고 있었지만 그 이유를 말할 때는 여전히 현학의 언설을 의탁하고 있어서 당시의 취향을 따르고 있다. 혜원은 『장자』, 『노자』, 유교 경전을 모두 통달했기 때문에 비록 불법을 "독보적이고 절대적인 가르침이고 결코 변하지 않는 종지"라고 추앙했지만[102], 그러나 또한 "내전과 외서의 도는 종합해 밝힐 수 있다"(앞과 같음)고 말한 적이 있으며, 또 "진실로 유(有)의 종지를 회통하면 백가(百家)가 모두 일치한다"[103]고도 말했으며, 또 "지금 내전과 외서의 도를 합해서 교리를 전파하는 사정이라면 이치의 회통이 반드시 같다는 것을 알 수 있어서 수많은 설에 미혹되지 않고 그 차이에 놀라지 않는다"[104]고 했으니, 그렇다면 혜원이 내전과 외서의 취지를 융합한 것은 자명하다.

당시에는 삼현(三玄)과 『반야』를 같은 것으로 보았다. 혜원의 불학(佛學)의 종지는 역시 『반야』에 있다. 출가하기 전에는 본래 『장자』, 『노자』를 특히 잘했지만 도안이 강설한 『반야경』을 듣고서 활연(豁然)히 깨달았고, 나중에는 그 스스로 실상의 뜻을 강의했다. 형주에 있을 때는 심무의(心無義)를 배척했다. 그 후 여산에 있을 때 구마라집이 『대지론』을 번역했는데[105], 관중의 도사들은 모두 사양하면서 감히 서문을 짓지 못했다. 그래서 요흥은 혜원에게 책을 첨부해 보내면서 서문을 지어달라고 요청했다[106]. 그렇다면 혜원이 『반야』에 능숙한 것은 북방에서도 공인한 것이다. 혜원은 또 『대지론』의 문장이 번잡하여 초학자가 공부하기 어려운 것을 감안하여 그 요체를 초록(抄錄)해 20권으로 만들었으니[107], 그렇다면 혜원은 나이가 많았어도 여전히 『반야』 탐구에 게으르지 않았다.

또 혜원의 저작을 살펴보면 경서(經序)가 있고[108], 이(理)를 이야기한 문장도 있고[109], 불교를 홍보하는 글도 있고[110], 승려와 비구니의 절도(節度)에 관한 글도 있고[111], 그리고 잡문과 시문도 있다[112]. 후세 사람들이 혜원의 논문, 서문, 명문(銘文) 및 찬(贊), 시(詩), 서신들을 모으니 10권 50여 편이 되었다[113]. 그리고 불교학에서 가장 중요한 저작은 혜원의 『법성론』이다[114]. 『고승전』에서 그 문장을 인용하면 다음과 같다.

지극(至極)은 불변을 성품(性)으로 삼고, 성품을 얻는 건 체의 지극함[體極]을 종(宗)으로 삼는다.

체의 지극함[體極]이란 순화(順化)에 대하여 말한 것이다[115]. "재가(在家)에서 법[116]을 받들면 이것이 순화한 백성이고", 그리하여 "유정(有情)[22]

---

22) 산스크리트어로는 sattva, 팔리어로는 satta. 음역하여 살다바(薩多婆), 살타박(薩埵嚩), 살타(薩埵)라고 한다. 구역(舊譯)은 衆生이다. 생명 있는 것들의 총칭.

의 변화[化]는 사물에 감응해 움직이고, 움직임은 필경 정(情) 때문에 그 생겨남[生]이 끊이지 않고, 생겨남이 끊이지 않으면 그 변화가 더욱 광대해져서 형태는 더욱 누적되고, 정이 더욱 막혀서 누적(累積)도 더욱 깊어지니, 이 우환을 어찌 깊이 말할 수 있겠는가." 출가는 바로 "변화의 표면을 알아 초월함으로써 종지를 찾는 것"이지만 "종지를 밝히려면 반드시 체극(體極)에 존재해야 한다." '체극'이란 그윽이 부합하여 변하지 않는 성품[冥符不變之性]과 변하지 않는 지극의 체[不變至極之體]에 존재하니 바로 니환(泥洹)이다[117:]. 그래서 혜원은 체극(體極)은 순화하지 않는다고 칭하면서 이렇게 추론했다.

그러므로 경전에서는 '열반은 불변이고 변화[化]의 다함을 집[宅]으로 삼는다'고 했다. 삼계의 흐름은 죄와 고통을 마당[場]으로 삼는다. 변화가 다하면 인연은 영원히 쉬지만, 유전(流轉)하여 움직이면 무궁한 고난을 받으니 어찌 확연히 밝힐 수 있겠는가. 무릇 생(生)이란 형상을 질곡으로 삼으며, 생겨남은 변화를 말미암아 있는 것이다. 정(情)의 감응으로 변화하면 신(神)이 그 근본에서 막혀서 그 비춤[照]이 겹쳐지며 혼탁해지는데, 굳건하게 봉(封)하게 되면 오직 자기만이 존재하고 오직 움직임만이 교섭한다. 그래서 신령한 고삐[轡]가 통제를 잃고 혼탁한 날들이 시작되면서 바야흐로 탐애를 따라 장구(長久)하게 흐르니, 어찌 한 번만 받겠는가.

그러므로 근본으로 돌아가 종지를 구하는 자는 생(生)으로써 그 신(神)에 누(累)를 끼치지 않으며, 속진(俗塵;세속)의 봉(封)함을 초월한 자는 정(情)으로써 그 생(生)에 누를 끼치지 않는다. 정(情)으로써 그 생(生)에 누를 끼치지 않으면 생(生)도 소멸할 수 있고, 생(生)으로써 그 신(神)에 누(累)를 끼치지 않으면 신(神)이 그윽할 수 있다. 그윽한 신[冥神]은 경계가 끊어졌기 때문에 이를 니원(泥洹; 열반)이라 부르니, 니원이란 이름이 어찌 허망한 명칭이겠는가.[118:]

혜원은 구마라집이 번역한 『대품』, 『대지론』을 볼 수 있었을 뿐 아니라 구마라집 및 그 제자들과 서신으로 소통하기도 했다[119]. 그러므로 소위 불변이란 적멸(寂滅)을 말하는 것이 아니며, 소위 무(無)란 완공(頑空)을 가리키는 것이 아니다. 그의 『대지도론초서(大智度論鈔序)』에서는 이렇게 말하고 있다.

생(生)의 길은 비롯 없는[無始] 경계에서 징조가 나타나고, 변화는 화와 복이 순환하는 마당에서 이루어진다. 있지 않음[未有]에서 생겨나서 있는[有] 것이고, 이미 있음[旣有]에서 소멸해서 없는[無] 것이니, 이를 궁극까지 추론하면, 유(有)와 무(無)는 '하나의 법'에서 번갈아 대사(代謝)하는데 상대(相待)적이라 근원[原]이 아니며, 생(生)과 멸(滅)은 '하나의 변화'에서 양행(兩行)하는데 공(空)을 반영한지라 주체[主]가 없다. 그래서 바로 즉함[乃卽]으로써 관(觀)을 이루고 돌이켜 비춤으로써[反鑑] 종지를 구하는 것이니, 비춤이 밝으면 진루(塵累)[23]가 그치지 않아 의상(儀像)을 목격할 수 있고, 관(觀)이 깊으면 깨달음의 사무침이 미묘함에 들어가 명실(名實; 명상과 실제)이 함께 현묘하다. 장차 그 요체를 찾으려면 반드시 이 유와 무를 앞세워야 하고, 그 다음에야 비유비무(非有非無)의 담론을 얻어서 말할 수 있을 것이다.

시험 삼아 논해보자. 유라서 유에 존재하는[有而在有] 것은 유에서 유[有於有]인 것이며, 무(無)라서 무(無)에 존재하는 것은 무(無)에서 무(無)인

---

23) 진(塵)은 육진(六塵)으로 빛깔, 소리, 냄새, 맛, 접촉, 뜻을 가리키는데, 이 육진이 눈, 귀, 코, 혀, 몸, 뜻의 육근을 통해 몸속으로 들어가 우리의 청정한 마음을 더럽히고 참 성품을 가리므로 진(塵)이라 한다. 누(累)는 여기서는 '누를 끼치다'는 뜻으로 번뇌나 장애를 말한다. 따라서 '진루'는 뜻[意根]을 포함한 우리의 감각기관이 일으키는 번뇌와 악업(惡業)을 말한다.

것이니, 유(有)가 있으면 유(有)가 아니고 무(無)가 없으면 무(無)가 아니다. 어떻게 그런 줄을 아는가? 성품[性]이 없는 성품은 말하자면 법성(法性)이라 한다. 법성은 성품이 없으니 인연으로 성품이 생기며, 인연[緣]으로 생기는 것은 자체의 모습[自相]이 없기 때문에 비록 유(有)라도 항상 무(無)이며, 항상 무(無)라도 유(有)를 끊지 않으니 마치 불이 전해지면서 꺼지지 않는 것과 같다. 그렇다면 법은 다른 갈래[趣]가 없어서 시작에서 지말(枝末)까지 허망에 빠지니, 필경 함께 다투면서도 유와 무가 교대로 돌아가는 것이다. 따라서 그 울타리 속에서 노니는 자는 마음은 우려를 기다리지 않고 지혜는 반연을 기다리지 않으니, 상(相)을 소멸하지 않아도 적멸(寂滅)하고 선정을 수행하지 않아도 한가하므로 신을 만남으로써 통달을 기약하는 것이 아니다. 공(空)도 공(空)하면 현묘함이 되는 걸 알아채는 이것이야말로 지(至)이고 이것이야말로 극(極)이다.

지극(至極)은 불변(不變)을 성품으로 삼는데, 불변이란 생멸을 멸해서 가지런해지므로 유(有)도 아니고 무(無)도 아니다. 그러므로 좌선(坐禪)으로 지극을 잘 체득한 자는 "지극 한 하나[至壹]로써 온갖 움직임을 운행해도 유(有)가 아니고, 아직 형상이 없는데서 커다란 상[大象]이 훤히 트였어도 무(無)가 아니니, 생각[思]도 없고 함[爲]도 없지만 하지 않음도 없다"[120]고 했다. 신(神)이 법성에 노닐면서도 존재하지 않음이 없으니, 그래서 혜원의 『불영명서』에서는 법신에 대하여 이렇게 말했다.

법신의 사물 운행[運物]은 사물을 사물화하지 않으면서도 그 단서의 징조를 나타내고 종국(終局)을 도모하지 않으면서도 그 성취를 회통하니, 이(理)는 만물의 표면에서 현묘하고 수(數)는 무형무명(無形無名)에서 단절된다. 만약에 물고기를 잡기 위한 통발에 비유하여 말한다면 도는 무소부재이니, 이 때문에 여래께서는 앞선 자취를 감춤으로써 기초를 숭상했거나,

혹은 생(生)의 길을 드러내서 체(體)를 정했거나, 혹은 찾지 못할 경계에서 홀로 발(發)했거나, 혹은 이미 있는 장(場)에서 서로 대대[對待]24)하였다. 홀로 발하는 것은 형상의 유(類)이고, 서로 대대하는 것은 그림자의 유(類)이다. 그러하니 명기(冥奇)를 추구하는 것은 유(有)의 대대(對待)인가 아니면 무(無)의 대대인가? 내[我]로부터 관찰하면 간극[間] 없음에서 간극이 있고, 구하려는 법신은 본래 두 계통이 없으니, 형상과 그림자를 나눈들 어찌 경계[際]가 있겠는가. 하지만 오늘날 도를 배우는 자들은 모두 먼 시대 밖의 성스러운 체(體)를 모방만 하고 지금 존재하는 신령한 감응을 깨닫지 못하기 때문에 원만한 변화[圓化]가 형상이 아닌데도 움직임이 멈추어야 그 자취의 방향을 아는데 불과하니, 어찌 속이는 것이 아니겠는가?

법신은 성인이 도를 이룬 신명(神明)이다. 실제로 신명은 불멸이고 어리석음과 지혜는 동일한 바탕이라서 신(神)이 형상에 전해지는 것은 마치 불이 땔감에 전해지는 것과 같다. 범부의 어리석음이 하열(下劣)해 신(神)이 정(情)에 이끌리고 형상이 질곡이 되자 욕망이 밖으로 타오르고 정(情)이 안으로 들끓으면서 일단 움직이는 경계에 교섭하면, 산세(山勢)가 무너지는 것처럼 미혹의 상(相)이 상승하고 이(理)에 저촉해 정체(停滯)를 낳는다121. 하지만 체극(體極; 체의 궁극)의 성스러움은 천변만화(千變萬化)의 표현[表]을 끊고 유무(有無)의 경계를 묘하게 다하는지라 서두르지 않아도 빨라서 마침내 감응하니, 이 때문에 범부든 성인이든 똑같은 불멸의 신(神)을 갖추고 있다. 성인이 멀리에 있는가! 바로 여기에 있다. 하지만 각자 기탁하는 자취가 다르기 때문에 끝내 궤칙(軌則)이 나뉘었을 뿐이다. 그래서 혜원의 『사문불경왕자론』에서는 이렇게 말하고 있다.

---

24) 서로 대응하며 상호 의존하는 것.

신(神)이란 기도(企圖)에 응하지만 무생(無生)이고 묘함을 다하지만 무명(無名)이니, 사물에 감응하여 움직이고 수(數)를 빌려서 행한다. 사물에 감응하면서도 사물이 아니기 때문에 사물이 변해도 소멸하지 않으며, 수(數)를 빌리면서도 수가 아니기 때문에 수를 다하여도 끝이 없다. 정(情)이 있으면 사물에 감응할 수 있고, 식(識)이 있으면 수(數)를 추구할 수 있으니, 수(數)에는 정밀함과 조잡함이 있기 때문에 그 성품이 각기 다르고, 지혜는 밝음과 어둠이 있기 때문에 그 비춤이 다르다.

이렇게 추론하면 변화(化)는 정(情)으로 감응하고 신(神)은 변화로 전(傳)하니, 정(情)은 변화의 모체이고 신은 정(情)의 뿌리가 된다. 정(情)에는 사물을 회통하는 도가 있고, 신에는 보이지 않게 이동하는 공(功)이 있다. 하지만 깨달음이 철저한 사람은 근본으로 돌아가고 이(理)를 미혹한 사람은 사물을 좇는다.

이 글에 따르면, 깨달음이 철저한 사람은 근본으로 돌아가서 물화(物化)[25]되지 않고 능히 사물을 변화할(化物) 수 있고, 이(理)에 미혹한 자는 사물을 쫓다가 사물로 변화됨으로써 스스로 그 종지의 극치를 타락시키고 만다. 하지만 무생(無生)과 무명(無名)의 정신이 범부이든 성자이든 차이가 없는 것은 너무나 분명한 것이다.

10) 혜원과 미타정토(彌陀淨土)

혜원은 정령불멸설(精靈不滅說)을 갖고 있지만 또 생사보응(生死報應)의 위력을 아주 두려워했기 때문에 커다란 서원(誓願)을 발해 정토에

---

25) 사물로 화하는 것. 근본 바탕인 이(理)는 사물이 아니기 때문에 사물로 화하지 않으면서도 능히 사물을 변화시킨다.

왕생(往生)하길 기약했다. 원흥 원년에 유유민, 주속지, 필영지(畢穎之), 종병122:, 뇌차종, 장래(張萊)123:, 민(民)124:, 장계석(張季碩)125:은 정사(精舍)에서 무량수불상(無量壽佛像) 앞에 재(齋)를 지내고 함께 서방 세계로 가기를 서원했다. 그리하여 유유민에게 그 글을 지으라고 했는데 첫머리에서 이렇게 말했다.

유세(維歲)26)는 섭제격(攝提格) 7월 무진삭(戊辰朔) 28일 을미년(乙未年), 법사 석혜원은 정숙한 감응이 그윽하고 심오한데다 엄숙한 회포가 특별히 발해서 명(命)을 잇는 동지(同志)와 마음을 쉰 충실한 믿음의 인사(人士) 123명과 함께 여산 기슭의 반야운대(般若雲臺) 정사에 있는 아미타불상 앞에 모여서 향과 꽃을 올리며 경건하게 맹세했다.

혜원은 보응(報應)을 독실하게 믿어서 늘『석삼보론』,『명보응론』을 지었다. 그래서 그는 생사의 고난에 빠져 몇 겁에 걸친 윤회의 고통을 받는 것을 깊이 두려워했다. 혜원은 사도(司徒) 왕밀에게 보낸 서신에서 장수(長壽)를 부러워하지 말라고 했으며126:, 그는 또한 유유민 등에게 보낸 서신에서 이렇게 말했다.

여러분은 모두 여래의 현명한 제자라서 신부(神府)에 이름을 올린 지가 오래되었다. 하지만 가슴속에 원대한 소망을 품고 있지만 이를 이룰만한 자량이 모자라니, 이 영생(永生)이 어찌 숙세(宿世;전생)의 마음을 격려하겠는가. 생각건대 육재일(六齋日)27)에 일상의 일들을 간소히 끊고 공문(空門)

---

26) 제문의 첫머리에 관용적으로 쓰는 말이다. 간지(干支)를 따라 정한 해를 뜻한다.
27) 불교에서는 매달 6일을 악일(惡日)이라 여겨서 재계하며 복을 닦았다.

에 마음을 전적으로 집중한 후에 돈독한 정(情)으로 내생(來生)을 깊게 헤아려야 하리라.

유유민 등은 서원을 세워 내생에는 함께 서방 세계에 태어나길 기약했는데, 이 편지에서 이미 권유하고 훈계한 단서가 보인다. 또 종병이 죽은 아내를 애도하면서 사문 석혜견(釋慧堅)에게 "생사의 분리로 쉽게 도달할 수 없으므로 재삼 가르침을 고려해야 비로소 슬픔을 떨쳐버릴 수 있다"[127:고 하였고, 주속지도 역시 대안(戴安)과 보응에 대해 변론했다[128:. 뇌차종의 『조카에게 보낸 서신(與子侄書)』에서는 "삶의 길고 짧음은 다 정해진 분수(分數)가 있다"고 하였고, 또 자신을 이렇게 격려했다.

"아직은 노망이 들 정도로 늙지 않았고 또 넘어질 정도로 쇠약해지지도 않았기 때문에 오히려 기대한 바에 열심히 노력할 수 있고 기탁한 것에 마음을 쓸 수 있다. 그래서 다음 생의 나루터와 대들보가 되도록 진실한 삶을 살고 노년의 양생(養生)을 잘 하기 위해 기운을 전념하겠다."(『송서』 본전)

이 글에 따르면, 무상에 대한 공포감은 누구나 가장 절실하게 느끼는 것이므로 그들이 함께 부처님 나라에 왕생(往生)하길 기약하는 것도 당연하다. 그래서 발원문(發願文)에서는 이렇게 말하고 있다.

반연하여 변화하는[緣化] 도리가 이미 자명하다면 삼세(三世)가 윤회하는 진실도 분명하고, 인과로 변천해 감응하는 분수(分數)가 이미 부합했다면 선악의 보응은 필연이며, 교비(交臂)[28]의 윤회에 빠진 걸 미루어 생명의

---

28) '교비'는 두 사람이 마주 보고 두 손을 모아 읍을 하는 짧은 순간을 말한다. 즉 덧없는 시간을 가리킨다.

기약이 무상함을 절실히 깨달았습니다. 세 가지 보응[三報29)이 서로 독촉하는 것을 살펴서 험악한 삼악도의 고통에서 빠져나오기 힘든 걸 알았으니, 이곳의 현명한 동지들은 그런 까닭에 아침부터 저녁까지 삼가고 부지런함으로써 제도 받을 것을 우러러 생각합니다.

『우록』 및 『고승전·혜원전』에 의하면 서원을 세운 동지는 123명이다. 그중 이름이 알려진 자는 유유민, 주속지, 필영지, 종병, 뇌차종, 장래민(張萊民), 장계석(張季碩) 등 일곱 사람뿐이다. 또 그 당시 여러 사람들이 창(唱)하고 화답(和答)해서 『염불삼매시집』을 편찬했고 혜원이 서문을 지었는데129:, 시(詩)에 화답한 사람들 중에 오늘날 확실히 아는 자는 왕제지(王齊之)뿐이다130:. 왕제지도 123명에 속하지만 그 밖의 사람들은 고증할 수 없다.

하지만 오늘날 세속에 전해지고 있는 내용은 소위 혜원과 십팔현자(十八賢者)가 백련사(白蓮社)를 세웠을 때 백련사에 가입한 자가 123명이고 그 밖의 가입하지 않은 자는 3명이라는 것이다. 이런 종류의 전설은 서적마다 실린 것이 서로 다르고131:, 또한 이런 설이 언제부터 시작되었는지 모른다. 허나 대체로는 중당(中唐) 시대 이후일 것이다132:. 통상 근거로 삼은 서적은 『십팔고현전』이라 전해지고 있으며, 진순유(陳舜兪)의 『여산기』에 그 글이 실려 있다. 진순유는 이렇게 말하고 있다.

---

29) 과보로 받는 시기를 세 가지로 나눈 것으로 현보(現報)와 생보(生報)와 후보(後報)가 있다. 현보는 현세에 지은 선악의 과보가 현재의 몸에 갚아지는 것이고, 생보는 현세에 지어서 다음 생(生)에 받는 것이고, 후보는 현세에 지은 과보가 제2세(世) 이후에 갚아지는 것이다.

동림사에 오래전에 『십팔현전(十八賢傳)』이 있었는데 누가 지었는지는 모른다. 문자는 깊이가 없어서 사적(事蹟)으로 앞의 역사들을 검증했지만 왕왕 어긋나고 오류가 많아 독자들은 누추하다고 했다……. 나는 『여산기』를 지었는데, 옛날 판본이기 때문에 진송(晉宋)역사와 『고승전』을 참고해서 약간은 바르게 수정했다.

남송 시대 석지반(釋志磐)의 『불조통기』 26에도 역시 『십팔현전』이 실려 있는데, 그 말미에 첨부된 주석에서는 이렇게 말했다.

『십팔현전』은 처음부터 작가의 이름을 적지 않았기 때문에 과거 여산으로부터 나온 것으로 의심된다. 희녕(熙寧) 연간에 가화(嘉禾) 지방의 현량(賢良)[30]인 진령거(陳令擧), 즉 진순유가 조잡하게 수정하여 출간했다. 대관(大觀) 초년(初年:서기 1107년)에 사문 회오(懷悟)는 사적(事跡)에 따라 간략한 소(疏)를 짓고 다시 상세히 보충했다. 오늘날 『여산집』, 『고승전』 및 진송(晉宋) 역사를 내리 고증하고 회오의 판본에 의거해 다시 보충해서 하나의 사적도 빠트리지 않았느니 정본(定本)이라고 할 수 있다.

이 글에 따르면, 『십팔고현전』은 망녕된 사람이 옛날의 역사를 잡다하게 취하고 터무니없는 전설들을 채집해서 이루어진 것이며[133], 후에 진순유와 지반이 수정하고 옛 역사를 채용했으니, 『십팔고현전』에는 이미 믿을 만한 자료들이 첨가되었다[134]. 그러나 지반과 회오의 뜻을 상세히 보충해서 백련사에 가입하지 않은 세 사람을 위하여 전기를 쓰고 또 강제적으로 상관없는 123명의 이름을 기록한 것은 역시 믿을 것이 못된다. 번거로움을

---

30) 여기서는 경학(經學)에 밝고 덕행(德行)이 뛰어난 사람을 말한 것으로 보인다.

피하기 위하여 백련사의 이야기에서 허망한 거짓만 서술하면 다음과 같다.

　(1) 유정지(劉程之)의 서원을 세운 글 속에서는 "보배 연못의 공덕수가 흐르는 가운데 연꽃에 기대어 노닐고 보배 나무의 아름다운 가지 아래서 부처님 마음을 찬양한다"고 하였다. 부용이란 연꽃을 말한다. 이 글에서 연꽃을 언급한 것이 후세의 백련사 설(說)의 근본이 되었을 것이다. 하지만 이 두 마디는 그저 문인들의 사조(辭藻)[31]일 뿐이며 실제 사실을 가리킨 것인지는 고증할 수 없다[135:]. 이 밖에 가장 초기의 기록은 모두 혜원이 백련사를 설립한 사적을 언급하지 않았다. 단지 수(隋)나라 때 지자(智者) 대사가 여산에서 진왕(晉王)에게 보낸 서신[136:]에서 사령운이 세 곳에 연못을 팠다는 말이 있는데, 역시 연못이라고 하지 않았고 연사(蓮社)의 설립도 언급하지 않았다[137:]. 중당(中唐) 이후에야 백련사라는 이름이 간간이 보인다[138:].

　하지만 송나라 시대에 와서는 연사(蓮史)의 명칭에 대한 해석이 다양해졌다. 예를 들면 송나라 계주(戒珠)의 『정토왕생전서(淨土往生傳序)』에서는 "무량수국(無量壽國;아미타불의 나라)에 태어나는 사람은 보배 깃발이 앞에서 인도하게 되고 금빛 연꽃을 본질로 받아들이기 때문에 이름하여 연사(蓮社)라고 한다……"고 했으며, 송나라 석도성(釋道誠)의 『석씨요람(釋氏要覽)』1권에 기재된 연사(蓮社)의 뜻은 네 가지 설로 달랐다. 혹은 동림원(東林院)에 백련(白蓮)을 많이 심었기 때문이라고 여겼으며, 혹은 아미타불 나라는 연꽃의 9품 차제(次第)로 사람을 접하기 때문이라 여겼으며, 또 어떤 사람은 "이 연사를 기리는 사람은 명예와 이익에 오염되지 않기 때문에 이렇게 이름을 지었다"고 했으며, 또 어떤 사람은 혜원의

---

31) 문장(文章)과 시가(詩歌)를 말한다.

제자 법요(法要)가 연꽃 12잎을 나무로 조각해[139] 물에 심은 뒤에 기관(機關)을 사용하여 하나의 연잎이 부러지면 한 시간[一時]으로 보아 각루(刻漏, 물시계)와 다르지 않았는데, 예불이나 염불 시간을 어기지 않았기 때문에 이런 이름을 지었다고 하였다.

(2) 십팔고현의 설도 역시 최초의 기록에는 보이지 않다가 중당(中唐) 이후부터 이 명칭이 보인다[140]. 당나라 법림(法琳)의 『변정론』 3권에 의하면, 유유민, 뇌차종, 주석지, 필영지, 종병[141]을 다섯 현자라고 칭했다[142]. 법림이 육조(六朝)의 일사(逸史)를 지극히 많이 인용해서 견문이 넓은 걸 볼 때 당나라 초기에는 십팔고현의 설(說)이 없었음을 알 수 있다. 또 수나라 비장방의 『역대삼보기』는 십팔고현이 결사(結社)한 연사(蓮社)에 대한 사적을 기록하지 않았을 뿐만 아니라 『혜원전』에서 서원을 세워 왕생하겠다는 사적도 삭제했으니, 이를 통해 육조 시대의 목록과 비장방이 본 여러 책에서도 백련사에 관한 사적을 언급하지 않았음을 알 수 있다. 『십팔고현전』에서는 십팔 명 중 담선(曇詵)이 『유마경』을 주석하고 『궁통론(窮通論)』, 『연사록(蓮社錄)』을 저술했다고 하였고, 『고승전』에서는 『유마경』[143]을 주석하고 『궁통론』을 저술했지만 유독 『연사록』의 찬술만은 말하지 않았다. 그리고 이 책이 아직까지 인용되지 않은 걸 보면 그 사적에 틀린 곳이 많음을 알 수 있다.

(3) 십팔 명의 현자 중 석혜지는 융안 3년(서기 399년)에 혜원과 이별하고 촉(蜀) 땅으로 가서 다시는 돌아오지 않았고, 불타발다라는 의희 6,7년 경(서기 410년 혹은 411년)에 여산에 처음으로 왔으므로 모두 원흥 원년(서기 402년)에 함께 연사(蓮社)를 세울 이유가 전혀 없다. 『승전』에서는 각현이 선정 속에서 도솔천에 가고 미륵불을 신봉했다고 기록했다. 그러나 축도생, 석혜영, 혜예[144], 담선, 담순(曇順)[145], 담항(曇恒)[146], 도경(道

敬)¹⁴⁷:, 도병(道昺)¹⁴⁸:이 육조 시대 때 무량수불을 섬기는 것으로 유명했다는 말은 듣지 못했다.

불타야사에 관해『승전』에서는 남방으로 갔다고 말한 적이 없으며, 남북조의 기록에도 여산에 불타야사가 있다고 언급하지 않았다. 수나라의 지의(智顗)³²)는 진왕(晉王)에게 보낸 서신에서 혜원과 야사(耶舍) 선사가 처음으로 두타법(頭陀法)을 행했다고 말했지만, 그러나 불타야사라고 말하지는 않았다. 그리고 불타야사는 율사이지 선사가 아니다¹⁴⁹:. 또『송서(宋書)』에서 "종병은 63세인 원가 25년에 죽었다"고 하였으니, 원흥 원년에는 겨우 16세라서 123명의 말석에는 참여할 수 있겠지만 십팔고현 속에 열거되어야 할 이유는 결코 없다¹⁵⁰:. 이상의 내용에 따르면 소위 십팔고현은 아쉽게도 사실이 아니다.

⑷『불조통기』에 기록된 백련사 123명 중에 알아볼 수 있는 자는 37명인데, 이는『고승전』,『여산집』및 기타 서적에서 취합해 실은 것이다. 37명 중에서 겨우 필영지(畢穎之), 왕교지(王喬之) 두 사람만 대중에 속하고, 석승제는 무량수불을 보았거나 (『고승전』) 혹은 회상(會上)에 참여한 적이 있지만, 나머지 사람은 근거가 아주 적다. 예를 들어 궐공칙(闕公則)은 『법원주림』에 인용된『명상기(冥祥記)』에 의하면 진(晉)무제 시대에 죽어서 이미 서방의 안락한 정토에 태어났으며, 또『우록』에 의하면 그의

---

32) 수나라 시대의 승려로 천태종을 창시했다. 천태대사(天台大師) 혹은 지자대사(智者大師)로도 불린다. 18세에 출가하여 율장(律藏)과 비담(毘曇)·성실(成實)·선법(禪法) 등을 배웠고, 후 남악대사(南岳大師) 혜사(慧思)에게 지관법문(止觀法門), 선관(禪觀), 달마선(達磨禪) 등을 이어받고 법화삼매(法華三昧)에 의해 대오(大悟)하였다. 저술로는『법화현의(法華玄義)』,『법화문구(法華文句)』,『마하지관(摩訶止觀)』이 있다.

제자 위사도(衛士度)도 역시 혜제(惠帝) 시대에 있었으니, 그렇다면 궐공칙은 백련사에 가입할 이유가 없다. 또 37명 중에는 모수지(毛修之), 맹회옥(孟懷玉)이 있는데, 『송서』에 의하면 모수지는 귀신을 믿지 않아서 사당만 보면 모두 불로 태워 없앴고 또 구천사(寇天師)[33]를 섬겼으며, 맹회옥은 의희 8년에 강주자사(江州刺史)가 되었고 혜원은 그 11년 전에 서원을 세웠다. 『불조통기』에 맹회옥과 모수지가 실려 있는 까닭은 그 이름이 『여산기』에 보이기 때문이다. 『여산집』에 실린 혜원의 시문(詩文)에는 두 사람의 이름이 실려 있는데, 지반은 억지로 모아서 합쳤기 때문에 그 사실을 전혀 모르고 있었다.

(5) 『불조통기』에 기록된 123명 중에는 도사 육수정(陸修靜)이 있다. 백련사에 가입하지 않은 세 사람 중에는 도연명(陶淵明)이 있다. 남조 양나라의 심선(沈璇)이 지은 『간적관비(簡寂觀碑)』에 따르면 육수정은 송나라 대명(大明) 5년에 여산에 도관(道觀)을 설치했고, 당나라 이발(李渤)의 『육선생전(陸先生傳)』에 따르면 태초(太初)의 난(難)[34]이 일어났을 때(원가 말년) 육수정은 여산 기슭으로 유행(遊行)했다고 했는데[151], 이는 모두 혜원이 세상을 떠난 뒤이다. 그리고 『고승전・도성전(道盛傳)』에 의하면, 단양윤(丹陽尹)[35] 심계문(沈季文)은 육수정에게 도성과 변론하도

---

33) 구겸지(寇謙之)를 말한다. 구겸지는 도교의 의례와 의식을 정리하고 도가 이론을 재정립해서 도교를 북위(北魏)의 국교로 끌어올렸다. 천사(天師)는 당시 도교의 일파인 오두미교의 스승을 말한다.
34) 남조(南朝) 유송(劉宋) 원가(元嘉) 말년에 태자 유소(劉劭)와 그의 동생 유준(劉浚)이 천사도(天師道)를 섬기는 오흥(吳興)의 여자 무당 엄도육(嚴道育)에게 미혹되어 송문제(宋文帝)를 시해한 것을 '태초의 난'이라 한다.
35) 동진(東晋)의 경기(京畿) 지역을 다스리는 관직 이름.

록 했다. 심계문은 승명(升明) 2년에 단양윤에 취임했으니, 그렇다면 육수정
은 송나라 말엽에 있었다는 뜻이다. 또 당나라 오균(吳筠)의 『간적선생육군
비(簡寂先生陸君碑)』에 따르면, 원휘(元徽) 5년(즉 승명(昇明) 원년)에 육수정
은 72세로 우화(羽化)[36]했다고 하는데(『전당문(全唐文)』), 그렇다면 육수정
은 진나라 의희 3년에 출생했고 혜원이 죽었을 때는 12,3살이었다. 따라서
육수정은 백련사에 가입하지 않았을 뿐만 아니라 혜원도 만나지 못했다.
도정절(陶靖節)[37]과 혜원은 선후로 같은 시대이다[152]. 그러나 도연명은
유유민과 주속지에 여러 편의 시를 지어서 증정했지만 전혀 혜원을 언급하
지 않았다. 뿐만 아니라 여산의 여러 사찰과 승려에 대해서도 언급하지
않았으니, 그렇다면 혜원과 왕래하다가 호랑이 계곡까지 배웅했다는 고사
(故事)는 정말로 믿기 어렵다[153].

　(6) 『불조통기』에서 "혜원은 범녕(范甯)에게 백련사에 가입하라고 격려
했지만 범녕은 갈 수 없었다"고 했다. 범녕은 예장자사[154]로서 혜지를
청하여 『법화경』, 『비담』을 강설하도록 했다(『고승전』). 나중에 강주(江州)
태수가 되었지만 왕응지(王凝之)의 탄핵으로 면직되자 경도(京都)로 돌아
와 융안 5년에 임종을 맞았는데[155] 바로 동림사에서 서원을 세우기 이전이
다. 사령운이 대략 의희 7,8년경에 처음으로 여산에 와서 혜원을 만났다면
서원을 세운 11년 후가 된다[156]. 그리고 당나라 법조(法照)가 편찬한
『정토오회관행의(淨土五會觀行儀)』하권 돈황본에서 "혜원 대사는 여러
석학 대덕 및 사령운, 유유민 등 123명과 함께 염불삼매를 수행하길 서원해

---

36) 도교의 신선도(神仙道)를 닦는 사람이 날개가 돋아 신선이 되는 것을 말하는데,
　　여기서는 죽음을 의미한다.
37) 즉 도연명이다.

서 모두 서방 극락세계를 보았다"고 했는데, 그렇다면 강락(康樂)도 원래 서원을 결성한 인원수에 포함되었음을 알 수 있다[157]. 세상에서 혜원의 마음이 복잡했기 때문에 백련사에 들어가는 걸 허락하지 않았다고 하는 것 역시 거짓이다.

11) 혜원의 염불

염불은 선법(禪法)의 십념(十念)[38] 중 하나이다. 비록 입으로 부처님 명호(名號)를 부르는 일이 있지만, 그러나 근본적으로 선정을 닦는 좌선을 해야 한다. 혜원의 염불은 절대적으로 좌선을 말하는 것이지 후세의 세속인들이 입으로만 부르는 부처님 명호가 아니다. 예컨대 유유민이 지은 발원문에서는 이렇게 말하고 있다.

  마음을 극복하고 정(精)을 중시하고 사유를 거듭함으로써 그 생각[慮]을 집중하지 않을 수 있겠는가.

『광홍명집』에 실린 『염불삼매시집서(念佛三昧詩集序)』에서는 염불삼매가 이미 선정이라고 명확히 밝혔다고 했다. 그 글에서는 이렇게 말하고 있다.

  그러므로 이 정(定)에 들어가게 하면 아득해서 앎[知]을 잊는다.

---

38) 십념은 염불(念佛), 염법(念法), 염승(念僧), 염계(念戒), 염시(念施), 염천(念天), 염휴식(念休息), 염안반(念安般), 염신(念身), 염사(念死)이다.

그리고 『시집』에서는 낭야산 왕제지(王齊之)의 『염불삼매시(念佛三昧詩)』 네 수를 실었는데, 말미에서 이렇게 말하고 있다.

일념[念]을 지극히 해서 마음을 서방의 극락세계에 둔다.

이는 모두 염불이 바로 심학(心學)임을 말해준다. 서원의 글에서는 또 이렇게 말한다.

옷깃을 여미고 법당에서 명(命)을 기다리면서 평등하게 한 마음[一心]을 베푼다.

시(詩)의 서문에서는 이렇게 말했다.

따라서 불법을 신봉하는 현자(賢者)들은 모두 일규(一揆)39)의 계합을 사유했다……. 법당에서 마음을 씻고 청정하게 옷깃을 여미어서 밤에도 잠을 자지 않고 계속 부지런히 수행한다.

이런 글에서 혜원의 염불은 대중들이 여섯 시에 법당에서 좌선하는 것임을 증명할 수 있다. 『승전』에서는 송나라 혜통(慧通)이 선(禪) 속에서 무량수불(無量壽佛)을 보았는데 광명이 찬란했다고 하였다. 대체로 부처를 보고 왕생(往生)하는 것은 모두 정(定)을 수행해 얻는 것이니, 혜원은 정토에 태어나길 발원했기 때문에 반드시 염불삼매를 행해야 했다. 혜원은 늘 구마라집에게 반주(般舟)삼매를 물었다. 『대지도론』에서는 '반주삼매

---

39) 하나의 길, 하나의 법칙을 뜻한다.

는 보살위(菩薩位)이다. 이 반주삼매를 얻으면 현재의 시방 모든 부처가 다 보이고, 또 모든 부처로부터 법을 들어서 온갖 의심의 그물을 끊는데, 이때 보살의 마음이 요동하지 않는 것을 보살위라고 한다'고 하였다. 후한 시대부터 수나라 시대까지 『반주삼매경』을 번역한 사람은 다섯 분이니, 이것으로도 역시 염불을 중시했음을 증거할 수 있다[158]:.

12) 여론(餘論)

동진 초기에 여산은 이미 은거하는 땅이 되었다. 현학자로는 적탕(翟湯)40)[159]:이 있고 유명한 승려로는 축담무란이 있다[160]:. 그 후 혜원이 와서 거주하자 북방의 불법은 그로 인해 강좌(江左)에 유포되면서 불교는 그 맥을 유지했다. 남북조 시대 제(齊)나라의 석도혜(釋道慧)는 14살[161]:에 여산의 『혜원집』을 읽고 감격해서 늦게 태어난 것을 한탄했다. 그래서 지순(智順)과 함께 천리 길을 마다하지 않고 혜원의 유적을 보면서 삼년간 체류한 후에 건업으로 돌아왔다(『고승전』). 그렇다면 혜원의 기풍과 학문은 송나라와 제나라 시기에 이미 사람들에게 지극히 깊은 감명을 주고 있었다.

---

40) 자(字)는 도연(道淵)이고 영상현(柴桑縣) 사람이다. 서진(西晉) 말엽에 나라가 혼란하자 현학이 성행했다. 많은 인사와 사대부들이 난세를 피해 벼슬을 버리고 은둔했는데, 적탕 역시 당시 은거지로 유명한 여산에 은둔했다. 진송(晉宋) 연간에 여산의 은사로는 "적가(翟家) 사세(四世)(적탕의 후손들)"와 "심양(尋陽) 삼은(三隱)(도연명, 주속지, 유유민)"이 가장 유명했다.

미주

제1장

1) 혜원이 동쪽으로 간 것에 대해 『승전』에서는 진(秦)나라 건원 9년 부비(符丕)가 양양을 침략했을 때라고 하지만, 사실은 부비가 양양을 침입하지도 않았고 실제로 그해에 있지도 않았다.

2) 혜원이 언제 동림사로 이주했는지는 모른다. 사찰은 환이(桓伊)가 자사(刺史)가 되었을 때 세웠으니, 즉 태원 9년부터 17년 사이이다.

3) 통상적으로는 태원 15년이라고 한다. 하지만 『승전』에 실린 유유민의 『입서원문(立誓願文)』에서는 "그해는 섭제격(攝提格)[1] 7월 무진삭(戊辰朔) 28일 을미(乙未)이다"라고 했다. 태원 15년은 비록 인년(寅年)이라 해도 7월 삭(朔)은 정미(丁未)이다. 원흥 원년 임인(壬寅) 7월 삭(朔)은 바로 무진(戊辰)이다. 진원(陳垣)의 『이십사삭윤표(二十史朔閏表)』를 참고하라.

   1) 세양(歲陽)은 십간(十干)이고 세음(歲陰)은 십이지세(十二支歲)인데, '섭제격'은 세음의 명칭으로 고대 기년법(紀年法) 중 십이신(十二辰)의 하나이다. 간지(干支) 기년법 중의 인년(寅年)에 해당한다.

4) 『승전』에 이 말이 보인다고 했으니, 태원 4년부터 시작하여 임종할 때까지 37~38년이 된다. 『승전』의 본전(本傳)에 의하면 혜원은 건원 9년에 이미 동쪽으로 내려갔다고 했는데, 그렇다면 이미 40여 년이 되기 때문에 건원 9년에 동쪽으로 내려갔다고 하는 것은 잘못이다.

5) 『세설신어·문학편주』에서는 장야(張野)의 『혜원법사명(慧遠法師銘)』을 인용하여 12세라고 했다.

6) 『우록』, 『승전』, 『세설신어』 주석이 모두 같다.

7) 이름이 선(宣)이다.

8) 이는 『우록』 및 『승전』 고려본에 근거한다. 다른 판본에는 가둔(嘉遁) 두 글자가 빠져있다.

9) 『진서』 본전

10) 『세설신어 · 서일편(棲逸篇)』

11) 범선자는 뇌효청(雷孝淸)과 상복(喪服)에 대해 논의한 적이 있다. 『통전 (通典)』97에 보인다. 혜원도 역시 상복의 경전에 정통하고 있었다.

12) 『명승전초 · 설처(說處)』에서 '혜원은 도안을 자신의 참 스승으로 여겼다' 고 하였다.

13) 이름은 정지(程之)

14) 『명승전초 · 설처(說處)』10권에서는 "혜지는 아홉 살에 형(兄)(원작에는 태(兌)로 되어 있다)을 따라 똑같이 서생(書生)이 되어서 함께 석도안을 스승으로 모시고 삭발했다"고 했다. 혜원은 혜지보다 세 살 위라서 출가할 때에는 열두 살이었다. 『광홍명집』에 실린 사영운의 『혜원 법사 추도문』에 서는 "아직 총각 티가 난다"고 했고, 또 "혜원이 출가한 그해에는 학문에 뜻을 두지 않았다"고 했다. 하지만 『우록』, 『승전』, 『세설신어』 주석에서는 모두 21살에 출가했다고 했으므로 지금은 이 기록을 따른다.

15) 이상 『우록』, 『승전』에서 인용했다.

16) 『명승전초』에는 '나중에는 또 도안에게 복종했다'는 말이 없다.

17) 도간(陶侃)의 아들.

18) 진순유(陳舜兪)의 『여산기(廬山記)』에서 『십팔고현전(十八高賢傳)』을 인용하여 '태원 6년에 심양에 도착했다'고 하였다.

19) 『수경주』에서는 "여산의 북쪽에 석문수(石門水)가 있다. 그 물은 용천정사 의 남쪽을 여울져 지나가는데 태원(太元) 시기에 석혜원이 지은 것이다"라

고 했다.

20) 진나라 태화 연간으로 혜원보다 약 10년 전이다. 『명승전초』에 보인다.

21) 진순유의 『여산기』에서는 구양순(歐陽詢)의 『서림사비(西林寺碑)』를 인용했다.

22) 『진서』 본전, 『진략방진표(晉略方鎭表)』를 참고하라.

23) 진순유의 『여산기』에서 '용천정사는 동림사에서 15리나 멀리 떨어져 있다'고 했다.

24) 도안은 『서유지(西游志)』를 지은 적이 있는데, 여행을 간 승려들의 전설을 모아 기록한 것이다.

25) 약 67년경에 여산에 왔음.

26) 누구인지 모르지만 법현(法顯)은 아닌 것 같다. 법현은 당시 아직 돌아오지 않았기 때문이다.

27) 의희 8년 5월에 대(臺)를 세웠다.

28) 의희 9년 9월에 명(銘)을 새겼다.

29) 『광홍명집』에 실린 혜원의 『불영명(佛影銘)』에 상세함.

30) 역시 『광홍명집』을 보라. 명(銘)은 의희 9년 가을과 겨울이 지난 후에 지어졌으며, 이 때문에 법현도 언급했다. 또 명(銘)의 서문에서 "여산의 법사는 소문을 듣고 좋아했다"고 했는데, 이는 혜원이 먼 곳에서 천축 불교의 기풍과 혜택을 듣고서 기뻐했음을 가리킨 것이지 법현의 말을 들었다는 것이 아니다. 명(銘)의 내용에 "승풍유칙(乘風遺則)"이라는 구절이 있어서 증명할 수 있다.

31) 『고승전』에 상세히 보임.

32) 『세설신어』 주석에서 인용한 장야(張野)의 명(銘)을 보라. 또 『우록』, 『승전』에서도 모두 "혜원은 여산에 30여 년 거주하면서 그림자가 산을

떠나지 않았고 발자취도 속세에 들여놓지 않았으니, 매양 손님을 전송하러 나설 때도 늘 호계(虎溪)를 경계로 삼았다"고 하였다.

33) 『승전』에 전기가 있음.

34) 전기가 있음.

35) 전기가 있음.

36) 전기가 있음.

37) 모두 『도조전(道祖傳)』에 보인다. 이 전기에서는 법유(法幽), 도항(道恒), 도수(道授) 등 백여 명이 있다고 했는데 모두 혜원의 제자로 보인다.

38) 전기가 있음.

39) 전기가 있음.

40) 전기가 있음.

41) 전기가 있음.

42) 모두 『고승전, 혜원전』에 보인다.

43) 사영운의 『불영명서(佛影銘序)』

44) 진순유의 『여산기』에 인용된 『십팔고현전』, 혹은 『승전 · 도조전』의 도항임.

45) 『광홍명집』에 실린 『약야산경법사뢰(若耶山敬法師誄)』에 있음.

46) 제자로는 도홍(道泓)와 담란(曇蘭)이 있다. 혜지는 후에 촉(蜀) 땅으로 갔고, 고려본의 『고승전』에 따르면 촉 땅에서 76세를 일기로 생을 마쳤다고 한다. 다른 판본에서는 86세라고 하지만 모두 잘못이다.

47) 능운사(凌雲寺)에 거주했고 전기가 있음.

48) 이상 네 명은 모두 전기가 있다. 또 『불조통기(佛祖統紀)』 26에 실린 여산의 승려로는 따로 혜공(慧恭) 등 여러 명이 있다. 『비구니전』의 기재에 의하면, 비구니 도의(道儀)는 혜원의 고모이고 그녀의 남편은 심양령(潯陽令)을 지냈다. 남편이 사망한 후 출가했고 응당 심양에 거주했을 것이다.

『승전·혜지전』을 참고하라.

49) 진작림(陳作霖)의 『남조불사지(南朝佛寺志)』에 실린 내용에 의하면, 진나라 시기 건업 일대에 있는 사찰로서 현재 알고 있는 것은 37개이다.

50) 의희 연간(年間)이다.

51) 제7장에 상세함.

52) 후에 하후사(何后寺)라고 불렀다. 황후의 부친 준(准)은 『진서』 본전에서 '오직 불경만 독송하면서 탑과 사당을 지었다'고 하였다.

53) 『건강실록』에서는 불당(佛堂)에서 경전을 읽었다고 한다.

54) 축법심이 세상을 떠났을 때 효무제가 조서를 내려 후덕하게 대한 것은 태후가 섭정할 때의 일이다.

55) 『이원(異苑)』에서 말하기를 "황제는 승려들을 청하여 재회(齋會)[1]를 열었다"고 했다. 『어람』 99에 보인다.

   1) 한나라 시대에 천자와 제후들이 종묘(宗廟)에 제사를 지낼 때의 집회.

56) 왕아는 숙(肅)의 증손자로 효무제에게 도사 손태(孫泰)를 추천한 적이 있다. 이상은 『통감』에 모두 보인다.

57) 『진서·왕공전(王恭傳)』에서는 '우도자(虞洮子)의 부인 배(裴)씨가 복식(服食)[1]을 하고 황색 옷을 입었는데, 그 모습이 마치 천사(天師)[2] 같아서 도자가 기뻐하며 빈객들과 이야기를 나누도록 했다'고 한다. 도자도 천사(天師)의 도를 믿는 것처럼 보인다.

   1) 도가에서 장생불사(長生不死)의 단약(丹藥)을 복용하는 것을 말한다.
   2) 도교의 창시자 장도릉(張道陵)의 법을 받은 제자로 도교의 우두머리로 선발되었다. 그러나 후세에는 도사를 천사라 칭했다.

58) 『통감』 및 『진서·도자전(道子傳)』을 보라.

59) 원은 누구인지 모르고, 하는 하무기(何無忌)일지 모른다. 다음 글을 보라.

60) 즉 대규(戴逵)이니, 자는 안도(安道)이다.

61) 『홍명집』에 보인다. 손성은 진나라 말엽에 죽었고, 나함은 송나라 시대에 죽었다.

62) 당시에는 진남(鎭南) 장군으로 심양에 주둔했으니 대체로 의희 5,6년경이다.

63) 이상은 모두 『혜원에게 보내는 서신[與慧遠書語]』에서 인용함.

64) 환현은 남군공(南郡公)이었기 때문에 혜원의 답장은 『환남군에게 답하는 글[答桓南郡書]』이라고 부른다. 두 서신 모두 『홍명집』에 보인다.

65) 이상은 모두 『홍명집』에 보인다.

66) 『홍명집』에 보인다. 혜원은 답장에서 환태위(桓太尉)라고 불렀다. 환현이 자칭 태위라고 한 것은 원흥 원년이었다. 또한 『홍명집』에는 다시 융안 3년 경읍(京邑)의 사문 등의 『여환논구사문명적서(與桓論求沙門名籍書)』가 실려 있는데 제목은 지둔(支遁)이 지었다고 한다. 그러나 지둔은 이미 죽은 사람이니 그 허망함을 알 수 있다.

67) 당시 혜원이 환현에게 보낸 서신에서도 불교가 내리막길을 가고 있고 오랜 나날 더럽혀졌다고 했다. 또 혜원은 서신에서 환현의 사문을 가려내는 조례의 수립을 자세히 규정했고 환현은 혜원의 말을 따랐다. 상세한 것은 『홍명집』과 『승전』 본전을 보라.

68) 즉 『아비담』, 새로운 번역은 『아비달마』라고 함.

69) 『서역기(西域記)』에 의하면 당시 삼장은 모두 주석을 달고 율장의 해석도 비바사라 했는데, 하지만 중국의 비바사는 모두 논장(論藏)의 주석을 말한다.

70) 『우록』 7 『현겁경기』

71) 즉 『아비담·발지론』을 가리킨다.

72) 원래는 승가발징(僧伽跋澄)이 번역했다.

73) 『우록』 10에는 작자의 서문이 상세하지 않다.

74) 승가제바가 여산에 있을 때 혜원도『삼법도(三法度)』2권의 역출을 청했다.

75) 당시 축도생 역시 여산에 있었으니, 다음 16장에서 상세히 서술하겠다.

76) 『고승전, 혜원전』에서는 굳세고 바르고 기탄이 없다고 했으며, 여산에서 혜원을 만나자 충심으로 복종했다고 한다.

77) 『우록』9『출경서(出經序)』및『승전·혜지전』

78) 『세설신어』주석에 의하면『아비담심』을 강의한 것 같다.

79) 왕순의 동생 왕민(王珉)의 자(字)가 승미이다.『고승전』의 송(宋), 원(元), 명(明) 판본은 모두 승진(僧珍)으로 잘못되어 있다.

80) 『세설신어·문학편』과『승전』에 자세함.

81) 『진서』117 요흥에 기록이 실려 있다.

82) 의희 원년 무렵인 서기 405년

83) 『우록』8에 의하면, 홍시 8년[서기 406년] 승예의『법화경후서』에서는 안성후(安成侯) 요숭(姚崇)을 좌장군(左將軍)이라 칭했다. 혜원은 아마 홍시 8년 이전에 요숭의 서신을 받았을 수도 있다.

84) 이상은 혜원과 구마라집의 왕래 서신에 의거했는데 모두『고승전』본전에 보인다.

85) 『승전』의『혜원전』,『불약다라전』및『담마류지전』

86) 『승전·승부전(僧富傳)』

87) 『고승전』에 담옹의 전기가 있음.

88) 이상 본전에서 인용함.

89) 두 사람은『우록』10의『아비담심서』에 보이는데 응당 서역 사람이다. 지승순은 구자국에서 계율을 얻고 아울러 구마라집에 대해 언급했다. 혜원이 일찍부터 구마라집의 높은 재능을 알고 있었던 것은 아마 지승순으로부터 들었을지도 모른다.

90) 『승전』의 혜원이 구마라집에게 보낸 서신에서 "인자(仁者)께서는 예전에 동떨어진 다른 지역에서 외국의 국경을 넘어왔습니다. 당시는 음역(音譯)이 아직 교류되지 않을 때지만 소문만 듣고도 기뻤습니다……"라고 하였다.

91) 모두 본전을 보라.

92) 모두『승전』본전에 보인다. 그리고 백승광(帛僧光)도 있는데 역시 북방 출신일 것이다.

93) 또한 불태선(佛馱先)이라고도 한다.

94) 『우록』9권에 보인다. 이하 동일함.

95) 즉 각현이다. 앞 장에서 상세히 서술했다.

96) 자(字)는 소문(少文)이고 남양 열양(涅陽) 사람이다.

97) 자는 도조(道祖)이고 안문(雁門)의 광무(廣武) 사람이다.

98) 자는 중륜(仲倫)이고 예장(豫章) 남창(南昌) 사람이다.

99) 모두『송서』93권에 보인다.

100) 『수지』에 뇌차종의『상복경전약주(喪服經傳略注)』한 권이 있다.

101) 『유유민 등에게 보내는 서신』을 보라. 또『승전』에서는 혜원이 젊은 시절에 제생(諸生;유학의 학생)이었다고 한다.

102) 『홍명집・사문불경왕자론(沙門不敬王者論)』

103) 『유유민 등에게 보내는 서신』

104) 『홍명집・삼보론(三報論)』

105) 의희 원년의 일이다.

106) 『승전』에 자세하게 보이는데, 혜원이 지은 서문은 이미 유실되었다.

107) 책은 이미 유실되었고, 서문만『우록』10권에 있다.

108) 『우록』에 실린『아비담심서』,『삼법도서(三法度序)』,『여산출선경서』은

모두 경서를 지었고, 또『우록』12의『육징목록』에는『묘법연화경서』가
실려 있고, 그리고『반야경문론서(般若經問論序)』가 있는데 바로 요흥의
요청으로 지은 것이다.

109) 예를 들면『구마라집에게 보내는 서신[與什公序]』에서 대의(大義)를 질문
했고, 또『우록』육징의『목록』에는『무삼승통략(無三乘統略)』및『여석
혜원서논진인지극, 석혜원답(與釋慧遠書論眞人至極, 釋慧遠答)』이 실려
있고, 또『석신명(釋神名)』,『변심의식(辯心意識)』,『험기명(驗寄名)』,『문
신론(問神論)』등이 있다.

110) 『홍명집』에 실린『답환현요간사문서(答桓玄料簡沙門書)』,『사문불경왕
자론』,『사문단복론(沙門袒服論)』,『답환현권파도서(答桓玄勸罷道書)』,
『석삼보론(釋三報論)』,『명보응론(明報應論)』,『여유유민서(與劉遺民
書)』등 서신이 있다.

111) 육징의『목록』에 실린『법사절도서(法社節度序)』,『외사승절도서(外寺
僧節度序)』,『절도서(節度序)』,『비구니절도서(比丘尼節度序)』가 있다.

112) 예를 들면『여산기(廬山記)』,『여라습서(與羅什書)』및『여담마류지서(與曇
摩流支書)』,『염불삼매시집서(念佛三昧詩集序)』,『불영명(佛影銘)』,『양양
금상명(襄陽金像銘)』.

113) 이는『고승전』에 의거한다.『수지』에 실린『혜원집』12권.『구당지』15권.
『송사, 지(宋史, 志)』에 실린 혜원의『여산집』10권.

114) 이미 유실되었다. 혜달의『조론소』의 기록에 의하면『법성론』은 여산에서
지은 것이고 구마라집의『대품경』을 얻기 전이다. 그렇다면 응당 원흥
3년 후일 것이다.

115) 『사문불경왕자론』여기저기에 보인다.

116) 나라의 예법을 말함.

117) 니환의 오늘날 번역은 열반이다. 혜달의『조론소』에서는 "혜원이『법성론』

뒤의 두 장(章)을 지은 후에 구마라집이 번역한 『대품경』을 처음으로 얻었는데, 그는 이 『대품경』을 분명한 증거로 삼아서 앞의 뜻을 증명했다"고 하였다. 법성(法性)이란 이름하여 열반인데 파괴할 수도 없고 희론(戲論)할 수도 없다.

118) 이상은 모두 『사문불경왕자론』에 보인다.

119) 예를 들면 승조의 『여유유민서』. 도생, 혜관 등의 남하(南下).

120) 『여산출선경서(廬山出禪經序)』

121) 이상 네 마디는 혜원이 구마라집에게 보낸 답장의 게송에 보인다.

122) 이상 네 사람은 『우록』에 의거함.

123) 또한 채(菜)라고도 함.

124) 이름은 야(野)

125) 이름은 전(詮), 이상 세 사람은 『승전』에 의거함.

126) 왕밀이 혜원에게 보낸 서신에서 자칭 나이 40세에 이미 60세처럼 노쇠했다고 했다. 그래서 혜원은 그렇게 권고했다. 『고승전』에 상세함.

127) 『송서』 본전, 또 『홍명집』에 실린 종병의 『명불론』 역시 보응의 취지를 겸하여 서술했다.

128) 『광홍명집』에 서신이 보인다.

129) 서문은 『광홍명집』에 보인다.

130) 시(詩)도 역시 『광홍명집』에 실려 있는데 응당 『불조통기』 26의 왕교지(王喬之)일 것이다.

131) 너무 번잡해서 함께 열거하지 않았다.

132) 이 이전에는 이를 언급한 자가 없는 듯하다.

133) 여산에는 기괴하고 정상적이 아닌 전설들이 아주 많다. 『여산연종보감(廬山蓮宗寶鑑)』 4권에서는 위작(僞作)인 『여산성도기(廬山成道記)』가 있는

데 그 내용이 지극히 비정상적이라고 하였다. 그 내용 중에 혜원이 도솔천에 올라가 탄생했다는 말이 있는데, 사부총간본(四部叢刊本)『선월집・재유동림사시(禪月集・再游東林寺詩)』의 소주(小注)에서는 "이 전기에서 '도안, 혜원, 지장(持奘) 삼거(三車) 화상은 모두 도솔천에 태어났다…….' 고 했다"고 말했다. 그렇다면 혜원이 도솔천에 태어났다는 설은 당나라 시절에 이미 유행했다. 삼차는 바로 규기(窺基) 법사를 말한다.

134) 『불조통기』에 사영운, 혜원 법사의 비문이 기재되었는데, 사영운이 명(銘)을 지었고 장야가 서문을 지었다. 하지만 그 글은 『세설신어』 주석에서 인용한 장야의 『원법사명(遠法師銘)』과는 상당한 차이가 있다. 또 진순유의 『여산기』에서는 이 비(碑)는 연월(年月)이 없다고 하고, 『불조통기』의 비(碑) 마지막에서는 원희 2년 봄 2월 그믐이라고 했다. 이에 의거하면 『불조통기』에 기록된 자료도 역시 의심스럽다.

135) 서원을 한 7월 당시에는 연꽃이 있지만, 그러나 『광홍명집』, 혜원의 『염불시서(念佛詩序)』 및 왕제지(王齊之)의 『영삼매시(咏三昧詩)』에서는 모두 연꽃을 언급하지 않았다.

136) 『국청백록(國淸百錄)』 2권

137) 단지 서방관(西方觀)을 수축(修築)한다고만 말했다.

138) 관휴(貫休)의 동림사시(東林寺詩)에서는 '오늘은 다시 연사(蓮社)를 따라 가련다'고 했다.

139) 『승전・혜요전(慧要傳)』을 참고하라.

140) 예를 들면 『백향산집(白香山集)』[1]의 대서(代書)에서 "여산은 도연명과 사영운에서부터 십팔현(十八賢)까지 이미 돌아갔지만 유교(儒敎)의 기풍은 면면히 이어져 끊이지 않는다……."고 했다. 그러나 이미 유교의 기풍이라고 말했다면 그 속에 서역의 승려는 없어야 한다. 당나라의 사문 비석(飛錫)의 『염불삼매보왕론』에서 "혜원은 각현에게 염불삼매(念佛三昧)를

받았고, 혜지, 혜영, 종병, 장야, 유유민, 뇌차종, 주속지, 사령운, 궐공 123명과 함께 서원을 세웠다……"고 했는데, 그러나 연사(蓮社)와 고현(高賢)의 사적에 대해서는 언급하지 않았다.

1) 백거이(白居易)의 문집. 백거이는 당나라 중기의 시인으로 자(字)는 낙천(樂天)이고 호는 향산거사(香山居士)이다. 대표작으로는『장한가(長恨歌)』,『매탄옹(賣炭翁)』,『비파행(琵琶行)』 등이 있다.

141) 원문에는 지(之)자가 부연되어 종병지로 되어 있다.

142) 같은 책 7권에서는『선험기(宣驗記)』를 인용하면서 유유민의 선(禪)을 행한 사적을 기재했지만 정사(淨社)에 대해서는 전혀 언급하지 않았다.

143) 방록(房錄)에서는 5권이 있다고 하였다.

144) 『고승전』에 전기가 있음.

145) 『도조전(道祖傳)』 부록에 보인다.

146) 혹은 『도조전』의 도항이다.

147) 『광홍명집』에 실린 송나라 장창(張暢)의『약야산(若耶山) 경법사(敬法師) 추도문』.

148) 혹은 사령운의『불영명서』에서 말한 도병(道秉)이다.

149) 후세에 기록된 야사가 철여의(鐵如意)를 들고 혜원에게 보여준 사적은 중국 선종의 전설이 된 것이 확실하다.

150) 뇌차종, 장래민, 장계석 세 사람은『우록 · 혜원전』에 보이지 않고『고승전』에 처음으로 기록이 있다.

151) 이상 『여산소지(廬山小志)』에 보인다.

152) 혜원이 서원을 세울 때 도연명은 39세였고 혜원은 69세였다.

153) 세상에서 말하는『삼소도(三笑圖)』는 소동파가 찬(贊)을 지었지만 세 사람이 누구인지는 모르는 것으로 보인다. 황산곡(黃山谷)은 혜원과 도원명, 육수정 세 사람을 가리킨다고 한다.

154) 오영광(吳榮光)의 『역대명인년보(歷代名人年譜)』에 의하면 태원 14년이다.

155) 역시 『오보(五譜)』에 보인다.

156) 다음 13장에서 설명한다.

157) 당나라 비석(飛錫)의 『염불삼매보왕론』, 가재(迦才)의 『정토론서』, 문심(文諶), 소강(少康)의 『정토서응전(淨土瑞應傳)』에서는 모두 사령운을 123명에 포함시켰다.

158) 다음 제19장을 보라.

159) 유량(庾亮)에게 『적정군찬(翟征君贊)』이 있다.

160) 『우록』11의 『비구계삼부합이서(比丘戒三部合異序)』에서 "과거 여산에서 축승서(竺僧舒)는 계율 한 부(部)를 얻어 20년 가까이 지니고 다녔다"고 했는데, 이 서문은 축담무란이 태원 6년에 건업에서 지은 것이다. 그렇다면 축담무란이 여산에 거주한 것은 혜원보다 10여 년 전이다.

161) 대략 송나라 효무제 말년.

12

전역(傳譯)과 구법(求法), 그리고 남북조 시대의 불교

　안청과 지루가참이 경전 번역을 시작한 이래로 불법의 전파가 가장 흥성한 시기가 세 번 있었다. 첫째는 지겸, 축법호 시기다. 주로 번역한 경전은 『반야』, 『방등』으로 불법(佛法)이 현학의 영역을 개척하는데 영향을 미쳤다. 둘째는 도안 시기이다. 번역한 경전은 대부분 유부(有部)의 경전과 논서로서 『비담』에 대한 연구를 유발했다. 셋째는 구마라집 시대이다. 대승의 학설을 통해 의리(義理)가 마치 정오의 태양처럼 환하게 빛났다. 불법은 동진(東晋) 시대에 점차 중국 문화에 깊이 침투해서 불법에 대한 백성들의 열정은 더욱 열렬했다.

　도안, 혜원 등의 노력으로 구마라집이 중국에 왔고 아울러 서역으로 성지순례를 가는 승려들의 열망까지 커지면서 전역(傳譯)과 구법(求法)을 더욱 중시하게 되었다. 그래서 진(晋)나라 말기와 송나라 초기에 서역으로 가는 운동은 더욱 활발해졌다. 남북조 시대에는 외국 승려들도 여전히 먼 길을 마다하지 않고 중국으로 왔는데, 이는 자연스럽게 당시의 불교에 커다란 영향을 미쳤다. 그리고 진(晋)나라 말기 북량(北凉)의 경전 번역과 그 지역 불교의 특징은 남북조 시대와 커다란 관계가 있으므로 나는 양진(兩晉) 남북조 시대의 경전 번역과 구법을 서술하면서 특히 양주 지역의 불교에 대해서도 겸하여 서술하겠다.

1) 불교가 전래된 길

불교는 이국(異國)의 종교라서 자연히 전역(傳譯)에 그 근거를 두고 있다. 그래서 중국과 인도 사이에 놓인 교통로가 통하느냐 막히느냐의 변천 과정은 모두 중국 불교와 관계가 있다. 남조 시대에 천축(인도)과의 교통은 대부분 바다의 항로를 이용했다. 동한 말기의 천축과 대진(大秦)[1]은 모두 이 바닷길을 통하여 사신과 공물을 주고받았다. 그 후 오나라 왕 손권(孫權)은 강남 지역을 차지한 후 바로 이 사실에 주목해서 선화(宣化)[2]의 종사(從事)[3]인 주응(朱應)과 중랑(中郎)[4]인 강태(康泰)를 파견하여 교통하도록 했다. 그들이 경과한 지역과 전해들은 나라만 백 수십 개의 국가인데, 주응과 강태는 모두 전기를 지어서 남해와 서역과 천축 등 외국의 사적을 기록했지만[1] 유감스럽게도 이 책은 전해지지 않았다[2]. 그들이 어느 지역까지 가서 멈추었는지는 알 수 없다[3]. 남조 시대에 경전을 가르치거나 법을 구하는 사람은 대부분 바닷길로 다니면서 지금의

---

1) 대진(大秦)은 고대 중국에서 로마제국 및 근동 지역에 대한 칭호이다. 기원전 2세기에 실크로드가 열리면서 동양과 서양의 문화 교류가 가속화되었고 로마는 이 실크로드의 종착지였다. 당시의 중국에서는 이를 '대진'이라 불렀다.
2) 선화현(宣化縣). 하북성 서북부에 위치했다.
3) 종사(從事)는 고대의 관직.
4) 중랑은 중랑장(中郎將)이다. 동진과 남북조 시대의 여러 공부(公府) 및 장군에 속한 관직.

석란(錫蘭)5), 조와(爪哇)6), 혹은 바라주(婆羅洲)7) 등 여러 섬을 거쳤다. 이 항로의 중국 쪽 교통 항구는 네 개다. 첫째는 광주(廣州)이다. 담무갈(曇無竭)4:은 불법을 구하러 서역으로 갔다가 돌아올 때 광주를 통해 상륙했다. 법현도 천축에 갔다 귀국할 때 역시 이곳으로 상륙하려고 했다. 구나발타라(求那跋陀羅)와 진제(眞諦)가 중국에 올 때도 먼저 광주에 상륙했다. 둘째는 용편(龍編)8)(즉 교지(交趾))이다. 오늘날 안남(安南; 베트남)의 하내(河內; 하노이)이고 당시 육조(六朝) 시대 때 교주(交洲)의 수도였다. 손권은 황무(黃武) 5년(서기 226년) 대진(大秦)의 장사치 진론(秦論)이라고 하는 사람이 교지에 왔는데, 태수 오막(吳邈)은 사람을 시켜 손권에게 호송해 보냈고 손권은 진론에게 외국 풍속에 대해 물었다. 송나라 시대에 구나발마(求那跋摩)9)가 조와에 있을 때 문제(文帝)는 교주자사로 하여금 배를 띄워 마중하도록 했다. 셋째는 양(梁)과 진(陳)의 양안군(梁安郡)이다5:. 진제는 이곳에서 큰 배를 타고 서쪽을 향해 천축으로 돌아가려고 했다. 넷째는 교주(膠州) 일대이다. 진(晉)나라 때 불타발타라가 바닷길을 통해

---

5) 오늘날 스리랑카의 고대 명칭이다.

6) 인도네시아의 자바 섬을 말한다.

7) 가리만단 섬(加里曼丹島; Kalimantan Island) 으로 바라주(婆羅州; Borneo)로 번역하기도 한다. 중국 역사에서는 '파리(婆利)', '발니(勃泥)', '발니(渤泥)', '바라(婆羅)' 등으로 칭하기도 한다.

8) 서한 때 설치했다. 동한에서 남조(南朝)에 이르기가지 교주(交州) 및 교지군(交趾郡)의 수도였다. 당무덕(唐武德) 때엔 용주(龍州)의 수도가 되었다.

9) 구나발마(求那跋摩; 367~431)는 중국말로 공덕개(功德鎧)라고 한다. 남조 시대 때 유명한 역경사이다. 본래 크샤트리아 출신으로 여러 대에 걸쳐 왕이 되어 계빈국(罽賓國)을 다스렸다. 조부인 가리발타(呵梨跋陀)는 중국말로 사자현(師子賢)이라 한다. 강직한 성격으로 인해 유배를 당하였다. 아버지인 승가아난(僧伽阿難)은 중국말로 중희(衆喜)라 한다. 산림으로 들어가 은거하였다.

중국의 동래군(東萊郡)에 상륙했다. 법현이 귀국할 때 본래는 광주에서
상륙하려고 했지만 갑자기 해풍을 맞아 표류하다가 장광군(長廣郡)에
닿았다. 송나라 원가 시기에는 도보(道普)가 서쪽으로 경전을 구하러 가다
가 장광군에서 배가 파손되어 발을 다쳤고 결국 질병으로 죽었다. 동래군과
장광군은 모두 오늘날의 교주만(膠州灣) 부근이다.

　스리랑카, 미얀마, 타이(섬라(暹羅)[10]), 말레이시아 반도와 남양군도(南洋
群島)는 소승불교가 행해진 지역이고 경전은 상좌부(上座部)에 속한다[6].
이상좌부의 경전이 바로 오늘날의 소위 팔리어 불교 경전이다. 따라서
이 분야의 경전과 관련된 것은 대부분 이 지역을 통해 전해졌을 것이다.
『선견률비바사(善見律毗婆沙)』는 팔리어 율장의 주소(註疏)로서 남쪽에
서 온 승려 승가발타라가 번역했다[7]. 『해탈도론(解脫道論)』은 바로 스리랑
카의 불교 대사(大師) 각음(覺音; 붓다고샤)이 지은 『청정도론(淸淨道論)』
의 다른 판본이고 캄보디아 승려 승가바라(僧伽婆羅)가 번역했다. 송나라,
제나라, 양나라, 진(陳)나라 시대에는 남양(南洋)의 각 지역과 불교 교류를
하는 경우가 상당히 많았다[8]. 진(晉)나라 의희(義熙) 초기에 사자국(師子
國)(지금의 스리랑카)에서 사신을 보내 옥으로 된 조각상을 바쳤는데 십
년을 지나서야 도착했다. 조각상은 높이가 4척(尺) 2촌(寸)으로 옥의 색상이
맑고 부드러웠고 제조 형태가 독특해서 보는 사람마다 인간이 만든 것이
아니라고 의심했다. 양무제(梁武帝)는 담보(曇寶)[9] 스님을 파견하여 스리
랑카의 사자를 따라 그 나라에 돌아가서 부처님의 머리카락을 모셔오라고
했는데[10], 이는 비교적 유명한 사적이다[11].

　중국의 북부 지역에서 인도까지의 통로는 오늘날의 신강(新疆) 및 중아시

---

10) 오늘날 타일랜드의 옛 칭호. 중국문화와 일본문화의 영향을 크게 받았다.

아를 직접 많이 경유하고 있다. 진(晉)나라의 부진(苻秦)과 그 후의 북위는 모두 군사력이 서역까지 미쳤고, 위나라의 전성기에는 그 권위가 오늘날의 신강 및 중아시아 지역까지 미쳤으므로[12] 중국과 인도간의 여행자와 상인들은 대부분 이 길을 선택했다. 경전과 불상 그리고 승려들도 이 길을 통하여 온 경우가 남쪽 바닷길을 통하여 온 경우보다 많았다. 이 노선의 큰 차이는 신강에서 남북 두 길로 갈라지는 것이다. 한 길은 양주(涼州)에서 출관(出關)하여 돈황에 도착한 후 사막[13]을 넘어 선선(鄯善)[11]에 도착하고, 다시 남쪽 산맥을 따라 우전국에 도달한 후 또 서북쪽으로 가서 사거국(莎車國)[12]에 이르는 길인데, 이는 남쪽 길이다. 남쪽 길을 통하면 파달극산(巴達克山)을 거쳐 남하해서 대설산(大雪山)을 넘어 계빈국[14]에 도달한다. 다른 한 길은 돈황의 북쪽에서 서북쪽으로 나가면 이오(伊吾)(오늘날의 신강에 이오현이라고 있음)에 도달하고, 토번(吐番), 언기(焉耆)[13]를 거쳐서 나아가면 구자국에 이르러 소륵(疏勒)[14]에 도착하는 길인데, 이는 북쪽 길이다. 여기서 다시 총령 산맥을 타고 서남쪽으로

11) 선선은 서역의 고대 국가 이름이다. 서역과 칭하이[靑海]를 연결하는 누란족이 살던 곳으로 실크로드의 요충지이다.
12) 현재 신강(新疆) 자치구역의 사거현이 고대 한나라 때의 사거국이다. 명나라 때는 엽이강한국(葉爾羌汗國)의 수도이고, 청나라 때는 엽이강(葉爾羌)이라 했고, 청나라 말엽에 사거부(莎車府)를 두었다.
13) 서한 때에는 흉노에 예속되었고, 동한 초기에는 사거국 왕의 통치를 받다가 명제(明帝) 영평 18년에 흉노에 예속되었다.
14) 당나라 말엽에서 송나라 초기까지는 카슈갈(Kashghar, 객십喀什)을 가리키는 지명으로 사용되었다. 한나라 선제(宣帝) 때 처음으로 서역도호(西域都護)에 속했고, 후한(後漢) 초기에는 사거(沙車), 우전(于闐) 등에 속했다가 이후에 독립 왕국으로 발전했다.

가면 계빈국에 도착한다. 이 두 길은 통상적으로 가는 길이다. 이 밖에 북쪽 길의 언기에서 남하하여 우전에 도착하는 것은 법현 스님이 경과한 길이다. 서역의 여러 나라 중에서 계빈국과 우전국 그리고 구자국 세 국가가 교통의 중심지였기 때문에 이 세 지역 불교의 특징이 중국에 미친 영향은 아주 컸다. 그리고 서역에서 포교하러 온 사람들이 육로로 동쪽으로 오면 먼저 양주에 도착했다. 양주는 동서의 교통이 반드시 거쳐야 하는 길이기 때문에 진(晉)나라 때 중원 지방이 크게 혼란에 빠지자 많은 사족(士族)들이 이곳으로 피난을 왔으며, 그 결과 특별히 문화가 융합한 지점으로 아주 중요한 지역이 되었다. 양주에서 동쪽으로 내려가면 바로 장안에 이르고 다시 더 가면 낙양(洛陽)에 이르는데 모두 중국 불법의 중심지이다. 하지만 동진, 남북조 시대 때 동쪽으로 오는 사람들은 항상 양주 남쪽을 통해서 파촉(巴蜀)을 거쳐 동쪽 강릉으로 내려갔다가 다시 강동에 도착했다. 그리고 남조(南朝) 때 서쪽으로 가는 사람들 역시 이 길을 선택한 사람이 있었다[15]. 강릉(형주)은 동진, 남북조 시대에 정치와 군사적으로 중요한 지역이었고, 여기서부터 북쪽으로 양번(襄樊)을 벗어나면 관중 지역이나 낙양에 도착하거나[16] 혹은 파촉(巴蜀)를 거쳐 양주로 갔다. 남조 시대에 형주는 북방의 양주와 견줄 수 있을 만큼 중요했기 때문에 진나라의 도안 이후에는 불교의 중심지 중 하나로서 고승들은 왕왕 그 지역으로 이주해 주석했고(예를 들면 법태, 각현, 법현, 구나발다라), 그러다가 수나라와 당나라의 통일 이후에는 점차 그 세력을 잃었다.

　서역, 중앙아시아는 중국 북부에서 인도로 통하는 중요한 길이지만, 그러나 남쪽 바다로 돌아가는 길을 선택하는 사람도 있었다. 『고승전』에서는 불타발다라가 본래 북천축에서 동학(同學)과 함께 가습미라(迦濕彌羅)를 유행(遊行)하다가 중국 승려 지엄을 만나 함께 동쪽으로 돌아갈 약속을

한 후에 남쪽으로 소설산(小雪山)을 넘고 인도를 거쳐서 다시 배를 타고
중국의 청도에 상륙하여 장안으로 가 구마라집을 만났다고 하였다[17]:.
그렇다면 이 길의 종착지는 북쪽에 있지만 길의 선택은 남쪽에 있는 것이다.
그리고 목적지는 중국의 남방 지역이지만 서역의 길로 온 자도 있었으니,
담마밀다(曇摩密多)가 돈황을 거쳐 촉(蜀) 지역으로 들어가 건업에 도착한
것이 그 하나의 사례이다. 바다 항로를 선택한 사람은 항상 광주를 거쳤기
때문에 남조 시대 때 광주는 불법의 중심지였다.

서역을 거쳐 전래된 불교와 바다 항로를 통해 온 불교를 비교하면 역시
다른 점이 있다. 인도의 서북 지역은 대승불교가 성행한 지역이기 때문에
북방으로 전해진 불교는 대부분 『반야경』, 『방등경』이고, 가습미라는
일체유부가 발상(發祥)한 지역이기 때문에 『발지론(發智論)』, 『비바사론』
과 같은 주요 전적(典籍)들은 모두 북방에서 전해지고 번역되었다. 우전국
은 『화엄경』이 성행한 지역으로 보이는데, 이 때문에 혜원의 제자 지법령(支
法領)은 우전국에 도착해서 『화엄경』 산스크리트 판본 3만6천 게(偈)를
얻고서 남방으로 돌아왔다. 이처럼 중국과 인도간의 교통 노선은 중국불교
와 밀접한 관계가 있다.

2) 서쪽으로 가는 구법(求法) 운동

불교 경전이 중국에 올 수 있었던 이유 중 하나는 중국 승려가 서역으로
갔기 때문이고, 또 하나는 서역의 승려가 동쪽으로 왔기 때문이다. 서역으로
불법을 구하러 간 사람은 경전을 찾는데 뜻을 두었거나[18]:, 혹은 천축의
고승에게 직접 수학(受學)하려고 했거나[19]:, 혹은 부처님의 신성한 자취를
직접 보려고 죽을 각오의 맹세를 하였거나[20]:, 혹은 멀리 외국까지 가서
유명한 스승을 중국으로 모셔오기 위한 것이었다[21]:. 그러나 당시 서역에

간 사람은 늘 학문이 있는 승려가 갔기 때문에 인도의 본토 사상을 흡수하고 불교 경전의 오묘한 비밀에 참여할 수 있었고, 이들이 귀국한 후에는 실제로 중국 문화에 적지 않은 공헌을 했으므로 이는 중국 불교 정신의 발전과 크나큰 관계가 있다. 주사행(朱士行) 이후 서역으로 불법을 구하러 간 풍습은 진(晉)나라 말기와 송나라 초기에 가장 성행했다. 이제 먼저 진나라 및 송나라 초기의 유명한 사람을 다음과 같이 열거한다.

강법랑(康法朗)은 네 사람과 함께 서쪽으로 갔는데, 유사(流砂)를 지나다가 네 사람은 돌아오고 강법랑만이 여러 나라를 돌아다니면서 경전과 논서를 연구했다.

우법란(于法蘭)은 멀리 서역에 가기로 했지만 교지까지만 도착했고 상림(象林)[15]에서 임종을 맞았다[22].

『고승전』에서는 축불념이 젊은 시절 여행을 좋아해서 풍속에 익숙했다고 했으며, 『명승전』에서는 "불법을 구하고 경전을 역출하면서 역경 속에서도 절개를 지킨 자의 전기"에서 첫 머리에 축불념을 편입시키고 있다[23].

혜상(慧常), 진행(進行), 혜변(慧辯) 세 사람은 대략 진(晉)나라 태원(太元) 원년(서기 376년) 전에 양주를 거쳐 천축에 도착했을 것이다[24]. 『우록』 11에 의하면 혜상은 장안에서 『비구니계본』의 번역을 도왔는데 이때가 태원 4년(서기 379년)이니, 만약에 동일한 사람이라면 혜상 등은 천축에 가지 못하고 돌아왔을 수도 있다.

혜예(慧叡)는 여러 나라를 편력하면서 남천축의 경계까지 도착하였고,

---

15) 한나라 때 일남군(日南郡)에 속한 현(縣)이었다가 동진 이후에는 임읍(林邑)의 소유가 되었다.

이후에는 여산으로 이주했다가 이윽고 관내로 가서 구마라집의 가르침을
받았다.

지법령과 법정(法淨)은 스승 혜원의 명령으로 서역으로 가서 경전을
얻어왔다.

지엄(智嚴), 지우(智羽), 지원(智遠), 법현(法顯), 보운(寶雲), 혜간(慧簡),
승소(僧紹), 승경(僧景), 혜경(慧景), 도정(道整), 혜응(慧應), 혜외(慧嵬),
혜달(慧達)은 모두 아래의 기록에 보인다.

담학(曇學), 위덕(威德)등 여덟 명은 모두 하서(河西) 지역의 사문으로
결의를 맺고 사방을 유행하며 멀리 경전을 찾으러 갔다. 『현우경기(賢愚經
記)』(『우록』9)에 따르면, 이들 여덟 사람은 우전국까지 간 후에 고창(高昌)을
거쳐 양주로 돌아왔다. 원가 22년(서기 445년)에 들은 내용을 모아 『현우경』
을 만들었다.

승순(僧純), 담충(曇充), 축도만(竺道曼)은 모두 구자국에 갔었다[25]:
아래에 상세히 서술함.

지맹(智猛)과 담찬(曇纂), 축도숭(竺道嵩) 등 15명은 진(秦)나라 홍시
6년(서기 404년)에 천축으로 가서 중인도에 도달한 후에 양주로 돌아왔다.
원가 말년에 성도(成都)에서 임종을 맞았다.

법용(法勇; 즉 담무갈), 승맹(僧猛), 담랑(曇朗) 등 25명은 송나라 영초(永
初) 원년(서기 420년)에 천축으로 갔다. 법용은 중인도까지 갔다가 바다
항로를 통해 돌아와서 광주로 상륙했다.

저거경성(沮渠京聲)[16](안양후)은 바로 양왕(涼王) 저거몽손(沮渠蒙遜)

---

16) 저거(沮渠)는 고대의 복성(復姓). 원래는 흉노의 관직 명칭인데 나중에 성씨(姓
氏)가 되었다. 오호십육국 시대에 저거몽손이 있었고, 그의 사촌 동생으로

의 사촌 동생인데 유사(流沙)를 건너 우전국에 갔다. 그곳 구마제대사(瞿摩帝大寺)에서 불타사나(즉 불대선(佛大先)) 선사를 만나 도의 뜻에 대해 자문했고, 귀국한 후에는 위나라가 양주를 멸했기 때문에 송나라로 도주했다.

도태(道泰)는 양주의 승려로 총령(葱嶺) 서쪽에 가서『비바사』의 호본(胡本)을 얻었다. 도정(道梴)의 경서(經序)에 보인다.

법성(法盛)은 19세 때 고창에서 외국에서 돌아온 지맹 스님을 만났고, 지맹 스님이 신기한 사적에 대해 많이 이야기하자 같은 스승을 모시는 제자 29명과 함께 서역으로 갔다.

승표(僧表)는 불루사국(弗樓沙國)에 부처님의 발우가 있다가 지금은 발우가 계빈(罽賓)의 대사(臺寺)에 있다고 들었다. 그래서 서역으로 가서 우전국에 도착했지만 길이 막혀 돌아왔으며, 후에 촉(蜀) 지역(지금의 사천성)에 갔다가 그곳에서 임종을 맞았다[26]. 또 법유(法維)란 사람 역시 대략 동일한 시기에 서역으로 갔다.

도보(道普)[17]는 송나라 초기에 서리(書吏)[18] 십팔 명과[19] 함께『열반경』뒷부분을 구하러 서역으로 떠났는데 장광군에 도착했을 때 배가 망가지고 발을 다쳐서 죽었다. 도보는 그 전에 서역을 유행하면서 여러 나라를 편력했을 뿐 아니라 산스크리트 글에 능통했고 여러 나라 말을 할 줄 알았다.

저거경성(沮渠京聲)이 있는데 세상에서 안양후로 칭했다.

17) 도보는 고창(高昌) 사람으로 서역을 유행하며 여러 나라를 편력했다.

18) 서리(書吏)는 고대의 문서를 필사하는 일종의 관직이다.

19) 다른 판본에서는 십팔(十八)이 아니고 십인(十人), 즉 열 사람으로 되어 있다.

3) 법현의 행적

진(晉)나라와 송(宋)나라 때 유방(遊方)한 승려는 많았지만[27] 법현을 가장 유명하게 여겼다. 법현이 여행에서 도착한 곳은 한(漢) 나라의 장건(張騫), 감영(甘英)[20]도 가지 못한 지역이니, 즉 서진의 주사행과 동진의 지법령의 발자취도 겨우 우전국에만 미쳤을 뿐이다[28]. 법현 이전의 혜상, 진행, 혜변은 서역으로 갔다는 것은 들었지만 돌아왔다는 것은 듣지 못했다. 강법랑도 천축에 도착했다는 소식은 못 들었고, 우법란은 가는 중도에 사망했다. 따라서 육지와 바닷길을 모두 포함하여 서쪽 땅을 널리 유행하면서 천축에 유학(留學)하다 경전을 갖고 돌아온 자는 아마 법현이 첫 번째 사람일 터이니, 이것이 법현의 구법이 중요한 첫 번째 이유이다. 인도의 역사 서적은 항상 불완전해서 신화와 많이 섞여있으며, 그리고 우전국, 구자국 등 여러 나라는 이미 소멸한지 오래되어서 전기(傳記)도 존재하지 않는다. 서양에서 이 지역의 역사와 지리를 연구하는 학자들은 부득이 다른 나라 사람들의 기록에 의존할 수밖에 없다. 중국 사람이 편력한 천축 및 서역의 전기는 10여 종이 있지만 현재 온전히 존재하는 것은 지극히 적은데, 서양 사람들은 이를 귀중한 보배로 여긴다. 법현의 『불국기』에는 당시 서역 상황에 대한 기록이 아주 상세한데, 이것이 법현의 구법이 중요한 두 번째 이유이다. 법현은 귀국하자 먼저 건업에 도착해서 외국의 선사 불타발타라와 함께 약 백여만 언(言)의 경전을 번역했는데, 그중

---

20) 언제 태어나고 언제 죽었는지는 확실하지 않다. 자(字)는 숭란(崇蘭)이고 동한 시대의 사람이다. 한나라 화제(和帝) 때 서역도호부 반초의 명으로 대진(大秦)으로 사신의 길을 떠났는데, 비록 대진에는 도착하지 못했지만 당시 중앙아시아 각국을 이해하는 계기가 되었다.

『마하승기율(摩訶僧祇律)』[29]은 불교 계율의 5대부(大部) 중 하나이다. 그리고 법현이 갖고 귀국한『방등』,『열반』은 훗날 의학(義學)의 한 지류(支流)가 되었으니, 이것이 법현의 구법이 중요한 세 번째 이유이다.

석법현의 성은 공(龔)씨이고 평양(平陽) 무양(武陽) 사람이다. 세 살에 출가하였는데 어린 나이였지만 도를 향한 마음은 견고했다[30]. 스무 살에 대계(大戒)를 받았는데, 의지와 행실이 명민하고 몸가짐은 단정하고 엄숙했다[31]. 항상 장안에 머물면서 계율에 관한 경전이 빠졌거나 모자란다고 한탄하다가 찾아 나서기로 결심했다. 동진 중엽에 불경의 번역과 출간은 많았지만 계율은 갖춰지지 않았다. 도안의 탐색으로 얻은 것도 있었지만, 그러나 실제로는 구마라집의 시대에 와서야 비로소 완전해졌다. 법현의 서역 행(行)은 진(晉)나라 융안 3년에 시작되었으니[32], 바로 요진(姚秦) 홍시 원년인 기해년(己亥年)이다[33]. 당시(서기 399년)는 도안이 죽은 지 10여 년이 지났고 구마라집이 장안에 도착하기 2년 전이었다.

법현과 함께 계율을 찾아 나선 동료들로는 혜경, 도정, 혜응, 혜외 등 네 사람이 있다. 그들은 모두 농(隴)[21]을 거쳐 장액(張掖)[22]에 이르러서 지엄, 혜간 (慧簡), 승소, 보운, 승경을 만났고[34], 그들과 함께 서역으로 가서 돈황에 도착했는데 태수 이호(李浩)(즉 이호(李暠))의 보시로 사하(沙河)를 건넜다[35]. 법현 등 다섯 사람이 먼저 떠나면서 지엄, 보운 등과 이별했다. 사하에는 악한 귀신과 뜨거운 바람이 많아서 일단 마주치면 모두 죽고 온전한 자가 하나도 없었다. 하늘을 나는 새도 없고 땅에 다니는 짐승도 없어서 끝없는 사막만 눈앞에 펼쳐져 아무리 기댈 곳을 찾아보아도 찾을

---

21) 오늘날의 감숙성 동부 지역이다.
22) 감숙성 서북부에 위치해 있으며 고대 실크로드의 요충지이다.

수가 없었다. 오직 죽은 자의 해골만이 유일한 표시일 뿐이다. 유사(流砂)를 건너 선선국을 경과해서 오이(烏夷)23)36:에 도착하여 약 두 달 넘게 머물렀다. 그리고 보운 등도 도착했다.

지엄, 혜간, 혜외는 고창으로 여행 경비를 마련하기 위해 돌아갔고, 법현 등37:은 부공24) 손자의 협찬을 받아 바로 서남쪽으로 떠났다. 사람이 살지 않는 지역을 지나가야 해서 사막의 행로[沙行]는 고난의 연속이었다38:. 이들이 도중에 겪은 고생은 인간의 한계를 벗어났을 정도이다. 다행이 우전국에 도착했는데, 혜경, 도정, 혜달은 먼저 갈차국(竭叉國)25)으로 출발했고39:, 그다음 승소 한사람만 호족(胡族)의 도인을 따라 계빈국으로 갔다40:. 법현 등41:은 자합국(子合國)26)에 가서 남행하여 총령으로 진입했고, 어휘국(於麾國)을 거쳐 갈차국에 이르자 혜경 등 세 사람과 합류하여 함께 총령 산맥을 넘었다. 총령 산맥은 겨울뿐 아니라 여름에도 눈이 있고 독룡(毒龍)이 있다고 말하는데, 만약 독룡의 뜻을 거스르면 독이 있는 바람과 비와 눈을 토해내서 모래와 자갈과 돌이 날리는데,

---

23) 산스트리트어로는 Agni로 신강(新疆)에 위치한 고대 국가의 명칭이다. 구이국(□夷國) 혹은 오기국(烏耆國)이라고도 한다. 동쪽엔 고창(高昌), 서쪽엔 구자(龜玆)가 이웃해 있다. 동진 말엽에 불법을 구하러 서쪽으로 간 지엄(智嚴), 보운(寶雲) 등이 이곳에서 법현을 만났다.
24) 부공손(符公孫)은 성이 부(符)이고 이름이 공손(公孫)인 개인을 뜻하는 것이 아니라 부공의 손자를 말하는 것이다.
25) 파미르 고원에 있는 옛 국가로 『법현전』에 실려 있다. 이 나라는 5년마다 무차대회를 거행하는데 이때 사방의 사문들이 모이고 왕과 신하들은 법대로 공양한다.
26) 『후한서, 서역전』에서 자합국은 소륵(疏勒)에서 천 리나 떨어져 있다. 자합국(子闔國)이라고도 한다.

이 재난을 만나면 만 명에 한 사람도 살아남을 수 없다고 한다. 현지 사람들은 설산이라고 부르는 이 총령 산맥을 넘어 북천축으로 갔다[42].

처음 북천축으로 들어가면 타력(陀歷)이라고 부르는 작은 나라가 있다. 여기서부터 산맥을 따라 서남쪽으로 갔는데, 그 길은 아주 험해서 절벽에 길이 붙어 있는데다 석벽(石壁)이 천 길이나 되어서 눈이 어지러울 지경이다. 옛날 사람들은 암석을 뚫어서 길을 내고 계단을 만들었는데 계단이 칠백 개가 넘었다. 이들은 계단을 지나 절벽에 걸린 줄다리를 밟고서 신두하[27]를 건넜는데 강의 폭은 거의 80보 정도였다[43]. 구역[28][44]은 외딴 곳이라서 한나라의 장건과 감영도 가지 못한 곳이다[45]. 강을 건너 오장국(烏萇國)[29]에 도착하자 혜경, 도정, 혜달 세 사람은 먼저 나갈국(那竭國)[30]으로 출발했고, 법현 등[46]은 나중에 떠나서 숙아다국(宿呵多國)[31], 건타위국(犍陀衛國)[32][47]을 지나 불루사국(弗樓沙國)[33] 에 도착했다. 그때 먼저

---

27) 옛날의 강 이름으로 오늘날의 인더스 강이다. 신두(新頭)는 산스크리트 Sindhu의 음사(音寫)이다.

28) 변방 지역이나 외국을 가리킨다. 『진서(晋書), 강통전(江統傳)』에서 "주공(周公)에겐 구역의 공물이 왔고, 중종(中宗)은 선우(單于)의 조공을 받아들였다"고 하였다.

29) 인도 북부에 위치해 있다. 북쪽엔 총령(葱嶺), 남쪽엔 천축이 있다. 불법을 섬기고 있으며, 탑과 절이 많아서 지극히 화려하다.

30) 또 나가라아국(那迦羅阿國), 나갈라갈국(那揭羅曷國) 이라고도 하며 산스크리트 Nagarahara의 음사이다. 『법현전』에서는 이 나라에 부처의 정골(頂骨)을 모신 정사(精舍)가 있는데 전부 금박(金薄)을 입히고 칠보로 장식하였다고 하였다.

31) 숙아다국(宿呵多國)은 오장국의 서남쪽에 있다. 이 나라의 수도는 오늘날 파키스탄에 위치해 있다.

32) 오늘날 아프가니스탄 동부와 파키스탄 일부 지역에 위치한 나라이다.

33) 서북 인도를 통일한 카니시키왕의 수도 불루사(弗樓沙; 페샤와르)를 말한다.

나갈국에 도착한 혜경이 병이 나자 도정이 남아서 보살피고, 혜달은 혼자 불루사국으로 돌아가서 만난 뒤에 보운과 승경을 따라 중국으로 돌아왔다. 혜응은 다시 이 나라의 불발사(佛鉢寺)에서는 무상(無常)이라 했고[48]; 법현은 마침내 홀로 나갈국에 도착하여 혜경과 도정을 만났다. 세 사람은 남쪽으로 소설산을 넘었다. 소설산은 겨울만이 아니라 여름에도 눈에 덮여 있었고, 설산 북쪽 기슭에서 차가운 폭풍이 휘몰아치자 모두가 추위에 떨었다. 혜경 한 사람만 더 이상 나아가지 못하고 입에 거품을 물면서 법현에게 말했다.

"나는 이제 죽게 되었소. 당신들은 계속 앞으로 나가서 함께 죽지 마시오." 혜경은 말을 마치자마자 죽었다. 법현이 눈물을 흘리면서 말했다.

"경전을 구하려는 본래의 목적도 이루지 못했는데 운명이라 어쩔 수 없구나." 다시 도정과 함께 산을 넘어 나이국(羅夷國)[34]에 이르렀고, 발나국을 지나서 신두하 (新頭河)를 건너 비도국(毗茶國)[35]에 도착했고, 다음에 마두라국(摩頭羅國)을 거쳐서 포나하(蒲那河)를 건너 중천축(中天竺)의 경계로 들어갔다.

법현은 중천축을 유람하면서 불교 유적지를 순례했는데 파련불읍(巴連弗邑)에 가장 오래 거주했다. 법현은 본래 계율을 구하러 갔지만 북천축의 여러 나라들은 모두 구전(口傳)으로 법을 전하였지 글자로 적은 것은

---

34) 영국 학자 SmauelBeal의 연구에 따르면, 아프가니스탄 동부 소래만(蘇萊曼) 산들[Solimqnihill]에서부터 인더스강 사이의 주요 부락들을 총체적으로 나합니인(羅哈尼人; Lohanis)라고 부른다. 옛날 인도 지리학자들이 부른 나합(羅哈; Lohàs)과 법현이 말한 '나이(羅夷)'는 대체로 앞서 서술한 나합니인이다.

35) 달라비다국(達羅毗荼國; Dravida)을 말한다. 고대 국가의 이름으로 오늘날 인도 동남부이다.

없었다. 그래서 멀리 중천축까지 걸어가 그 고을의 마하연승가람(摩訶衍僧伽藍)36)에서 『마하승기율(摩訶僧祇律)』을 얻었다. 말하자면 기원정사(祇洹精舍)로부터 전승된 판본인데 소승의 18부 계율이 모두 여기서 나왔으며, 이는 부처님께서 세상에 계셨을 때 대중들이 행했던 계율이다. 그리고 『사바다부초율(沙婆多部鈔律)』37) 7천 게송, 『잡아비담심(雜阿毗曇心)』 6천 게송, 『연경(綖經)』 2천5백 게송, 『방등반니원경(方等般泥洹經)』 5천 게송 및 『마하승기율』, 『아비담』을 얻었기 때문에 법현은 이 곳에서 3년간 머물면서 산스크리트 글과 산스크리트 말을 배워서 계율을 필사했다. 도정(道整)이 서역으로 온 뜻은 본래 계율에 있었다. 이제 중부 인도에 와서 사문들의 법도와 승려들의 위의(威儀;행동규범)를 보니 모든 것이 볼만했다. 이에 멀리 변두리 지역인 진(秦)나라 땅에는 승려의 계율이 완전하지 못한 것을 한탄하면서 이렇게 맹세했다.

"오늘부터 부처를 증득할 때까지 영원히 변두리 땅에 태어나지 않길 바라나이다."

마침내 도정은 그곳에 머물면서 돌아오지 않았다. 그러나 법현의 본심은 계율을 한나라 땅에 전파하는 것이라서 홀로 귀환했는데, 그는 갠지스 강을 따라 바다 어구에 이르자 무역하는 배를 타고 사자국에 도착했다.

법현은 이 나라에 2년간 머물면서 『미사새율(彌沙塞律)』, 『장아함』, 『잡아함』 및 『잡장(雜藏)』을 얻었는데 모두 한나라 땅에는 없는 것이었다.

---

36) 마하연(摩訶衍)은 대승(大乘)이란 뜻이고, 마하연승가람(摩訶衍僧伽藍)은 대승불교 사원이란 뜻이다.
37) 살바다중률(薩婆多衆律)로 설일체유부(說一切有部)의 율본(律本)이다. '살바다중'은 산스크리트 Sarvqstivqda의 한역(漢譯)이고 뜻으로 번역하면 '설일체유부'이다.

그는 상선을 얻어 타고 동쪽으로 돌아오다가 큰 폭풍을 만나는 바람에 배가 파손되고 물이 들어와 13일 밤낮으로 표류하다가 한 섬에 도착했다. 배에서 새는 곳을 수리하고 다시 떠난 후에는 90일간의 위험한 여행 끝에 야바제국(耶婆提國)에 도착했다[49]. 그 뒤 다른 상선을 타고 광주로 돌아가는 길에 또다시 태풍을 만나자 배는 바람에 휩쓸려 갔고 식량과 물이 모두 바닥났다. 그러다 갑자기 해안에 도착했는데 익숙한 명아주 잎과 콩 잎을 보고는 한나라 땅인 것을 알았다. 사냥꾼 두 사람을 만나서 물어보고는 청주(靑州)의 장광군(長廣郡)[38] 경계로 뇌산(牢山)의 남쪽 기슭인 것을 알았는데 이때가 7월 14일이었다. 태수 이억(李嶷)[50]이 사람을 보내 마중해서 장광군으로 모셔왔다.

그 후 법현은 바로 팽성(彭城)[51]에 도착해 그곳에서 해를 보낸 것으로 보인다[52]. 다음 해 하안거를 마치고 서쪽 장안으로 돌아가려고 했지만[53], 그러나 남쪽으로 가는 것이 더 편리했기[54] 때문에 건업으로 가면서 모두 30여 개 국가를 편력했다[55].

법현은 장안에서 출발하여 6년 만에 중국(中國; 즉 중인도)에 도착했고, 그곳에서 6년간 머무르고 돌아왔는데 3년 만에 청주에 도착했다[56]. 앞뒤로 모두 15년이었으므로 응당 의희 8년(서기 412년)이어야 한다. 법현이 귀국해 경도(京都)에 도착한 것은 응당 다음 해 가을 무렵일 것이다[57]. 위대한 가르침이 동쪽으로 전파하는 과정에서 목숨을 아끼지 않고 법을 구한 자로 법현에 견줄 사람은 없다[58]. 법현은 자기 여행의 시작과 끝을 서술하여 『불국기』를 완성함으로서 여행 과정의 견문을 아주 상세히 기재했다.

---

38) 동진 때 장광군은 북청주(北靑州)에서 관할하고 네 개의 현(縣)을 거느렸다. 수도는 불기(不其)인데 오늘날 산동 노산현(嶗山縣) 북쪽이다.

이제 『불국기』에 의거하여[59:] 서쪽으로 유행(遊行)한 목적과 동행한 인물, 그리고 도중의 고난을 요점만 추려서 이상과 같이 서술했다.

4) 지엄(智嚴), 보운(寶雲), 법령(法領), 지맹(智猛), 법용(法勇)

법현과 함께 여행을 한 지엄은 서양주(西涼州) 사람으로 유명한 스승을 모두 찾아뵙고 널리 경전을 구하겠다는 뜻을 품고 있었다. 동시에 양주의 승려 보운도 역시 부처님의 신령한 자취를 몸소 보고 경전을 널리 구하겠다는 맹세를 했다. 그래서 혜간(慧簡), 승소(僧紹), 승경(僧景) 등 세 사람과 함께 서역으로 갔다. 법현과 동행한 이 네 사람은 대체로 융안(隆安) 4년(서기 400년)에 장액(張掖)에서 만나서[60:] 돈황까지 함께 갔다. 지엄, 보운 등은 남아서 후에 가기로 했지만, 그러나 오이국(烏夷國)에서 법현 등을 따라잡았다. 지엄과 혜간, 혜외는 고창으로 돌아가서 여행 경비를 구하려했고, 보운과 법현 등은 앞서 가면서 우전국을 거쳐 총령 산맥을 넘어 불루사국에 도착했다. 여기에서 보운은 부처님의 바루를 공양하느라 나갈국(那竭國)의 부처님 영상(影像)을 미처 참배하지 못하고[61:] 마침내 혜달, 승경과 함께 진(秦)나라 땅으로 돌아갔다(대략 서기 402년).

그리고 당시 지엄은 이미 서쪽으로 진입하여 최종적으로 계빈에 이르렀는데 가는 도중에 보운을 만났는지는 알 수 없다. 하지만 그 후 두 사람이 장안에 함께 있었던 것을 보면 계빈과 우전 등의 장소를 함께 유행했을 수도 있다. 그리고 『고승전』에서는 보운이 방언을 두루 배웠다고 하므로 어쩌면 서역에 아주 오래 머물렀을 것이며 불루사국을 떠나서도 즉시 귀국하지 않았을 수도 있다. 지엄은 계빈에서 불대선 비구로부터 3년간 선법을 배웠고(대략 서기 401년~403년), 아울러 불타발다라를 청하여 함께 동쪽으로 돌아왔다[62:].

당시 지맹은 홍시 6년(서기 404년)에 10여 명의 동지들과 함께 장안을 출발하여 서역으로 갔다. 또 그 당시 진(晉)나라의 사문 지법령은 이미 우전국에서 불타야사를 만나서[63:] 여러 경전을 널리 수집했으며, 아마 무신년(戊申年; 서기 408년)에 장안에 도착했을 것이다[64:]. 지법령은 혜원의 제자이다[65:]. 처음에 혜원은 선법의 계율이 빠져있기 때문에 법령, 법정(法淨) 등에게[66:] 구해오도록 했다. 법령은 임진년(壬辰年; 서기 392년)에 서역으로 가서[67:] 17년을 지낸 뒤에야 비로소 돌아왔는데 그의 서역행은 법현보다 8년 빠른 것이다. 그가 장안에 도착한 시기는 응당 지엄, 보운 및 발타발다라가 도착한지 얼마 되지 않았을 때였을 것이다. 그 후 지엄, 보운은 불타발다라(서기 410년 혹은 411년)를 따라 남쪽으로 내려갔다. 지법령이 가져온 경전은 장안과 강남에서 모두 역출되었고, 지법령의 제자 혜변(慧辯)이 장안에서 『사분율』의 번역을 도왔다면(『사분율서』) 아마 스승을 따라 서역에 갔었을 것이다.

여러 법사 중에 지엄만 유일하게 다시 서역과 천축으로 유행을 갔다. 지엄은 출가하기 전에 오계를 받았다가 계를 범한 적이 있었다. 나중에 출가 후에 구족계를 받았지만 항상 계를 얻지 못할까 의심하면서 매양 두려워했다. 선관(禪觀)을 여러 해 했지만 스스로 요달하지 못하자, 마침내 다시 바다를 건너 천축으로 가서 여러 깨달은 분들에게 자문을 구했다. 나한 비구를 만나서 그 일을 나한에게 물어보자, 나한은 감히 판결하지 못하고 지엄을 위해 선정(禪定)에 들어서 도솔궁(兜率宮)으로 가 미륵(彌勒)에게 물어보았다. 미륵이 '계를 얻었다'고 대답하자 지엄은 크게 기뻐했다. 그래서 걸어서 계빈까지 돌아가 병 없이 임종했는데 당시 78세였다. 몸체를 화장할 때 상서로운 징조가 있었다. 제자 지우(智羽), 지원(智遠)[68:]이 돌아와서 보고한 후에 함께 외국으로 돌아갔다.

　석지맹은 경조(京兆) 신풍(新豊) 사람이다. 외국의 도인이 천축의 부처님 유적과 『방등』 등 온갖 경전에 대해 말하는 걸 들을 때마다 항상 감개무량해 하면서 외국에 가기를 결심했다. 홍시 6년(서기 404년) 갑신년(甲辰年)[69] 에 동지 15명을 모아서 장안을 출발했다. 그러나 함께 동행한 자들은 죽거나 되돌아갔기 때문에 겨우 다섯 사람만 천축에 도착했다. 파련불읍(巴連弗邑)[39]에서 『대니원(大泥洹)』, 『승기율(僧祇律)』과 나머지 산스크리트 경전을 얻어서 갑자년(甲子年)에 돌아왔다. 동행한 세 동반자는 또다시 길에서 죽고 오직 지맹과 담찬(曇纂)만이 돌아왔는데 그 여정이 24년을 넘었다. 지맹은 원가 14년(서기 437년)에 촉(蜀) 땅에 들어왔고, 원가 말년에 성도(成都)에서 임종을 맞았다.

　또 법용(法勇)이라는 사람은 호음(胡音)의 이름이 담무갈(曇無竭)인데 성씨는 이씨이고 유주(幽州) 황룡(黃龍) 사람이다. 법현 등이 부처님 나라에 직접 갔다는 소식을 듣고 감탄을 하면서 자신도 몸을 저버릴 서원을 했다. 송나라 영초 원년(서기 420년) 승맹 등 25명의 동지들과 함께 떠나서 육로로 중천축까지 갔는데 도중에 위험과 고난을 겪으면서 다섯 사람만 남았다. 법용은 후에 남천축에서 배를 타고 광주에 도달했다. 계빈에서 『관세음수기경(觀世音受記經)』의 산스크리트 판본을 얻어서 귀국 후에 번역했다.

　법현, 법령에서부터 법용에 이르기까지 서역으로 간 자를 헤아려 보면 무려 수십 명이 된다. 그들은 설산을 넘고 절벽을 오르는 등 수많은 고난을

---

39) 『고승전, 법현전』에서는 찬드라굽타 2세의 당시 정세를 서술하면서 파련불읍(華氏城)은 매우 번성해서 인도 최대의 도읍이라 했다. 나태사미(羅汰私迷)가 건립한 마하연승가람이 있다.

겪으면서 법을 구했는데, 그들 중엔 살아서 돌아온 자도 분명히 있긴 하지만 뜻을 펼치지 못한 채 한을 품고 죽은, 즉 그 사적이 드러나지도 못하고 이름도 전해지지 않은 자도 헤아릴 수 없이 많다. 선조들의 지조와 절개는 정말로 위대한 기풍이라고 할 수 있다.

5) 남북조 시대에 서역으로 간 사람

송나라 중엽과 제(齊)나라, 양(梁)나라 시기에 서역으로 간 사람은 비교적 드물었다. 석법헌(釋法獻)은 서(徐)씨이고 양주(涼州) 서해군(西海郡) 연수(延水) 사람이다. 외삼촌을 따라 양주(梁州)에 가서 출가했고, 송나라 원가 16년(서기 439년)에 건업에 도착했다. 그는 13살 때 이미 서역에 가려고 맹세했다. 원휘(元徽) 3년 (서기 475년) 5월에 서역으로 갔는데 파촉(巴蜀) 지역을 거쳐 하남(河南)을 떠났다. 5년[70:]에 예예국(芮芮國)[40]에 이르렀다가 우전국까지 가서 총령 산맥을 넘으려고 했는데 벼랑 사이를 이은 길, 즉 잔도(棧道)가 끊겨져 있었다. 본래 서역에 가서『가섭유율(迦葉維律)』을 얻겠다고 맹세했지만 길이 끊어져 이루지 못했다. 우전국에서 오전국(烏纏國)에 있는 부처님의 치아 한 개와 사리 15알을 얻고, 구자국에서 금실로 만든 불상과『관세음멸죄주(觀世音滅罪呪)』와『조달품(調達品)』을 얻은 후에 다시 예예국을 거쳐 돌아왔다. 부처님의 치아는 건업까지 가지고 와서 법헌 혼자서 15년 동안 예배하고 섬겼는데, 단지 영근사(靈根寺)의 율사 법영(法穎)만 알고 있고 다른 사람은 아는 사람이 없었다. 그러다

---

40)『양서(梁書), 예예국전(芮芮國傳)』에서는 예예국은 흉노의 별종(別種)이라 했다. 위진 시대에 흉노는 수백 개로 나뉘면서 각기 명칭이 있는데 예예(芮芮)도 그중 하나이다.

제(齊)나라 영명 7년(서기 489년) 문선왕(文宣王)이 꿈속에서 감응이 있은
후에야 비로소 도인과 속세 사람에게 전해졌다[71]. 법헌과 장간사(長干寺)
의 현창(玄暢)은 똑같이 승주(僧主)였고 제(齊), 양(梁) 시대에 황제의 중시
를 받았다고 한다[72].

  법헌의 서역 유행(遊行)은 지맹이 먼저 서역을 유행하면서 신령한 이적
(異蹟)을 보았다는 것을 들었기 때문인데, 그래서 그는 죽음을 각오하고
성스러운 유적을 찾아보기로 맹세했다. 또 오부율(五部律)중에서『가섭유
율(迦葉維律)』만 중국 땅에 없었기 때문에 천축에 가서 구하려고 했으니
그의 동기는 법현과 똑같았다. 그렇다면 법헌의 서역 여행은 진(晉)나라와
송(宋) 나라 시대의 서역 여행 운동의 여파이다. 그리고 양무제는 대동(大同)
연간에 직접 관할하는 성(省)의 장사(張汜) 등에게 부남(扶南)의 사신이
고국으로 돌아가는 것을 전송하면서 유명하고 덕망 있는 삼장 대사와
대승의 여러 논서 및 잡화경(雜華經)을 청하도록 칙령을 내렸다[73].『남사·
부남전(扶南傳)』에서는 '대동 5년에 양무제는 승려 담보(曇寶)로 하여금
부남의 사자를 따라 그 나라로 돌아가서 부처님의 머리카락을 모셔오도록
했다'고 하는데 같은 일인지는 모르겠다(『양서』,『남사』에 의하면 대동
원년에도 부남국에서 사자가 왔다고 한다). 하지만 그의 행로는 남해까지
도착했을 뿐이다. 또한『우록』12의『법원잡록원시집목록』권14에는 양무
제의『여러 승려를 외국에 파견해서 선의 경전을 찾는 기록[遣諸僧詣外國尋
禪經記]』이 있지만, 그러나 그 결과가 어떠한지는 상세하지 않다.

  북조(北朝) 시대의 유방승(遊方僧)[41] 중에 유명한 자는 많지 않다. 북위
(北魏)의 승려 도영(道榮)[74]은 총령 산맥을 지나 서역으로 갔다. 그 후

---

41) 유방승은 경전을 구하려 멀리 여행을 간 승려이다.

얼마 되지 않아 신귀(神龜) 원년(서기 518년) 11월 겨울에 호(胡)태후가 숭립사(崇立寺)의 비구 혜생(惠生)을 서역으로 보내 경전을 구하도록 했는데, 돈황 사람 송운(宋雲)이 함께 동행해서 유사(流砂)를 거쳐 서쪽 우전국에 도착한 후에 총령 산맥을 넘어 천축으로 들어갔다. 신귀 2년 12월에 오장국에 이르렀으며[75], 그 후 혜생과 송운은 인도 땅에서 부처님의 유적을 많이 참배했다. 혜생이 처음 낙양을 출발하는 날에 황태후는 칙령을 내려서 오색으로 된 백척(百尺) 크기의 깃발 천 개와 비단으로 된 향주머니 오백 개를 주었고, 왕(王), 공(公), 경(卿), 사대부들은 깃발 이천 개를 주었는데, 혜생은 우전국에 도착하자 모두 부처님께 보시했다. 정광(正光) 2년(서기 521년) 2월에 처음으로 귀환하면서 대승경전 170부를 얻어왔다[76]. 북제(北齊) 시대에는 보섬(寶暹)과 도수(道邃)가 서역으로 갔다가 수나라 시대 초기에 산스크리트 판본 260부를 갖고 돌아왔다[77]. 그 뒤로는 현장(玄奘)부터 오공(悟空)까지 서역으로 간 사람이 꼬리에 꼬리를 이으면서 진(晉)나라와 송(宋)나라 시대보다 더 흥성했다.

6) 하서(河西)의 전역(傳譯)

농서(隴西)[42]는 불교가 서역에서 중국으로 전래된 요충지로서 전역(傳譯)과 지극히 중요한 관계가 있지만, 그러나 역사책에는 그 사실이 상세히 기재되어 있지 않아서 매우 아쉽다. 축법호는 진(晉)나라 초기에 돈황에서 경전을 번역했고, 도안은 『광찬경』 등이 양주(涼州)에 깊이 침투했다고 말했다[78]. 도안이 양양에 있을 때 혜상은 양주에서 진(晉)나라 함안(咸安)

---

42) 고대의 지리에서는 농산(隴山; 六盤山) 서쪽 지방이다. 또 고대에는 서쪽을 오른쪽으로 여겼으므로 농우(隴右)라고도 한다.

2년(서기 372년)에 『광찬경』, 『점비경』, 『수뢰경(須賴經)』, 『수능엄경』
네 부의 경전을 필사하여 여러 손을 거쳐 양양의 도안에게 보냈다[79]:.
그렇다면 중원의 경전도 확실히 양주 지역에서 온 것이 있다. 그래서
도안의 경전 목록에는 『양토이경록(涼土異經錄)』 59부(部) 79권이 열거되
어 있어서 양주에서 경전 번역을 일찍부터 많이 했다는 것을 증명할 수
있다. 또한 『점비경서』에서는 이렇게 말하고 있다.

"예전에 양주의 도사들 석교도축법언의(釋敎道竺法彦義)[80]:인데, 이
두 도사는 모두 박식했다."

그렇다면 양주 지역에 박식한 승려가 있다는 사실이 세상에 알려진
것이다. 그 당시는 오호(五胡)의 난(亂)이 일어난 시기로서 장궤(張軌)[43]가
양주를 차지했기 때문에 서역과 교섭이 많았다. 계유년(癸酉年; 서기 373
년)[81]:에 양주자사 장천석(張天錫)은 월씨국의 우바새 지시륜(支施侖)을
청하여 양주 안의 정청당(正聽堂), 담로헌(湛露軒)에서 『수능엄경』, 『수뢰
경』, 『금광수경(金光首經)』, 『여환삼매경(如幻三味經)』 네 가지를 역출했
으며, 번역자는 구자국의 왕세자 백연(帛延)이다. 가르침을 받은 자는
상시(常侍)[44]인 서해(西海) 조소(趙瀟)와 회수령(會水令) 마혁(馬奕), 그리
고 내시(內侍) 내공정(來恭政)이고, 그 자리에는 사문 혜상과 진행도 있었

---

43) 장궤(서기 255년~314년)는 자(字)가 사언(士彦)으로 옹주(雍州) 안정군(安定郡)
오씨현(烏氏縣) 출신이다. 서한 때 상산왕(常山王) 장이(張耳)의 17세손(孫)이
다. 진(晋) 나라 때 양주목(涼州牧)을 지냈고 전량(前涼) 정권을 실제로 건립한
자이다.
44) 중상시(中常侍) 혹은 산기상시(散騎常侍)를 칭한다. 진(秦)과 서한에서는 중상
시인데 동한에서는 환관으로 충당했고, 위(魏), 진(晋) 이하는 산기상시인데
모두 사인(士人)으로 충당했다.

다. "양주[82]: 자체에 속한 언사(言辭)"[45]는 지금 알고 있는 것에 따르면 전량(前涼) 때 번역된 경전 이 한 가지뿐이다[83]: 3년 후에 장천석은 부견에 게 멸망당했다.

전진(前秦) 시대의 경전 번역은 장안에서 진행되었지만 전역(傳譯)한 사람은 바로 양주의 사문 축불념이었고, 건원(建元) 시대에 승순(僧純), 담충(曇充)은 구자국에 가서 운모람사(雲慕藍寺)에서 계율을 구했는데[84]: 덕망이 높은 사문 불도설미의 허락으로 얻었다. (1)『비구니대계』[85]: (2) 『니수대계법(尼受大戒法)』[86]: (3)『이세계의종수좌지속수제잡사(二歲戒 儀從受坐至屬授諸雜事)』[87]:

승순, 담충[88]:은 아마 모두 양주 사람일 것이다. 그리고 같은 양주 출신은 축도만(竺道曼)인데 역시 구자국에서 왔다고 한다[89]: 승순은 구자국에 있으면서 이미 구마라집의 이름을 들었고, 승순이 장안에 도착한(서기 379년) 뒤 6년이 지나서 구마라집이 양주에 왔다[90]: 구마라집이 양주에서 경전을 번역했다는 것은 듣지 못했지만, 그러나 승조가 양주에서 구마라집 을 따랐으므로 당시 내지(內地) 사람들은 이미 구마라집의 명성을 많이 알고 있었다.

그러나 도안의 만년에서부터 구마라집이 장안에 온 시기까지 농서 지역 에 불법을 전역(傳譯)한 사람이 있다는 소식은 듣지 못했는데, 그 까닭은 후진(後秦), 서진(西秦), 후량(後涼), 남량(南涼), 북량(北涼)[91]:, 서량(西涼) 및 하(夏) 사이에 벌어진 상호전쟁 때문이다[92]: 구마라집이 관중에 도착했 을 때에는 저거몽손(沮渠蒙遜)이 양주 땅을 점령하고 있었다. 저거몽손이

---

45) 언사의 지취는 판본 그대로로서 문식(文飾)을 가하지 않는다. 문식은 속됨에 가깝고 질(質)은 도(道)에 가깝다.

부처를 신봉했기 때문에 양주는 마침내 불교 전파와 번역의 중심지 중
하나가 되었다. 『광홍명집』에 기재된 『정주자(淨住子)』 제26장에서는 이
렇게 말했다[93]:

저거국(沮渠國)에 있는 대승 12부 법장(法藏)을 공경히 예배한다.

하지만 『방록(房錄)』 12에서는 '우전국 동남쪽 2천여 리에 있는 차구가국
(遮拘迦國)엔 대승의 밀장(密藏)을 중시해서 십이부경전이 있다……'고
했다. 현대인의 고증에 의하면 차구가국이 바로 저거국이다. 이에 근거하면
저거씨는 위(魏)나라에게 멸망을 당한 후에 우전 근처로 이주했다[94].
울(鬱)[46]지역은 대승불교로 유명한 나라이다. 이를 살펴보면, 담무참이
대승경전을 가져왔지만 구자국과 선선국에서는 뜻을 얻지 못하고 북량에
서 크게 법을 홍법한 까닭을 알 수 있다.

북량 시대의 번역자로는 도공(道龔), 법중(法衆), 승가타(僧伽陀), 담무
참(曇無讖), 저거경성(沮渠京聲), 부타발마(浮陀跋摩), 지맹(智猛), 도태
(道泰), 법성(法盛) 모두 9명이다. 양주 지역 승려로서 진(晉)나라 말엽에
서역을 간 사람은 저거경성, 도태, 보운, 법성[95], 승표(僧表)[96] 등이다.
그리고 법현, 지엄, 법용, 지법령 등은 모두 양주를 거쳐 서역으로 갔는데
전부가 저거씨가 북량의 왕으로 있던 시기였다. 송나라 초기가 되어서도
하서(河西)의 사문 석담학(釋曇學)과 위덕(威德)[97] 등 8명의 승려가 서역의
우전국까지 갔으니, 당시 양주에서 불교의 전역이 성황을 이룬 것은 정말이

---

46) 옛날의 지명(地名). 한나라에 설치한 현(縣)인데 오늘날의 섬서성 농현(隴縣)
서쪽이다.

지 놀랄 만하다.

7) 북량(北涼)의 담무참(曇無讖)

북량에서 역경의 거목(巨木)은 담무참으로 중인도(中印度) 사람이다[98:]. 처음에는 소승을 배웠다가 나중에 『열반경』을 보고는 참회하고 한탄했다. 게다가 방술에도 능하여 왕의 중시를 받았다. 후에 왕의 미움을 사서 살해되는 것이 두려워 계빈국으로 갔다. 『대열반경』 앞부분 10권과 『보살계경』[99:], 『보살계본』 등을 가지고 왔다. 후에 다시 구자국에 갔는데 이 두 곳은 소승을 많이 공부하고 『열반경』을 믿지 않았다[100:]. 그는 동쪽으로 선선국에 진출했다가[101:] 다시 돈황으로 나아갔다. 『우록』 권8의 『대열반경서』에서 이렇게 말했다.

> 천축의 사문 담무참은 중천축 사람이고 바라문 출신이다……. 먼저 돈황에 도착해서 여러 해 머물렀다. 대저거국(大沮渠國) 하서(河西) 지역의 왕으로…… 서하(西夏)를 평정했을 때 이 경전과 담무참이 멀리서부터 왔다.

『우록』의 같은 권에 있는 『열반경기』에서는 이렇게 말했다.

> 천축의 사문 담무참 …… 먼저 돈황에 도착했다. 하서의 왕 …… 서쪽으로 돈황을 평정하자 그를 만났다.

저거몽손은 진(晉)나라 의희 8년(서기 412년) 고장(姑臧)[47]으로 이주하면서 하서왕이 되어 원년(元年)을 현시(玄始)라고 고쳤다. 유송(劉宋) 영초

원년(서기 420년)에 서량(西涼)의 이씨(李氏)를 소멸하고 주천(酒泉)과
돈황을 점령했다. 얼마 뒤에 서량의 이순(李恂)이 다시 돈황에 들어가자,
다음 해 3월에 저거몽손이 군사를 거느리고 다시 공격하여 성을 함락했다.
담무참이 고장에 간 것은 아마 이 해, 즉 북량 현시 10년(서기 421년)일
것이다[102].

이에 따르면 담무참은 먼저 돈황에 거주하다가 현시 10년에 고장으로
왔다. 하지만 송(宋), 원(元), 명(明)나라 판본의『우록』에는 담무참이 경전
11부를 번역했고 출간 시기는 대부분 현시 10년 이전이었다고 실려 있다.
그 전체 목록과 연월(年月)의 시기 및 장소를 다음과 같이 열거한다.

『대반열반경』 36권[103]
『방등대집경(方等大集經)』 29권[104]
『방등왕허공장경(方等王虛空藏經)』 5권
『방등대운경(方等大雲經)』 4권[105]
『비화경(悲華經)』 10권[106]
『금광명경』 4권[107]
『해룡왕경(海龍王經)』 4권[108]
『보살지지경(菩薩地持經)』 8권[109]
『보살계본』 1권[110]
『우바새계』 7권[111]
『보살계우바(새)계단문(菩薩戒優婆塞戒壇文)』 1권[112]

---

47) 오호십육국(五胡十六國) 중 전량(前涼)과 후량(後涼)의 수도.

이상 열거한 것은 송나라, 원나라, 명나라의 판본에서 주석한 연월인데 『열반경』을 제외한 고려본에서는 모두 보이지 않는다. 하지만『우록』 권9에 기재된『우바새계경기』에서는 병인년(丙寅年) 여름 4월 23일에 하서왕 세자(世子) 저거흥국(沮渠興國)과 여러 우바새 등 5백여 명이 천축 법사 담마참에게 번역을 청하여 7월 23일에 마쳤는데 도양(道養)이 필사했다고 하였다. 병인년은 현시 15년이므로 송나라, 원나라, 명나라 판본에서 주석한 "현시 6년 4월 10일 출간" 아홉 글자는 잘못된 것이다. 하지만 『장방록』, 『개원록』에는 모두 세 가지 판본에서 주석한 10년 이전의 연월이 없으니, 그렇다면 비장방과 지승(智昇)이 본『우록』에는 모두 이 항목의 연월이 없었다는 걸 알 수 있다. 언제부터인지 모르지만 무식한 사람이 끼어 넣은 탓에 송나라, 원나라, 명나라 판본이 잘못되었다고 하지만 실제로는 근거가 없다.

도랑의 서문에 의하면,『대반열반경』은 현시 10년 10월 23일에 출간되었는데 다만 언제 번역을 마쳤는지는 말하지 않았다.『고승전』에서는 현시 3년 초에 번역해서 현시 10년 10월 23일 마쳤고 혜숭(慧嵩)이 필사했다고 했다. 하지만 담무참은 현시10년 3월 후에 고장에 도착했으므로『고승전』 에서 말한 것도 착오이다. 또『고승전』에는 담무참이 경전을 역출하기 전에 양주 땅에서 먼저 3년간 말을 배웠다고 하는데 확실성 여부는 알지 못한다. 하지만『우록』권2에서는『별록』을 인용하여『보살계본』이 돈황 에서 역출되었다고 하니, 그렇다면 그가 양주 땅에 오기 전에 이미 경전을 번역할 수 있었던 것이므로 중국말을 3년 배웠다는 설도 아마 거짓일 것이다. 또한『우록』14에서는 담무참이 전반부 12권을 가져왔고 후에 우전국으로 돌아가서 경전의 후반부를 얻어서 번역했다고 한다. 하지만 『고승전』에서는 담무참이 전반부 10권을 직접 가져왔고 나중에 우전국에 직접 가서 중간 부분을 얻어와 번역했고, 그 후에 다시 사람을 우전국에 보내서 후반부를 얻어와 번역했다고 한다[113]. 『우록』의 『열반경기』에서는 처음의 10권 5품은 지맹이 고창까지 가져온 것으로서 저거몽손이 사자를 시켜 갖고 오게 하여 담무참에게 번역하도록 했다고 하였다. 그다음 제6품부터 13품까지는 원래 돈황에서 호도인(胡道人)을 통해 보내온 것이다. 수(隋)나라 관정(灌頂)의 『열반현의(涅槃玄義)』에서는 앞5품 20권은 담무참과 지맹이 공동으로 번역했다고 하였다. 후에 사신을 외국에 보내 다시 8품을 얻어와 번역해서 20권이 되었다. 이처럼 네 가지 설은 저마다 다르다[114]. 하지만 승우(僧祐)와 혜교(慧皎)는 모두 지맹이 송나라 원가 원년(서기 424년)에 천축을 출발했다고 하는데, 이미 담무참이 고장에 도착한 뒤라서 『열반경기』 및 『열반현의』에서 말한 것도 확실하지 않다고 생각한다.

　담무참이 번역한 경전은 모두 대승에 속한다. 그리고 『열반경』은 불성(佛性)의 설을 천명해서 중국 불리(佛理)의 한 학파를 열었기 때문에 지극히 중요하다. 저거몽손 말년에 북위(北魏)가 강대해지자 태무제(太武帝)는 담무참에게 도술이 있다는 말을 듣고 그를 불렀다[115]. 하지만 저거몽손은 담무참을 보내지 않고 의심하다가 마침내 그를 살해했다[116]. 이 사건은 의화 3년, 즉 송나라 원가 10년(서기 433년)에 있었다[117].

　『열반경』은 양주에서 역출한 경전 중에서 가장 중요하다. 그리고 『대비바사』는 유부(有部)의 거작으로 그 판본은 양주의 승려 도태(道泰)가 서역을 유행할 때 얻은 것이다. 정축년(丁丑年)[118] 4월 중순에 양왕(涼王) 저거무건(沮渠茂虔)이 서역 사문 부타발마(浮陀跋摩)를 청하여 궁궐 안의 정원에 있는 한예궁사(閑豫宮寺)에서 번역했고 도태가 필사했다. 그리고 혜숭, 도랑 등 3백여 명의 승려가 문장의 뜻을 고증하고 교정해서 기묘년(己卯年) 7월 상순에 마쳤으니 모두 100권이다[119]. 9월에는 위나라가 양주를 멸해서 경전 등이 타거나 산실(散失)되어서 단지 60권만 남았다[120].

양주에서 번역한 경전은 『열반경』, 『바사경(婆沙經)』이 있는데 모두 의학의 보고[淵府][48]였다. 혜숭, 도랑 등도 모두 의학의 승려이다. 당시 양주에서는 선법과 계율도 중시했다. 담무참은 방술로 유명했고, 저거경성(沮渠京聲)은 저거몽손의 사촌 동생으로 관직은 안양후(安陽候)인데 젊은 시절 유사(流砂)를 건너 우전국에 갔다. 그는 우전국에서 불타사나(즉 불대선)를 만났고 안양에서 『선요(禪要)』, 『비밀치선병경(秘密治禪病經)』을 받았다. 그리고 고창에서 『관세음미륵이관경(觀世音彌勒二觀經)』을 얻어서 번역했으며[121], 아울러 양주 땅에 돌아와서 또 『선요』를 역출했으며, 양주가 망하자 남쪽의 진(晋)나라로 도주했다. 석현고(釋玄高)는 농서에서 선법을 익히고 전수해서 북조 시대의 시작과 가장 관계있는 인물이 되었다.

계율의 경우를 보면 구마라집 이전에 전해진 것은 대부분 소승의 계율이고, 보살계(菩薩戒)의 독립은 『열반경』에 처음 나타나는데 그 중 『장수품(長壽品)』에서 가장 명확히 말했다. 『우바새계경』과 『계단문(戒壇文)』도 대승에 속하고, 『지지경』[122]은 『유가(瑜伽)』의 『보살지(菩薩地)』에 해당하고 특히 대승 계율의 중심인데, 이 경전들은 모두 담무참이 양주에서 번역한 것이다. 이 밖에 담무참은 돈황에서 『보살계본』을 번역했는데, 이를 보면 그가 얼마나 대승계를 중시했는지 알 수 있다[123]. 『법원주림』 98에서는 담무참이 계율을 가지고 오자 사문 도진(道進)이 돈황까지 달려가

---

48) '연부'는 재물이나 문서 따위를 모은 곳을 가리킨다. 진(晋)나라 혜원(慧遠)의 『서(序)』에서 "『삼법도경(三法度經)』은 네 가지 『아함』에서 나왔는데, 네 가지 『아함』은 삼장(三藏)의 계경(契經)이자 십이부(十二部)의 연부(淵府)이다"라고 했다.

서 직접 스스로 계를 받았다고 하였다. 양주의 도랑은 서역의 명망 있는 인사인데 상서로운 꿈의 감응으로 자기보다 어린 도진으로부터 계를 받았고, 그래서 계를 받은 자들이 3천 명이 된다고 했다(운운)[124]. 이 전해진 내용은 진실이 아닐 수도 있지만, 그러나 『보살계』는 실제로 양주에서 먼저 행해졌다. 그 뒤 북조 시대에는 선법과 계율을 특별히 중시해서 『보살계』 경전들에 대한 연구를 거의 북방에서만 진행했으니, 그렇다면 양주의 불교학이 북조에 미친 영향을 대체로 알 수 있다.

남조(南朝) 시대의 불교는 북조보다 의학(義學)을 비교적 중시했다. 담무참의 대승학은 남부 지역에서 흥성했다. 『열반경』이 역출된 후에 양주의 의학 승려들은 근본적으로 이 경전에 주의를 기울였다. 『우록』 14권에서는 북량 당시에 혜숭, 도랑을 독보적이라 칭했다고 했으며, 도랑은 『열반경서』를 지었고 경전의 소(疏)도 지었다[125]. 『석로지』에는 지숭이 경전을 번역할 때 필사를 했다가 나중에는 새롭게 역출된 경전을 양주에서 가르치며 그윽한 종지를 변론했고 『열반의기』도 저술했다는 내용을 싣고 있다. 지숭이 바로 혜숭이다[126]. 그러나 당시의 고승들은 이미 새로운 경전을 해석했지만, 그러나 머지않아 양주가 병란(兵亂)을 겪자 『열반경』의 학문은 강남 지역으로 흘러가 그곳에서 흥성했다.

8) 남조의 역경

강남의 경전 번역은 멀리 오(吳)나라의 지겸과 강승회까지 거슬러 올라갈 수 있지만, 그러나 경전을 가장 활발히 역출한 시기는 진(晋)나라 말엽이다. 이는 여산의 혜원이 제창한 힘이 많이 차지한 탓으로 가령 승가제바가 전수한 『비담』과 불타발다라의 경전 번역과 전수한 선(禪)이 모두 관계가 있다. 이 두 승려는 모두 여산에 모였다가 후에 건업으로 갔는데, 불타발다

라와 함께 남방으로 온 사람은 혜관등 40여 명이다[127]. 그리고 지엄,
보운도 역시 남방으로 내려갔다[128]. 거의 동일한 시기에 법현도 건업에
도착했는데(서기 413년) 거주지는 아마 도량사(道場寺)일 것이다. 각현과
혜관은 진나라 의희 8년(서기 412년)에 형주(荊州)로 갔고, 그 후 태위
유유(劉裕)를 따라 도읍으로 돌아왔으며[129] 역시 도량사에 거주했다.
지엄도 후에 진나라 의희 13년(서기 417년)에 건업으로 왔다[130]. 보운은
아마 일찍부터 도량사에 거주했을 것이고, 여러 법사들은 장안에서 만났거
나 혹은 함께 서역으로 유행하여 선후로 도착했을 터이니 참으로 즐거웠을
것이다. 당시 혜엄과 혜의는 동안사(東安寺)에 거주하면서 학문과 수행에
정진하여 도인과 세속인에게 모두 추앙을 받았다. 그때 투장사(鬪場寺)(즉
도량사)에는 선사들이 많았는데, 경도의 법사는 이렇게 묘사했다.

"도량사는 선사들의 동굴이고 동안사는 의학을 담론하는 숲이다."[131]

각현은 진(晉)나라 의희 11년(서기 415년)에 건업에 도착했다. 다음해
11월부터 법현과 함께 도량사에서 『승기율』 40권을 번역했고, 다음해 10월
1일 같은 곳에서 『니원경(泥洹經)』 6권을 번역했으며, 그 후 의희 14년(서기
418년) 정월 2일[132]에 교정을 마쳤다. 각현이 원본을 보고 보운이 전역(傳譯)
해서 『승기율』도 동년 2월 말에 번역을 마쳤는데[133] 모두 법현이 얻은
판본이다. 법현의 이후 사적에 대해서는 『전기』에 상세하지 않고 다만
형주로 가서 신사(辛寺)에서 죽었다고만 하였다[134]. 『우록』 2에서는 법현이
번역한 책이 『대중율(大衆律)』 외에도 6부가 있다고 하지만 역출한 시기는
상세하지 않다. 의희 14년 3월 10일 각현은 다시 도량사에서 산스크리스트어
경문을 직접 보면서 처음으로 『화엄경』을 번역하기 시작했고 법업(法業)이
필사했다. 이 일은 원희 2년 6월 10일에 마쳤고, 다시 교정을 보아 송나라
영초 2년 (서기 421년) 12월 28일에 완성했는데 도합 50권이다[135].

　대체로 지법령이 우전국에서 얻은 것은 호본(胡本)이며, 같은 해에 보운이 도량사에서 새로운 『무량수경』을 역출했다[136]. 원희 2년 각현은 또 『문수사리발원경(文殊師利發願經)』을 역출했으며[137], 경평(景平) 원년 7월에 계빈국의 사문 불태습(佛馱什)이 양주(揚州)에 왔다. 이보다 앞서 법현은 천축에서 『미사새율(彌沙塞律)』을 얻었지만 번역하지 못하고 죽었다[138]. 마침내 그해 겨울 11월에 용광사(龍光寺)에 모여서 34권으로 번역하여 『오분률』이라고 칭했다. 불태습이 산스크리트 판본을 보고 우전국 사문 지승이 번역을 했으며, 용광사의 도생(道生)과 동안사(東安寺)의 혜엄이 함께 필사하고 교정을 보았는데, 송나라의 시중(侍中) 낭야왕 왕련(王練)이 시주(檀越)가 되어서 다음해 4월에 완성했다. 그리고 대부(大部)에서 『계심(戒心)』 및 『갈마문』 등을 초록해 출간해서 세상에 전파했다. 불태습은 후에 어디에서 죽었는지 모른다. 원가 4년(서기 427년)에 지엄, 보운이 함께 『보요경(普耀經)』, 『사천왕경(四天王經)』, 『광박엄정경(廣博嚴淨經)』의 세 경전을 번역했다[139]. 보운은 후에 육합산사에서 『불본행찬경(佛本行贊經)』을 번역했다. 진(晋)나라 말기와 송(宋)나라 초기 사이에 번역된 경전은 상당히 많았다고 생각하지만 지금은 중요한 것만 선택해서 서술한다.

　각현은 원가 6년(서기 429년)에 도량사에서 임종을 맞았다. 그 당시 법현은 이미 서거했고 지엄은 각현이 사망한 후에 다시 천축으로 갔을 것이다. 보운은 원가 26년(서기 449년)에 죽었지만 만년에는 대부분 육합산사에 거주했다. 원가 시기엔 진(晋)나라 말엽 이래로 여러 대사(大師)들이 이미 여기저기 흩어졌지만 경전을 번역하는 기풍은 잠시도 쉬지 않았다. 외국의 승려도 계속 중국으로 왔으니, 강남엔 원가 초기에 선문(禪門)을 전문적으로 수학한 강량야사(畺良耶舍)가 멀리서 사하(沙河)의 위험을 무릅쓰고 경성에 와서 문제(文帝)의 총애를 받았다. 승함은『약왕약상관경 (藥王藥上觀經)』과『무량수관경』등 선경(禪經)들의 번역을 그에게 부탁했 으며, 후에 그는 강릉으로 이주하고 원가 19년(서기 442년)에는 촉(蜀) 지역으로 갔다가 나중에 돌아와서 강릉에서 임종을 맞았다.

계빈국 승려 구나발마는 대대로 왕족이었지만 왕위를 포기하고 도에 입문했다. 경전과 계율에 밝았고 선법의 묘함에도 정통하여 삼장 법사로 불렸다. 그는 배를 타고 사자국에 도착했고, 다시 사바(闍婆)(조와(爪哇))에 도착하자 그 나라 왕이 매우 중시했다. 불법의 도(道)로 교화한 명성이 멀리까지 전해지자 이웃 나라에서도 소문을 듣고 사자를 보내 요청했 다[140]. 당시 경성의 덕망 높은 사문인 혜관, 혜총(慧聰) 등은[141] 멀리서도 그의 도에 대해 고개 숙이면서 가르침을 받고 싶어 했다. 원가 원년 9월 문제에게 직접 아뢰어서 구나발마를 모셔달라고 요청했다. 문제는 교주자 사에게 명하여 배를 보내서 모셔오도록 했다. 혜관 등은 또 사문 법장(法長), 도충(道沖), 도준(道儁) 등을 보내서 요청하도록 했고, 아울러 구나발마 및 사바왕 바다가(婆多伽) 등에게 서신을 보내 반드시 송나라 경내까지 왕림해서 불법을 전해주길 기원(祈願)했다.

구나발마는 신성한 가르침을 널리 전파하기 위해 먼 여행을 마다하지 않고 먼저 상선을 타고 광주에 도착했다. 문제는 구나발마가 남해에 도착했 다는 소식을 듣자 지방의 주(州)와 군(郡)에 다시 칙령을 내려서 경성으로 내려오는 것을 돕도록 했으며, 구나발마는 시흥(始興)[49]을 경유하면서 그곳에서 설을 쇤 뒤까지 머물렀다. 그 후 다시 문제의 명령으로 혜관 등이 간곡히 청해서 배를 타고 경도로 내려와 원가 8년(서기 431년) 정월에

---

49) 시흥현은 광동성 북부에 위치해 있다.

건업에 도착했다. 문제가 그를 만나 위로하면서 정성스럽게 질문하고는 다시 기원사(祇洹寺)에 머물도록 한 뒤 융숭하게 공양을 하니 왕공(王公)과 뛰어난 인재들이 받들지 않음이 없었다. 이윽고 기원사에서 『법화경』과 『십지경』을 개설해 강의하자 설법하는 날에는 수레의 덮개가 거리에 가득 찰 정도였다. 후에 기원사의 혜의(慧義)가 『보살선계(菩薩善戒)』의 역출을 요청해서 처음에는 28품을 했고, 나중에 제자가 2품을 대신 역출하여 30품이 되었다. 이 경전은 『보살계지(菩薩戒地)』라고도 하는데[142]; 바로 『지지경』 의 이역(異譯)이니[143]; 이로부터 대승의 계법은 남방에 전파되었다[144];.

이보다 앞서 원가 3년 서주자사(徐州刺史) 왕중덕(王仲德)은 팽성에서 외국인 이엽파라(伊葉波羅)를 청하여 『잡심(雜心)』을 역출했고 『택품(擇品)』의 경우는 인연이 막혀서 중지했으며, 그 다음에[145]; 다시 구나발마에게 요청하여 후품(後品)을 역출해서 13권을 충족했다[146];. 아울러 먼저 역출한 『사분갈마우바새오계약론(四分羯磨優婆塞五戒略論)』[147];. 『우바새이십 사계』 등은 모두 26권으로 문의(文義)가 상세해서 산스크리트와 한어(漢語) 가 차이가 없다[148];. 구나발마는 송나라 경도에서 9개월 넘게 있다가 임종을 맞았는데[149]; 나이는 65세였다. 그가 생전에 지은 유문(遺文)의 게송은 36행(行)인데, 문제가 번역을 명령해서 지금은 『고승전』에 기재되어 있다.

그 후 천축의 승려 승가발마(僧伽跋摩)가 원가 11년에 경도(京都)에 도착해서 구나발마의 뒤를 이어 계를 수여하였다[150];. 그리고 구나발마가 『잡심』을 역출하긴 했지만 깨끗하게 필사하지는 못했기 때문에 혜관이 그 해 9월에 장간사(長干寺)에서 승가발마를 청하여 다시 역출했는데, 보운이 말을 번역하고 혜관이 직접 필사하여 원가 12년 9월에 마쳤다[151];. 같은 해에 역출한 『마득륵가경(摩得勒迦經)』도 역시 율본(律本)이니[152];, 나머지 역출한 것과 합하면 모두 5부 27권이다(『우록』 2). 그 후 원가 19년에 배를 타고 외국으로 돌아갔다.

그 해 계빈국의 승려 담마밀다(曇摩密多) 역시 건업에서 죽었다. 담마밀다는 선사(禪師)로서 『선비요(禪秘要)』와 『오문선경(五門禪經)』 및 다른 경전 도합 4부를 번역했다. 그는 양주를 거쳐 촉(蜀) 지역으로 들어와 형주와 건업에서 선을 가르치면서 회계태수 맹의(孟顗)의 존경을 받았다. 태수는 그를 동하(東下)50)로 청하여 무현(鄮縣)에 거주케 했다. 맹의도 과거에 강량야사를 동하로 요청했지만 이루지 못했고, 승전(僧詮) 역시 맹의의 요청을 받아 여항(餘杭)의 방현사(方顯寺)에 거주하면서 선(禪)과 예참(禮懺)을 계속했다. 맹의는 또 안양후가 번역한 선경(禪經)을 보고서 그를 잘 대했고 또 선사 혜람(慧覽)에게 선방을 지어준 적도 있으니, 그렇다면 맹의는 선법을 아주 중시한 사람이었다153:. 그리고 진(晉)나라 말엽에 각현이 『화엄경』을 번역할 때 맹의와 저숙도(褚叔度)가 시주(檀越)가 되었으니, 맹의야말로 진실로 경전 번역을 제창한 사람이다154:.

원가 시기의 경전 번역자 중 가장 중요한 사람은 구나발다라이다. 그는 중천축 사람으로 대승을 배웠기 때문에 세간에서는 마하연(摩訶衍)이라고 불렀다155:. 그는 배를 타고 위험을 무릅쓰면서 바다를 지나 원가 12년(서기 435년)에 광주에 도착해서 운봉산의 운봉사(雲峰寺)에 거주했다(『명승전초』). 자사 차랑(車朗)이 표문을 올려 보고하자 칙령을 내려 경사까지 모셨으며, 다시 유명한 승려 혜엄, 혜관으로 하여금 신정(新亭)에서 영접하도록 했다. 제왕156:과 명사(名士)157: 등이 모두 그를 흠모하며 우러러보았다. 경사(京師)와 형주에서 경전을 크게 역출했는데 번역된 경전도 많았고 그 범위도

---

50) 동행(東行)을 말한다. 중국의 지세(地勢)는 서북쪽은 높고 동남쪽은 낮기 때문에 습관적으로 동쪽으로 가는 것을 '동하'라 부른다.

넓었다. 소승경전으로는 『잡아함경』 50권이 있고[158]: 대승 경전으로는 『소무량수경』 1권이 있다. 일체유부에 속하는 것으로 『중사분아비담(衆事分阿毗曇)』을 번역했고, 계율과 선정에 관한 경전도 모두 번역했으며, 아울러 『능가경(楞伽經)』과 『상속해탈경(相續解脫經)』도 역출했으니[159]:, 그가 법상(法相)의 전적(典籍)에 대해 특별히 착안한 것을 알 수 있다. 당시 인도는 무착(無著)[51]과 세친(世親)[52][160]:의 뒤를 이어받아서 법상의 학설이 점차 흥성하여 마침내 중국에까지 유입되었다. 그리고 구나발다라는 대승을 공부할 때는 『대품』과 『화엄경』을 먼저 배웠고 형주에 거주할 때는 『화엄경』을 강설했으므로 대승의 전문가이다. 그는 또 원가 13년에 『승만경(勝鬘經)』을 역출했는데 보운이 전역(傳譯)하고 혜엄 등 백여 명이 음(音)을 고증하고 뜻을 정했다. 석도유(釋道攸)[161]:가 보고서 그 경전의 종지가 바로 스승인 도생의 뜻과 암암리에 부합하는 것에 감탄했다[162]:. 이로부터 『승만경』은 남조(南朝)의 의학(義學) 승려가 연구하는 경전 중 하나가 되었다. 양나라의 심약(沈約)이 지은 『송서(宋書)』에서도 그가 새로운 경전을 많이 번역했다고 하면서 『승만경』은 "특히 중요한

---

51) 산스크리트어 asaṅga 4~5세기, 북인도 건타라국(乾陀羅國) 출신의 승려. 세친(世親)의 형. 설일체유부(說一切有部)에 출가하여 빈두로(賓頭盧, piṇḍola)에게 소승의 공관(空觀)을 배우고, 인도 유식파(唯識派)의 개조(開祖)인 미륵(彌勒, maitreya)의 가르침을 받아 유식학(唯識學)에 정통함. 말년에는 나란타사(那爛陀寺)에서 12년 동안 머무름. 저서 : 『대승아비달마집론(大乘阿毘達磨集論)』, 『섭대승론(攝大乘論)』, 『현양성교론(顯揚聖教論)』.

52) 5세기경 인도의 불교학자. 산스크리트어 바수반두(Vasubanhu)의 역어로 천친(天親)이라고도 한다. 무착의 유식학(唯識學)을 계승하여 이를 완성시켰으며 여러 대승경전(大乘經典)을 연구하여 대승의 개척자로 불린다. 유가행파(瑜伽行派)를 이루어 인도 대승불교의 주류를 이루었다.

내학(內學; 佛學)으로 보인다······"고 했다.

구나발다라는 명제(明帝) 진시(秦始) 4년 (서기 468년)에 임종을 맞았다 (75세). 그의 경전 번역은 원가에 시작해서 효무제 시대를 거쳐 명제(明帝) 시기에 마쳤다. 효무제 때 저거경성은 경사에서 선경(禪經)을 역출했고[163] 보운이 경전을 역출한 것도 이 시기다. 이 밖에 혜간(慧簡), 공덕직(功德直)[164], 승거(僧璩), 법영(法穎)[165], 축법권(竺法眷)[166] 역시 효무제 및 명제 시기에 경전을 번역했다[167].

제(齊)나라, 양(梁)나라, 진(陳)나라 시기에 경전 번역은 많지 않았다. 다만 제나라 시기에 승가발타라가 『선견률(善見律)』을 번역했는데 이는 광률(廣律)[53] 중의 하나이고, 양나라 시절에는 승가바라가 『해탈도론』을 번역했는데 이는 팔리어로 된 『청정도론』의 다른 판본이다. 두 책은 모두 석란(錫蘭; 스리랑카)에서 나온 불교 경전이며, 송나라 시대 이래로 광주에는 항상 경전을 번역하는 사람이 있었다. 그래서 남조의 불교 경전은 바다를 통해 온 것이 많았고 이로 인해 남방 불교학과 인연이 발생했다는 걸 알 수 있다[168].

광주의 경전 번역에서 가장 중요한 인물은 양나라와 진(陳)나라 시대의 진제(眞諦)로서 구마라집, 현장 법사와 함께 삼대 번역가로 칭한다. 진제는 법상 유식(法相 唯識)의 학문을 전파했다. 송나라 시절에 구나발다라가 법상의 경전을 번역한 이래로 이 학문은 아직 사람들의 주의를 받지 못했다. 하지만 진제가 어려움 가운데 이 학문을 전파하기 시작하면서 마침내

---

53) 원시불교의 율장(律藏)은 광률, 계경(戒經), 율론(律論)의 세 종류로 나눈다. 광률에는 여섯 종류가 있으니, 『동첩률(銅鍱律)』, 『십송률(十誦律)』, 『사분률(四分律)』, 『마하승기율(摩訶僧祇律)』, 『오분률(五分律)』, 『근본설일체유부비나야(根本說一切有部毗奈耶)』이다.

크게 유행하였다. 이는 북조 시절에 번역된 『지론』의 여러 경전과 마찬가지로 불교학 역사의 일대 사건이므로 앞으로 전문적으로 서술할 것이다.

9) 북조 시대의 역경

구마라집이 서거한(서기 413년) 20년 후에 담무참이 양주에서 피살(서기 433년)되었고, 다시 7년 뒤에 위나라가 양주를 멸망시켜서(서기 439년) 사문의 불사(佛事)는 모두 동쪽으로 이주했고, 또 다시 7년이 지난 후 태무제(太武帝)가 조서를 내려 불법을 훼멸했다(서기 446년). 이 30여 년 사이에 남조에서는 번역과 의학(義學) 둘 다 지극히 번성했다고 하지만, 그러나 북방 지역에서는 양주 외에 황하 유역의 불사는 완전히 소멸했다. 역경 사업도 중단되었다가 문성제(文成帝) 시대에 와서 다시 불교를 부흥했다. 이때 사문의 영수(領袖)는 사현(師賢)이고 계빈국 사람인데, 그는 먼저 양주에 유행(遊行)왔다가 양주가 소멸되자 평성(平城)으로 갔고 불법을 부흥하는 날에 도인통(道人統)으로 명(命)을 받았다. 사현이 죽은 뒤에 담요(曇曜)가 그를 대신했으며 이름도 사문통(沙門統)으로 바꾸었다[169]: (서기 460년). 담요도 원래는 양주에서 왔는데, 그는 불교 부흥 사업 외에 무주(武周)의 석굴에 덕망 있는 승려들을 모아서 천축 사문과 대조하며 세 부(部)의 경전을 번역했다. 그 후 길가야(吉伽夜)라는 사람도 다섯 부의 경전을 역출했다고 한다[170]:.

원위(元魏)의 효문제는 태화 18년(서기 494년)에 낙양으로 도읍을 이주했다. 그 후 선문제(宣文帝), 효명제(孝明帝) 및 호태후(胡太后)는 모두 불법을 신봉해서 낙양의 역경 사업은 전에 없이 번성했는데, 번역 장소인 영녕사(永寧寺)의 장엄함과 화려함은 세상에 둘도 없는 것이었다[171]:. 당시의 역경 승려는 담마류지(曇摩流支), 법장(法場), 보리류지(菩提流支), 늑나마제

(勒那摩提), 불타선다(佛陀扇多), 적담반야류지(翟曇般若流支)[172] 등 여섯 명이다.

원위 때 낙양에서 역출된 경전은 대부분 법상유식(法相唯識)의 학문을 전한 것이다. 주요 경전은 『심밀해탈경(深密解脫經)』, 『입능가경』, 『금강경론』, 『법화경론』, 『무량수경론』, 『승사유경론(勝思惟經論)』으로 보리류지가 번역한 것이다. 『섭대승론(攝大乘論)』은 불타선다(佛陀扇多)가 번역했고, 『유식론(唯識論)』, 『순중론(順中論)』은 반야류지가 번역했고, 늑나마제 역시 『법화경론』을 번역했다. 그리고 가장 중요한 것은 늑나마제와 보리류지 및 불타선다가 공동으로 번역한 『십지경론(十地經論)』이다. 이는 지극히 중요하므로 나중에 따로 상세히 서술하겠다.

이러한 경론들이 역출된 후 북위의 정세는 나날이 혼란에 빠졌다. 영희(永熙) 3년(서기 534년)에 효정제(孝靜帝)가 즉위했다. 얼마 후에 위나라가 동서로 분리되면서 효정제가 업(鄴)을 수도로 삼자 불교도는 그를 따라 북으로 이주했다. 보리류지, 불타선다, 반야류지도 역시 업에서 경전을 번역했고, 또 월바수나(月婆首那), 비목지선(毗目智仙)[173]도 업에서 경전을 번역했다. 비목지선은 경전 다섯 부를 역출했는데 그 중 네 부는 세친(世親)이 지은 것이라고 하며[174], 『회쟁론(迴諍論)』한 부만 용수(龍樹)의 작품이다[175].

고제(高齊) 시대까지도 업에는 여전히 경전 번역자가 있었다. 나련제려야사(那連提黎耶舍)는 천보(天保) 7년(서기 556년)에 업으로 와서 문선제(文宣帝) 고양(高洋)의 중시를 받았다. 문선제는 그를 천평사(天平寺)에 안전하게 모셔 삼장(三藏)을 번역하도록 청하면서 궁전에 있던 산스크리트 경전 천여 첩을 절에 보내도록 명했고 소현대통(昭玄大統)[54] 사문 법상(法上) 등 20여 명으로 하여금 번역을 감리(監理)하도록 했다. 사문 달마사나(達

摩闍那)[176]:와 만천의(萬天懿)가 말을 전했다. 만천의의 본래 성(姓)은
척발(拓跋)이다. 위나라는 열 가지 성씨로 나누는데, 원래의 성씨는 만사씨
(萬俟氏)였기 때문에 나중에 간단히 만씨(萬氏)라고 칭했다. 젊은 시절
출가해서 바라문을 스승으로 모신 적이 있었다. 총명하고 의지력도 있어서
산스크리트와 산스크리트 책에 능하고 주술도 겸하여 공부했는데, 이로
인해 조서를 받자 번역을 도와주게 되었고 아울러 독자적으로 불교 경전
1부(部)를 번역하기도 했다.

　우문주(宇文周)[55]는 장안을 수도로 삼았고 역시 경전 번역도 했다.
역경 사문은 양나발타라(攘那跋陀羅), 사나야사(闍那耶舍), 야사굴다(耶
舍崛多), 사나굴다(闍那崛多), 달마류지 다섯 사람이다. 역경 후원자는
대총재(大冢宰)[56] 우문호(宇文護)이다. 사나굴다와 북제(北齊) 시대의 나
련제려야사(那連提黎耶捨)는 훗날 수나라 시절에도 경전을 역출했다. 위
(魏)나라와 주(周)나라 말기에 불교 경전 이외의 것을 역출한 것으로 알려진
것은 다음과 같다.

　　　『용수보살화향방(龍樹菩薩和香方)』 1권[177]:
　　　『오명합론(五明合論)』[178]:
　　　『바라문천문(婆羅門天文)』[179]:

---

54) 북제 상주(相州) 합수사(合水寺)의 소현대통 법상(法上) 국사(國師)이다. 서기
　　495년 건무2년에 하남성 조가(朝歌)에서 태어났다.
55) 즉 남북조 시대의 북주(北周)를 말한다. 황실의 성이 우문(宇文)이라서 '우문주'
　　라 칭한 것이다.
56) 관직 이름. 『주례(周禮)』에 천관총재(天官冢宰)와 그 밖의 오관(五官; 地, 春,
　　夏, 秋, 冬)도 아울러 열거되어 있다. 그렇다면 '대총재'는 태재(太宰)로 백관을
　　다스리는 지위이다.

진(晉)나라 시대 이래의 전역(傳譯)에 대해 논할 때 세 가지 일을 주의해야
한다.

(가) 온갖 죽음을 무릅쓰고 외국으로 가서 유학을 하고 유적지를 편력한
중국인은 대대로 있었다. 신성한 유적지를 순례하며 종교 신앙을 적지
않게 키운 결과 산스크리트와 불법의 이치를 실제로 연습할 수 있어서
귀국한 후에 경전 번역 사업에 도움이 되었다. 이는 과거 서역 사람들의
전술(傳述)에 의존할 때와 직접 비교해보면 훨씬 뛰어났음을 알 수 있다.

(나) 중국 사문은 서역으로 가기 전에 본국의 부족하고 놓친 부분을
미리 알고 있었기 때문에 경전을 갖고 돌아와서 항상 필요한 사항에 응했다.
예를 들면 주사행이 『방광경』을 구하러 간 것이나 법현이 율장을 구한
것이 모두 그러하다.

(다) 서역의 승려 중에 가령 구마라집은 법성종(法性宗)을 이어받았고
진제는 세친의 학문을 널리 전하면서 최상승(最上乘)[57]을 담론하며 법문을
널리 폈다. 중국 불교의 흥성과 쇠퇴 및 분파의 형성은 모두 이것이 관건이
된다.

10) 경전과 번역

서쪽에서 전래된 경전은 대부분 구전으로 전수되거나 원본에 의탁했다.
인도 불교는 처음 흥기할 때 기록이나 필사가 어려웠기 때문에 경전 대부분

---

57) 『돈오입도요문론』에서는 최상승이란 대승인 보살승(菩薩乘)을 깨달아서 다시
는 다른 관(觀)을 일으키지 않고 닦을 것이 없는 경지에 이르러 맑고 늘 고요하여
늘어나거나 줄어들지 않는 것이라 했다. 또 육조대사 혜능은 '법에 의거해
수행하는 것은 대승이고, 생각 생각 머무름이 없으면 최상승'이라 했다.

이 구전되었고 이 관습은 오랜 시간이 지난 뒤에도 바뀌지 않았다. 그래서 배우는 과정은 '읽고 생각하고 수행한다[讀思修]'고 말하지 않고 '듣고 생각하고 수행한다[聞思修]'고 말하는 것이다. 『분별공덕론(分別功德論)』에서 "외국의 법도에서 스승과 제자 사이의 전도(傳道)는 구두로 전수해서 부합하는 것이지 기록된 문장을 듣는 것이 아니다"라고 했으며, 도안도 "외국 승려의 법도는 모두 무릎을 꿇고 구두로 전수받는데, 동일한 스승에게 가르침을 받은 자가 10명 혹은 20명이 되어서 다시 후학에게 전수했다"고 말했다. 법현도 역시 "천축의 여러 나라에서는 모두 법사에서 법사로 법을 전했지 쓰여 있는 경전의 판본은 없다"고 했기 때문에 법현은 경전을 구할 때 중인도에서 본인이 직접 썼다. 서역으로 경전을 구하러 간 사람도 역시 반드시 산스크리트로 된 것을 가져올 필요가 없었다. 가령 저거경성이 서역으로 가서 구두로 외운 산스크리트 판본을 갖고 동쪽으로 돌아온 것이 그러하다. 서역에서 온 승려가 번역한 경우도 역시 먼저 구두로 읊고 다시 산스크리트 문장으로 기록해서 이를 이어받아 전역(傳譯)했거나[180], 혹은 한 사람이 구전으로 전하고 다른 사람이 이어 받아서 중문(中文)으로 번역했다[181].

　그리고 천축 승려의 기억력은 아주 정확한 것으로 유명하지만[182] 간혹 잊어버린 것도 있다. 예를 들면 담마난제가 『비바사』를 번역할 때 경전의 판본이 너무 많아서 그 사람이 잊어버리는 바람에 오직 40사(事)만 남았다[183]. 어떤 사문이 번역한 『정률경(淨律經)』은 구두로 호언(胡言)을 외우긴 했어도 몇몇 품을 잊어버렸다가 나중에 다시 원본을 얻어 보완했으며[184], 승가제바가 번역한 『아비담팔건도론(阿毗曇八犍度論)』은 『인연(因緣)』 한 품을 기억하지 못했다가 나중에 다른 사람이 구전으로 전하여 보충했으니[185], 이 두 경우가 모두 그런 사례이다. 당시의 번역 사업은 구전에 의한 것을 제외하면 항상 산스크리트 판본에 입각한 직접 번역이었다. 즉 역경 초기에는 구전으로 읊은 것이 비교적 많았다. 그러나 한(漢)나라 영제(靈帝) 시절에 천축 사문 축삭불(竺朔佛)이 『도행경(道行經)』을 가지고 낙양으로 왔고, 사문 담과(曇果)는 가유라위국(迦維羅衛國)에서 산스크리트 판본을 얻어서 강맹상과 축대력(竺大力)이 한문으로 번역했으니[186], 그렇다면 초기의 번역 사업도 모두 원본이 없는 것은 아니다.

서방에서 전래된 경전에서 소의(所依)의 원본은 불법을 구하러 간 사람이 갖고 돌아왔거나 혹은 교리를 전파하는 사람이 갖고 온 것인데, 역사 서적에 보이는 것을 열거하면 대략 다음과 같다.

지법령은 서역을 편력하면서 『방등경』의 새로운 경전 2백여 부를 얻어서 장안으로 왔고 구마라집을 통해 전역(傳譯)했다[187]. 그 중에 『사분율』이 있는데 발타야사와 지법령의 제자 혜변이 역출했다. 그리고 우전국에서 얻은 『화엄경』을 강남으로 보내서 나중에 불타발다라가 역출했다.

승순은 구자국에서 『비구니계본』을 얻었고 담마시 등이 번역했다[188].

법현은 중인도와 석란(錫蘭)에서 경전과 계율을 여러 부 얻었는데, 그 중 중요한 것은 『마하승기율』과 『대승니원경』이고 불타발다라가 번역했다. 『잡아함경』은 구나발타라가 역출했고, 『미사새율(彌沙塞律)』은 불태습이 번역했다.

지맹은 천축으로부터 『니원경』, 『승기율』 등을 갖고 돌아와서 양주에서 독자적으로 『니원경』을 번역하여 20권을 만들었다[189].

담무갈이 인도에서 『관음수기경(觀音受記經)』을 얻어서 귀국한 후에 번역했다.

도태가 총령 산맥 서쪽으로 가서 『비바사』 산스크리트 판본과 여러 경전의 많은 종류를 얻었다. 그 중 『비바사』는 도태가 부타발마(浮陀跋摩)를 도와 번역했고, 스스로도 『대장부론(大丈夫論)』 등 2부를 번역했다(동시에 법성(法盛)도 서역에서 경전을 얻어 귀국한 것 같은데 『석교록(釋敎錄)』 4하(下)에 보인다).

담무참은 서역에서 양주(涼州)로 오면서 『대열반경』 전반부와 『보살계경』 등을 갖고 와 직접 역출했다. 나중에 스스로 우전국으로 돌아가 『열반경』을 계속 얻어서 번역했다.

법헌은 우전국에서 산스크리트 판본과 부처님 치아를 얻었다. 경전은 후에 달마마제가 역출했다(『개원록』 6).

만다라(曼陀羅)는 부남(扶南)에서 건업으로 왔는데, 산스크리트 판본을 많이 갖고 와서 공헌했다. 양무제가 칙령을 내려 승가바라와 함께 번역하도록 했다.

혜생(惠生), 송운(宋雲) 등은 서역으로 가서 경전과 계율 백칠십 부를 구했다. 이 밖에 원위(元魏) 시대에 전래된 산스크리트 판본도 역시 적지 않았다[190]. 보섬(寶暹) 등은 북제 시기에 서역으로 경전을 구하러 가서 산스크리트 판본 2백 60부를 얻었다. 훗날 수나라 시대 때 번역한 경전은 대부분 여기서 자료를 취했다.

진제는 경전과 논서를 구하러 중인도까지 가서 패엽경(多羅樹葉)[58] 2백40 협을 가져왔다. 전부 번역하면 2만여 권이 될 수 있지만, 그가 역출한 것은 불과 몇 협에 지나지 않는다.

서방에서 전래된 경전은 산스크리트 문장이거나 혹은 호어(胡語)이다. 여기서 말하는 산스크리트 문장이란 전적으로 인도에서 말하는 아어(雅語)(Sanskrit)를 가리킨다. 하지만 중국인들은 항상 다른 종류의 인도 언어를

---

58) 범협서(梵夾書)는 인도에서 나온 패다수엽(貝多樹葉; 패다라수엽(貝多羅樹葉) 혹은 패수엽(貝樹葉)이라 칭한다)과 다라수엽(多羅樹葉)이다.

가리키는 것으로 사용하며, 소위 호언(胡言)이란 인도 이외 서역의 각종 언어를 가리킨다. 『고승전』에서는 '총령 산맥 밖의 각 국가는 서로 다른 말이 36가지이고 서적도 마찬가지다'라고 했는데, 이 설이 확실한지 여부는 고증할 수 없다. 하지만 추측컨대 인도의 경전은 산스크리트 말고도 팔리어 경전도 직접 중국에 전래되었으니, 예컨대 부남 사자국에서 온 것이 이에 해당한다. 호어(胡語)의 종류도 상당히 많았다. 근세 서양의 유럽 학자가 신강(新疆) 곳곳에서 발견한 다양한 종류의 고문(古文)에는 당나라 이전의 불교 경전의 잔권(殘卷)들이 갖춰져 있다. 그리고 육조(六朝) 시대의 번역본 원본 중에서 과연 어느 것이 호어이고 어느 것이 산스크리트인지는 각 서적의 번역 발음을 비교한 다음에야 아마 결정할 수 있을 것이다.

서역에서 전래된 경전 중에 대승경전으로 법성종(法性宗)에 속하는 것도 있는데 구마라집이 번역한 것이 대부분 여기에 속하며, 법상종(法相宗)에 속하는 것도 있는데 진제가 번역한 것이 대부분 여기에 속한다. 인명(因明)에 관련된 것으로는 비목지선(毘目智仙)의 『회쟁론(迴諍論)』 등이 여기에 해당하며, 또 소승으로 스리랑카의 상좌부에 속하는 것으로는 승가발타라의 『선견률(善見律)』이 여기에 해당하고, 일체유부에 속하는 것으로는 승가제바의 『팔건도론(八犍度論)』과 구마라집의 『십송률』이 해당하며, 대중부에 속하는 것으로는 구나발타라의 『승기율』이 해당하며, 화지부(化地部)59)에 속하는 것으로는 불태습의 『오분률(五分律)』이며, 법장부(法藏部)에 속하는 것으로는 불타야사의 『사분률』이며, 정량부(正

---

59) 화지부는 음역(音譯)으로는 미사색부(彌沙塞部)이고 의역으로는 정지부(正地部), 교지부(敎地部), 대불가기부(大不可棄部)이다. 소승 이십부의 하나로 붓다가 열반한 뒤 3백 년 경에 상좌부 계통의 설일체유부에서 나왔다.

量部)에 속하는 것으로는『삼미저부론(三彌底部論)』이 해당하며[191], 경부
(經部)에 속한 것으로는 구마라집의『성실론』과 진제의『구사론(俱舍論)』
이 모두 그 지류(支流)라고 할 수 있으나, 하지만『성실론』은 다문부(多聞部)
에서 나왔고『구사론』은 일체유부에 의존했다고 말하는 사람도 있다.

이 기간에 경전 번역은 매우 진보했다. 후세에 유통되고 봉행(奉行)된
경전은 수나라와 당나라 시대에 역출한 것이 아니면 바로 진(晉)나라 이후의
번역자가 역출한 것인데, 그 우수한 원인을 찾아보면 세 가지가 있다.

첫째, 번역의 안목이 점차 정확해졌다. 삼국 시대에 지겸, 강승회가
경전을 번역할 때는 문장의 우아함을 애써 추구하면서 오로지 의역(意譯)을
주로 했고 아울러 호어(胡語)의 발음을 채용하는 것을 배척했다. 그래서
반야바라밀을 명도(明度)라고 번역했고 수보리(須菩提)를 선업(善業)이라
고 번역했다. 심지어 주문에 대하여도 음역(音譯)을 하지 않았다. 하지만
진(晉)나라 이후부터 역경은 대부분 직역(直譯)을 주로 해서 먼저 신뢰와
이해(信達)를 구하고 다음에 다시 문장의 우아함을 모색했다. 도안은 조정
(趙正)을 말을 이렇게 서술하고 있다.

"예전부터 경전을 역출하는 사람들은 대부분 산스크리트의 지역적 특질을
싫어해서 요즘의 풍속에 적응하도록 고쳤는데, 이는 조정이 취하지 않은
것이다. 왜냐하면 산스크리트를 진(秦)나라 말로 전하는 것은 지역 언어와
관계없이 언사(言辭)의 지취(旨趣)를 구하여 아는 것이기 때문이니, 어찌
문장의 특질을 싫어하겠는가…… 경전의 묘한 특질은 자체 내에 있는 것이므
로 오직 전역(傳譯)을 다하지 못함은 번역자의 허물일 뿐이다."[192]

그래서 도안과 조정은 번역 사업을 맡아서 주관할 때 언제나 본래의
의미를 보존하는데 힘썼다. 가령 교묘하게 원문을 삭제하거나 번거로움이
싫다고 간편하게 요약하는 것은 바로 번역자의 사사로운 뜻이 뒤섞인

것이라서 도안은 "포도주에 물이 들어간 것 같다", "용과 뱀이 같은 연못에 있고, 금과 놋쇠를 함께 늘어놓은 것과 같다"고 질책했다. 그러나 도안의 뜻에 따르면, 산스크리트의 문장 규칙은 중국어 문장의 법식(法式)에 맞지 않는 경우도 있으므로 그 규칙을 직접적으로 고집해서 완전히 원본에 의거해 번역할 수는 없다. (1)산스크리트의 거꾸로 된 어순은 번역할 때 반드시 중국어 순서로 써야 한다. (2)산스크리트 경전의 언어가 갖는 특질이라서 중국 사람을 완전히 이해시킬 수 없다면 응당 중국의 문장과 언어로 바꾸어야 한다193:. (3)원문은 항상 반복하고 중복해 말하는 것이 몇 차례나 되므로 번역할 때는 생략해야 한다. (4)원문 속에 어구(語句)의 해석이 섞여 있으면 모두 역출을 행하면서도 한편으론 중복을 기피해 삭제하기도 했다. (5) 산스크리트 경전은 항상 뒷 단락에서 앞 단락을 중복해 인용하는데, 이를 삭제해도 원래의 취지는 잃지 않는다. 이상 다섯 가지는 본문의 원래 모습은 잃었지만 뜻에는 지장이 없다.

그리고 경전 속에 실린 내용은 (1)시대와 풍속이 다르기 때문에 억지로 똑같게 할 수 없으며, (2)신성한 지혜는 (지금과) 현격한 간격이 있어서 계합하기가 쉽지 않으며, (3) 오랜 옛날이라서 증명하거나 자문하기가 사실상 어려우니, 그렇다면 전역(傳譯)의 일은 지극히 쉽지 않은 것이다. 이상이 바로 소위 도안의 "다섯 가지 잃어버림[五失]"과 "세 가지 바꾸지 않음[三不易]"이란 설이다. 후에 도안의 제자 승예가 구마라집을 도와 『대품』의 경전을 번역하고 필사할 때도 역시 "다섯 가지 잃어버림"과 "세 가지 바꾸지 않음"의 교훈을 지켜서194: 오늘날의 학자도 능히 인도 문장의 불경과 그 번역본을 대조하여 자세히 참고하게 할 수 있었으니, 도안의 이 설은 실제로 역경의 어려움과 난관을 겪어본 사람의 말이라는 것을 깊이 알아야 한다.

도안은 번역 초창기에 어려움을 겪었고 게다가 산스크리트에도 능통하지 못해서 원래의 취지를 잃어버리는 걸 지극히 두려워했기 때문에 직역(直譯)을 제창했다[195]. 그리고 구마라집 시대에 와서는 번역 사업이 이미 흥성했기 때문에 도구[工具]가 비교적 완비되었고, 번역에 대한 안목은 본문에 대한 노력을 엄격히 하지 않고서 원래의 뜻을 취하는데 치중했다. 혜원은 이를 절충하여 문(文)과 질(質)을 겸하여 취하면서 이렇게 논했다.

"문(文)으로 질(質)에 대응하면 의심하는 사람이 많고, 질(質)로 문(文)에 대응하면 기뻐하는 사람이 적다"(『대지론초서(大智論抄序)』)

그 후 승우는 이 혜원의 말에 대해 이렇게 말했다.

"문(文)이 지나치면 아름다움[艶]을 손상하고, 질(質)이 심하면 어리석고 투박해지니, 투박함과 아름다움은 모두 병폐라서 똑같이 경전의 체(體)를 잃는다."(『우록』 1권)

하지만 궁극적으로 추구하는 것은 문체의 질(質)이나 우아함이 아니라 원래의 종지를 잃지 않는 것이다. 그래서 승조는 구마라집의 역경을 "논지(論之)를 보존하는데 힘쓰는[務存論旨]"것이라고 했고(『백론서』), 혜원도 역시 "사실에 근거하여 중문으로 역출하고 본래의 뜻을 보존하는데 힘썼다"고 인정했을 것이다(『삼법도경서(三法度經序)』). 승우도 역경의 취지는 "경전의 묘리(妙理)를 존중해서 고요히 항상 비추게" 하는데 있다고 여겼으니(『우록』 권1), 이 때문에 이 기간의 경전 번역은 신달(信達; 신뢰와 통달)을 우선으로 삼았다.

둘째, 번역의 도구가 점차 완비되었다. 승우는 초기의 역경에 대해 이렇게 말했다.

"뜻[義]의 득실(得失)은 역자를 말미암았고, 언사의 질(質)과 문(文)은 집필(執筆)과 관계있다. 어떤 경우엔 호문(胡文)의 뜻[196]은 잘 알지만 한어(漢語)의 뜻은 충분히 이해하지 못하고 있으며, 어떤 경우엔 한어의 문장엔 밝으면서도 호문의 뜻에 대해서는 잘 모른다……. 그래서 옛 경전의 문장을 보면 뜻이 막히는 곳이 있는데, 어찌 본래의 경전에서 막힌 것이겠는가? 실제로는 번역자의 잘못이다."(『우록』권1)

도안 이후가 되자 번역 사업을 맡아서 주관하는 사람들, 예컨대 도안이나 혜원은 문장과 사상에서 모두 거물이라 불릴 수 있으며, 구마라집과 같은 번역자는 한어와 산스크리트를 모두 잘했다. 승예는 구마라집이 번역할 때 "호음(胡音)에서 유실된 것은 천축말로 바로 잡았다"고 하였는데, 그렇다면 구마라집이 비교한 원본은 산스크리트만이 아니다. 게다가 번역을 도운 사람들, 예를 들면 승예나 승조 등은 문장과 사상이 뛰어났을 뿐만 아니라 오성(悟性)도 지극히 뛰어났다. 또 서역에서 온 승려는 항상 산스크리트에 능숙하고, 서역으로 간 중국의 사문은 원문을 정통으로 배워서 소통하는데 장애가 없었으니, 이는 모두 예전에는 갖추지 못했던 일이라서 번역도 비교적 완벽하게 할 수 있었다.

셋째, 번역의 제도가 점차 엄밀해졌다. 번역자의 도구도 점차 좋아졌고 또 번역할 때 신중했기 때문에 점차 번역 장소의 조직도 생겨나기 시작했다. 중국의 초기 번역은 대부분 개인적으로 전수하고 전수받는 형태로 일정한 체제가 없었던 탓에 언제 어디서나 모두 역출할 수 있었다. 이때는 산스크리트 혹은 호어(胡語)를 하는 객승(客僧) 등이 주된 번역자였고 조금이라도 뜻을 터득한 자가 필사자가 되어서 (외국 승려가) 선언한 번역의 뜻을 받아서 그걸 문장으로 지었다. 만약 경전을 구두로 외웠다면, 그 중 별개의 다른 사람이 먼저 구두로 외운 내용에 의거해 산스크리트 문자[197]로 필사하고 이걸 중문(中文)으로 지어서 기록을 마치면 경전이 완성되었다. 피차간에 음과 뜻이 현격히 막혀 있다면 어쩔 수가 없었지만, 후에 인재가 많아지자

참여하는 사람도 비교적 늘어났으며, 그 결과 작업을 나눠서 하는 제도가
점차 엄밀해졌다. 경전을 번역할 때 뜻을 고증하는 자는 번역한 뜻이
진실인지 아닌지를 바로 잡았으며, 총체적으로 감수하는 사람은 번역이
완성된 후에 다시 전체 문장을 교정하는데 항상 정밀함을 추구했기 때문에
반복 교정을 마다하지 않았다. 그래서 승예는 구마라집이 번역한 『대품반
야』의 기록에서 이렇게 말하고 있다.

"손에 산스크리트 판본을 들고 구두로 진(秦)나라 말을 선언하는데,
양쪽 번역의 음이 달라서 문장의 취지를 교차하여 변론했다……. 덕망
있는 장로 5백 여 명과 함께 그 뜻의 취지를 상세히 살펴서 그 문장을
심사한 후에 글로 필사했다……. 호음(胡音)이 유실된 것은 천축(天竺)의
음으로 바로 잡았고, 진(秦)나라 말의 오류는 글자의 뜻[字義]을 가지고
정했다. 바꿀 수 없는 것은 필사했다."(『출삼장기집』 권8)

부타발마가 번역한 『비바사』도 그러하고, 저거몽손도 "양주성 내원(內
苑)의 한예궁사(閑豫宮寺)에서 이미(理味; 義理)를 전역(傳譯)시키기 위해
사문 지숭, 도랑 등 삼 백여 명에게 문장의 고증을 상세히 논의해 본래의
종지를 보존하는데 힘쓰길 청했다"(『출삼장기집』 권10)고 하였다. 그래서
당시의 역경 장소는 요흥의 소요원, 저거몽손의 한예궁, 송나라 시대의
도량사, 원위(元魏) 시절의 영녕사로 규모가 모두 작지 않았기 때문에
번역도 세심하게 추고(推敲)를 거쳤다고 할 수 있다. 하지만 역경 장소의
조직이 가장 완벽하게 발달한 것은 수나라와 당나라 이후의 일이다.

진(晋)나라 이후의 번역 사업은 이상의 세 가지 원인 때문에 확실히
진보했다. 하지만 번역의 주요 담당자인 서역의 승려는 중국어를 알더라도
여전히 막히는 곳이 있었으며, 역경 장소의 조직도 아주 정밀하지는 않았다.
그래서 구마라집과 같은 대사(大師)와 그의 제자들은 늘 중국의 말과

크게 부딪쳤다고 한다[198]. 오늘날 진제가 번역한 법상(法相)의 논서들과 현장이 번역한 것을 서로 비교하고, 『해탈도론』과 팔리어 문장으로 된 『청정도론』을 상호 비교하면, 그들의 번역이 아주 완벽하지는 않다는 걸 알 수 있다.

당나라의 지승(智昇)은 『개원석교록』에서 삼국 이래의 역경 숫자와 목록을 다음과 같이 열거했다[199]:

조대(朝代)	역경인수(譯經人數)	역경부수(譯經部數)	역경권수(譯經卷數)
조위(曹魏)	5	12	18
오(吳)	5	189	417
서진(西晋)	12	333	590
동진(東晋)	16	168	468
부진(苻秦)	6	15	197
요진(姚秦)	5	94	624
서진(西秦)	1	56	110
전량(前涼)	1	4	6
북량(北涼)	9	82	311
유송(劉宋)	22	465	717
남제(南齊)	7	12	33
양(梁)	8	46	201
진(陳)	3	40	133
원위(元魏)	12	83	274
북주(北周)	4	14	29
북제(北齊)	2	8	52

불교 경전을 번역할 때 중국과 가장 관계가 있는 것은 자연히 호어(胡語)
와 산스크리트를 한어(漢語)로 번역하는 것이다. 하지만 이 기간 동안
한어를 외국의 문장으로 번역한 것도 있었다. (1)북위의 담무최(曇無最)가
지은 『대승의장(大乘義章)』을 외국의 사문 보리류지가 읽고서 매양 찬탄을
하다가 호문(胡文)으로 번역하여 서역으로 전파했다(『낙양가람기』). (2)북제
시대의 유세청(劉世淸)은 네 가지 오랑캐 말을 통달해서 당시로는 으뜸이었
다. 후주(後主)는 그에게 돌궐어(突厥語)로 『열반경』을 번역하여 돌궐의
우두머리에게 보내도록 명했고, 중서시랑 이덕림(李德林)에게 칙령을 내
려서 서문을 짓도록 했다[200]. 이 두 사건은 불교 번역의 미담이다.

미주

제2장

1) 요진종(姚振宗)의 『보삼국예문지(補三國藝文志)』에 상세함.

2) 『태평어람(太平御覽)』에는 강태의 전기(傳記)에서 문장을 인용한 것이 있다.

3) 『남사, 천축전(南史, 天竺傳)』에 의하면 강태는 부남(扶南)[1]에서 천축의 풍속에 대하여 질문했는데, 그렇다면 강태는 인도까지 가지 못했을 수도 있다.

   1) 부남 (扶南, 푸난 (Funan))은 1세기부터 7세기에 걸쳐 메콩 강 하류 지역에 발흥한 앙코르 왕조 이전의 고대 왕국이다. 부남(夫南), 발남(跋南)이라고도 하며 '산악(山岳)'이란 뜻이다.

4) 즉 법용(法勇)이다.

5) 오늘날 어느 지역인지 고증할 수 없다.

6) 혹은 그 지류이다.

7) 이 승려는 스리랑카에서 왔을 것이다.

8) 『남사(南史), 외국전(外國傳)』을 참고하라.

9) 담(曇)은 『양서(梁書)』에서는 운(雲)으로 되어 있다.

10) 이는 『남사』에 근거함.

11) 『고승전』 권1에는 축법도(竺法度)가 전적으로 소승을 배워야 한다고 주장한 내용이 실려 있다. 생각건대 축법도의 아버지는 남양의 상인이라서 아마 지역적인 관계 때문에 다른 설을 지녔을 것이다.

12) 월씨(月氏)의 원래 살던 지역

13) 『고승전』에서 말한 사하(沙河)이며 혹은 유사(流沙)라고도 한다.

14) 가습미라(迦濕彌羅)

15) 즉 법헌(法獻)

16) 가령 진나라의 도안 스님

17) 이는 『각현전』에 근거해서 반드시 믿을 수는 없다. 『지엄전』의 내용은 다르다.

18) 예컨대 지법령

19) 예컨대 우법란과 지엄

20) 예컨대 보운(寶雲), 지맹(智猛)

21) 예컨대 지법령. 승조의 『여유유민서(與劉遺民書)』를 참고하라.

22) 이상 두 사람은 대략 동진 초기에 있었다.

23) 두 번째 사람은 법현이다.

24) 도안의 『합광찬방광수약해(合光贊放光隨略解)』에 보인다. 『수능엄경 · 후기』에 의하면 혜상과 진행은 373년에 양주에 있었다.

25) 『우록』 11을 보라.

26) 『명승전초』에 상세함.

27) 서역으로 가는 사람을 유방(遊方)이라고 했다. 『승전 · 지명전』에서 "나는 유방의 사문(沙門)을 찾아다니면서 도로를 기록해 열거했는데 때로는 갈이 다른 경우도 있었다……."고 했으며, 또 혜교 자신의 서문에 따르면 "승보(僧寶)에게 『유방사문전(游方沙門傳)』이 있었다"고 했는데, 이는 의정(義淨)의 『구법고승전(求法高僧傳)』과 같은 종류이다.

28) 지법령은 인도에 도착했지만 바닷길을 따라 귀환한 것은 아니다. 『석교록(釋敎錄)』 권4 상부 끝 부분을 참고하라.

29) 『대중율(大衆律)』이라고도 한다.

30) 『출삼장기집, 법현전』에 상세히 나와 있고, 『고승전』은 이를 따르고 있다.

31) 『출삼장기집』에 보인다, 『고승전』에서는 스무 살에 계를 받았다고 말하지 않았다.

32) 이는 『우록』에 근거하며, 『고승전 · 혜외전(慧嵬傳)』도 동일하다.

33) 『불국기』에서는 홍시 2년이라고 했는데 잘못된 것이다. 『불국기』는 앞으로 모두 『기』로 약칭한다.

34) 당시는 대략 홍시 2년이다.

35) 『불국기』에서는 사하라고 하였고, 『우록』에서는 유사(流沙)라고 했다.

36) 오(烏)는 오(오)자로 되어있는 곳도 있다. 즉 오기(烏耆)이다.

37) 응당 혜경, 도정, 혜응, 승소, 보운, 승경 여섯 사람을 동등하게 취해야 한다.

38) 『불국기』에서는 섭행(涉行)이라고 했는데, 여기에서는 왕씨 판본의 『수경주』를 따랐다.

39) 혜달이 언제 가입했는지는 모른다.

40) 승소(僧韶)는 응당 승소(僧紹)이다.

41) 혜응, 보운, 승경 세 사람을 동등하게 취했다.

42) 이상은 『불국기』에 근거함.

43) 이상은 『불국기』에 근거했고, 『우록』도 참고했다.

44) 『불국기』에서는 기(記)라고 했고 여기에서는 『수경주』를 따름.

45) 이 말은 『불국기』에 보이는데 『우록』에는 이 말이 빠져있다. 하지만 『고승전』에는 이 말이 있는데 응당 『불국기』에 근거해 편입시켰을 것이다.

46) 응당 혜응, 보운, 승경 세 사람을 동등히 취했을 것이다.

47) 『불국기』에서는 이 아래에서 축찰시라국(竺刹尸羅國)과 부처님이 호랑 이에게 자신의 몸을 던진 곳을 서술했는데, 이는 응당 들은 내용을 서술한 것이지 법현의 행적이 도달한 것은 아닐 것이다.

48) 『불국기』의 송본(宋本)에서는 원래 "혜경은 응당 불발사에서는 무상(無 常)이다"라고 했고 경(景)자는 연(衍)이다.

49) 즉 Yavadhipa인데, 이 땅은 오늘날 소문다라섬(蘇門達拉島; 지금의 인도네 시아 섬)이다.

50) 『남제서(南齊書)』에 의하면 이안민(李安民)의 선조 이름이 억(嶷)인데 아마 이 사람일 수도 있다.

51) 『수경주・사수편(泗水篇)』에서는 법현이 동쪽으로 돌아갈 때 이곳을 거쳤고 아울러 절을 세웠다고 한다. 역도원(酈道元)[1]은 동부 지역에서 태어나고 자랐는데 원법승(元法僧)[2]이 팽성에서 반란을 일으키자 도원이 군사를 거느리고 토벌했다. 그때와 법현의 시대는 백년이 되지 않았으니 『수경주』의 말을 믿을 수 있다.

    1) 역도원(대략 서기 470년~527년)의 자(字)는 선장(善長)으로 북조(北朝) 북위(北 魏)의 지리학자이다. 『수경』에다 상세한 주석을 달아서 하천을 중심으로 한 인문지리서 『수경주』를 펴냈다.
    2) 원법승은 서주자사였다.

52) 『불국기』에서는 유법청주(劉法靑州)[1]가 법현에게 한 겨울과 한 여름을 머물도록 청했다고 한다. (일본학자) 아다치 키로쿠의 『법현전』에 대한 고증에 의하면 법(法)자는 윤(沇)의 오류로 바로 연(沇)[2]자이다. 유연청주 (劉沇靑州)는 유도련(劉道憐)을 가리킨다. 유도련은 원래 팽성에 주둔하 고 있었다가 의희 8년 9월 이후에 연주 및 청주자사로 임명되어 경구(京口) 로 이주해 주둔했다. 아다치 키로쿠의 말이 틀리지 않았다면, 법현은 유도련이 경구에 가기 전에 요청을 받아들여 팽성에 갔던 것이다. 하지만 의희 8년 청주자사는 단기(檀祗)(단기는 불교를 신봉한 것 같다. 『고승전・

사종전(史宗傳)』을 보라)가 임명되었으니, 유도련은 연주, 청주자사가
아닌 것 같다. 『우록, 법현전』에서 말하기를 "자사가 겨울을 지내라고
청했지만 법현이 마다하고 남쪽으로 갔다'고 하는데, 이 내용은 『불국기』
와도 다른 것이다.

  1) 유연청주(劉沇青州)를 말한다. 연(沇)은 다른 판본에서는 법(法)으로 되어
    있다. 아다치 키로쿠足立喜六는 법(法)을 연(沇)의 오기로 보았는데 일리가
    있다.
  2) 연은 고대의 연주를 말한다. 지금의 산동성 지역이고 고대 9대 주 중의 하나이다.

53) 이는 『불국기』에 근거함

54) 당시 팽성은 진(晉)나라에 속했다.

55) 『불국기』에서는 30여 개 국가를 편력했다고 하는데 사하(沙河) 서쪽부터
    계산한 것이라 생각한다. 하지만 『불국기』에 의하면 간귀국(乾歸國)[1]부터
    시작하여 야바제국(耶婆提國)까지 32개 국가에 머물렀다고 한다. 『우록』
    에서는 "경과한 나라는 30여 개 국가이다. 북천축에 도착했지만 왕사성에
    는 아직 이르지 못했고 저녁에 한 사찰에 머물렀다. 다음 날 아침에
    기사굴(耆闍窟)에 도착했다……."고 하였다. 여기서는 법현의 행적이 모
    두 30여 개 국을 거쳤다고 하는데, 그가 북(중(中) 자로 의심된다)천축에
    있으면서 아직 왕사성에 이르지 못했을 때 날이 저물어서 한 사찰에
    머물렀다고 하는데, 『고승전』에서는 이 부분을 "30여 개 국가를 거쳐서
    천축에 도착할 무렵 왕사성에 있는 어느 절에 가지 못하고 날이 저물어
    그냥 지나쳤다'고 고쳐서 『우록』의 원뜻을 많이 잃었다. 『고승전, 법현전』
    을 검토해보면 전부 『우록』의 문장을 초록하고 간혹 개찬(改竄)하였는데,
    그러나 개작한 곳은 왕왕 너무나 잘못되었다. (1)"북천축에 도착하여"를
    "천축에 도착할 무렵"이라고 고친 내용은 앞서 서술한 것과 같다. (2)
    『우록』에서는 법현이 기사굴산에서 가섭의 일을 서술한 후에 "또 가시국
    (迦施國)에 도착했다'고 했는데, 여기서 "또(又)"라는 글자는 반드시 시간
    상 나중의 뜻을 내포한 것은 아니다. 하지만 『고승전』에서는 이를 "진(進)"

자로 고쳤다. 실제로『불국기』에 의하면, 법현은 먼저 가시국에 도착하고 나중에 기사굴에 이르렀다. (3)『우록』에서는『불국기』에 근거하여 야바제까지 간 사적을 서술한 문장이 아주 명확하지만, 그러나『고승전』에서는 이를 고쳤는데 그 문장이 매우 잘못되었다. (4)『고승전』에서는 청주자사가 법현을 만류하면서 겨울을 지내라고 했지만『우록』에는 청주라는 두 글자가 없다.『고승전』에서 이 두 글자를 추가했는데 어떤 근거로 했는지 알 수 없다. (5)『우록』에서는 법현이 본 풍속은 "따로 전기가 있다"고 했지만, 그러나『승전』에서는 "그가 편력한 여러 나라에 대해서는 따로 대전(大傳)이 있다"고 고쳤다. 그래서 후세 사람들은 이 "대전" 두 글자에 근거해 법현의 여행기를 추측하면서 "법현대전"이라고 이름 지었다. 실제로는 혜교(慧皎)가 멋대로 초록하고 고친 것이라서 정밀한 심사로 글자마다 근거할 수 있는 것이 아니다.

1) 간귀국은 바로 서진(西秦)이다.

56) 이는『불국기』에 근거함.

57) 『우록』 3『미사새율기(彌沙塞律記)』의 서술은 많이 달라서 믿을 바가 못 된다.

58) 『불국기』 마지막 부분에 있는 원래의 발문 속의 말이다.

59) 가끔은『우록』을 참고.

60) 『명승전초』에서는 보운이 융안 원년에 서역으로 유행했다고 했으며, 『우록』,『고승전』에서는 모두 융안 초기라고 했다. 그러나『불국기』로 증명하면 반드시 그렇지는 않을 것이다.

61) 『우록, 보운전』에서는 보운이 부처님의 영상을 참배했다고 하는데 진실이 아닌 것 같다.

62) 장안에 도착한 것은 원흥 3년(서기 404년) 후였을 것이다. 혜달의『조론소』 권상(卷上)에서는 "진나라 사문 지엄, 혜예가 서역의 계빈에 가서 간절하게 요청하자 각현(覺賢)[1]은 불쌍히 여겨서 허락했다. 그리하여 산 넘고 물을

건너 끝내 장안에 도착했다"고 하였다. 이 글에 근거하면, 혜예와 지엄은 동시에 서역으로 간 사람이다. 하지만 『고승전·혜예전』에서는 혜예가 먼저 서역으로 갔다가 중간에 여산으로 돌아왔고 나중에 관중으로 들어갔다고 하므로 혜달이 전한 내용과는 다르다.

1) 불타발다라의 중국어 이름.

63) 『불조통기』에서는 불타발다라로 되어 있는데 잘못된 것이다.

64) 이는 『사분률서(四分律序)』에 근거하는데 확실성 여부는 알 수 없다.

65) 이는 『고승전·혜원전』에 근거함.

66) 『우록』에는 법정만 있다. 여기서는 『고승전』에 근거함.

67) 이는 『사분율서』에 근거함.

68) 『명승전초』에서는 지원(智遠)이 지달(智達)로 되어 있고, 아울러 두 사람이 지엄과 함께 천축으로 들어갔다고 했다.

69) 『우록』에는 무진년(戊辰年)으로 되어 있는데 잘못된 것이다. 여기서는 『고승전』을 따랐다.

70) 여기서는 원휘 5년을 말한다. 이해 7월에 연호를 승명(昇明)으로 바꾸었다.

71) 원휘 3년에서부터 영명 7년까지 도합 15년이라면, 그가 부처님의 치아를 15년간 예배했다는 것은 맞지 않다.

72) 이상은 『고승전, 본전』, 『우록』 3의 『가섭유율기』 및 『법원주림(法苑珠林)』 12의 『불아감응기(佛牙感應記)』에서 인용했다. 『법원주림』의 기재에 의하면, 법헌은 돌아가신 스승이고 승우(僧祐)는 법헌의 제자라 칭했는데, 이 기록은 승우가 직접 쓴 글이다. 『우록』 12의 『사바다부기목록(沙婆多部記目錄)』 제4권에는 법헌 율사의 전기가 있다. 또 『법원잡록원시집목록(法苑雜錄原始集目錄)』 권8에는 『정림헌정이 구자국에서 금속으로 만든 불상을 제작한 기록(定林獻正於龜茲造金鎚鍱像記)』이 있고, 권9에는 『부처님 치아 및 문선왕이 칠보대의 금장을 제조한 기록(佛牙幷文宣王造七寶

台金藏記)』이 있는데 모두 이 사건을 기록했다. 그 마지막 항목의『불아병조장기(佛牙竝造藏記)』가 바로『법원주림』에 기록된 것이다.

73) 『속고승전, 진제전(眞諦傳)』

74) 영(榮)자가 약(藥)자로 된 곳도 있다.

75) 『낙양가람기』에서는 혜생 등이 오장국에서 2년 간 머물면서 그 나라 왕이 부처님을 신봉한 사적을 아주 상세하게 기록했다고 하였다. 이 왕이 바로『속고승전·나련제여야사전(那連提黎耶舍傳)』에 나오는 오장 국왕이다.

76) 이상은『낙양가람기』에 보인다.

77) 『속고승전, 사나굴다전(闍那崛多傳)』에 상세히 보인다.

78) 도안의『광찬방광수약해서(光贊放光隨略解序)』와『점비경서(漸備經序)』에 보인다. 축법호는 만년에 양주에 거주한 것 같다.『점비경서』에서도 이 경전은 장안에서 번역하고 나중에 양주로 갖고 간 것으로 보인다고 말했다. 제7장 축법호 단락을 보라.

79) 『광찬경』은 5월 24일 도착했고,『점비경』은 10월 3일 도착했고, 나머지 두 경전은 4월 23일에 도착했는데『점비경서』에 상세히 보인다. 이『점비경 서』는 확실히 도안이 지은 것이다.

80) 이 7글자¹⁾는 해석하기 힘들다. 하지만 아래의 문장에 근거하면 두 명의 도사 중 한 명은 이름이 언(彦)이니, 그 이름이 응당 축법언일 것이다.
   1) 원문에는 5글자로 되어있는데 7자가 맞다.

81) 이때는 응당 진나라 효무제 영강(寧康) 원년일 것이다.『수능엄경후기』에 서는 함화(咸和) 3년이라고 했다.『개원록』에 근거하면 '화(和)'자는 '안(安)'자여야 하는데 그 후 언제부터인지는 모르지만 '화'자로 잘못되었다. 간문제(簡文帝)가 함안 2년에 붕어했으니 사실상 함안 3년은 없다. 양주에 서는 여전히 함안 연호를 사용했기 때문에 이렇게 된 것이다. 양주 지역에

서 신봉한 연호는 항상 강남과는 달랐다. 『진서』 86권을 보라.

82) 응당 장천석을 말한다.

83) 『개원록』에서는 전량(前涼) 시대에 응당 경전을 다시 역출했다고 했으니, 지승(智昇)이 번역한 경전이 이것뿐이 아니란 걸 알 수 있다.

84) 『우록』 11의 10에 달모람(達慕藍)이 있는데, 여기에서 운(雲)자는 담(曇)자를 잘못 적은 것이다.

85) 『우록』 11에 그 서문이 실려 있다. 같은 권에 있는 『관중근출니계기(關中近出尼戒記)』에서 이 비구니대계는 그 권초(卷初)에 기재되어 있다. 담마시(曇摩侍)가 전하고 축불념이 호본(胡本)을 잡고 혜상(彗常)이 필사했다. 이해는 기묘년(己卯年)으로 바로 도안이 장안에 온 해이다. 이해에 비구계 본도 아울러 번역했으니, 『개원록』의 기재는 잘못된 것이다.

86) 『관중근출니계기』에서는 권중(卷中)에 기재되었다고 한다. 불도비(佛圖卑)가 번역하고 담마시가 전했다.

87) 『개원록』에서는 『교수비구니이세단문(敎授比丘尼二歲壇文)』이라고 했다. 『우록』 권11 『관중근출니계기』에서는 권하(卷下)에 이것이 실려 있다. 담마시가 출간하고, 불도비가 번역하고, 혜상이 필사했다.

88) 담충은 후에 또 구자국에 갔는데 『우록』의 같은 곳을 보라.

89) 같은 곳을 보라.

90) 도안은 이해에 죽었다.

91) 단씨(段氏)

92) 오직 서진의 성견(聖堅)만이 경전을 역출했다.

93) 이 장(章)에서 『방산석경(房山石經)』을 언급했는데, 지금은 단지 수나라 시대에 석경을 새겼다는 것만 알고 있다. 『정주자』는 도선(道宣)이 제멋대로 고친 것 같다.

94) 하타니 료타이(羽溪了諦)[1]의 『서역의 불교』 제4장에 상세함.

　　1) 1883~1974년. 일본의 불교 학자로 서역불교연구의 권위자이다. 정토진종((淨
　　　土眞宗)의 본원사(本願寺)의 승려이다. 1934년에 『서역 불교의 특징』으로
　　　박사학위를 받았다. 《석존의 연구》, 《서역의 불교》, 《아미타불의 신앙》
　　　등의 저서가 있다.

95) 고창(高昌)에서 살았다.

96) 양주 사람이다. 이상은 모두 『명승전초』에 근거함.

97) 성덕(成德)이라 한 곳도 있다.

98) 『위서』 99 및 『석로지』에서는 모두 계빈국 사문이라고 했다.

99) 『우록』 9 『보살선계경(菩薩善戒經)』, 『지지경(地持經)』의 기록이 있으며,
　　『지지경』은 『보살계경』이라고도 한다.

100) 『고승전』 및 『우록』 14를 참고하라.

101) 이는 『위서』 99에 근거한다. 그리고 담무참은 왕의 여동생과 사통(私通)했
　　기 때문에 양주로 도망갔다고 한다.

102) 『위서』에서는 담무참이 선선 지역에서부터 양주로 도주했다고 하는데
　　사실이 아니다.

103) 하서왕 저거몽손 현시 10년 10월 23일에 번역.[『우록』 권8에 기재된 도랑(道
　　朗)의 서문에 근거함].

104) 현시 9년 번역.[고려본에는 이 다섯 글자(玄始九年譯)가 없음]

105) 현시 6년 9월에 출간.[고려본에는 이 7자(玄始六年九月出)가 없음]

106) 『별록』에서는 아마 '공상(龔上)[도공(道龔)]이 역출했는데 현시 8년 12월에
　　역출했다'고 하였다.[고려본에는 이 8자(玄始八年十二月出)가 없음]

107) 현시 6년 5월 역출.[고려본에는 이 7자(玄始六年五月出)가 없음]

108) 현시 7년 정월에 역출.[고려본에는 이 7자(玄始七年正月出)가 없음]

109) 현시 7년 10월 초하루 역출[고려본에는 이 10자(玄始七年十月初一出)]가
     없음.

110) 『별록』에서는 돈황에서 역출했다고 함.

111) 현시 6년 4월 10일 역출[고려본에는 이 9자(玄始六年四月十日出)가 없음]

112) 현시 10년 12월 역출 [고려본에는 이 8자(玄始十年十二月出)가 없음]

113) 송나라의 도보(道普)가 서역으로 가서 다시 『열반경』 후반부를 찾으려고
     했지만 도착하지 못하고 죽었다. 임종 시에 "후반부는 송나라 땅과 인연이
     없구나!"라고 탄식했으니, 그렇다면 담무참이 번역한 것은 후반부가 없는
     것으로 보인다.

114) 『삼론유의(三論游意)』에서는 지염(智炎)(즉 지맹)이 무위(武威)에서 『열
     반경』 40권을 번역했다고 하였다. 지맹이 대승의 『열반경』을 번역한
     적이 있다는 소문 때문일 것이다. 『삼론유의』의 원문은 지극히 알기
     어렵고, 또한 『수지(隋志)』에서 기록한 이 경전의 번역문도 역시 다른
     책과는 다르다. 다만 『수지』에서는 담무참과 담마라참(曇摩羅懺)을 두
     사람으로 인정했는데 이는 착오이다.

115) 『위서』 99에서는 태무제가 남녀가 교접(交接)하는 기술에 능하다는 말을
     들었다고 하였다.

116) 『위서』 36에서는 이순(李順)이 양주 사신일 때 황제는 이순에게 조서를
     내려 저거몽손으로 하여금 담무참을 경성으로 보내도록 했다. 그러나
     이순은 저거몽손의 돈을 받고 그의 명령대로 담무참을 살해했다.

117) 『위서』 99 및 『석로지』와 『고승전』, 『우록』에서 이 사건에 대한 기록이
     서로 다르다.

118) 즉 원가 2년인 서기 425년.

119) 위의 연대는 『개원록』, 『우록』에 근거하는데 둘 다 동일하다. 하지만
     도정(道挺)의 서문에서는 을축년(乙丑年), 정묘(丁卯年)이라고 했다. 생

각건대 그 아래의 글 "양성복몰(涼城覆沒)"이란 말은 응당 착오이다.

120) 17년 후에 담학(曇學), 위덕(威德)이 양주에서 경전을 번역했는데 혜랑(慧朗)이『현우경』이라고 경전 이름을 명명했다.『우록』9에 경기(經記)가 있으며, 혜랑은 바로 도랑이다.

121) 『우록』2에 근거함.

122) 『보살계경』이라고도 한다.

123) 담무참이 소승을 신봉하는 서역의 여러 나라에 머무를 수 없었던 것은 역시 신봉하는 계율을 다르기 때문이다.

124) 『고승전』에서 도진이 계에 감응한 사적을 보라.

125) 길장의『대승현론』을 보라.

126) 『우록』권10『비바사서』에서도 '지숭, 도랑'이라고 칭했다.

127) 『우록』본전

128) 각각『우록』본전을 보라.

129) 응당 유유가 사마유(司馬攸)[1]를 공격한 후이니 바로 의희 11년 8월[서기 415년]이다.『혜관전』을 참고하라.

   1) 서기 248년~283년. 하내(河內)의 온현(溫縣) 사람으로 사마소(司馬昭)의 둘째 아들이다.

130) 『우록』본전에 상세함.

131) 의(義)는 의(議)라고도 한다. 이상『송서·천축전』을 보라.

132) 혹은 1이라고도 한다.

133) 이상은『우록』3『바추부라율기(婆甀富羅律記)』및 권8의『니원경후기』에 보인다.

134) 『우록』에서는 82세라고 하고,『고승전』에서는 86세라고 한다.

135) 『우록』9 후기

136) 다른 설은 효무제 시대에 육합산사(六合山寺)에서 역출했다고 하는 것인데 『우록』2에 보인다. 『우록』, 『각현록』 중에도 새로운 『무량수경』이 역시 영초 2년 도량사에서 역출되었는데 동일한 책으로 의심된다.

137) 『우록』2와 9에 보인다.

138) 이로서 법현이 경평 원년 이전에 죽은 것을 알 수 있다.

139) 『사천왕경』은 보운 등의 번역으로 의심된다. 다음에 나오는 19장에 상세하다.

140) 구나발마는 임읍(林邑)[1]에 간 적이 있었는데, 그가 남긴 게송에 보인다.

   1) 옛 나라의 명칭으로 상림지읍(象林之邑)을 줄인 말이다. 옛땅은 지금의 베트남 중부 지역이고, 진(秦), 한(漢) 때는 상군(象郡) 상림현(象林縣)이고, 동한 말엽에는 상림공조(象林功曹)의 아들 구련(區連)이 자립하여 왕이 되었고 9세기 후기에는 다시 점성(占城)으로 개칭했다.

141) 『우록』에서는 혜엄, 혜관이라고 했다.

142) 이상은 『고승전』에 보이며, 『우록』은 비교적 간략하다.

143) 상세한 내용은 『우록』9 경기(經記) 및 『개원록』을 보라.

144) 또한 계단(戒壇)도 세웠었는데 『고승전』에 보인다. 도선(道宣)의 『계단경』을 참고하라.

145) 즉 원가 8년, 『우록』2에 보인다.

146) 『우록』10의 『잡아비담심서』에 상세함.

147) 『우록』 육징의 『목록』에 기록된 삼장법사의 『우바새오학적략론(優婆塞五學跡略論)』 상하가 바로 이것이다. 『방록』에서는 그 이름을 『5계상(五戒相)』이라 하였다. 이것은 『우바새이십사계』와 마찬가지로 구나발마가 편찬한 것으로 후에 역출한 것이다.

148) 이상은 『우록』 및 『고승전』에 보인다.

149) 당시는 원가 8년 9월 28일었다.

150) 『고승전』에 상세함.

151) 『우록』 권2, 권14 및 『고승전』에 기재된 내용은 경성에 도착해 경전을 번역한 연월(年月)이 서로 다르다. 여기서는 『우록』 10 초경(焦鏡)의 『후출 잡심서(後出雜心序)』를 따랐다.

152) 『우록』 11의 『출경기(出經記)』

153) 맹의는 초진(超進)을 청하여 산음(山陰)으로 모셨다. 이상은 모두 『고승전』에 있다.

154) 맹의는 정사(正史)에는 전기가 없고 『진서』 99, 『남사』 19의 부록(附錄)에 보인다.

155) 『고승전』에 보인다. 효무제가 조서를 보낼 때에도 역시 마하연이라고 불렀다. 『명승전초』에는 연(衍)이 승(乘)으로 되어 있다. 『송서, 천축전』에 서도 그를 마하연이라 칭했지 이름을 부르지 않았다.

156) 문제, 효무제, 초왕(譙王), 팽성왕(彭城王)

157) 예를 들면 안연지(顔延之)

158) 이 경전은 대승의 의미도 갖고 있으며, 산스크리트 판본은 법현이 갖고 돌아온 것이다.

159) 『해탈밀경』의 뒤에 있는 2품

160) 약 기원후 350년

161) 유(猷)라고도 한다.

162) 『우록』 9 경서(經序)를 보라.

163) 그 후 형주에서도 선경 등을 역출했다.

164) 선경을 역출함.

165) 모두 계율을 역출함.

166) 권(眷)은 권(卷)으로 되어 있는 것도 있음.

167) 송나라 시대의 번역자는 상공(翔公), 도엄(道嚴), 용공(勇公), 법해(法海), 선공(先公), 승가발미(僧伽跋彌) 등으로 모두 『개원록』에 상세하다.

168) 송나라 시기의 축법권(竺法眷), 제나라 시절의 담마가타야사(曇摩伽陀耶舍), 마하승(摩訶乘), 승가발타라는 모두 광주에서 경전을 번역했다.

169) 이상은 모두 『석로지』에 보인다.

170) 이상은 『개원록』에 보인다. 또 『석로지』에서는 담요와 천축 사문 상나사사(常那邪舍) 등이 새로운 경전 14부를 번역했다고 한다.

171) 『낙양가람기』에 상세함.

172) 바라문 사람이다.

173) 이 외에 달마보리는 어느 년대인지 모른다.

174) 『사법경론(四法經論)』, 『삼구족경론(三具足經論)』, 『전법륜경론(轉法輪經論)』, 『업성취론(業成就論)』.

175) 월바수나도 후에는 남방으로 가서 경전 번역을 했다.

176) 즉 구담반야류지의 맏아들.

177) 늑나마제가 번역했고 무릇 오십 개 방법이다. 『개원록』 등에 기재되었다. 『수지(隋志)』의 저록(著錄)에는 2권으로 되어 있고 사람 이름은 없다.

178) 야나발타라 번역, 『개원록』 등에 기록됨.

179) 달마류지가 대총재 우문호를 위하여 번역했고, 『장방록』에 기록됨.

180) 『출삼장기』 권10에 있는 도표(道標)의 『사리불비담서(舍利弗毗曇序)』, 『고승전』 2의 『승가발징전(僧伽跋澄傳)』.

181) 『고승전』 3 『불약다라전(弗若多羅傳)』

182) 『출삼장기집』 3 『사분률기』

183) 『출삼장기』 권10의 15

184) 같은 책 권7

185) 같은 책 권10의 14

186) 『고승전』 권1에 보인다.

187) 앞에서 보았다.

188) 『출삼장기집』 11 『비구니계본서』

189) 『수서·경적지(經籍志)』를 참고하라. 지맹이 『니원경』을 번역한 일은
별로 믿을 바가 못된다.

190) 『속고승전』에서는 보리류지의 방 안에 산스크리트 판본으로 된 경전과
논서가 만 협(夾)¹⁾이 있었다고 한다. 또한 북제(北齊) 시대 때 업경(鄴京)의
궁전 안에는 산스크리트 판본이 천여 협이 있었다고 했다.

    1) 협지(夾紙). 여기서는 하나하나의 낱장을 뜻하는 것으로 보인다. 아니면 협(夾)
      이 '팔을 벌린 사람의 겨드랑이를 양쪽에서 끼다'는 뜻이므로 한아름을 뜻하는
      것으로도 보인다.

191) 전진(前秦)과 후진(後秦) 때의 사람이 번역했는데 성명은 알지 못한다.

192) 『출삼장기집』 권10

193) 『정법화경』에는 "하늘은 사람을 보고, 사람은 하늘을 본다[天見人, 人見
天]"라는 구절이 있는데, 구마라집이 여기까지 번역하고 나서 "이 말은
서역과 뜻은 동일하지만 다만 말이 질(質)을 넘어서 있다"고 했다. 승예가
이를 "사람과 하늘이 교접(交接)함을 말하는 것이 아니라 둘이 서로 만나게
되는 것이다"라고 하자, 구마라집이 기뻐하면서 "실로 그러하다"고 말했
다. 도안이 말한 내용은 이 일을 사례로 인용할 수 있다.(『고승전, 승예전』)

194) 경서(經序)를 보라.

195) 량렌공(梁任公)은 도안이 노자와 장자의 뜻을 불경에 섞어 넣는 것을
지극히 싫어했다고 말했지만 그렇지 않은 것 같다. 도안의 저작을 보면
노자와 장자를 인용한 곳이 지극히 많다.

196) 호(胡)자는 여기서는 인도 서역을 가리켜서 말한 것이다.

197) 혹은 호(胡)의 글자

198) 『출삼장기집』 권11 승예의 『지론서(智論序)』, 권8 『사익서(思益序)』

199) 그 속에는 몇 부(部)의 중국 저술도 있다.

200) 『북제서·곡률강거전(北齊書 斛律羗擧傳)』

지은이

탕융동(湯用彤; 1893년~1964년)

자(字)는 석여(錫予)이고 호북성 황매(梅) 사람으로 감숙성 통위(通渭)에서 태어났다. 그는 중국 근대의 유명한 국학대사(國大師)로서 중앙연구원의 수석위원이다. 스스로 "어려서 가정교육을 받아 일찍부터 역사서를 공부했다"고 하였으며, 평생 한학을 연구한 아버지의 영향을 크게 받았다. 1911년에 청화(清華) 학교에 들어가 1917년에 졸업한 후에 미국으로 유학하여 산스크리트어와 팔리어를 배웠다. 하버드대학에서 석사 학위를 받고 1922년에 귀국한 이후로 국립 동남(東南) 대학, 북경 대학 철학교수, 북경 대학 문학원 원장, 북경 대학 교무위원회 주석(主席)을 거쳐 1951년 10월 이후에는 북경대학 부총장을 역임하다가 1964년에 병으로 서거했다.

중국불교사와 위진 시대의 현학(玄學)에 대해 정통한 그는 대표작으로『한위양진남북조 불교사』,『위진현학논고(魏晉玄論稿)』가 있는데, 이는 오늘날까지도 그 학술적 가치를 높이 평가받고 있다. 아울러 수·당 시대의 불교사를 기술한『수당불교사고』를 비롯하여『인도철학사략(印度哲學史略)』,『왕일잡고(往日雜稿)』,『강부찰기(康復札記)』 등이 있다.

옮긴이

장순용

고려대학교 사학과를 졸업하고 동대학원 철학과를 수료했다. 민족문화추진회 국역연수원과 태동고전연구소 지곡서당을 수료하고, 백봉 거사 문하에서 불법과 선을 참구하였다. 주로 불교를 비롯한 동양 철학과 역사서를 많이 번역했다. 현재는 고려대학교 역사연구소 연구원으로 있다.

편저로는 〈허공법문〉, 〈도솔천에서 만납시다〉, 〈십우도〉, 〈같은 물을 마셔도 뱀에게는 독이 되고 소에게는 젖이 된다〉가 있고, 역서로는 〈신화엄경론〉, 〈참선의 길〉, 〈설무구칭경(유마경)〉, 〈화엄론절요〉, 〈선문촬요〉, 〈티베트 사자의 서〉, 〈대장일람집〉, 〈반경〉, 〈채근담〉, 〈공자연의〉 등 다수가 있다.

한국연구재단
학술명저번역총서
[동양편] 612

한위양진남북조 불교사 ❷

초판 1쇄 인쇄 2014년 11월 20일
초판 1쇄 발행 2014년 11월 30일
초판 2쇄 발행 2016년 10월 15일

지 은 이 | 탕 용 동(湯用彤)
옮 긴 이 | 장 순 용
펴 낸 이 | 하 운 근
펴 낸 곳 | 學古房

주   소 | 경기도 고양시 덕양구 통일로 140 삼송테크노밸리 A동 B224
전   화 | (02)353-9908 편집부(02)356-9903
팩   스 | (02)6959-8234
홈페이지 | http://hakgobang.co.kr/
전자우편 | hakgobang@naver.com, hakgobang@chol.com
등록번호 | 제311-1994-000001호

ISBN   978-89-6071-446-5   94220
         978-89-6071-287-4   (세트)

값 : 29,000원

■ 이 저서는 2011년 정부(교육과학기술부)의 재원으로 한국연구재단의 지원을 받아 수행된 연구임 (NRF-2011-421-A00061).
This work was supported by National Research Foundation of Korea Grant funded by the Korean Government (NRF-2011-421-A00061).

   이 도서의 국립중앙도서관 출판시도서목록(CIP)은 서지정보유통지원시스템 홈페이지(http://seoji.nl.go.kr)와 국가자료공동목록시스템(http://www.nl.go.kr/kolisnet)에서 이용하실 수 있습니다.(CIP제어번호: CIP2014032826)